VOLUME 1

PORTUGUÊS CONTEMPORÂNEO

DIÁLOGO, REFLEXÃO E USO

William CEREJA
Professor graduado em Português e Linguística e licenciado em Português pela Universidade de São Paulo (USP)
Mestre em Teoria Literária pela Universidade de São Paulo (USP)
Doutor em Linguística Aplicada e Estudos da Linguagem na PUC-SP
Professor da rede particular de ensino em São Paulo, capital

Carolina DIAS VIANNA
Professora graduada e licenciada em Português pela Universidade Estadual de Campinas (Unicamp)
Mestre em Linguística Aplicada pela Universidade Estadual de Campinas (Unicamp)
Doutora em Linguística Aplicada pela Universidade Estadual de Campinas (Unicamp)
Professora das redes pública e particular de ensino nos Estados de São Paulo e Minas Gerais
Membro das bancas de correção da Redação do Enem e do vestibular da Unicamp

Christiane DAMIEN
Professora graduada e licenciada em Português e Francês pela Universidade Estadual Paulista (Unesp)
Mestre em Letras pelo Programa de Língua, Literatura e Cultura Árabe da Universidade de São Paulo (USP)
Doutora em Estudos Árabes pela Universidade de São Paulo (USP)
Professora das redes pública e particular de ensino na cidade de São Paulo

Atual Editora

Editora Saraiva

Direção de inovação e conteúdo: Guilherme Luz
Direção editorial: Luiz Tonolli e Renata Mascarenhas
Gestão e coordenação de área: Noé G. Ribeiro
Edição: Fernanda Carvalho, Mônica Rodrigues de Lima, Paula Junqueira
Gerência de produção editorial: Ricardo de Gan Braga
Planejamento e controle de produção: Paula Godo e Roseli Said
Revisão: Hélia de Jesus Gonsaga (ger.), Kátia Scaff Marques (coord.), Rosângela Muricy (coord.), Ana Paula C. Malfa, Brenda T. de Medeiros Morais, Diego Carbone, Gabriela M. de Andrade, Larissa Vazquez, Sueli Bossi
Edição de arte: Josiane Batista de Oliveira Silva
Diagramação: Benedito Reis e Josiane Batista
Iconografia e licenciamento de texto: Sílvio Kligin (superv.)
Tratamento de imagem: Emerson de Lima
Ilustrações: Andressa Honório, Luis Matuto, Nelson Provazi, Rico, Sonia Vaz
Capa: Gláucia Correa Koller (coord.) e Talita Guedes da Silva

Avenida das Nações Unidas, 7221 – 1º andar – Setor A – Espaço 2 - Pinheiros – SP - CEP 05425-902
SAC 0800 011 7875
www.editorasaraiva.com.br

Dados Internacionais de Catalogação na Publicação (CIP)
(Câmara Brasileira do Livro, SP, Brasil)

Cereja, William Roberto
Português contemporâneo : diálogo, reflexão e uso : vol. 1 ao 3 / William Roberto Cereja, Carolina Assis Dias Vianna, Christiane Damien Codenhoto. -- 1. ed. -- São Paulo : Atual, 2017. -- (Português contemporâneo)

1. Português (Ensino médio) I. Vianna, Carolina Assis Dias. II. Codenhoto, Christiane Damien. III. Título
IV. Série.

17-02493 CDD-469.07

Índice para catálogo sistemático:
1. Português : Ensino médio 469.07

2017
ISBN 978 85 5769 030 1 (AL)
ISBN 978 85 5769 033 2 (PR)
Código da obra CL 800778
CAE 620461 (AL) / 620466 (PR)
1ª edição
1ª impressão

Impressão e acabamento - Intergraf Ind. Gráfica Eireli

Uma publicação SOMOS EDUCAÇÃO

Caro estudante

Como muitos jovens que cursam atualmente o ensino médio, você participa de práticas diversas de leitura e escrita nos mais variados contextos: na escola, em casa ou em outros ambientes que frequenta; por meio do celular, do *tablet* ou do computador; por meio do velho e bom papel em seus mais diferentes tipos e formatos. Da mesma maneira, você interage oralmente em situações variadas, produzindo falas ora mais curtas, ora mais longas, em situações descontraídas ou formais.

Lidamos com linguagens o tempo todo: para opinar, para pedir, para ceder, para brincar, para brigar, para julgar, e assim vamos construindo nossas identidades e sendo construídos pela realidade que nos cerca, pelos outros sujeitos com quem interagimos, pelos textos que lemos, ouvimos e produzimos. Neste livro, tomamos como base essa relação que você já tem com a linguagem para apresentar e discutir diferentes questões sobre a nossa língua, sobre nossas produções literárias e culturais e sobre os textos que produzimos em nossa vida.

Ao adentrar o estudo da literatura, você lerá textos de diversos momentos da história da humanidade e perceberá que os textos literários e as artes em geral (entre elas a pintura, a escultura, a música, o cinema) estão intimamente conectados à realidade social de cada época, surgindo como uma espécie de resposta artística ao seu contexto de produção: refletem, assim, muito da visão política, social e artística do momento em que estão sendo produzidos. Você verá também que mesmo textos escritos muitos séculos atrás guardam relações próximas com obras atuais, confirmando a ideia de que a literatura e seus temas não se encerram em um determinado período, mas transformam-se ao longo do tempo, em um fluxo contínuo, à medida que a sociedade e os sujeitos igualmente se modificam.

Nesse percurso, você conhecerá também nuances da língua na leitura e na produção textual, ao analisar e elaborar textos escritos e orais que circulam em situações de comunicação variadas: relatórios, currículos, poemas, crônicas, reportagens, cartazes, anúncios, seminários, debates, entre muitos outros. Pretendemos, com isso, que você desenvolva ainda mais a sua capacidade de ler e produzir textos de modo eficiente, compreendendo criticamente os sentidos construídos por diferentes escolhas e contextos de circulação e se fazendo entender por meio de um uso reflexivo da língua, que lhe permita trabalhar sobre as diversas formas de produção de sentidos quando é você o autor do texto.

Entendemos ainda que, para além das práticas cotidianas de uso da leitura e da escrita, também faz parte das práticas do estudante do ensino médio a participação em situações bem específicas de linguagem, vividas por quem se prepara para a entrada na universidade e no mercado de trabalho. Por isso, você terá contato com textos específicos dessas esferas, a fim de que esteja bem-preparado para esse novo momento da sua vida.

Os conceitos e conteúdos aqui trabalhados têm, portanto, o objetivo principal de munir você para fazer um uso cada vez mais consciente e reflexivo das estruturas e possibilidades da língua, quaisquer que sejam as situações de comunicação nas quais você venha a se engajar, como leitor ou como produtor de textos. Esperamos que esse caminho seja tão interessante e motivador para você quanto foi, para nós, a elaboração deste livro.

Um abraço,

Os Autores.

CONHEÇA SEU LIVRO

ABERTURA DE UNIDADE

O nome da unidade procura contemplar o sentido geral dos conteúdos trabalhados em literatura, gramática e produção de texto.

Na página par da abertura da unidade, sempre há uma imagem relacionada com o período que vai ser estudado na literatura. A imagem é acompanhada de uma legenda ampliada, que comenta a obra.

Na página ímpar, ainda há textos e imagens relacionados aos conteúdos de gramática e de literatura a serem trabalhados na unidade.

ANÚNCIO DO PROJETO

No alto da página ímpar, é anunciado o projeto de produção textual que será desenvolvido pelos alunos durante a unidade.

ENTRE SABERES

Nesta seção, o aluno lê um conjunto de textos interdisciplinares que situam a estética literária do ponto de vista histórico, filosófico, econômico, político e de outras manifestações artísticas do período.

ENTRE TEXTOS

Esta seção promove um estudo comparado entre textos de períodos diferentes que apresentam um mesmo tema ou uma relação intertextual.

CONEXÕES

Estabelece relações entre as concepções estético-literárias do período estudado com um texto de outra linguagem, como a canção, o quadrinho, o cartum, a pintura e a escultura.

PÁGINA DE ABERTURA DE CAPÍTULO

Apresenta uma imagem e um texto relacionado com o conteúdo de literatura.

NOME DO CAPÍTULO

Inicia-se sempre pela literatura, seguida de gramática e produção de textos.

FOCO NO TEXTO

Leitura e análise de textos representativos do assunto a ser trabalhado, com a finalidade de examinar os temas, os procedimentos formais e as características de cada período literário, tópico gramatical ou gênero, tendo em vista a frente trabalhada.

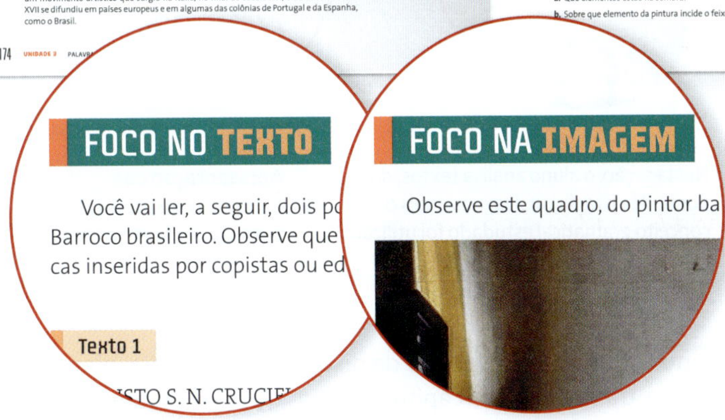

FOCO NA IMAGEM

Cada período da literatura é iniciado por **Foco na imagem**, seção em que o aluno toma contato com aquela estética literária por meio da leitura e interpretação de uma obra de arte, ampliando sua capacidade de leitura de texto não verbal.

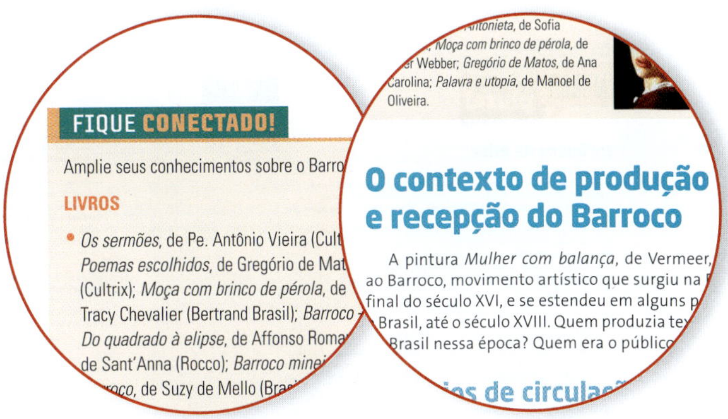

FIQUE CONECTADO

Esta seção reúne sugestões de outros objetos culturais relacionados com o período em estudo: filmes, livros, músicas, *sites*, museus, igrejas, etc.

O CONTEXTO DE PRODUÇÃO E RECEPÇÃO

Nesta seção, examina-se o fenômeno literário do ponto de vista da situação de produção, ou seja, quem eram os agentes culturais na época e quem era o público leitor da literatura produzida nesse período.

LÍNGUA E LINGUAGEM

É a parte de gramática do capítulo. Geralmente, inicia-se com o estudo de um texto (seção **Foco no texto**), por meio do qual se explora o conceito de forma contextualizada.

PRODUÇÃO DE TEXTO

Inicia-se pelo estudo do gênero textual, a fim de que o estudante conheça seus elementos constitutivos essenciais.

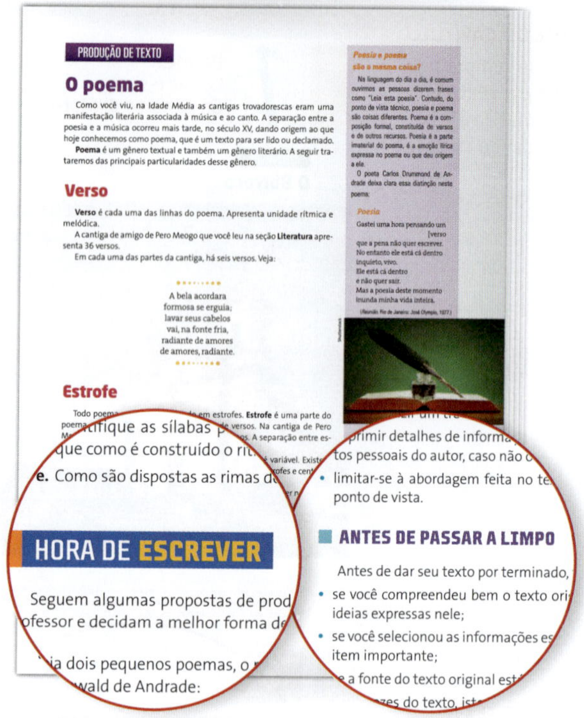

REFLEXÕES SOBRE A LÍNGUA

Apresentação da parte teórica e conceitual do assunto em estudo.

TEXTO E ENUNCIAÇÃO

Nesta seção, o aluno analisa textos, do ponto de vista discursivo, nos quais o conceito gramatical estudado foi utilizado.

HORA DE ESCREVER

Apresentação das propostas de produção para o estudante escrever.

ANTES DE ESCREVER/ ANTES DE PASSAR A LIMPO

Orientações para escrever e revisar o texto.

MUNDO PLURAL

Seção que pode surgir em qualquer uma das frentes da disciplina – literatura, gramática ou produção de textos – e que relaciona os conteúdos trabalhados no capítulo com as questões cotidianas do mundo contemporâneo, como ética, consumo, meio ambiente, etc.

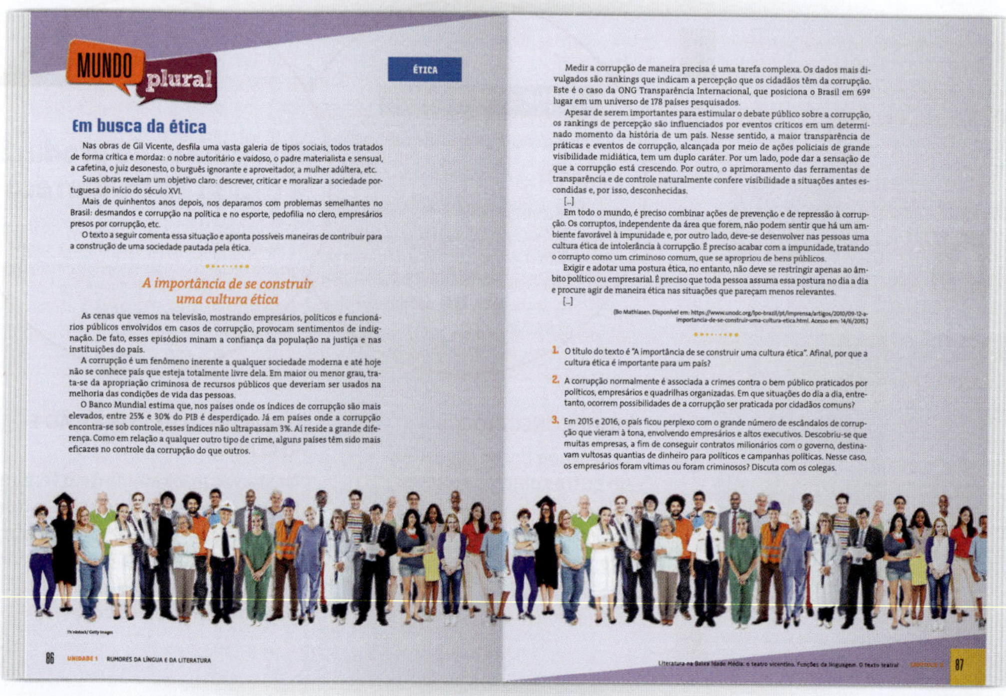

POR DENTRO DO ENEM E DO VESTIBULAR

Organizada em duas subseções, apresenta a resolução de uma questão do Enem (**Enem em contexto**) e reúne questões das provas do Enem e dos principais vestibulares (**Questões do Enem e do vestibular**).

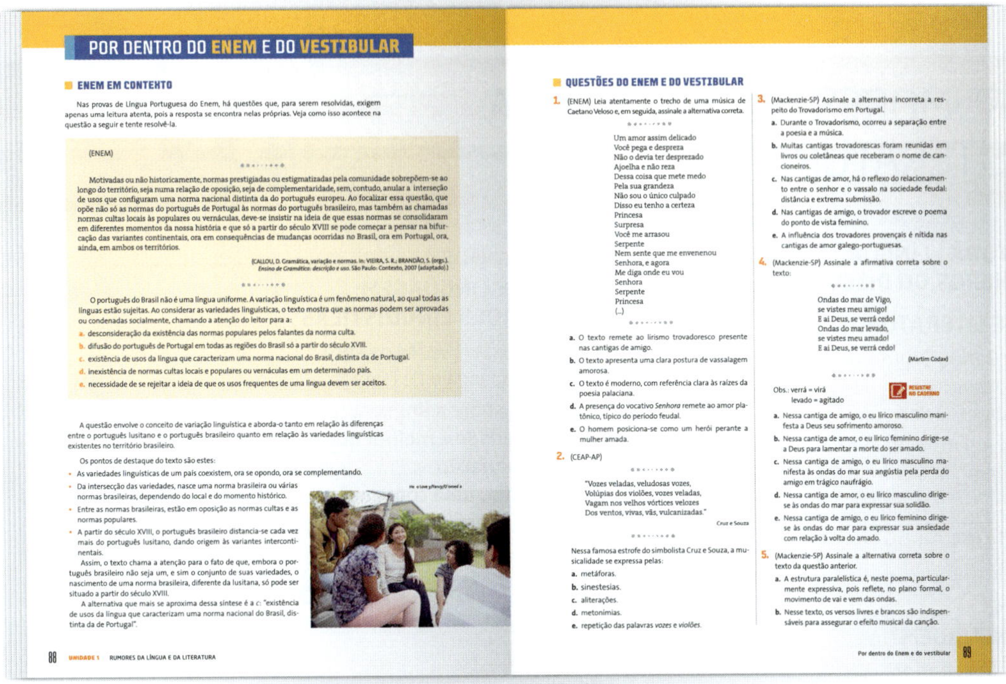

PROJETO

Encerramento do projeto de produção textual anunciado na abertura da unidade e desenvolvido ao longo dos capítulos. São saraus, feiras culturais, debates, produção de livros e revistas, etc.

SUMÁRIO

UNIDADE 1 RUMORES DA LÍNGUA E DA LITERATURA

UNIDADE 2

ENGENHO E ARTE

Nelson Provazi

UNIDADE 3

PALAVRAS EM MOVIMENTO

Andressa Honório

UNIDADE

4 PALAVRA E RAZÃO

Apêndice

UNIDADE

1 Rumores da língua e da literatura

National Gallery, Londres, Inglaterra

Díptico de Wilton (1395), de autor desconhecido, é um exemplo da pintura gótica, cultivada na Baixa Idade Média.

PROJETO

SARAU LITEROMUSICAL - CANTIGAS, POEMAS E TEATRO

Participe, com toda a classe, da apresentação de um *sarau literário e musical.* Nele você e seus colegas vão declamar e cantar poemas e cantigas que serão produzidos na unidade.

Gaturro, Nik © 2002 Nik / Dist. by Universal Uclick

Na verdade, toda palavra comporta duas faces. Ela é determinada tanto pelo fato de que procede de alguém, como pelo fato de que se dirige para alguém. [...] A palavra é uma espécie de ponte lançada entre mim e os outros. Se ela se apoia sobre mim numa extremidade, na outra apoia-se sobre o meu interlocutor. A palavra é o território comum do locutor e do interlocutor.

(Mikhail Bakhtin. *Marxismo e filosofia da linguagem.* São Paulo: Hucitec, 1979. p. 99.)

Thinkstock/Getty Images

CAPÍTULO 1 Literatura Língua e linguagem Gêneros do discurso

LITERATURA

O que é literatura?

FOCO NO TEXTO

Você vai ler, a seguir, três textos. O primeiro, "José", de autoria de Carlos Drummond de Andrade, é um dos mais importantes poemas da literatura brasileira; o segundo é uma colagem feita pelo fotógrafo britânico Ewan Fraser; o terceiro é a letra de uma canção de Gabriel, o Pensador.

Texto 1

José

E agora, José?
A festa acabou,
a luz apagou,
o povo sumiu,
a noite esfriou,
e agora, José?
e agora, você?
você que é sem nome,
que zomba dos outros,
você que faz versos,
que ama, protesta?
e agora, José?

Está sem mulher,
está sem discurso,
está sem carinho,
já não pode beber,
já não pode fumar,
cuspir já não pode,
a noite esfriou,
o dia não veio,
o bonde não veio,
o riso não veio,
não veio a utopia
e tudo acabou
e tudo fugiu
e tudo mofou,
e agora, José?

E agora, José?
sua doce palavra,
seu instante de febre,
sua gula e jejum,
sua biblioteca,
sua lavra de ouro,
seu terno de vidro,
sua incoerência,
seu ódio — e agora?

Com a chave na mão
quer abrir a porta,
não existe porta;
quer morrer no mar,
mas o mar secou;
quer ir para Minas,
Minas não há mais.
José, e agora?

Se você gritasse,
se você gemesse,
se você tocasse
a valsa vienense,
se você dormisse,
se você cansasse,
se você morresse...
Mas você não morre,
você é duro, José!

Sozinho no escuro
qual bicho do mato,
sem teogonia,
sem parede nua
para se encostar,
sem cavalo preto
que fuja a galope,
você marcha, José!
José, para onde?

(*Reunião*. 10. ed. Rio de Janeiro: José Olympio, 1980. p. 70)

teogonia: conjunto de divindades de um povo.

utopia: lugar ou estado ideal, de completa felicidade e harmonia entre os indivíduos; fantasia; quimera.

Nelson Provazi

Texto 2

Bridgeman Images/Easypix Brasil/Coleção particular

Homem nu agachado no ar (1990).

Texto 3

Tem alguém aí?

Antes era só alegria, o mundo não mordia.
A vida era doce, nem ardia!
Mas aí um dia, ou quem sabe dois ou três, eu... só queria superar a timidez...
Eu queria fazer parte de alguma coisa.
Se crescer já é difícil, crescer sozinho é mais.
A gente tem que dar um jeito de gostar de alguma coisa.
A gente tem que dar um jeito... de ficar satisfeito!
Mas o tempo passa, e se a vida é sem graça, a gente disfarça, na mesa do jantar.
Pra depois tentar desabafar numa conversa, mas ninguém se interessa, na mesa do bar!
Ninguém tá escutando o que eu quero dizer!
Ninguém tá me dizendo o que eu quero escutar!
Ninguém tá explicando o que eu quero entender!
Ninguém tá entendendo o que eu quero explicar!
Conversa vazia, cabeça vazia de prazer, cheia de dúvida e de vontade de fazer qualquer loucura que pareça aventura.
Qualquer experiência que altere o estado de consciência.
E que te dê a sensação de que você não tá perdido.
Que alguém te dá ouvidos. Que a vida faz sentido!
Chega! Não, eu quero mais!
Bebe, fuma, cheira, tanto faz.
Droga é aquela substância responsável por tornar a sua vida aparentemente mais suportável.
Confortável ilusão: parece liberdade e na verdade é uma prisão.

Carlos Drummond de Andrade e Gabriel, o Pensador

Arquivo/Estadão Conteúdo

Carlos Drummond de Andrade (1902-87) nascido em Itabira (MG), foi poeta, cronista, contista e tradutor. É um dos principais poetas de nossa língua.

Giuliano Gomes/Estadão Conteúdo

Gabriel, o Pensador nasceu em 1973, no Rio de Janeiro. É compositor, *rapper* e escritor.

[...]

Ninguém prepara o jovem, nem os pais nem a TV, pra botar o pé na estrada e não se perder.

Ninguém prepara o jovem pra saber o que fazer quando bater na porta e ninguém atender.

Ninguém me dá a chave pra abrir a porta certa, mas a porta errada eu encontro sempre aberta!

Entrar numa roubada é mais fácil que sair.

Tem alguém aí?

[...]

(Gabriel, o Pensador/Homero Junior/
Baca/Digão.@ Trama Produções/Hip Hop.)

1. Leia o boxe "Poeta e eu lírico" e depois responda: A quem o eu lírico do poema "José" se dirige, isto é, com quem ele fala?

2. O poema descreve José aos poucos, por meio de imagens, como a destes versos:

"está sem discurso,
está sem carinho,"

"a noite esfriou,
o bonde não veio,
o riso não veio"

a. Qual é a situação de José? Comprove sua resposta com elementos do poema.

b. A morte poderia ser, enfim, uma saída para José? Por quê?

3. Observe estes trechos do poema:

"você que é sem nome,
que zomba dos outros,
você que faz versos,
que ama, protesta?
e agora, José?"

"sua doce palavra,
seu instante de febre,
sua gula e jejum,
sua biblioteca,
sua lavra de ouro,
seu terno de vidro,
sua incoerência,
seu ódio — e agora?"

a. Levante hipóteses: Quem é José? Justifique sua resposta.

b. Por que a expressão *e agora?* é usada insistentemente no poema?

4. O poema "José" foi publicado em 1942, momento em que acontecia a Segunda Guerra Mundial (1939-1945). Considerando esse contexto histórico do poema, conclua:

a. O que ou quem José representa?

b. O que representa o beco sem saída em que José está?

c. Que sentido adquire o verso final: "José, para onde?"

Poeta e eu lírico

A voz que fala nos poemas e nas canções é chamada de *eu lírico, eu poético* ou ainda de *sujeito*. E nem sempre ela coincide com a voz do próprio poeta. O poeta pode ser, por exemplo, uma pessoa do sexo masculino e criar um eu lírico feminino, como fez Chico Buarque de Hollanda em muitas de suas canções. Ou ser um adulto e dar voz a um eu lírico criança.

REGISTRE NO CADERNO

Museu de Arte Contemporânea da Universidade de São Paulo, São Paulo, Brasil

Você faz parte II (1964), de Nelson Leirner.

5. Considere agora a letra da canção "Tem alguém aí?".

a. Quem é o eu lírico da canção?

b. A que tempo ele se refere no verso "Antes era só alegria, o mundo não mordia"?

c. Como o eu lírico se sente em relação ao mundo e às pessoas com quem convive?

REGISTRE NO CADERNO

6. O eu lírico da canção também se encontra em um beco sem saída.

a. Que tipo de beco sem saída é esse?

b. O que o teria levado a essa situação?

c. De acordo com o ponto de vista expresso na canção, as drogas são uma saída para o jovem? Justifique com elementos do texto.

7. Agora, observe a colagem de Ewan Fraser.

a. Qual é a figura principal mostrada na colagem?

b. Que semelhança há entre a foto e os dois textos lidos?

FOCO NO TEXTO

Conceituar literatura não é uma tarefa fácil. Leia os textos a seguir e veja o que dois estudiosos dizem sobre literatura.

Texto 1

O que é literatura? é uma pergunta complicada justamente porque tem várias respostas. E não se trata de respostas que vão se aproximando cada vez mais de uma grande verdade, da verdade-verdadeira. Cada tempo e, dentro de cada tempo, cada grupo social tem sua resposta, sua definição. Respostas e definições — vê-se logo — para uso interno.

Ao longo dos dois mil anos que nos separam de — digamos — Platão, vários têm sido os critérios pelos quais se tenta identificar o que torna um texto *literário* ou *não literário*: o tipo de linguagem empregada, as intenções do escritor, os temas e assuntos de que trata a obra, o efeito produzido pela sua leitura... tudo isso já esteve ou ainda está em pauta quando se quer definir literatura. Cada um desses critérios produziu definições consideradas corretas. Para uso interno daquele grupo ou daquele tempo, correspondendo as respostas ao que foi (ou é) possível pensar de literatura num determinado contexto.

[...]

(Marisa Lajolo. *Literatura — Leitores & leitura*. São Paulo: Moderna, 2001. p. 26.)

José Patrício/Estadão Conteúdo

Marisa Lajolo, professora da Unicamp-SP.

Texto 2

Chamarei de literatura, da maneira mais ampla possível, todas as criações de toque poético, ficcional ou dramático em todos os níveis de uma sociedade, em todos os tipos de cultura, desde o que chamamos folclore, lenda, chiste, até as formas mais complexas e difíceis da produção escrita das grandes civilizações.

Letícia Moreira/Folhapress

Antonio Candido, crítico literário e professor da USP-SP.

Vista deste modo, a literatura aparece claramente como manifestação universal de todos os homens em todos os tempos. Não há povo e não há homem que possam viver sem ela, isto é, sem a possibilidade de entrar em contato com alguma espécie de fabulação. Assim como todos sonham todas as noites, ninguém é capaz de passar as vinte e quatro horas do dia sem alguns momentos de entrega ao universo fabulado. O sonho assegura durante o sono a presença indispensável desse universo, independentemente da nossa vontade. E, durante a vigília, a criação ficcional ou poética, que é a mola da literatura em todos os seus níveis e modalidades, está presente em cada um de nós, analfabeto ou erudito — como anedota, causo, história em quadrinho, noticiário policial, canção popular, moda de viola, samba carnavalesco. Ela se manifesta desde o devaneio amoroso ou econômico no ônibus até a atenção fixada na novela de televisão ou na leitura seguida de um romance.

Ora, se ninguém pode passar vinte e quatro horas sem mergulhar no universo da ficção e da poesia, a literatura concebida no sentido amplo a que me referi parece corresponder a uma necessidade universal que precisa ser satisfeita e cuja satisfação constitui um direito.

(Antonio Candido. "O direito à leitura". In: *Textos de intervenção*. São Paulo: Duas Cidades, 2002. p. 174-5.)

1. De acordo com o texto de Marisa Lajolo:

a. Existe uma definição de literatura que seja melhor que as outras ou a mais verdadeira?

b. A que se deve o surgimento de tantas definições de literatura ao longo dos séculos?

2. Marisa Lajolo enumera alguns dos critérios que têm sido utilizados para definir o que é um texto literário.

a. Quais são eles?

b. A autora considera errados esses critérios e as definições a que eles deram origem? Por quê?

3. De acordo com o texto de Antonio Candido:

REGISTRE NO CADERNO

a. O que é literatura?

b. A literatura, para o autor, se restringe aos gêneros literários, como o poema, o romance, o conto, a crônica, etc.?

c. Por que a literatura é uma necessidade e um direito?

d. Pessoas analfabetas também podem usufruir do prazer proporcionado pela literatura? Justifique sua resposta.

4. Além das formas de expressão literárias citadas por Antonio Candido, que outras você citaria, próprias de nosso tempo?

Funções da literatura

Hugo Maciel/Imagezoo/Getty Images

Da mesma forma que o conceito de literatura tem mudado historicamente, a função ou o papel que essa forma de expressão cumpre socialmente também tem variado, de acordo com o momento e com o grupo que a produz.

A função da literatura nem sempre é intencional, isto é, quem produz literatura não tem necessariamente um objetivo específico com sua produção. Entretanto, ao serem publicados, os textos de alguma maneira interferem na realidade social.

Em certas épocas, por exemplo, a literatura assume uma função predominantemente lúdica; em outras, uma função filosófica e pedagógica; em outras, uma função política, ideológica e até panfletária.

Conheça algumas das funções atribuídas à literatura.

Literatura como arte da palavra

Enquanto arte da palavra, a literatura é linguagem artística, rica em sentidos, em sonoridades e imagens. O poema "José", de Carlos Drummond de Andrade, por exemplo, explora vários desses recursos, como ritmo ("A festa acabou / a luz apagou"), sonoridades ("se você tocasse / a valsa vienense"), imagens ("lavra de ouro", "terno de vidro").

Literatura como recriação da realidade

O escritor literário recria a realidade a partir de sua visão particular. No poema "José", por exemplo, Drummond parte de uma realidade concreta, o contexto da Segunda Guerra Mundial, e cria uma realidade ficcional — a de um José acuado e sem saídas — para transmitir o sentimento de perplexidade e de opressão que se vivia naquele momento histórico.

Quando Antonio Candido afirma que todo ser humano tem necessidade de se descolar da realidade cotidiana e usufruir de um "universo fabulado", ele se refere ao universo ficcional criado pela literatura.

Literatura como prazer

Ao defender o "direito à leitura", Antonio Candido leva em conta que toda pessoa, independentemente de seu nível social ou de sua escolaridade, tem direito ao prazer proporcionado pela literatura e pela arte.

Usufruir da beleza de um texto literário ou da riqueza de recursos utilizados em uma obra de arte, ouvir música, assistir a uma peça de teatro ou a um bom filme são atividades que nos proporcionam prazer, fruição estética. Para Antonio Candido, esse é um direito de todos.

O poema "José", embora reflita sobre um momento crítico da história da humanidade, nos proporciona, por meio de seus recursos poéticos, uma experiência estética prazerosa e enriquecedora.

Literatura como experiência

A literatura nos permite ampliar nossas experiências, embora por meio de vivências experimentadas em um mundo ficcional. Veja o que diz sobre isso Luzia de Maria:

> Quando pegamos um livro para ler, um romance ou mesmo um ensaio, ou até mesmo um jornal ou revista, o que nos move é muito mais a experiência e o prazer que essa leitura nos proporciona do que simplesmente a busca de informação. [...] a leitura, enquanto oportunidade de enriquecimento e acumulação de experiências, se torna primordial na formação do ser humano. O que é experiência? Não

pode ser medida e não é facilmente definida. Talvez nem precise de definições. A experiência é sinônimo de estar vivo, criando e explorando, interagindo com mundos — reais, possíveis e inventados.

(*Leitura e colheita*. Petrópolis: Vozes, 2002. p. 23.)

Literatura como interação e transformação

A literatura também é comunicação e, como tal, tem a capacidade de promover a interação entre pessoas e tocá-las ou transformá-las.

O escritor Rubem Alves descreve assim essa capacidade da palavra literária:

Toda alma é uma música que se toca. Quis muito ser pianista. Fracassei. Não tinha talento. Mas descobri que posso fazer música com palavras. Assim, toco a minha música... Outras pessoas, ouvindo a minha música, podem sentir sua carne reverberando como um instrumento musical. Quando isso acontece, sei que não estou só. Se alguém, lendo o que escrevo, sente um movimento na alma, é porque somos iguais. A poesia revela a comunhão.

(*Na morada das palavras*. Campinas: Papirus, 2003. p. 71.)

Muitas vezes, a literatura ganha conotação político-social e se torna expressão artística e ideológica de um povo. Como exemplo desse papel da literatura, veja os versos a seguir, do poeta afro-brasileiro Adão Ventura, que expressam o protesto do autor contra a condição do negro após o fim da escravidão.

Agora

Nelson Provazi

É hora
de amolar a foice
e cortar o pescoço do cão.

— Não deixar que ele rosne
nos quintais
da África.

É hora
de sair do gueto/eito
senzala
e vir para a sala
— nosso lugar é junto ao Sol.

(Disponível em: http://150.164.100.248/literafro/. Acesso em: 30/5/2015.)

Literatura oral e literatura escrita

Apesar de a palavra *literatura* ter se formado a partir do radical *littera* (escrita), a literatura já existia muito antes de ser inventada a escrita. Ainda hoje, na Amazônia brasileira ou na África, por exemplo, existem manifestações literárias estritamente orais (poemas, contos, preces) de alguns povos, às quais certos estudiosos têm chamado de *oratura*.

Com a invenção da escrita, muitas manifestações literárias puderam ser preservadas ao longo dos tempos, e, assim, tornou-se possível pessoas de diferentes épocas e lugares terem acesso a textos literários produzidos em outros contextos.

Oratura na África de língua portuguesa

Veja um exemplo de cantiga oral, da Guiné-Bissau, recolhida recentemente:

Canto a uma escrava

Eu era uma triste escrava,
ai! E que bem triste escrava,
que vinha para embarcar.
O meu senhor vestiu-me
e zangado batia-me
com ramo de coral;
e pensava-me as chagas
co'o mais doce licor;
E limpava-me as f'ridas
com lenço de cambraia.
E eu era triste escrava
que vinha para embarcar
— *que ben ba par bàe.*

(Recolhida por Marcelino M. de Barros. Disponível em: http://lusofonia.com.sapo.pt/oratura.htm#cantiga de manjuandade. Acesso em: 30/5/2015.)

A *Odisseia* e a *Ilíada*, de Homero, são consideradas as obras fundadoras da literatura ocidental. Foram escritas provavelmente no século VIII a.C., mas as histórias que elas narram já vinham sendo contadas oralmente na Grécia antiga durante séculos.

Estilos de época

As transformações ocorridas na literatura no decorrer do tempo são objeto de estudo do que se chama *história da literatura*. Da mesma forma que a história humana, a história da literatura também é organizada em eras e períodos, e também acompanha as transformações históricas, sociais e culturais da humanidade. Cada período da literatura é chamado de *movimento literário*, *estilo de época* ou *estética literária*.

Embora os livros que tratam de história da literatura apresentem as estéticas literárias demarcadas por períodos, autores, obras e datas, as fronteiras entre elas não são estanques. É natural que um autor de uma época leia autores de épocas passadas e seja por eles influenciado. Também é natural que um autor que viva em um momento de transição apresente em sua produção elementos da estética literária anterior, ainda presente, e da estética posterior, ainda em formação.

Mais importante do que saber situar um autor ou uma obra na linha do tempo é ser capaz de ler um texto literário e compreendê-lo, isto é, conseguir relacionar as ideias principais apresentadas por ele com o modo de pensar e sentir o mundo experimentado pelo ser humano da época.

Apresentamos a seguir um quadro com a periodização da literatura brasileira, para servir de referência em caso de necessidade de consulta. Como os primeiros textos escritos no Brasil datam do século XVI e foram influenciados pela literatura portuguesa, apresentamos também um quadro com a produção literária medieval portuguesa.

LITERATURA NA IDADE MÉDIA EM PORTUGAL	
Trovadorismo (1ª época) (séculos XII a XIV)	**Humanismo (2ª época)** (século XV e início do século XVI)

LITERATURA NO BRASIL			
Quinhentismo	**Barroco**	**Arcadismo**	**Romantismo**
(século XVI)	(século XVII)	(século XVIII)	(século XIX)
Realismo, Naturalismo e Parnasianismo	**Simbolismo**	**Pré-Modernismo e Modernismo**	**Contemporaneidade**
(segunda metade do século XIX)	(final do século XIX)	(início do século XX até a década de 1940)	(década de 1950 até os dias atuais)

ARQUIVO

- Não há um único conceito de literatura. Vista por alguns estudiosos como recriação da realidade, a literatura conduz o interlocutor a um mundo ficcional, por meio do uso de diferentes recursos e técnicas, como sonoridade, ritmo, imagens, personagens, etc.
- A literatura tem desempenhado historicamente diferentes papéis na sociedade, entre eles o de permitir a fruição estética, promover a reflexão crítica e filosófica acerca do mundo, denunciar os problemas sociais, ser fonte de informação e comunicação, possibilitar a interação entre as pessoas e sensibilizá-las.
- A história da literatura acompanha as transformações históricas, sociais, culturais e artísticas da sociedade humana.
- Os estudos literários organizam a história da literatura em períodos e fases com fins didáticos. Entre as fases ou estilos de época da literatura, não há fronteiras rígidas.

LÍNGUA E LINGUAGEM

O que é língua e linguagem?

FOCO NO TEXTO

Leia o anúncio ao lado.

1. Quem é o anunciante? Que produto ele fabrica?

2. O enunciado principal do anúncio se dirige diretamente a um Tricolor e faz referência ao fato de ele ter ganhado algo de um Tigre. Levante hipóteses:

a. Quem podem ser o Tricolor e o Tigre?

b. O que o Tricolor pode ter ganhado do Tigre?

3. O anúncio em estudo foi publicado nos jornais do dia 13 de dezembro de 2012. Leia a notícia abaixo para saber o que havia acontecido na noite anterior.

Amanco

(http://colunas.revistaepocanegocios.globo.com/negociosfc/2012/12/17/os-anuncios-da-amanco-oportunidade)

Após confusão, Tigre abandona o campo e São Paulo é campeão da Sul-Americana

FELIPE ROSA MENDES — AGÊNCIA ESTADO

12 Dezembro 2012 21h00

Depois de mais de 30 minutos de confusão, indefinição e conversas entre dirigentes, o árbitro chileno apitou o final do jogo

SÃO PAULO — O São Paulo conquistou nesta quarta-feira o título da Copa Sul-Americana de forma inesperada. No intervalo da partida no estádio do Morumbi, com o time brasileiro vencendo por 2 a 0 — com gols de Lucas e Osvaldo —, o time argentino do Tigre não voltou ao campo. Depois de mais de 30 minutos de muita confusão, indefinição e conversas entre dirigentes, o árbitro chileno Enrique Osses apitou o final do jogo mesmo sem a presença dos argentinos.

Apesar do anticlímax, os jogadores são-paulinos, no gramado, puderam então comemorar a inédita conquista da competição continental, acompanhados de 67 mil torcedores presentes no Morumbi, encerrando um jejum de quatro anos sem troféus. O São Paulo não faturava um título desde a conquista do Campeonato Brasileiro de 2008.

(Disponível em: http://esportes.estadao.com.br/noticias/futebol,apos-confusao-tigre-abandona-o-campo-e-sao-paulo-e-campeao-da-sul-americana,972697. Acesso em: 30/5/2015.)

Responda: O relato feito na notícia confirma ou nega as hipóteses levantadas na questão anterior?

4. Faça uma pesquisa ou consulte os colegas e o professor sobre os nomes de marcas de canos de PVC disponíveis no mercado brasileiro. Há alguma que pode ser associada a algum dos termos do anúncio?

REGISTRE NO CADERNO

5. Levando em conta o resultado de sua pesquisa na questão anterior e a imagem que acompanha o anúncio, responda:
   a. Que novo sentido ganha a palavra *Tricolor*, no anúncio? Justifique sua resposta.
   b. Que novo sentido ganha a palavra *Tigre*? Justifique sua resposta.
   c. A que vitória o anúncio se refere?

6. Tendo em vista as respostas da questão anterior, conclua: Ao afirmar que "É sempre bom ganhar de Tigre", que imagem o anunciante constrói de sua própria marca?

REGISTRE NO CADERNO

7. Discuta com os colegas e o professor:
   a. Na primeira leitura, você percebeu todos os sentidos do anúncio?
   b. Conclua: O conhecimento da língua portuguesa é suficiente para a compreensão desse texto?
   c. Que informações são essenciais para a compreensão do anúncio?

REFLEXÕES SOBRE A LÍNGUA

Na escola, a língua nossa de cada dia

No estudo da língua portuguesa, nosso foco é obviamente a língua, suas regras, seus usos, seus textos. Mas como explicar e conceituar algo que está tão dentro de nós como nossa própria língua? Ela está diretamente relacionada à nossa cognição, isto é, ao conhecimento que construímos e adquirimos ao longo da vida. Nosso contato com ela vem desde quando somos muito pequenos, ainda na infância, e começamos a usá-la a nosso modo, aprendendo com nossos pais, familiares, professores e todos aqueles com quem convivemos.

Esse aprendizado começa muito antes de termos aulas de Português e, por isso, é importante sabermos que, quando começamos de fato a estudar a língua na escola, já sabemos muito sobre ela. Isso porque, na sociedade atual, principalmente nos grandes centros urbanos, lidamos sempre com textos, sejam eles orais, sejam escritos.

A todo momento, produzimos linguagem. Frases, gestos, imagens, expressões faciais e corporais, tudo isso é linguagem, e por meio de nossas escolhas e usos nos constituímos como sujeitos sociais em relação a nossos pares. As linguagens que utilizamos dizem muito sobre quem somos, uma vez que seus significados são convencionados socialmente.

> **Linguagem** é a atividade comunicativa humana por meio da qual interagimos, respondendo a outras pessoas e outros textos em um processo ininterrupto.

A linguagem pode ser verbal (constituída de palavras, faladas ou escritas), não verbal (constituída de melodias, gestos, expressões físicas, imagens, etc.) ou mista (simultaneamente verbal e não verbal).

A língua e seus conceitos

Existem muitas definições de língua, e cada uma delas serve à situação em que foi concebida, como, por exemplo, instituir uma teoria, compreender como se dá a aquisição da linguagem, estudar a comunicação humana, discutir as relações sociais estabelecidas nas interações. Nesse universo de estudo da língua, destacam-se as abordagens a seguir.

Saussure e a ciência linguística

Apesar de os estudos sobre a linguagem instigarem o homem há muitos e muitos anos, o estudioso suíço Ferdinand de Saussure, que viveu no período de transição entre os séculos XIX e XX, é conhecido como o fundador da ciência linguística. Para ele, a língua só pode ser estudada em si mesma, sem relação com seus usos, e definida como um sistema de valores determinados por convenção social.

Assim, a teoria do pesquisador europeu considera que a língua é composta de signos linguísticos e que estes, por sua vez, equivalem a uma imagem acústica (significante) associada a um conceito convencionado socialmente (significado). Ou seja, para Saussure, ao ouvirmos uma sequência sonora em uma língua conhecida, imediatamente a associamos a um conceito específico, igualmente reconhecido por todos aqueles que conhecem tal língua.

As ideias de Saussure foram extremamente importantes para que a linguística se instituísse historicamente como uma ciência e ainda hoje são utilizadas em diversas pesquisas relativas à linguagem. Entretanto, o fato de essa teoria tratar a língua como um objeto em si mesmo e, assim, não a analisar nos textos que circulam socialmente, faz com que ela não seja considerada, aqui, como a mais interessante para propiciar o aprofundamento em nossos estudos de língua portuguesa.

APLIQUE O QUE APRENDEU

Observe a tira:

Laerte

1. No 1º quadrinho, o pai diz ao filho que precisa falar com ele "sobre a vida".

a. O que a fisionomia do pai expressa?

b. O pai parece considerar que o que tem a dizer é algo simples ou complexo?

c. Associando a expressão fisionômica do pai a "falar sobre a vida", qual sentido possível construímos em relação ao que ele pretende dizer ao filho?

d. O que o filho está fazendo no 1º quadrinho?

2. No 2º quadrinho, Messias explica ao pai o conceito de vida que tem.

a. O que é a vida para Messias?

b. O conceito que Messias tem envolve a ideia de vida como algo simples ou complexo?

c. O que a fisionomia do pai expressa nesse quadrinho?

3. No 3º quadrinho, o pai se afasta de Messias, e a fala "Quem sou eu pra discutir...?" indica que ele desistiu de dizer ao filho o que pretendia inicialmente. Levante hipóteses:

REGISTRE NO CADERNO

a. O pai mudou sua concepção de vida depois da resposta do filho? Justifique sua resposta.

b. Por que ele desistiu de dizer ao filho o que pretendia?

4. Com base nas respostas às questões anteriores, conclua: Messias e o pai têm o mesmo conceito sobre vida? Justifique sua resposta.

Jakobson e a teoria da comunicação

Jakobson, na tentativa de estudar a língua considerando questões externas a ela, parte de um princípio diferente do de Saussure e propõe a teoria da comunicação, que conheceremos mais detalhadamente no capítulo 3 desta unidade. Historicamente, essa teoria pode ser vista como uma possibilidade de incorporar às pesquisas linguísticas dados relativos aos textos, como: quem produz, em qual meio, quem recebe, o que se diz, etc. Nesse contexto, a língua é considerada um *código* utilizado pelos sujeitos a fim de se comunicarem por meio de textos. São códigos, entre outros exemplos, os sinais de trânsito, as imagens e ícones que reconhecemos em placas diversas e a própria língua.

Código é um conjunto de sinais que, por convenção, é adotado por um grupo específico com o fim de estabelecer comunicação.

Veja estes exemplos de códigos:

Fotografias: Thinkstock/Getty Images

O sinal ao lado, indicativo de proibição, é um código facilmente reconhecido em nossa sociedade.

Bakhtin e uma nova concepção de língua

Vimos que a língua pode ser definida tanto como um sistema de signos que correspondem a conceitos socialmente elaborados quanto como um código utilizado para estabelecer comunicação. Dependendo do objetivo de quem as adota, as duas definições são válidas.

Contudo, para nosso estudo, que tem por finalidade refletir sobre a língua em uso nos textos orais e escritos com que lidamos no nosso dia a dia, seja como produtores, seja como leitores, a língua deve ser considerada de maneira mais ampla.

A língua faz mais do que estabelecer um canal de comunicação: ela pode permitir que uma pessoa exerça poder sobre outra(s) ou manipule situações, pode criar amizades ou antipatias, pode abrir ou fechar portas, e isso depende, entre outros fatores, da maneira como os interlocutores compreendem e se relacionam com os textos que produzem, que recebem, que chegam a eles por diferentes meios.

Interlocutores são as pessoas que, por meio da(s) linguagem(ns) e em um processo contínuo de interação, produzem e recebem textos.

As escolhas feitas ao se produzir um texto, bem como as possibilidades de entendimento construídas no momento de sua leitura, podem ser menos ou mais aprofundadas, ou complexas, ou críticas, dependendo do conhecimento dos interlocutores sobre todas as variáveis de que a língua se constitui. Certo fato, contado de maneiras distintas, pode transformar pessoas em vítimas ou vilãs, conforme queiram os produtores do texto. É o que acontece, por exemplo, nas manchetes a seguir, publicadas no mesmo dia e relativas ao mesmo fato.

20/06/2013 • 20h43 – Atualizado em 20/06/2013 • 20h55

Grupo tenta invadir Palácio do Itamaraty e é repelido pela polícia

(Disponível em: http://g1.globo.com/distrito-federal/noticia/2013/06/grupo-tenta-invadir-palacio-do-itamaraty-e-e-repelido-pela-policia.html. Acesso em: 2/6/2015.)

Vândalos tentam invadir prédio do Itamaraty

20/06/2013 • 16h58

(Disponível em: http://oglobo.globo.com/brasil/vandalos-tentam-invadir-predio-do-itamaraty-8756973. Acesso em: 2/6/2015.)

Itamaraty vira alvo de manifestantes radicais em Brasília

DE BRASÍLIA 20/06/2013 • 20h45

(Disponível em: http://www1.folha.uol.com.br/cotidiano/2013/06/1298653-itamaraty-vira-alvo-de-manifestantes-radicais-em-brasilia.shtml. Acesso em: 2/6/2015.)

20/06/2013 às 20:34

Fogo na fachada do Palácio do Itamaraty: vagabundos tentam depredar o prédio

(Disponível em: http://veja.abril.com.br/blog/reinaldo/geral/fogo-na-fachada-do-palacio-do-itamaraty-vagabundos-tentam-depredar-o-predio/. Acesso em: 2/6/2015.)

As manchetes dizem respeito a um dos acontecimentos que marcaram os protestos no país em junho de 2013. Cada uma se refere de maneira diferente tanto às pessoas quanto à ação praticada por elas. As pessoas são tratadas como "manifestantes radicais", "grupo", "vândalos" e "vagabundos", de acordo com a ideologia e a visão dos fatos que o autor de cada texto tem. Quando lemos essas manchetes, somos levados a considerar as ações das pessoas menos ou mais legítimas, merecedoras de menor ou maior credibilidade, dependendo tanto da maneira como o fato é narrado quanto da nossa própria ideologia. Afinal, "manifestantes radicais" são certamente mais merecedores de respeito do que "vagabundos".

Consideraremos em nosso estudo, portanto, que a língua é mais do que mero instrumento, sistema, código ou conjunto de sinais. O ponto de vista que adotaremos toma por base ideias de teóricos como Émile Benveniste e, principalmente, Mikhail Bakhtin, que trazem para o foco de seus estudos também os interlocutores, ou sujeitos da enunciação, como coadjuvantes da interação verbal. De acordo com esse ponto de vista:

> **Língua** é um fenômeno indissociavelmente cultural, social e cognitivo construído e compartilhado pelos interlocutores no processo de interação verbal.

Veremos que a língua tem grande poder: constrói realidades, imagens, pessoas, fatos. Está sempre em evolução, em consonância com as mudanças que ocorrem na sociedade, e, por esse motivo, só pode ser compreendida, de fato, se for considerada a situação de comunicação.

No estudo do anúncio publicitário feito na seção **Foco no texto**, você viu que, para ter domínio de uma língua, isto é, para conseguir fazer uma boa leitura de um texto produzido nessa língua, não basta conhecer o código e as regras que a compõem. É importante saber quem produz cada texto, para quem, com quais intenções, pois só assim poderemos construir seus sentidos. O anúncio lido faz uso explícito da situação de comunicação em que foi produzido, ao explorar propositalmente de forma ambígua relações com fatos históricos e sociais do momento. Se o leitor não fizer o mesmo percurso, corre o risco de não compreendê-lo.

Os textos estão sempre em diálogo: com seus supostos leitores, simpatizantes ou inimigos; com outros textos; com fatos sociais e ideologias vigentes no momento histórico em que são produzidos; com a cultura de cada época; etc.

Esse diálogo, porém, nem sempre é explícito. Na seção **Literatura** vimos que o conhecimento do contexto no qual o poema "José" foi produzido — o da Segunda Guerra Mundial — permite construir novos sentidos para o texto.

TEXTO E ENUNCIAÇÃO

Leia, ao lado, um anúncio que presta uma homenagem.

1. O desenho de uma estrela com uma data embaixo, que se vê no lado esquerdo do anúncio, constitui um código muito conhecido em nossa sociedade.

a. Qual é o significado da estrela?

b. Em qual situação social esse código é geralmente utilizado?

c. Qual outra informação se espera que venha na sequência e qual ícone em geral a representa?

2. No lado direito do anúncio, há outro desenho, também acompanhado de data. A qual expressão da nossa língua esse desenho remete e que sentido essa expressão tem normalmente?

3. Releia o enunciado da parte inferior do anúncio: "Homenagem ao homem que foi papa. E sobreviveu".

a. A primeira frase do enunciado possibilita saber a qual "homem que foi papa" a homenagem se refere?

b. No contexto, a frase "E sobreviveu" permite a construção de um sentido bem específico para a condição de papa. Qual é esse sentido?

TheGetz

(Disponível em: http://www.adonline.com.br/ad2005/upload/g464.jpg. Acesso em: 2/6/2015.)

4. Leia esta notícia:

Bento 16 anuncia renúncia; novo papa será eleito em março

11/02/2013 09h07 — Atualizado às 12h50

O papa Bento 16 anunciou, nesta segunda-feira, que vai renunciar ao cargo no próximo dia 28.

Esta é a primeira vez em quase seis séculos que um papa renuncia ao cargo. O último a fazer isso foi Gregório 12, em 1415.

O papa disse em um comunicado que está "plenamente consciente da dimensão do seu gesto" e que renuncia ao cargo por livre e espontânea vontade.

O porta-voz do Vaticano, Frederico Lombardi, disse que o papa não havia renunciado por "dificuldades no papado" e que a decisão havia sido uma surpresa, indicando que mesmo os auxiliares mais próximos não sabiam que ele estava para deixar o cargo.

[...]

(Disponível em: http://www1.folha.uol.com.br/mundo/2013/02/1229314-papa-bento-16-vai-renunciar-diz-agencia.shtml. Acesso em: 2/6/2015.)

Relacione o anúncio lido à notícia.

a. A quem se dirige a homenagem feita no anúncio?

b. Segundo a notícia, foi a primeira vez em quase 600 anos que um papa renunciou ao cargo. Tendo esse fato em vista, levante hipóteses: Por que os outros papas, nesse período, não sobreviveram?

c. É possível considerar que a morte dos outros papas, nesse período, estaria relacionada às dificuldades do cargo?

REGISTRE NO CADERNO

PRODUÇÃO DE TEXTO

O que é gênero do discurso

PROJETO

O contexto de produção e recepção dos textos

Quais textos você produzirá nesta unidade? Com que finalidade? Quem vai ler ou ouvir seus textos?

Nesta unidade, nosso projeto é a apresentação de um *sarau literomusical*. Para realizar esse sarau, vamos estudar alguns gêneros que servirão de base a ele. Nesse estudo, você e seus colegas lerão e produzirão relatos, poemas e textos teatrais, que serão expostos, declamados e apresentados ao público no dia do evento.

O objetivo principal do sarau será proporcionar aos convidados um contato prazeroso com a arte literária e teatral.

FOCO NO TEXTO

Leia o painel de textos a seguir.

Texto 1

Empresas oferecem serviço de arranjo e delivery de flores

Thinkstock/Getty Images

Receber flores em casa não é privilégio dos apaixonados. Quem desembolsar a partir de R$ 180 por mês pode acordar de manhã e dar de cara com um buquê de flores frescas, da estação, escolhidas por um florista.

Incentivadas pelos próprios clientes, floriculturas passaram a oferecer pacotes de entregas semanais. A fidelidade garante arranjos até 20% mais baratos aos assinantes. A maioria, cerca de 70%, é composta de lojas, hotéis, restaurantes e escritórios. Em ambientes corporativos, o hit é o arranjo de orquídeas (R$ 100, em média).

Os outros 30% são os clientes residenciais, que formam um nicho bastante particular. As "pessoas físicas", como Vanderlei Marques, 47, da Reserva Floral, gosta de chamá-los, contratam o serviço "porque já gostam de flor e querem a conveniência de não ter de sair para comprar".

[...]

(Disponível em: http://www1.folha.uol.com.br/saopaulo/2014/09/1518768-empresas-oferecem-servico-de-arranjo-e-delivery-de-flores-veja-9-lojas.shtml. Acesso em: 2/6/2015.)

Texto 2

flor: /ô/ s.f. [...] **1.** MORF. BOT. estrutura reprodutiva das angiospermas que, quando completa, é constituída por cálice, corola, androceu (estames) e gineceu (pistilos) e, quando incompleta, deve apresentar, no mínimo, um estame ou um pistilo [...]. **2.** p. ext. desig. comum a qualquer planta cultivada como ornamental por suas flores <a chuva aguou as f.> **3.** fig. o que há de melhor, mais bonito, mais livre de impurezas, mais nobre [...]

Dicionário Houaiss da Língua Portuguesa. Rio de Janeiro: Objetiva, 2001.

Texto 3

(Disponível em: http://outros.divulgueconteudo.com/576983-selecao-de-tiras-004. Acesso em: 2/6/2015.)

Texto 4

A flor e a náusea

[...]

Uma flor nasceu na rua!
Passem de longe, bondes, ônibus, rio de aço do tráfego.
Uma flor ainda desbotada
ilude a polícia, rompe o asfalto.
Façam completo silêncio, paralisem os negócios,
garanto que uma flor nasceu.

Sua cor não se percebe.
Suas pétalas não se abrem.
Seu nome não está nos livros.
É feia. Mas é realmente uma flor.

Sento-me no chão da capital do país às cinco horas da tarde
e lentamente passo a mão nessa forma insegura.
Do lado das montanhas, nuvens maciças avolumam-se.
Pequenos pontos brancos movem-se no mar, galinhas em pânico.
É feia. Mas é uma flor. Furou o asfalto, o tédio, o nojo e o ódio.

(Carlos Drummond de Andrade. *Antologia poética*. Rio de Janeiro: José Olympio, 1978.)

Texto 5

Eu nunca recebi flores, e isso me frustra. A maior parte das pessoas vai dizer que é frescura minha, mas me sinto um peixe fora d'água sempre que estou entre outras garotas e percebo que sou a única que nunca ganhou nenhuma. [...].

Houve um tempo que eu dizia que não gostaria de receber flores, que preferia receber qualquer outra coisa, que dar flores a alguém se resume em perda de tempo e dinheiro. Hoje retiro tudo o que disse. Quero um príncipe encantado de camiseta e calça jeans me esperando no portão com um buquê de rosas na mão e um sorriso no rosto. [...]

(Disponível em: http://holdness.tumblr.com/post/41162192508. Acesso em: 2/6/2015.)

Texto 6

Aliah Percepção

(Disponível em: https://blogfante.files.wordpress.com/2009/09/anuncio-1-rv-residenciais.jpg. Acesso em: 2/6/2015.)

Todos os textos lidos têm em comum o fato de fazerem alguma referência a flores. Cada um tem, entretanto, uma função e um objetivo específicos; por isso são tão diferentes entre si.

REGISTRE NO CADERNO

1. Tendo em vista o conhecimento que você tem sobre textos, associe, em seu caderno, os textos lidos às seguintes classificações, levando em conta a função social de cada um.

a. anúncio publicitário

b. reportagem de jornal

c. poema

d. história em quadrinhos

e. verbete

f. *post* de *blog* pessoal

2. Escolha três textos que você tenha classificado corretamente e aponte características desses textos que, na sua opinião, contribuíram para facilitar essa identificação.

Os gêneros do discurso

Governo do Estado do Rio Grande do Norte/ Fernando Favoretto/ Criar Imagem/ Shutterstock/ Fundação Casa de Jorge Amado

Na atividade anterior, você observou que determinadas características (estrutura, estilo, finalidades, autores, interlocutores, entre outras) são comuns a certos textos e aparecem de forma recorrente, o que torna possível classificar um texto novo com base em outros já conhecidos.

Essas semelhanças, menos ou mais recorrentes, compõem o que se chama de *gêneros do discurso*.

Como vimos na seção **Língua e linguagem**, há muitos e muitos séculos a linguagem e os textos têm sido foco de estudo. O conceito de gênero, da mesma forma, não é novo, embora no passado o foco dos estudos nessa área fossem os gêneros literários.

Os gêneros na perspectiva aristotélica

Platão e Aristóteles, na Grécia antiga (século III a.C.), já refletiam sobre as características dos textos literários e as funções que esses textos desempenhavam socialmente e, entre elas, destacavam o papel da literatura como imitação da realidade humana.

Nelson Provazi

Da concepção clássica desses pensadores, surgiu uma divisão dos textos literários em três gêneros básicos, que imitariam a vida, diferenciando-se entre si pelos meios utilizados para realizar essa imitação. São eles os gêneros *dramático*, *lírico* e *épico*.

Atualmente, essa classificação é questionada por estudiosos, pois, com o passar do tempo, novos gêneros literários surgiram e gêneros literários antigos se renovaram. Vale a pena, no entanto, conhecê-la, pois ela serviu de base para os estudos posteriores sobre os gêneros literários.

Gênero dramático

O gênero dramático é representado essencialmente por textos teatrais e se subdivide em *tragédia* e *comédia*. De maneira resumida, pode-se considerar que essas duas formas de composição se diferenciam pelo tipo de ação praticada pelas personagens. As peças em que são retratadas personagens de caráter elevado, em comparação com o dos homens comuns, são classificadas como tragédias, enquanto aquelas em que são retratadas personagens de caráter inferior ao dos homens comuns, são classificadas como comédias.

Nas composições do gênero dramático, não há interferência de narrador. Assim, as personagens agem por elas mesmas, em uma imitação mais direta da realidade.

O texto a seguir é um trecho de *Édipo rei*, de Sófocles, uma das mais conhecidas peças dramáticas do teatro grego antigo.

[...]

O SACERDOTE Realmente, tu falas no momento oportuno, pois acabo de ouvir que Creonte está de volta.

ÉDIPO Ó rei Apolo! Tomara que ele nos traga um oráculo tão propício, quanto alegre se mostra sua fisionomia!

O SACERDOTE Com efeito, a resposta deve ser favorável; do contrário, ele não viria assim, com a cabeça coroada de louros.

ÉDIPO Vamos já saber; ei-lo que se aproxima, e já nos pode falar. Ó príncipe, meu cunhado, filho de Meneceu, que resposta do deus Apolo tu nos trazes?

Entra CREONTE

CREONTE Uma resposta favorável, pois acredito que mesmo as coisas desagradáveis, se delas nos resulta algum bem, tornam-se uma felicidade.

Marijan Murat/DPA/AFP

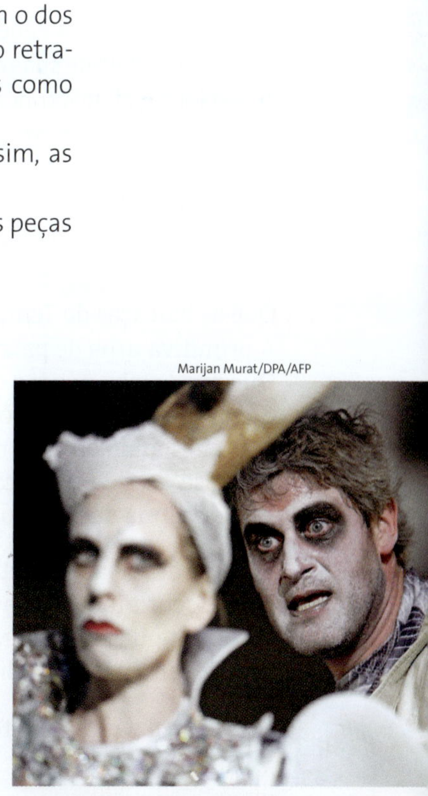

ÉDIPO Mas, afinal, em que consiste essa resposta? O que acabas de dizer não nos causa confiança, nem apreensão.

CREONTE (*Indicando o povo ajoelhado.*) Se queres ouvir-me na presença destes homens, eu falarei; mas estou pronto a entrar no palácio, se assim preferires.

ÉDIPO Fala perante todos eles; o seu sofrimento me causa maior desgosto do que se fosse meu, somente.

CREONTE Vou dizer, pois, o que ouvi da boca do deus. O rei Apolo ordena, expressamente, que purifiquemos esta terra da mancha que ela mantém; que não a deixemos agravar-se até tornar-se incurável.

ÉDIPO Mas por que meios devemos realizar essa purificação? De que mancha se trata?

CREONTE Urge expulsar o culpado, ou punir, com a morte, o assassino, pois o sangue maculou a cidade.

ÉDIPO De que homem se refere o oráculo à morte?

CREONTE Laio, o príncipe, reinou outrora neste país, antes que te tornasses nosso rei.

ÉDIPO Sim; muito ouvi falar nele, mas nunca o vi.

CREONTE Tendo sido morto o rei Laio, o deus agora exige que seja punido o seu assassino, seja quem for.

ÉDIPO Mas onde se encontra ele? Como descobrir o culpado de um crime tão antigo?

CREONTE Aqui mesmo, na cidade, afirmou o oráculo. Tudo o que se procura, será descoberto; e aquilo de que descuramos, nos escapa.

ÉDIPO fica pensativo por um momento

[...]

descuramos: descuidamos.

(*Sófocles*. Clássicos Jackson, v. XXII. Tradução de J. B. de Mello e Souza. Disponível em: http://www.dominiopublico.gov.br/download/texto/cv000024.pdf. Acesso em: 3/5/2015.)

Gênero lírico

Nas composições do gênero lírico, não há personagens e o poeta se expressa na voz de um eu lírico que fala de suas emoções e impressões sobre o mundo. Em geral, essas composições exploram efeitos sonoros, tais como repetição, ritmo e a musicalidade das palavras.

No poema lírico abaixo, por exemplo, a repetição das palavras *que* e *como* no início de versos contribui para dar ritmo ao poema, enquanto a repetição do som /s/ confere musicalidade ao texto.

Que as barcaças do Tempo me devolvam
A primitiva urna de palavras.
Que me devolvam a ti e o teu rosto
Como desde sempre o conheci: pungente
Mas cintilando de vida, renovado
Como se o sol e o rosto caminhassem
Porque vinha de um a luz do outro.

Que me devolvam a noite, o espaço
De me sentir tão vasta e pertencida
Como se águas e madeiras de todas as barcaças
Se fizessem matéria rediviva, adolescência e mito.

Que eu te devolva a fonte do meu primeiro grito.

Nelson Provazi

pungente: tocante, comovente, emocionante.

(Hilda Hilst. *Do desejo*. São Paulo: Globo, 2004.)

Gênero épico

O gênero épico é representado por textos essencialmente narrativos. Entre os textos épicos, destacam-se as epopeias, nas quais há um narrador que conta grandes feitos de heróis em 3ª pessoa.

Pelo fato de apresentarem narrador, os textos épicos geralmente são mais extensos do que os dos gêneros lírico e dramático. Contam geralmente histórias que se passam em longos períodos de tempo e envolvem longas viagens, aventuras e guerras, nas quais sobressaem proezas vividas por um bravo herói, um povo ou uma nação.

O texto épico a seguir faz parte do Canto III de *Os lusíadas*, de Luís de Camões, obra que narra a heroica viagem de Vasco da Gama às Índias, bem como outros feitos heroicos da história do povo português.

Destarte o Mouro, atónito e torvado,
Toma sem tento as armas mui depressa;
Não foge, mas espera confiado,
E o ginete belígero arremessa.
O Português o encontra denodado,
Pelos peitos as lanças lhe atravessa;
Uns caem *meios* mortos e outros vão
A ajuda convocando do Alcorão.

[...]

Cabeças pelo campo vão saltando,
Braços, pernas, sem dono e sem sentido,
E doutros as entranhas palpitando,
Pálida a cor, o cesto amortecido.
Já perde o campo o exército nefando;
Correm rios do sangue desparzido,
Com que também do campo a cor se perde,
Tornado *carmesi*, de branco e verde.

(Saraiva: São Paulo, 2010. p. 77-8. Col. Clássicos Saraiva.)

Nelson Provazi

carmesi: vermelho.
confiado: confiante.
denodado: valente.
desparzido: espalhado.
destarte: dessa forma.
ginete: cavaleiro.
nefando: degradado.
torvado: perturbado.

APLIQUE O QUE APRENDEU

Classifique os textos a seguir conforme a divisão dos gêneros literários concebida por Platão e Aristóteles. Justifique sua classificação com base nas características de cada texto.

a.

Nesse tempo, já todos quantos fugiram à morte escarpada
se encontravam em casa, salvos da guerra e do mar.
Só àquele, que tanto desejava regressar à mulher,
Calipso, ninfa divina entre as deusas, retinha
em côncavas grutas, ansiosa que se tornasse seu marido.
Mas quando chegou o ano (depois de passados muitos outros)
no qual decretaram os deuses que ele a Ítaca regressasse,
nem aí, mesmo entre o seu povo, afastou as provações.
E todos os deuses se compadeceram dele,
todos menos Posêidon: e até que sua terra alcançasse,
o deus não domou a ira contra o divino Ulisses.

(Homero. *Odisseia*. Tradução e prefácio de Frederico Lourenço. São Paulo: Penguin/Companhia das Letras, 2011.)

escarpada: árdua, penosa.

b.

Espera

Não me digas adeus, ó sombra amiga,
Abranda mais o ritmo dos teus passos;
Sente o perfume da paixão antiga,
Dos nossos bons e cândidos abraços!

Sou a dona dos místicos cansaços,
A fantástica e estranha rapariga
Que um dia ficou presa nos teus braços...
Não vás ainda embora, ó sombra amiga!

Teu amor fez de mim um lago triste:
Quantas ondas a rir que não lhe ouviste,
Quanta canção de ondinas lá no fundo!

Espera... espera... ó minha sombra amada...
Vê que pra além de mim já não há nada
E nunca mais me encontras neste mundo!...

(Florbela Espanca. Disponível em: http://www.releituras.com/fespanca_menu.asp. Acesso em: 2/6/2015.)

ondinas: seres mitológicos habitantes de lagos e rios; ninfas.

Coleção particular

Mulher jovem no campo, de Jules Breton.

Os gêneros em uma perspectiva atual: Bakhtin e os gêneros do discurso

Hoje em dia, é comum nos depararmos com textos diversos e em lugares muito variados. Nossa vida é permeada por textos, sejam eles orais ou escritos, sejam verbais ou não verbais. É por meio de textos que nos comunicamos com o mundo; que expomos nossas ideias, opiniões, sentimentos; que nos entendemos ou desentendemos com outras pessoas; que manifestamos nossas vontades e desejos; enfim, que vivemos e convivemos em sociedade.

> **Texto** é o produto da enunciação – composto de palavras, imagens, ícones ou qualquer outro código – que constitui unidade de sentido.

Tendo em vista a importância que os textos têm em nossa vida, a opção pelo estudo exclusivo do texto literário, como faziam os gregos, não mais se justifica, pois para desenvolvermos autonomia na leitura e na produção de textos é importante que tenhamos contato com o maior número possível deles em situações de comunicação diversificadas.

> **Situação de comunicação** é todo o contexto de produção e recepção de um texto.

Entre outros fatores, as situações de comunicação envolvem os interlocutores, o texto em si, os objetivos de quem o produz, os interesses de quem os recebe, o meio de circulação.

Ismar Ingber/Pulsar Imagens

Ale Silva/FuturaPress/"Mais Amor Por Favor"

Como vimos ao desenvolver a atividade que abre esta seção, conseguimos reconhecer e compreender um texto quando temos familiaridade com ele, isto é, quando já vimos em algum lugar outros semelhantes. O conjunto de elementos menos ou mais estáveis que caracterizam os textos é que nos permite chegar ao conceito de gêneros do discurso.

Discurso é o uso efetivo da língua, que se materializa em textos nos quais estão envolvidos os valores, a ideologia, a cultura e os objetivos de quem os produz e de quem os recebe, ou seja, todos os elementos da situação de comunicação.

Leia os textos ao lado.

Todos são convites e, para cumprir a função de convidar, seguem um determinado padrão, um modelo socialmente reconhecido. Assim, contêm informações como data, hora, local, quem convida, para o que convida, quem é o convidado (este, em geral, identificado no envelope ou na capa do convite). Entretanto, podem sofrer muitas variações, dependendo da situação de comunicação em que se inserem: o grau de formalidade do evento, a idade dos interlocutores, os gostos particulares dos sujeitos envolvidos, entre outros fatores. O convite é um dos gêneros do discurso.

Gêneros do discurso são padrões textuais construídos socialmente que se manifestam em textos orais e escritos. Utilizados em situação de interação social, apresentam uma estabilidade mínima quanto ao conteúdo, quanto à estrutura e quanto ao uso da linguagem.

Bakhtin considera que há três elementos centrais na constituição dos gêneros: o tema, ou o conteúdo que se pode dizer naquele determinado gênero; o estilo, ou os recursos linguísticos selecionados para a construção de um gênero; e a forma composicional, ou a estrutura mínima compartilhada pelos textos de certo gênero.

Voltando ao exemplo anterior: ao recebermos ou produzirmos um convite, sabemos que o tema deve ser um evento necessariamente futuro do qual participarão algumas pessoas. O estilo pode ser bastante variado, de acordo com as características do evento. Quanto à forma composicional, ela pode variar, mas deve conter, como todos os convites, determinadas informações básicas (quem convida a quem, para que, quando, onde).

Rony Costa/finephoto

Ana Szcypula

Rafael Neves/Rony Costa/finephoto

Rony Costa/finephoto

Rony Costa/finephoto

Os gêneros variam também conforme a esfera em que circulam, isto é, os espaços (não apenas físicos, mas sociais) onde ocorre a interação verbal. Na esfera jornalística, por exemplo, há gêneros como notícias, reportagens, artigos de opinião, entrevistas, crônicas, etc. Na esfera literária, há gêneros como poemas, contos, crônicas, romances, etc. Certos gêneros são típicos de algumas esferas, mas é possível que determinado gênero circule em diferentes esferas, como é o caso, por exemplo, da crônica, que pode ser encontrada tanto em jornais quanto em obras literárias.

É possível, ainda, que um texto mescle características de dois ou mais gêneros em sua composição, seja para chamar a atenção de seus leitores, seja para fazer alguma brincadeira, entre outros motivos. É o caso do poema "Receita", de José Saramago, reproduzido abaixo. Nele, o autor utilizou uma forma simplificada de receita (cita quantidades e ingredientes para uma suposta "massa" e explica como proceder) para produzir um poema que trata da escrita de poemas.

Receita

Tome-se um poeta não cansado,
Uma nuvem de sonho e uma flor,
Três gotas de tristeza, um tom dourado,
Uma vela sangrando de pavor.
Quando a massa já ferve e se retorce
Deite-se a luz de um corpo de mulher,
Duma pitada de morte se reforce,
Que um amor de poeta assim requer.

(*Os poemas possíveis*. Alfragide, Portugal: Editorial Caminhos, 1997. p. 125.)

Nelson Provazi

Vemos, assim, que há nos gêneros estabilidades e variações. O que pode variar e o que é indispensável em cada um são determinados pelas características da situação de comunicação em que um texto de um certo gênero vai circular.

HORA DE ESCREVER

Com base em nosso estudo sobre gêneros, formulamos a seguir duas propostas para a produção de textos que podem ser apresentados no sarau literário a ser realizado no final da unidade.

A primeira é uma brincadeira, uma espécie de aquecimento, e pode dar origem a bons textos. A segunda é uma proposta mais orientada para o sarau.

Converse com o professor e os colegas sobre a melhor forma de divulgar os textos produzidos. Eles podem ser reunidos em antologias, que serão distribuídas aos convidados no dia do evento, ou ser expostos em murais.

1. Na última seção **Foco no texto** do capítulo, você leu textos de diferentes gêneros que abordam um único assunto: flores. Tomando como referência esses textos, você vai brincar de construir gêneros. Escolha, no quadro ao lado, um assunto e dois gêneros e produza dois textos de gêneros distintos sobre o assunto escolhido. Procure escolher gêneros bem diferentes entre si.

ASSUNTO	GÊNERO
amor	anúncio
tristeza	poema
felicidade	verbete
céu	*post* de *blog*
vida	tutorial
bicicleta	reportagem
	canção
	notícia
	história em quadrinhos

2. Leia, a seguir, o relato de duas pessoas sobre o primeiro contato que tiveram com a literatura.

Lembro-me, como se fosse hoje, dos ensinamentos dados pela minha mãe. Mesmo sendo uma pessoa analfabeta, era riquíssima em conhecimento da vida. Ela foi, é, e sempre será a minha musa inspiradora, pois foi ela quem me incentivou a entrar no mundo da leitura, dando-me oportunidade de ser alfabetizada mesmo antes de entrar na escola. Como é gostoso voltar no tempo e ver o quanto a leitura me fez tão bem! Recordo-me também que os patrões da minha mãe constantemente compravam gibis para mim, dando-me oportunidade de adentrar nessa descoberta. Um dos livros que marcou a minha infância foi *O patinho feio*, que tanto amava ler. Hoje me considero uma pessoa apaixonada pela leitura.

S. M. S.

Lembro-me de quando criança, sentada ao lado dos meus pais. Meu pai me presenteou com uma coleção, O Reino Encantado, e acompanhavam esta coleção os discos de histórias infantis Chapeuzinho Vermelho, Branca de Neve, O soldadinho de chumbo, Os três porquinhos. Ele gostava de colocar os discos para que eu escutasse e depois me mostrava o livro, recontando a história, enquanto eu observava as figuras. Na escola, minha professora, tia Socorro, também contava histórias. Eu gostava, porque ela contava e dramatizava Chapeuzinho Vermelho assustada quando foi à casa da vovó e a viu diferente. Pra mim, meu pai foi a pessoa mais importante, seguido da minha mãe, na dedicação com que me incentivaram a gostar da leitura.

E. A. P.

(Disponível em: http://ceelufpe.blogspot.com.br/2012/05/depoimentos-dos-participantes-do.html. Acesso em: 2/6/2015.)

Faça você também um relato de memória. Você pode se guiar por questões como: Qual foi o seu primeiro contato com a leitura? Quem foi a pessoa que apresentou a você o mundo da leitura? Quais lembranças você tem de momentos de leitura na infância? Quais textos gostava mais de ler?

ANTES DE ESCREVER

Quanto à proposta 1, sinta-se à vontade para desenvolvê-la como uma brincadeira. Quanto à proposta 2, siga estes passos:

- Responda mentalmente às perguntas feitas na proposta e pense se gostaria de contar mais alguma coisa.
- Escreva em 1ª pessoa, para dar um tom pessoal ao relato.
- Selecione os fatos que julgar mais importantes, a fim de que seu relato não fique muito longo.
- Contextualize as informações do seu texto. Assim, se optar por citar nomes, deixe claro a quem se referem; se mencionar locais, deixe claro quais são e qual a sua relação com eles.

ANTES DE PASSAR A LIMPO

Antes de dar seu texto por terminado, verifique:

- se você relatou os fatos que acredita serem os mais importantes na sua história;
- se você escreveu em 1ª pessoa;
- se há clareza quanto a quem são as pessoas e quais são os locais relativos às informações que você apresentou.

CAPÍTULO 2

Literatura na Baixa Idade Média: o Trovadorismo Variedades linguísticas O poema

LITERATURA

O Trovadorismo

FOCO NA IMAGEM

Observe este painel de imagens da Idade Média:

Easy Fotostock / Easypix Brasil

Interior da igreja Sainte-Chapelle, em Paris, construída entre 1246 e 1248 por ordem do rei Luís IX.

Bridgeman Images/Easypix Brasil/Galleria degli Uffizi, Florença, Itália

A anunciação (1333), de Simone Martini.

Bridgeman Images/Easypix Brasil/Basílica de São Francisco de Assis, Assis, Itália

São Francisco dá seu manto a um homem pobre, um dos 28 afrescos pintados por Giotto na igreja São Francisco de Assis, entre 1296 e 1300, em Assis, na Itália.

1. Observe o interior da igreja Sainte-Chapelle.

a. Como é o teto? Há pilares que o sustentam? Que efeito isso produz nesse espaço da igreja?

b. Como são os vitrais da capela? Que efeito eles têm na iluminação do ambiente?

c. A igreja é alta e imponente. Que efeito essas características têm para o significado religioso da construção?

2. Observe a pintura *A anunciação*. Nela, o pintor Simone Martini retrata o momento em que, de acordo com a história cristã, o arcanjo Gabriel anuncia a Maria que ela conceberia o filho de Deus, Jesus.

a. Qual é a reação de Maria? O que seu olhar expressa?

b. O que o olhar do anjo expressa?

3. Na parte superior de *A anunciação*, veem-se muitos anjos, em um céu que se abre. Na história cristã, o que significa essa aproximação entre céu e terra?

4. Observe a pintura *São Francisco dá seu manto a um homem pobre*, de Giotto. Essa obra representa uma grande renovação na pintura do final da Idade Média, por causa da proporcionalidade entre o tamanho das figuras humanas e o dos outros elementos.
Compare a pintura de Giotto e a de Simone Martini.

a. Qual das duas obras dá ideia de profundidade? Por quê?

b. Em qual das duas obras as personagens têm tamanho mais natural e realista? Por quê?

5. Apesar de notarmos diferenças entre as três obras observadas, que aspecto as aproxima e constitui uma das principais marcas da arte gótica medieval?

A arte gótica

A arte gótica surgiu na Europa na Baixa Idade Média e se manifestou fortemente na arquitetura (com a construção de igrejas) e na pintura.

Na arquitetura, as principais novidades em relação ao estilo românico, que predominou na Alta Idade Média, foram os tetos abobadados, sem colunas ou paredes de sustentação, e os vitrais.

dpa Picture-Alliance/AFP

FIQUE CONECTADO!

Amplie seus conhecimentos sobre a arte na Idade Média, pesquisando em:

LIVROS

- *O nome da rosa*, de Umberto Eco (Nova Fronteira); *O cavaleiro inexistente*, de Ítalo Calvino (Companhia das Letras); *A dama e o unicórnio*, de Tracy Chevalier (Bertrand do Brasil); *Contos e lendas da Távola Redonda*, de Jaqueline Miranda (Companhia das Letras); *A demanda do Santo Graal* (Companhia das Letras).

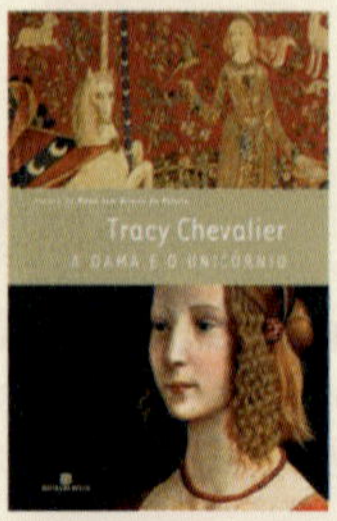

Editora Bertrand Brasil

Museu de Cluny, Paris, França

A dama e o unicórnio, tapeçaria medieval francesa que pode ser vista no Museu Nacional da Idade Média, em Paris.

FILMES

- *O nome da rosa*, de Jean-Jacques Annaud; *Excalibur*, de John Boorman; *O feitiço de Áquila*, de Richard Donner; *Rei Arthur*, de Antoine Fuqua; *Cruzada*, de Ridley Scott; *Joana d'Arc*, de Luc Besson.

Diomedia / Mary Evans / Ronald Grant

MÚSICAS

- Conheça as músicas que Carlos Núñez e José Miguel Wisnik criaram a partir das cantigas de Martim Codax para o espetáculo de dança *Sem mim*. Ouça também as músicas do disco *Musikantiga 1* e as adaptações que o Grupo de Música Antiga Mundinho, da Galícia, fez do cancioneiro medieval ibérico.

SITES

- http://cantigas.fcsh.unl.pt/sobreascantigas.asp
- http://educaterra.terra.com.br/voltaire/cultura/2005/07/14/001.htm
- http://www.musee-moyenage.fr/

IGREJAS

Delfim Martins/Pulsar Imagens

- O Brasil não tem igrejas do estilo gótico, mas tem várias inspiradas nesse estilo: Catedral de Petrópolis (RJ), Santuário do Caraça (MG), Catedral da Sé (SP, foto), Catedral de Santos (SP), Catedral Metropolitana de Vitória (ES) e Catedral Metropolitana de Fortaleza (CE), entre outras.

O contexto de produção e recepção do Trovadorismo

A obra arquitetônica e as pinturas que você examinou em **Foco na imagem** foram produzidas durante a Idade Média, momento em que, na literatura, surgiu o Trovadorismo.

Ao conjunto de produções literárias da Baixa Idade Média, em Portugal, chamamos *Trovadorismo*. Em uma época na qual a escrita se restringia a poucos, quem produzia a poesia trovadoresca em Portugal, durante os séculos de XII a XIV? Como ela era difundida? Quem era o público consumidor?

Os meios de circulação

O florescimento das cantigas trovadorescas em Portugal se deu em parte na corte, por influência das cantigas provenientes da França, e em parte na cultura popular ibérica. Apesar disso, era essencialmente na corte que elas eram cantadas e executadas. Os *trovadores* (geralmente nobres) eram os criadores das cantigas, mas quem as cantava e tocava, com o acompanhamento de outros músicos, era o *jogral*. Assim, de castelo em castelo, de feudo em feudo, essas composições eram transmitidas oralmente.

As cantigas representam um momento decisivo na cultura da Baixa Idade Média, uma vez que são a primeira importante manifestação cultural leiga, rompendo com os temas religiosos que marcaram o mundo medieval.

Poesia para ser cantada

[Na Idade Média, em Portugal] duas eram as espécies de poesia trovadoresca: a lírico-amorosa, expressa em duas formas, a cantiga de amor e a cantiga de amigo; e a satírica, expressa na cantiga de escárnio e de maldizer. O poema recebia o nome de "cantiga" (ou ainda de "canção" e "cantar") pelo fato de o lirismo medieval associar-se intimamente com a música: a poesia era cantada, ou entoada, e instrumentada. Daí se compreender que o texto sozinho, como o temos hoje, apenas oferece uma incompleta e pálida imagem do que seriam as cantigas quando cantadas ao som do instrumento, ou seja, apoiadas na pauta musical. Todavia, dadas as circunstâncias sociais e culturais em que essa poesia circulava, perderam-se numerosas cantigas, e a maioria das pautas musicais. Destas, somente restaram sete, pertencentes a Martim Codax, trovador da época de Afonso III (fins do século XIII). O acompanhamento musical fazia-se com instrumentos de corda, sopro e percussão (viola, alaúde, flauta, adufe, pandeiro, etc.).

(Massaud Moisés. *A literatura portuguesa através dos textos*. 17. ed. São Paulo: Cultrix. p. 15.)

O Trovadorismo em contexto

Durante a Idade Média, a concepção de mundo era essencialmente teocêntrica, isto é, Deus era o centro do mundo. A Igreja, nesse momento, tinha uma importância fundamental na vida das pessoas e toda produção e recepção das artes estava relacionada a ela.

Como poucos tinham acesso à leitura, à escrita, à cultura letrada e às artes em geral, era no espaço das igrejas que as pessoas podiam conhecer as manifestações da pintura, da música e da arquitetura. As representações teatrais também eram feitas na parte externa da igreja em datas religiosas, como a Sexta-Feira Santa, com enorme participação popular. Apesar de as missas serem celebradas em latim, também era nesses atos que as pessoas podiam ter acesso a textos bíblicos e contato com a moral cristã.

MAMO Alessio/hemis.fr/Alamy/Latinstock

Cristo como governante do universo, a Virgem e o Menino e santos (1190). Esse mosaico da catedral de Monreale (Sicília, Itália) é um exemplo da pintura bizantina que se fez na Europa até o início da Baixa Idade Média. Nesse tipo de pintura, observa-se a justaposição das imagens, sem profundidade. Cristo, retratado de modo frontal, apresenta uma postura rígida e majestosa como um juiz. Hierarquicamente dispostos, abaixo dele estão Maria e o menino e os santos.

FOCO NO TEXTO

O amor, o desprezo, a zombaria, a crítica, a ironia e a obscenidade foram cantados de diferentes formas por trovadores e jograis galego-portugueses. Para conhecer a linguagem dessas cantigas, você irá ler três textos: uma cantiga de amor, de João Garcia de Guilhade, uma de amigo, de Pero Meogo, e uma cantiga satírica, de D. Pedro, Conde de Portugal. Além da versão original, em galego-português (língua em estágio anterior ao português), apresentamos uma versão em português contemporâneo. Sugerimos a leitura de ambas as versões, a fim de que possam ser observados os recursos sonoros, sintáticos e lexicais das cantigas.

Texto 1

Quantos an gran coita d'amor
eno mundo, qual og' eu ei,
querrian morrer, eu o sei,
o averrian én sabor.
Mais mentr' eu vos vir', mia senhor,
    sempre m'eu querria viver,
    e atender e atender!

Pero ja non posso guarir,
ca ja cegan os olhos meus
por vos, e non me val i Deus
nen vos; mais por vos non mentir,
enquant' eu vos, mi senhor, vir',
    sempre m'eu querria viver,
    e atender e atender!

E tenho que fazen mal-sen
quantos d'amor coitados son
de querer sa morte, se non
ouveron nunca d'amor ben
com' eu faç'. E, senhor, por én
    sempre m'eu querria viver,
    e atender e atender!

Quantos o amor faz padecer
penas que tenho padecido,
querem morrer e não duvido
que alegremente queiram morrer.
Porém enquanto vos puder ver,
    vivendo assim eu quero estar
    e esperar, esperar.

Sei que a sofrer estou condenado
e por vós cegam os olhos meus.
Não me acudis; nem vós, nem Deus.
Mas, se sabendo-me abandonado,
ver-vos, senhora, me for dado,
    vivendo assim eu quero estar
    e esperar, esperar.

Esses que veem tristemente
desamparada sua paixão,
querendo morrer, loucos estão.
Minha fortuna não é diferente;
porém eu digo constantemente:
    vivendo assim eu quero estar
    e esperar, esperar.

(João Garcia de Guilhade. In: *Cantares dos trovadores galego-portugueses*. Organização e adaptação da linguagem por Natália Correia. Lisboa: Estampa, 1998. p. 112-3.)

The Bridgeman Art Library/Keystone Brasil/Biblioteca Monasterio del Escorial, Madri, Espanha

Ilustração do século XIII.

coita: dor, aflição, desgosto.
fortuna: destino, fado.

Texto 2

(Levou-s'a louçana), levou-s'a velida; vai lavar cabelos na fontana fria, leda dos amores, dos amores leda.	*A bela acordara, formosa se erguia; lavar seus cabelos vai, na fonte fria, radiante de amores, de amores, radiante.*
(Levou-s'a velida), levou-s'a louçana; vai lavar cabelos na fria fontana, leda dos amores, dos amores leda.	*Formosa se erguia; a bela acordara; lavar seus cabelos vai, na fonte clara; radiante de amores, de amores, radiante.*
Vai lavar cabelos na fontana fria; passa seu amigo que lhi ben queria, leda dos amores, dos amores leda.	*Lavar seus cabelos vai, na fonte fria; passa seu amigo que muito lhe queria, radiante de amores, de amores, radiante.*
Vai lavar cabelos na fria fontana, passa seu amigo que a muit'ama, leda dos amores, dos amores leda.	*Lavar seus cabelos vai, na fonte clara, passa seu amigo que muito a amava, radiante de amores, de amores, radiante.*
Passa seu amigo, que lhi ben queria; o cervo do monte a augua volvia, leda dos amores, dos amores leda.	*Passa seu amigo que muito lhe queria; o cervo do monte a água volvia, radiante de amores, de amores, radiante.*
Passa seu amigo, que a muit'ama; o cervo do monte volvia a augua, leda dos amores, dos amores leda.	*Passa seu amigo que muito a amava; o cervo do monte revolvia a água, radiante de amores, de amores, radiante.*

(Pero Meogo. In: *Cantares dos trovadores galego-portugueses*, cit., p. 142-5.)

João Garcia de Guilhade e Pero Meogo

João Garcia de Guilhade viveu no século XIII. De acordo com o que é dito em suas cantigas, ele era cavaleiro, homem da corte e natural de Barcelos, uma cidade da região norte de Portugal. Era, portanto, um trovador, ou seja, um homem da nobreza que compunha as músicas e as letras de suas cantigas e as executava para o público da corte. As diversas cantigas de João Garcia de Guilhade deixam entrever um homem excêntrico, otimista, amante da vida e dotado de independência intelectual, pois, em várias delas, desafia as rígidas normas do amor cortês.

As informações sobre Pero Meogo são bastante imprecisas. Estima-se que ele era galego e que tenha vivido no século XIII. O caráter popular de suas nove cantigas de amigo sugere que ele tenha pertencido à classe dos jograis, cantores de origem popular. Em suas composições destaca-se a maneira como a natureza e a paixão amorosa se misturam no cantar dos amores femininos.

amigo: namorado.

REGISTRE NO CADERNO

1. Observe o eu lírico (a voz que fala em poemas ou canções) de cada uma das cantigas.

a. Nas cantigas de amor, o eu lírico é tradicionalmente masculino. O texto 1, de João Garcia de Guilhade, segue esse modelo? A quem o eu lírico se dirige?

b. Nas cantigas de amigo, manifesta-se geralmente um eu lírico feminino, ou seja, há uma voz feminina que canta, em 1ª pessoa, os seus sentimentos amorosos. O texto 2, de Pero Meogo, segue esse modelo? Justifique sua resposta com elementos do texto.

2. No texto 1, o eu lírico lamenta, logo no primeiro verso, a "coita d'amor", isto é, o sofrimento amoroso por não ser correspondido pela amada.

a. Nas cantigas de amor, a visão é afetada pelo sofrimento do amante. Que verso dessa cantiga melhor exemplifica tal afirmação?

b. Ao sofrer uma dor que não cessa, as vítimas do amor não correspondido normalmente desejam a morte. Esse é o desejo do eu lírico dessa cantiga? Justifique sua resposta.

3. As cantigas de amor galego-portuguesas seguem o modelo das canções dos trovadores da Provença, região do sul da França. As canções provençais baseiam-se no chamado *amor cortês*, uma concepção de amor regida por códigos precisos e rigorosos. Leia o boxe "Os trovadores e o amor cortês" e, a seguir, responda: Que elementos característicos do amor cortês estão presentes na cantiga de João Garcia de Guilhade?

4. Originárias da própria península Ibérica, as cantigas de amigo apresentam um registro mais popular. Nessas composições, a figura feminina tem mais corporalidade, diferenciando-se da aristocrática e distante "senhora" das cantigas de amor.

REGISTRE NO CADERNO

a. No texto 2, quais são as características físicas da jovem?

b. Como é o ambiente em que ela está? Que elementos dele são mencionados?

c. Com quem ela se encontra?

d. Quais sentimentos tomam sua alma?

e. Nessa cantiga, a realização amorosa seria possível?

5. Formalmente, além do refrão, as cantigas de amigo podem apresentar paralelismos, uma técnica de repetição de versos que contribui para a musicalidade e a memorização.

a. O *par de estrofes* é um tipo de paralelismo que consiste na repetição de duas estrofes formadas por versos ligeiramente diferentes. Releia as duas primeiras estrofes do texto 2 e compare o 1º, o 2º e o 4º versos de cada uma delas. Quais são as modificações de um verso para outro?

b. O refrão, isto é, versos que se repetem no final de cada estrofe, auxilia na construção de sentido do texto, pois, pela repetição, sublinha uma ideia, um sentimento, uma emoção, uma concepção de vida do eu lírico. O que os refrões dos textos 1 e 2 ressaltam?

Os trovadores e o amor cortês

Baseado nas relações feudais de suserania e vassalagem, o amor cortês nasceu com a produção lírica dos trovadores, no século XII, no sul da França. Essa concepção de amor instaurou um tipo de relação na qual a dama, geralmente casada e de uma categoria social superior, torna-se a senhora, a suserana, daquele que lhe devota amor; por isso, o cavaleiro, ou o trovador, na posição de vassalo, é seu servidor e deve prestar-lhe a mesma fidelidade e devoção que presta ao seu senhor feudal. A dama, nesse contexto, é uma figura altiva, distante, praticamente inacessível.

O amor cortês é uma convenção amorosa que, nas cantigas de amor galego-portuguesas, se expressa pela presença de determinados elementos, entre os quais se observam:

- a absoluta submissão à dama;
- a vassalagem humilde e paciente, que se verifica, inclusive, pela presença da expressão *mia senhor* (minha senhora);
- o resguardo da dama, a fim de sua reputação não ser abalada; assim, era vedado ao trovador revelar quem era o objeto de seus lamentos e suspiros;
- o elogio à dama, feito por meio de termos abstratos e indeterminados quanto aos traços físicos ("fremosa, de bon parecer"), que podem aparecer combinados com qualidades não físicas ("bem falar", "siso", "doçura").

Mary Evans/BeBa/Iberfoto/Other Images/Museu Condé, Chantilly, França

Ilustração do século XV.

6. Compare as cantigas de amor e de amigo quanto à profundidade das ideias. Qual delas apresenta maior complexidade na abordagem do tema amoroso?

Texto 3

Na cantiga satírica a seguir, D. Pedro, Conde de Portugal, se refere a uma freira que se chamava Mor Martins Camela e a um rabi (líder religioso de comunidade judaica) que tinha o sobrenome Bodalho.

Natura das animalhas que son dũa semelhança é de fazeren criança, mais des que son fodimalhas. Vej'ora estranho talho qual nunca cuidei que visse: que emprenhass' e parisse a camela do bodalho.	*É próprio dos animais que da mesma espécie são fazer filhos: para a função têm órgãos naturais. Mas vejo eu um caso raro o qual não cuidei que visse: que emprenhasse e que parisse a camela do bodalho.*
As que son dũa natura juntan-s' a certas sazões e fazen sas criações; mais vejo já criatura ond'eu non cuidei veê-la; e poren me maravilho de bodalho fazer filho, per natura, na camela.	*Os de idêntica natura juntam-se em certos momentos para engendrar seus rebentos; mais eis que uma criatura vejo onde não cuidei vê-la e com tal me maravilho: Bodalho fazer um filho naturalmente a camela.*
As que son, per natureza, corpos dũa parecença juntan-s' e fazen nacença, — esto é sa dereiteza: mais non coidei en mia vida que camela se juntasse con bodalh' (e) emprenhasse (e) demais seer d'el parida.	*Esses a que a natureza deu igual conformação unem-se e nessa união fazem filhos com justeza. Mas não vi em minha vida camela que se juntasse com bodalho, engravidasse e dele fosse parida.*

(D. Pedro, Conde de Portugal. In: *Cantares dos trovadores galego-portugueses*, cit., p. 260-1.)

D. Pedro, Conde de Portugal

Também chamado de Conde de Barcelos, D. Pedro era filho bastardo de D. Dinis, rei de Portugal e célebre trovador, e viveu entre os séculos XIII e XIV. Compôs cantigas de amor, mas são as cantigas satíricas que se destacam em suas composições trovadorescas.

bodalho: porco.
cuidar: supor.
emprenhar: engravidar.

Luis Matuto

7. Para criticar a relação amorosa da freira com o rabi, o eu lírico faz, ironicamente, um jogo de palavras.

a. Em que consiste esse jogo?

b. Conclua: Na cantiga, as palavras *camela* e *bodalho* são empregadas em sentido literal ou figurado?

8. O eu lírico reitera ao longo da cantiga que a *camela* e o *bodalho* não são semelhantes por serem de espécies diferentes.

a. Com base na leitura do texto e nas informações dadas sobre a freira e o rabi, responda: Por que eles são considerados de espécies diferentes?

b. O eu lírico sugere que a relação da camela com o bodalho é um desvio da natureza. Que elementos do texto dão sustentação a essa ideia?

9. As cantigas satíricas medievais criticam comportamentos e costumes de personalidades da aristocracia ou de determinados grupos sociais e, ao fazer isso, revelam determinados valores e preconceitos da época.

   a. Que críticas são feitas na cantiga de D. Pedro?

   b. Que tipo de preconceito a cantiga revela?

10. Leia o boxe "As cantigas satíricas de escárnio e de maldizer" e depois responda: A cantiga satírica de D. Pedro, Conde de Portugal é de escárnio ou de maldizer?

As cantigas satíricas de escárnio e de maldizer

Diferentemente das cantigas de amor e de amigo, as cantigas de escárnio e de maldizer não apresentam entre si diferenças tão marcantes. Voltadas para a crítica de comportamentos cotidianos (sexuais e morais, por exemplo) ou políticos, elas se diferenciam, sobretudo, pelo trabalho com a linguagem. Na cantiga de escárnio, utiliza-se uma linguagem trabalhada, rica em imagens e ambiguidades, a fim de não revelar diretamente a pessoa ou as pessoas satirizadas. Nas cantigas de maldizer, a linguagem é mais direta, agressiva, por vezes obscena, e a pessoa satirizada é geralmente identificada.

ARQUIVO

Por meio da leitura dos textos líricos de João Garcia de Guilhade e de Pero Meogo e do texto satírico de D. Pedro, Conde de Portugal, você viu que:

nas cantigas de amor:

- o eu lírico é masculino;
- a mulher (a "senhor") é idealizada e distante;
- a "coita amorosa" é a aflição do eu lírico, traduzida em lamentos e muitas vezes desejo de morte, por não ter seu amor correspondido;
- o amor cortês é uma convenção amorosa regida por códigos e regras de acordo com os quais o eu lírico aparece na posição de vassalo, de servidor de sua "senhor";
- o tema amoroso é abordado com maior complexidade do que nas cantigas de amigo;
- o ambiente é o da aristocracia cortesã;
- não há paralelismos e pode haver refrão.

nas cantigas de amigo:

- o eu lírico é feminino;
- a mulher geralmente é uma jovem e, por meio da caracterização física, tem mais corporalidade do que a mulher presente nas cantigas de amigo;
- o amor é natural e espontâneo e é a figura feminina que expressa seus sentimentos, dirigindo-se ao amado/ namorado ("amigo");
- o ambiente é popular – campo, praia, vila –, com a presença de elementos naturais, como fontes e animais;
- pode haver refrão, há paralelismos e forte musicalidade.

nas cantigas de escárnio:

- a linguagem é trabalhada, irônica, cheia de ambiguidades e trocadilhos;
- a pessoa satirizada não é, em geral, identificada;
- a crítica volta-se para comportamentos e costumes de personalidades da aristocracia galega e portuguesa de certos grupos sociais, como clérigos, freiras, judeus, soldadeiras e prostitutas.

nas cantigas de maldizer:

- a linguagem é pouco trabalhada e pobre em recursos expressivos; é mais direta, agressiva e, por vezes obscena;
- a pessoa satirizada costuma ser identificada;
- a crítica tem o mesmo alvo que as cantigas de escárnio: comportamentos e costumes da aristocracia e de determinados grupos sociais, como clérigos, freiras, judeus, soldadeiras e prostitutas.

ENTRE
SABERES

HISTÓRIA • ARTE

Entre os séculos XII e XIV, as cantigas trovadorescas estiveram no centro da vida cultural e das manifestações literárias na área galego-portuguesa, tendo a modalidade mais complexa dessas produções, a cantiga de amor, sido cultivada primeiramente por trovadores provençais.

Como essas cantigas chegaram à nobreza portuguesa? Como se organizava a sociedade nessa época? De que modo essas cantigas refletiam a estrutura social desse período? Que outras artes se manifestavam então? Para refletir sobre essas questões, leia os textos a seguir.

nobiliárquico: relativo à nobreza.
normando: habitante da Normandia, região do noroeste da França.
occitânico: relativo à Occitânia, região do sul da França na qual, entre os séculos XII e XIV, falava-se uma série de dialetos, entre eles o provençal.
petição: pedido por escrito; requerimento.
românico: o mesmo que *romance*, estágio do português posterior ao latim vulgar e anterior ao galego-português.

As cantigas trovadorescas em terras portuguesas

Se a presença de trovadores occitânicos na Península é anterior ao aparecimento do reino de Portugal, somente a partir de finais do século XII se torna visível sua influência na nobreza portuguesa. E essa influência efetivou-se [...] em virtude do acolhimento daqueles autores em algumas cortes senhoriais e régias do norte peninsular. No Nordeste, em primeiro lugar, junto do magnata castelhano D. Rodrigo Dias dos Cameros, e em Leão, em segundo lugar, quando alguns trovadores demandaram a corte de Afonso IX. A partir daí o movimento irradiará para as terras galegas e portuguesas, onde, até cerca de 1240, prevalecerá, em ambiente senhorial, a sua vertente erótica associada [...] às cantigas de amor e de amigo. Reflexo das dificuldades de acesso à mulher que começavam a vigorar nos meios nobiliárquicos portugueses, a atenção que a literatura lhes passava a dedicar já foi interpretada por Georges Duby como um ritual de substituição de comportamentos mais violentos dos jovens nobres, que passavam pelo rapto da mulher [...].

(José Mattoso, dir. *História da vida privada em Portugal — Idade Média*. Lisboa: Círculo de Leitores e Temas e Debates, 2010. p. 326.)

As relações feudais

Ser «o homem» de outro homem: no vocabulário feudal, não existia aliança de palavras mais difundida do que esta, nem mais rica de sentido. Comum aos falares românicos e germânicos, servia para exprimir a dependência pessoal, em si. E isto, fosse qual fosse, aliás, a natureza jurídica exacta do vínculo e sem ter em conta qualquer distinção de classe. O conde era «o homem» do rei, tal como o servo o era do senhor da sua aldeia. Por vezes, era até no mesmo texto que, com poucas linhas de intervalo, condições sociais radicalmente diferentes eram assim evocadas, uma após outra: tal como, cerca do final do século XI, a petição de monjas normandas que se queixavam de que os seus «homens» — isto é, os seus camponeses — fossem obrigados por um alto barão a trabalhar nos castelos dos «homens» deste: entenda-se, os cavaleiros, seus vassalos. O equívoco não era chocante, pois, apesar do abismo entre as camadas sociais, a acentuação exercia-se sobre o elemento fundamental comum: a subordinação de indivíduo a indivíduo.

(Marc Bloch. *A sociedade feudal*. Lisboa: Edições 70. p. 169.)

O primeiro dever do bom vassalo, naturalmente, é saber morrer pelo seu chefe, com a espada na mão: sorte digna de inveja entre todas, pois é a de um mártir e abre as portas do paraíso. Quem fala deste modo? Os poetas? Sem dúvida, mas a Igreja também. Um cavaleiro havia sido obrigado a matar o seu senhor: «Deverias ter aceitado a morte em lugar dele — declara um bispo, em nome do concílio de Limoges, em 1031 — a tua fidelidade teria feito de ti um mártir de Deus.»

(Idem, p. 241.)

O renascimento das cidades

A cidade medieval, centro ativo de produção econômica, é também um centro de intensa produção cultural. Ela o é, em primeiro lugar, porque criou uma função intelectual nova, diferente daquela do mosteiro ou da catedral da Alta Idade Média, baseada na ideia da ciência, difundida por profissionais, por especialistas, e dirigida a uma população mais largamente alfabetizada. Ela foi uma cidade do ensino, do primário ao superior, como diríamos hoje, e levou ao nascimento da Universidade. Centro de trocas, ela permitiu à cultura popular das camadas rurais, encerrada nos campos, e à cultura erudita dos clérigos, fechada nas escolas eclesiásticas e nos *scriptoria*, reencontrar-se, e mesclou a realidade e o imaginário a ponto de implantar em si o teatro e de tornar-se ela própria um teatro. No domínio artístico essencial da Idade Média, o dos edifícios religiosos, ela criou uma arte urbana logo duplamente encarnada em produções sagradas e em produções profanas: a arte gótica.

(Jacques Le Goff. *O apogeu da cidade medieval*. São Paulo: Martins Fontes, 1992. p. 124.)

The Bridgeman Art Library/Keystone Brasil/ Museo de Firenze Com'era, Florença, Itália

Mapa de 1490 mostrando um panorama de Florença.

Agora, discuta com os colegas as seguintes questões.

1. No texto extraído do livro *História da vida privada em Portugal – Idade Média* é sugerido que as cantigas líricas trovadorescas desempenharam certo papel no comportamento dos jovens da nobreza portuguesa. Qual foi esse papel?

2. Na Idade Média, a sociedade feudal, organizada em três estamentos — o clero (os que oravam), a nobreza (os que lutavam) e os camponeses (os que trabalhavam) —, tinha uma estrutura hierárquica de relações sociais e políticas baseada na subordinação de um indivíduo a outro, bem como nos laços de fidelidade (vassalagem). Considerando essas informações e com base no texto "As relações feudais", responda: De que modo as relações de subordinação e de vassalagem estão presentes nas cantigas de amor?

3. As cantigas trovadorescas são uma expressão cultural que se desenvolveu na Baixa Idade Média, sobretudo nos meios aristocráticos e cortesãos. Paralelamente a elas, com o renascimento das cidades, outras expressões de arte e de cultura se manifestaram no período. De acordo com o texto "O renascimento das cidades", quais foram os elementos culturais que floresceram, então, em decorrência da vida citadina?

LÍNGUA E LINGUAGEM

Variedades linguísticas

FOCO NO TEXTO

Leia os seguintes versos de uma canção de Luís Gonzaga e Zé Dantas.

Vozes da seca

Seu doutô os nordestino têm muita gratidão
Pelo auxílio dos sulista nessa seca do sertão
Mas doutô uma esmola a um homem qui é são
Ou lhe mata de vergonha ou vicia o cidadão
É por isso que pidimo proteção a vosmicê
Home pur nóis escuído para as rédias do pudê
Pois doutô dos vinte estado temos oito sem chovê
Veja bem, quase a metade do Brasil tá sem cumê
Dê serviço a nosso povo, encha os rio de barrage
Dê cumida a preço bom, não esqueça a açudage
Livre assim nóis da ismola, que no fim dessa estiage
Lhe pagamo inté os juru sem gastar nossa corage
Se o doutô fizer assim salva o povo do sertão
Quando um dia a chuva vim, que riqueza pra nação!
Nunca mais nóis pensa em seca, vai dá tudo nesse chão
Como vê nosso distino mercê tem na vossa mão

(Disponível em: http://www.luizluagonzaga.mus.br/index.php?option=com_content&task=view&id=180&Itemid=103. Acesso em: 20/5/2015.)

Rui Rezende/SambaPhoto

1. Percebemos que há dois interlocutores na canção. Identifique com base nos versos:

a. quem fala;

b. a quem o eu que fala na canção se dirige.

2. Para se referir a seu interlocutor, o eu que fala na canção utiliza, entre outros, os seguintes tratamentos:

seu doutô
vosmicê
mercê

a. Levante hipóteses: A qual expressão de tratamento da norma-padrão equivale a palavra *seu*? Em que casos, em geral, essa expressão é utilizada?

b. Discuta com os colegas e o professor: As expressões *vosmicê* e *mercê* estão relacionadas com qual expressão do português arcaico?

c. Qual expressão de tratamento é utilizada hoje em dia no lugar de *vosmicê* e *mercê*?

REGISTRE NO CADERNO

d. Observe a evolução histórica simplificada da expressão *Vossa mercê*:

Vossa mercê > vosmicê > mercê > você

Que outras palavras da língua estão nessa mesma linha de evolução?

3. O eu que fala na canção não se expressa apenas em seu nome, mas em nome de toda uma população vitimada pela seca. Indique os itens que, conforme o texto, se referem corretamente a características das pessoas que compõem essa população.

- Trata-se de pessoas que não trabalham e esperam que as autoridades públicas resolvam seus problemas por meio de subsídio financeiro.
- Trata-se de pessoas que, embora miseráveis, mantêm seu orgulho pessoal e querem retribuir por meio do trabalho os benefícios que lhes sejam concedidos pelos governantes.
- Trata-se de pessoas trabalhadoras, que, em razão das condições adversas em que se encontram, não conseguem prosperar apenas por meio da disposição que têm para o trabalho.
- Trata-se de pessoas que vivem na miséria e não têm disposição para trabalhar e, assim, beneficiar a si mesmas e ao país.

4. Sabendo que a canção foi criada em 1953, analise e discuta com os colegas e o professor as afirmações abaixo, a fim de verificar se são verdadeiras ou falsas e por quê.

- O fato de muitas palavras da canção terem uma grafia não mais utilizada hoje em dia, isto é, correspondente ao português antigo, indica que ela foi escrita há muito tempo.
- Ainda que tenha sido escrita há mais de sessenta anos, a letra da canção trata de um tema extremamente atual.
- A letra da canção está escrita em uma variedade não padrão do português e ainda hoje muito presente na fala de um grande número de brasileiros.

5. Observe estas ocorrências: os nordestino, os rio, os juru.

a. Elas exemplificam uma regra própria da fala de algumas variedades do português brasileiro. Qual é essa regra?

b. Levante hipóteses: Em *juru*, o que explica a troca do ***o*** pelo ***u*** na segunda sílaba da palavra?

Acervo Iconographia

Getúlio Vargas, "pai dos pobres"

Pelo fato de a canção "Vozes da seca" datar de 1953, é possível afirmar que o "seu doutô" a que ela se refere é Getúlio Vargas, então presidente do Brasil. Responsável por implementar uma política que contemplava direitos sociais e trabalhistas e direcionada à parcela menos abastada da sociedade, Vargas ficou conhecido como "pai dos pobres". Tendo em vista esse forte apelo popular da figura do presidente Vargas, é compreensível que o enunciador de "Vozes da seca", ainda que seja uma pessoa simples, sinta-se à vontade para se dirigir diretamente a ele.

6. Releia as orações:

> "os nordestino têm muita gratidão"
> "pidimo proteção a vosmicê"
> "nunca mais nóis pensa em seca"

REGISTRE NO CADERNO

a. Reescreva as orações segundo as regras da norma-padrão escrita.

b. Discuta com os colegas e o professor: Quais são as diferenças entre a forma original e a forma das orações conforme a norma-padrão?

c. Observe a concordância entre o sujeito e o verbo em cada oração. Há uma regra comum para as três? Explique como ela é feita em cada uma.

7. Observe os seguintes pares de ocorrências: por / pur, qui / lhe, esmola / ismola, sem gastar / vai dá.

a. Em cada um dos pares de ocorrências, uma é grafada segundo a norma-padrão. Indique as ocorrências que seguem a norma e reescreva corretamente as que não seguem.

b. Levante hipóteses: O que levou à escrita dessas palavras de uma maneira diferente da prescrita pela norma ortográfica?

8. Por ser letra de canção, o texto em estudo circula principalmente por via oral, isto é, ele é mais cantado e ouvido do que escrito e lido. Com base nesse fato e nas respostas às questões anteriores, levante hipóteses:

a. As grafias e as construções que, no texto, estão em desacordo com a norma-padrão devem ser vistas como um problema? Justifique sua resposta.

b. Por que há oscilações entre ocorrências semelhantes, como *por* e "pur", "qui" e *lhe*, *esmola* e "ismola", *gastar* e "dá"?

REFLEXÕES SOBRE A LÍNGUA

J. I. Bulcão/Pulsar Imagens

No estudo do texto literário deste capítulo, você leu cantigas escritas em galego-português, na Idade Média, pelos antigos trovadores. O galego-português é uma língua de origem latina da qual deriva o português brasileiro, tal como conhecemos hoje. É um equívoco, entretanto, acreditarmos que o português brasileiro é uma língua falada homogeneamente em todo o país, uma vez que há elementos diversos que contribuem para que ela sofra variações.

Essas variações são de natureza geográfica, histórica, social, entre outras, e a elas se devem as diferenças observadas entre os falares dos brasileiros.

Alterações lexicais, semânticas e sintáticas, isto é, quanto a vocabulário, significados e construções, são comuns e naturais, fazendo parte da evolução de qualquer idioma. Assim:

> **Variação linguística** são os diferentes modos de falar uma língua – as variedades linguísticas – relacionados à idade do falante, à sua classe social, ao espaço em que ele se encontra e, ainda, aos objetivos e aos usos específicos que ele faz da língua.

Uma variedade é melhor que outra?

Podemos dizer que o português são muitos e que todas as suas variedades servem às finalidades para as quais existem. Determinar a norma-padrão de uma língua não significa definir uma variedade como a mais correta, mais completa, mais bonita ou mais dotada de certa qualidade específica. Trata-se, na verdade, de adotar uma convenção a fim de instituir e fixar um modo mais estável de se produzirem textos que possam perdurar por um período mais longo. O estabelecimento dessa convenção, sem dúvida, envolve relações de prestígio, poder, classe social. Em outras palavras, toda variedade linguística poderia, em princípio, ser definida como a norma-padrão, o que teria como consequência a produção de materiais e gramáticas para descrevê-la e legitimá-la.

Tipos de variação

Como vimos, a maneira de usar a língua varia segundo diversos elementos, constituindo, assim, diversos tipos de variação.

Variação diacrônica

Releia dois trechos das cantigas reproduzidas neste capítulo, na seção **Literatura**:

Passa seu amigo,
que lhi ben queria;
o cervo do monte
a augua volvia,
leda dos amores,
dos amores leda.

(Pero Meogo)

Quantos an gran coita d'amor
eno mundo, qual og' eu ei,
querrian morrer, eu o sei,
o averrian én sabor.
Mais mentr' eu vos vir', mia senhor,
sempre m'eu querria viver,
e atender e atender!

(João Garcia de Guilhade)

Nesses trechos, conseguimos reconhecer algumas palavras que utilizamos hoje em dia, como "lhi", "ben", "augua", "gran", "og", "ei", "querrian", "averrian", "mia", que correspondem, respectivamente, a *lhe*, *bem*, *água*, *grande*, *hoje*, *hei*, *queriam*, *haveriam* e *minha*.

Essa variação na língua, que ocorre através do tempo, é chamada de *diacrônica*. É possível, assim, considerar que o português arcaico, ou galego-português, é uma variedade antiga do português atual.

Não é preciso voltar séculos no tempo para perceber esse tipo de variação. Na canção "Vozes da seca" há os termos *vosmicê* e *mercê*, equivalentes, hoje, a *você*, *ocê*, *cê*. Diferenças no uso da língua entre gerações que convivem em uma mesma época também constituem a variação diacrônica, da qual são exemplos expressões e gírias usadas apenas por nossos pais ou avós.

Variação diatópica

Você já se observou tentando adivinhar a região do Brasil da qual uma pessoa é, apenas por ouvi-la pronunciar algumas palavras? Isso se deve à percepção de que o modo de pronunciar as palavras depende do lugar de origem do falante. Na canção "Vozes da seca", por exemplo, a ocorrência "pudê", em vez de *poder*, indica uma pronúncia típica da região Nordeste do Brasil.

Essa variação relacionada a lugar de origem do falante, chamada *diatópica*, inclui não apenas a pronúncia, mas também o uso de determinadas palavras, expressões e construções, independentemente de outros fatores, como idade ou escolarização, por exemplo.

Variação diastrática

Há uma variação diretamente relacionada à escolarização dos falantes, chamada *diastrática*. Ocorrências como "seu doutô", "pidimo", "inté", entre outras, encontradas na canção "Vozes da seca", são típicas da fala de quem permaneceu por pouco tempo na escola e, assim, não teve acesso ao aprendizado da norma-padrão.

Vale lembrar que, em nosso país, o número de anos que uma pessoa frequenta a escola tem, em geral, relação com classe social. Quase sempre, pessoas de classe social mais elevada têm maior escolaridade.

Variação diamésica

Outra das variações, chamada *diamésica*, diz respeito ao meio ou veículo em que o texto circula. Fala e escrita, por exemplo, constituem meios ou veículos diferentes; assim, ocorrências como "rédias", "ismola", "distino" são observadas inclusive na fala de pessoas escolarizadas que, na escrita, empregam naturalmente as formas *rédeas*, *esmola*, *destino*.

Essa variação tem relação também com o grau de formalidade dos textos. Em uma palestra, por exemplo, a fala é geralmente mais estruturada do que em uma conversa informal. Por outro lado, um bilhete deixado na porta da geladeira possibilita muito mais flexibilidade nos usos da língua escrita do que o texto de um trabalho escolar.

A ortografia, uma convenção

Fernando Favoretto/Criar Imagem

Algumas das ocorrências do galego-português vistas em textos literários ou em documentos dos séculos XII a XVI são registros muito próximos da língua oral. Isso porque o galego-português constituía uma derivação do latim vulgar, que não tinha registros escritos, exclusivos do latim clássico. Quando as línguas derivadas do latim vulgar, entre elas o galego-português, começaram a ganhar importância e viu-se a necessidade de produzir textos escritos, tais línguas precisaram passar por um novo processo de organização e sistematização.

Esse processo de organização e sistematização inclui a *ortografia*, convenção social que, ao instituir formas de registro menos mutáveis, possibilita que documentos escritos em uma língua sejam lidos ao longo do tempo.

Iniciada a partir de uma língua falada, a língua escrita certamente recebe influências da fala e das inúmeras variações que esta sofre, decorrentes de quem fala, quando fala, onde fala, entre outros fatores. É comum, assim, que, no começo do processo de organização da escrita de uma língua, haja oscilações entre as construções possíveis.

APLIQUE O QUE APRENDEU

Leia os textos e, com base em quando, por quem e onde foram provavelmente produzidos, relacione, em seu caderno, cada um dos itens a seguir.

Texto 1

Poeta, cantô da rua,
Que na cidade nasceu,
Cante a cidade que é sua,
Que eu canto o sertão que é meu.

Se aí você teve estudo,
Aqui, Deus me ensinou tudo,
Sem de livro precisá
Por favô, não mêxa aqui,
Que eu também não mexo aí,
Cante lá, que eu canto cá.
[...]

(Patativa do Assaré. *Cante lá que eu canto cá. Filosofia de um trovador nordestino.* 16 ed. Petrópolis: Vozes, 1978.)

Luis Matuto

Texto 2

Tão gostoso e saudável para seus filhos! Porque o refrescante e inigualável Guaraná Brahma é feito com o genuíno guaraná natural da impressionante selva amazônica!

(Disponível em: http://brechosdacris.blogspot.com.br/2013/06/jornal-das-mocas.html. Acesso em: 20/5/2015.)

Texto 3

Guaraná Antártica. Todo mundo quer. Só a gente tem.

(Disponível em: http://marquesmarketing.com.br/tag/refrigerante/. Acesso em: 20/5/2015.)

Texto 4

— Neksetá?
— Tokicocê
— Nôndikikocê?
— Trazdocêssô
— Faverdadsô. Oncocetá?
— Eu toonkocetá
— Maonkotô?
— Onkocetássô??? Cetáonkotô!
— Numtotivenusô!
— To-inaí!
[...]

(Disponível em: http://angelorigon.com.br/2014/05/21/um-apelo-ao-juliano-e-beija-flor/. Acesso em: 14/8/2015.)

Ilustrações: Luis Matuto

Texto 5

— Mas bah! Tá frio viu!
— Tchê, mas aquele minuano de ontem tava de renguear cusco.
— Barbaridade!

(Disponível em: http://andreanunes.blogspot.com.br/search?q=Mas+bah!+T%C3%A1+frio+viu!. Acesso em: 20/5/2015.)

a. propaganda de guaraná da década de 1950
b. sátira de dois mineiros conversando por celular
c. diálogo tipicamente gaúcho
d. poema de Patativa do Assaré, poeta popular nordestino, de 1978
e. propaganda de guaraná, de 2014

REGISTRE NO CADERNO

A norma-padrão

Apesar de a língua apresentar muitas variedades linguísticas, há uma tradição gramatical que define alguns parâmetros para a escrita (e para a fala, em situações mais formais). A criação dessa norma tomou por base textos específicos, de autores de literatura consagrados. A norma-padrão não é uma variedade da língua, mas tem a função principal de minimizar as mudanças que ocorrem muito rapidamente na fala, a fim de que os textos escritos não fiquem logo ultrapassados e precisem ser traduzidos com frequência para uma variedade contemporânea aos falantes de cada época. Assim:

> **Norma-padrão** é o conjunto de regras, pautadas em autores consagrados, que impõe uma unidade à língua escrita.

A opção pelo estudo da norma-padrão na escola tem relação com o fato de ela ter grande prestígio social e seu domínio ser importante para uso em diversas situações. Isso não significa que as variedades da língua que se afastam da norma-padrão devam ser consideradas incorretas, ineficientes ou descartáveis.

APLIQUE O QUE APRENDEU

Nem sempre as regras da norma-padrão podem ser aplicadas aos usos cotidianos da língua. Todas as construções abaixo seguem as regras da norma-padrão, embora algumas delas possam soar estranhas até mesmo a falantes mais escolarizados. Leia-as.

Alugam-se apartamentos.
Fá-lo-ei se assim quiser.
Vi-a passar por mim ontem.
Prefiro legumes a verduras.
Os brasileiros estamos insatisfeitos.
Houve muitas brigas na sala.
Aprendamos todos os preceitos.
A reforma com cujo plano não concordei foi realizada.

a. Quais construções soam estranhas para você?

b. Discuta com os colegas e o professor: Quais outras construções equivalem às apresentadas?

TEXTO E ENUNCIAÇÃO

O texto abaixo é a primeira parte de um anúncio publicitário. Leia-o.

Moma Propaganda/Maximídia

(Disponível em: http://cargocollective.com/momapropaganda/Maxim-dia-An-ncios-Vintage. Acesso em: 12/2/2015.)

1. Responda:

a. Qual parece ser o produto divulgado no anúncio?

b. Qual é a finalidade desse produto?

c. Trata-se de um produto atual ou antigo?

2. Sobre o texto não verbal, levante hipóteses:

REGISTRE NO CADERNO

a. As imagens parecem antigas ou atuais? Justifique sua resposta.

b. A mulher em destaque na imagem principal está manipulando um aparelho. O que é esse aparelho e qual função ele tem?

c. Na tela que se vê na imagem principal há duas pessoas. Quem são essas pessoas?

d. Na imagem da parte inferior do anúncio, vê-se o mesmo aparelho e, na tela, um homem sorridente, que faz um gesto com a mão. Qual sentido essa imagem acrescenta ao anúncio?

Moma Propaganda/Maximídia

3. No texto verbal do anúncio, foi utilizada uma variedade linguística antiga. Justifique essa afirmação, identificando no texto elementos:

a. lexicais;

b. ortográficos;

c. sintáticos.

4. Levante hipóteses: A partir de quando é possível que essa campanha publicitária tenha circulado? Justifique sua resposta.

5. Reescreva o enunciado principal do anúncio em uma variedade atual adequada ao contexto publicitário.

Veja a segunda parte do anúncio:

Maximídia

6. Responda:

a. Qual é, de fato, o produto divulgado no anúncio?

b. Qual é a relação entre o enunciado "No mundo de hoje tudo envelhece muito rápido" e a primeira parte do anúncio?

7. Conclua: Qual efeito de sentido o anúncio cria ao associar uma linguagem publicitária antiga a um produto atual?

PRODUÇÃO DE TEXTO

O poema

Como você viu, na Idade Média as cantigas trovadorescas eram uma manifestação literária associada à música e ao canto. A separação entre a poesia e a música ocorreu mais tarde, no século XV, dando origem ao que hoje conhecemos como poema, que é um texto para ser lido ou declamado.

Poema é um gênero textual e também um gênero literário. A seguir trataremos das principais particularidades desse gênero.

Verso

Verso é cada uma das linhas do poema. Apresenta unidade rítmica e melódica.

A cantiga de amigo de Pero Meogo que você leu na seção **Literatura** apresenta 36 versos.

Em cada uma das partes da cantiga, há seis versos. Veja:

A bela acordara
formosa se erguia;
lavar seus cabelos
vai, na fonte fria,
radiante de amores
de amores, radiante.

Estrofe

Todo poema pode ser organizado em estrofes. **Estrofe** é uma parte do poema constituída por um agrupamento de versos. Na cantiga de Pero Meogo, há seis estrofes, cada uma com seis versos. A separação entre estrofes é indicada por uma linha em branco.

O número de estrofes e de versos em cada estrofe é variável. Existem poemas com um único verso e poemas com dezenas de estrofes e centenas de versos.

Dependendo do número de versos, as estrofes podem receber nomes específicos. Veja:

- 1 verso: monóstico
- 2 versos: dístico
- 3 versos: terceto
- 4 versos: quarteto ou quadra
- 5 versos: quintilha
- 6 versos: sextilha
- 7 versos: septilha
- 8 versos: oitava
- 9 versos: nona
- 10 versos: décima
- mais de 10 versos: estrofe irregular

A cantiga de Pero Meogo apresenta seis sextilhas, ou seja, seis estrofes de seis versos cada uma.

Poesia e *poema* são a mesma coisa?

Na linguagem do dia a dia, é comum ouvirmos as pessoas dizerem frases como "Leia esta poesia". Contudo, do ponto de vista técnico, poesia e poema são coisas diferentes. Poema é a composição formal, constituída de versos e de outros recursos. Poesia é a parte imaterial do poema, é a emoção lírica expressa no poema ou que deu origem a ele.

O poeta Carlos Drummond de Andrade deixa clara essa distinção neste poema:

Poesia

Gastei uma hora pensando um [verso
que a pena não quer escrever.
No entanto ele está cá dentro
inquieto, vivo.
Ele está cá dentro
e não quer sair.
Mas a poesia deste momento
inunda minha vida inteira.

(*Reunião*. Rio de Janeiro: José Olympio, 1977.)

Shutterstock

O verso que o poeta queria escrever não aconteceu, não resultou em poema. No entanto, o poeta viveu intensamente a poesia do momento de criação.

Dísticos de Leminski

Paulo Leminski organizou o poema abaixo em dois dísticos, ou seja, em duas estrofes de dois versos cada uma.

Não discuto

Não discuto
com o destino

O que pintar
Eu assino

(In: Vários autores. *Pois é, poesia*. São Paulo: Global, 2004. p. 45.)

Métrica

Métrica é a medida dos versos, isto é, o número de sílabas poéticas de cada verso. Para saber o número de sílabas poéticas de um verso, é necessário fazer a *escansão* dele.

Como, no passado, a poesia era principalmente cantada ou declamada, a divisão das palavras em sílabas poéticas leva em conta o modo como as palavras são pronunciadas, sendo, assim, diferente da divisão silábica gramatical. As vogais átonas normalmente se juntam em uma única sílaba e a contagem das sílabas em cada verso vai até a última sílaba tônica. As demais sílabas, se houver, devem ser desprezadas.

Veja a divisão silábica gramatical dos versos da primeira estrofe da cantiga de Pero Meogo:

A / be / la / a / cor / da / ra = 7 sílabas
for / mo / sa / se / er / gui / a; = 7 sílabas
la / var / seus / ca / be / los = 6 sílabas
vai, / na / fon / te / fri / a, = 6 sílabas
ra / di / an / te / de / a / mo / res = 8 sílabas
de / a / mo / res, / ra / di / an / te. = 8 sílabas

Andressa Honório

Compare a divisão gramatical com a divisão silábica poética dos mesmos versos:

A / be / la a / cor/ da = 5 sílabas
for / mo / sa / se er / gui = 5 sílabas
la / var / seus / ca / be = 5 sílabas
vai, / na / fon / te / fri = 5 sílabas
ra / dian / te / de a / mo = 5 sílabas
de a / mo / res, / ra / dian = 5 sílabas

Note que, na divisão silábica poética do 1º verso, a vogal **a** inicial de *acorda* é átona; assim, ocorre uma fusão fonética entre as sílabas **la** e **a**, que, dessa forma, equivalem a uma única sílaba poética. No mesmo verso, a contagem vai até a última sílaba tônica, ou seja, a sílaba **da**.

Dependendo do número de sílabas poéticas, os versos recebem denominações específicas. Veja:

- 1 sílaba: monossílabo
- 2 sílabas: dissílabo
- 3 sílabas: trissílabo
- 5 sílabas: redondilha menor ou pentassílabo
- 6 sílabas: hexassílabo
- 7 sílabas: redondilha maior ou heptassílabo
- 8 sílabas: octossílabo
- 9 sílabas: eneassílabo
- 10 sílabas: decassílabo
- 11 sílabas: endecassílabo
- 12 sílabas: alexandrino

Na cantiga de Pero Meogo, são utilizados seis versos pentassílabos ou redondilhas menores em cada uma das estrofes.

Poemas de forma fixa

Existem tipos de composição poética que apresentam estrutura fixa quanto ao número de estrofes e de versos e quanto à métrica dos versos.

O poema de forma fixa mais conhecido é o *soneto* (italiano), que apresenta duas quadras e dois tercetos e sistema de rimas variável.

Além do soneto, têm formas fixas a *balada*, o *vilancete*, a *sextina*, o *rondó* e o *haicai*, entre outros.

Nem todo poema utiliza métrica. No século XX, os poetas criaram o *verso livre*, isto é, versos sem regularidade métrica. Quando há regularidade na(s) métrica(s) de um poema, dizemos que seus versos são *regulares*. Na cantiga de Pero Meogo, os versos são regulares.

Veja como exemplo de versos livres os do poema de Mário Quintana a seguir. Note também que não há, no poema, regularidade quanto ao número de versos de cada estrofe.

O adolescente

A vida é tão bela que chega a dar medo.

Não o medo que paralisa e gela,
estátua súbita,
mas

esse medo fascinante e fremente de curiosidade que faz
o jovem felino seguir para a frente farejando o vento
ao sair, a primeira vez, da gruta.
[...]

(In: Vários autores. *Pois é, poesia.* São Paulo: Global, 2004. p. 32.)

Nelson Provazi

Ritmo

Como a música, os versos de um poema também apresentam ritmo. O ritmo dos versos é construído pela alternância de sílabas acentuadas e não acentuadas, isto é, pronunciadas com maior e com menor intensidade. A tonicidade nas sílabas poéticas nem sempre é a mesma que nas sílabas gramaticais. Observe as sílabas tônicas da 1ª estrofe da cantiga de Pero Meogo, marcadas em negrito:

A / **be** / la a / cor / **da** / ra
for / **mo** / sa / se er / **gui** / a;
la / **var** / seus / ca / **be** / los
vai, / **na** / fon / te / **fri** / a,
ra / **dian** / te / de a / **mo** / res
de a / **mo** / res, / ra / **dian** / te.

A tonicidade desses versos recai sempre na 2ª e na 5ª sílabas, como é próprio da redondilha menor. No verso "vai, na fonte fria", a palavra *na* constitui uma sílaba tônica, enquanto gramaticalmente é considerada átona.

Rima

A **rima** consiste na semelhança sonora entre palavras. Quando ocorre entre palavras do final dos versos (o mais comum), essa semelhança constitui rimas externas; quando ocorre no interior de versos, rimas internas.

Releia a 1ª estrofe da cantiga de amor de João Garcia de Guilhade reproduzida na seção **Literatura** e observe como as rimas são dispostos na sequência dos versos:

Quantos o amor faz padecer (A)
penas que tenho padecido, (B)
querem morrer e não duvido (B)
que alegremente queiram morrer. (A)
Porém enquanto vos pude ver, (A)
    vivendo assim eu quero estar (C)
    e esperar, esperar. (C)

Embora sejam um importante recurso sonoro, as rimas não são obrigatórias em poemas, principalmente na poesia moderna. Os versos de poemas que não apresentam rimas são chamados de *versos brancos*.

Outros recursos sonoros

Além do ritmo e da rima, outros recursos podem contribuir para o enriquecimento da sonoridade dos poemas. Os principais deles são:

- **aliteração:** repetição de um mesmo fonema consonantal ou de fonemas de sons aproximados.

  Exemplo: A*ch*o que a *ch*uva a*j*uda a *g*ente a se ver. (Caetano Veloso)

- **assonância:** repetição de um mesmo fonema vocálico.

  Exemplo: a g*en*te se *em*bala se *em*bora se *em*bola. (Caetano Veloso)

APLIQUE O QUE APRENDEU

Leia este poema, de Ribeiro Couto:

Cais matutino

Andressa Honório

Mercado do peixe, mercado da aurora:
Cantigas, apelos, pregões e risadas
À proa dos barcos que chegam de fora.

Cordames e redes dormindo no fundo;
À popa estendidas, as velas molhadas;
Foi noite de chuva nos mares do mundo.

Pureza do largo, pureza da aurora,
Há viscos de sangue no solo da feira.
Se eu tivesse um barco, partiria agora.

O longe que aspiro no vento salgado
Tem gosto de um corpo que cintila e cheira
Para mim sozinho, num mar ignorado.

(In: Ítalo Moriconi, org. *Os cem melhores poemas brasileiros do século*. Rio de Janeiro: Objetiva, 2001. p. 47.)

REGISTRE NO CADERNO

1. Rico em imagens e aspectos sensoriais, o poema descreve o amanhecer.

a. Que local é descrito no poema?
b. Que palavras são responsáveis pelas sugestões visuais sobre o local?
c. E quais são responsáveis pelas sugestões sonoras?
d. E quais pelas sugestões táteis?
e. E pelas sugestões gustativas?

2. Como o eu lírico (a voz que fala no poema) se sente em relação a tudo a que assiste?

REGISTRE NO CADERNO

3. Observe a estrutura formal do poema.

a. Quantas estrofes ele apresenta?

b. Quantos versos há em cada estrofe? Como se chamam essas estrofes?

c. Faça a divisão dos versos em sílabas poéticas e indique o número dessas sílabas em cada um.

d. Pronuncie em voz alta o verso:

"Mercado do peixe, mercado da aurora:"

Identifique as sílabas pronunciadas com maior intensidade e explique como é construído o ritmo no poema.

e. Como são dispostas as rimas do poema?

HORA DE ESCREVER

Seguem algumas propostas de produção de poemas. Conversem com o professor e decidam a melhor forma de realizá-las.

PROJETO

Como você sabe, será realizado um *sarau literomusical* no final da unidade.

Neste capítulo, você e os colegas vão produzir poemas e cantigas, que serão declamados e cantados no sarau.

1. Leia dois pequenos poemas, o primeiro de Mário Quintana e o segundo de Oswald de Andrade:

Do amoroso esquecimento

Eu agora — que desfecho!
Já nem penso mais em ti...
Mas será que nunca deixo
De lembrar que te esqueci?

(Disponível em: http://www.revistabula.com/2329-os-10-melhores-poemas-de-mario-quintana/. Acesso em: 13/2/2015.)

Andressa Honório

3 de maio

Aprendi com meu filho de dez anos
Que a poesia é a descoberta
Das coisas que eu nunca vi

(Disponível em: http://unb.revistaintercambio.net.br/24h/pessoa/temp/anexo/1/420/748.pdf. Acesso em: 13/2/2015.)

Inspirando-se nesses textos, escreva um pequeno poema, de 3 ou 4 versos, com ou sem rima, sobre um dos temas abaixo ou outro de sua preferência.

- Da penosa saudade
- Do terrível calor
- Aprendi com meu pai/minha mãe
- Descobri com a vida

2. Como vimos, nem todo poema precisa necessariamente ser construído com métrica fixa e rimas, pois há também versos livres e versos brancos. Construa um poema com versos livres, procedendo assim: pegue uma revista e recorte 15 palavras que lhe deem alguma inspiração; depois sorteie algumas das palavras e reúna-as em versos, combinando-as com outras palavras de sua escolha.

3. Em 2011, o Grupo Corpo, uma companhia de dança contemporânea brasileira, apresentou o espetáculo de balé *Sem mim*, com trilha sonora composta por cantigas do Trovadorismo. Consta no *site* do espetáculo:

Lebrecht Music and Arts/Dee Conway/Diomedia

Cena do espetáculo *Sem mim*.

O mar (de Vigo), que leva e traz de volta o amado, o amigo, é o que dá vida e movimento a Sem Mim. O balé é embalado pela trilha original urdida a quatro mãos pelo viguês Carlos Núñez e pelo brasileiro José Miguel Wisnik a partir do único conjunto de peças do cancioneiro profano medieval galego-português que chegou aos nossos dias com as respectivas partituras de época: o célebre "ciclo do mar de Vigo", de Martín Codax. Nas sete canções, datadas do século XIII, o poeta se pronuncia sempre em nome da mulher; mais especificamente de jovens apaixonadas que pranteiam a ausência ou festejam a iminência do regresso do amado-amigo. Na avidez do reencontro, elas confidenciam ora com o mar, ora com a mãe, ora com amigas. E, para aplacar ou fustigar o seu desejo, saem a banhar-se nas ondas do mar de Vigo.

No endereço http://www.grupocorpo.com.br/obras/sem-mim#splash, é possível assistir a vídeos e ouvir as canções do espetáculo, todas correspondentes a produções do Trovadorismo galego-português. Segue uma das cantigas de amigo cantadas no balé:

Ai, Deus, soubera o meu amigo
como eu sozinha estou em Vigo:
tão enamorada.

Ai, Deus, soubera o meu amado
como eu em Vigo sozinha ando:
tão enamorada.

Como eu sozinha estou em Vigo
e nenhum guarda tenho comigo:
tão enamorada.

E nenhum guarda tenho comigo
se não meus olhos humedecidos:
tão enamorada.

Onde ninguém me está guardando
se não meus olhos ambos chorando:
tão enamorada.

(In: Natália Correia. *Cantares dos trovadores galego-portugueses*, cit., p. 65.)

Album/Akg-images/Latinstock/ Heidelberg University Library, Alemanha

Reúna-se com alguns colegas e produzam uma cantiga de amor ou de amigo para ser cantada no sarau, como ocorreu no espetáculo encenado pelo Grupo Corpo. Lembrem-se de criar versos que sigam os procedimentos próprios das cantigas trovadorescas: métrica, rima, refrão, paralelismo, eu lírico, etc.

4. Você sabe o que é haicai? É um tipo de poema, de origem japonesa, formado por uma única estrofe de apenas três versos, com aproximadamente 17 sílabas poéticas, e sempre com verbos no presente do indicativo. Tem, em geral, uma temática simples e do cotidiano, quase sempre referente à passagem do tempo ou à natureza. Ao fazer um haicai, é importante que a pessoa se expresse com simplicidade e procure tratar da essência daquilo a que se refere. Leia estes haicais, de Guilherme de Almeida:

Nelson Provazi

Pescaria

Cochilo. Na linha
eu ponho a isca de um sonho.
Pesco uma estrelinha.

Romance

E cruzam-se as linhas
no fino tear do destino.
Tuas mãos nas minhas.

O haicai

Lava, escorre, agita
a areia. E enfim, na bateia,
fica uma pepita.

(Disponível em: http://www.releituras.com/guialmeida_menu.asp. Acesso em: 25/5/2015.)

Inspirando-se nos poemas de Guilherme de Almeida, produza um ou mais haicais com os títulos a seguir ou com outros de sua preferência.

- Parquinho
- Beija-flor
- Madrugada
- Escola
- Jardim

ANTES DE ESCREVER

Planeje seu texto, seguindo estes passos:

- Defina como será seu poema: o tipo de versos (livres ou com uma métrica determinada) e os tipos de rima.
- Escolha o tema ou os temas sobre os quais irá escrever.
- Procure desenvolver as possibilidades sonoras do poema: ritmo, rimas ou ausência delas, métrica, aliterações, assonâncias.
- Procure desenvolver as possibilidades semânticas do poema: criar imagens, explorar os sentidos, lidar com emoções, etc.

ANTES DE PASSAR A LIMPO

Leia o que escreveu, de preferência tendo um ouvinte para opinar e dar sugestões de mudanças, e, antes de dar seu texto por terminado, verifique:

- se ele está estruturado em versos e estrofes;
- se explora elementos relativos ao tema, levando em conta a sonoridade e os sentidos das palavras utilizadas;
- se cria imagens, explora os sentidos, lida com emoções;
- se a leitura tem fluidez.

CAPÍTULO

3 Literatura na Baixa Idade Média: o teatro vicentino Funções da linguagem O texto teatral

LITERATURA

Gil Vicente

The Bridgeman Art Library/Keystone Brasil

Você viu, no capítulo anterior, que, entre os séculos XII e XIV, durante o Trovadorismo, ou *primeira época medieval*, as cantigas trovadorescas — poemas cantados ao som de instrumentos musicais — protagonizaram a vida cultural e as manifestações literárias galego-portuguesas.

O período entre o século XV e o início do século XVI é chamado de *segunda época medieval* e, nele, a principal manifestação literária, em Portugal, foi o teatro de Gil Vicente.

Durante a primeira época medieval, o teatro era ligado à Igreja. Nesse período, a atividade teatral fazia pouco uso de elementos literários e consistia na encenação, geralmente feita em igrejas e mosteiros, de episódios bíblicos e da vida de santos, ou na tentativa de transmissão de preceitos morais por meio de personagens representativos de ideias abstratas, como os vícios e as virtudes.

Com Gil Vicente, o teatro, em Portugal, passou a ser produzido fora dos domínios da Igreja, dando início ao desenvolvimento de um teatro leigo, ou seja, não religioso. Esse novo teatro, produzido com o objetivo de ser encenado para os monarcas portugueses e sua corte, caracterizava-se por uma rica linguagem poética e pela sátira mordaz aos costumes da sociedade portuguesa.

Embora tenha vivido em um período de transição situado entre o final da Idade Média e o início do Renascimento (concepção cultural e artística que considerava o homem como o centro do universo), Gil Vicente manteve-se ligado à tradição medieval, caracterizada pela religiosidade e pela visão de mundo baseada em concepções defendidas pela Igreja Católica. Exemplos dessa postura do autor são as representações que fez do inferno e do purgatório e a maneira como via as virtudes e os vícios humanos. Utilizando versos em redondilha maior (com sete sílabas) e menor (com cinco sílabas), Gil Vicente construiu imagens, ambiguidades, ironias e trocadilhos que satirizam e criticam os comportamentos que considerava condenáveis. Seu teatro tinha em vista a diversão do público e, ao mesmo tempo, a moralização dos costumes e a reforma dos homens. Esse caráter moralizante e reformador da obra do autor tinha como alvo não as instituições, como a Igreja, mas os homens corruptos e inescrupulosos que delas participavam.

Na vasta obra de Gil Vicente, destacam-se os *autos de moralidade*, voltados ao ensinamento religioso ou moral, como o *Auto da barca do inferno*, o *Auto da barca do purgatório*, o *Auto da barca da glória*, o *Auto da alma* e o *Auto da feira*, e as *farsas*, peças cômicas de caráter burlesco, como a *Farsa de Inês Pereira*, *O velho da horta* e *Romagem dos agravados*.

Gil Vicente

O dramaturgo viveu provavelmente entre 1465 e 1540, período de centralização do poder real e época áurea da expansão marítima portuguesa, e sua produção literária estendeu-se de 1502 a 1536. Apesar de profundamente religioso, Gil Vicente tomou partido em meio às grandes polêmicas em torno dos abusos clericais que presenciou e não se poupou de criticar clérigos devassos e ambiciosos. Outros alvos de sua crítica foram nobres pretensiosos e exploradores, bem como figuras do povo, como o sapateiro, a alcoviteira, o soldado, o velho, entre outros.

O *Auto da barca do inferno* foi representado por Gil Vicente em 1517, nos aposentos da rainha D. Maria, que estava enferma e morreu nesse mesmo ano.

Album Art/Latinstock

Estátua de Gil Vicente no alto do Teatro Nacional D. Maria II, em Lisboa.

FOCO NO TEXTO

O texto que você vai ler a seguir é um trecho do *Auto da barca do inferno*, de Gil Vicente.

Na cena, há duas barcas, uma comandada pelo Diabo e outra por um Anjo, nas quais serão conduzidos ao destino final aqueles que acabaram de deixar a vida na Terra. No trecho, o Corregedor e o Procurador chegam à barca do inferno.

[...]

Vem um Corregedor, carregado de feitos, e, chegando à barca do Inferno, com sua vara na mão, diz:*

* processos

Andressa Honório

CORREGEDOR Hou da barca!
DIABO Que quereis?
CORREGEDOR Está aqui o senhor juiz!
DIABO Oh amador de perdiz,
quantos feitos que trazeis!
CORREGEDOR No meu ar conhecereis
que sem gostos trago cá.
DIABO Como o direito vai lá?
CORREGEDOR Nestes feitos o vereis.
DIABO Ora, pois, entrai, veremos
que diz aí nesse papel...
CORREGEDOR E aonde vai o batel?
DIABO No Inferno vos poremos.
CORREGEDOR Como? À terra dos demos
há de ir um corregedor?
DIABO Santo descorregedor,
embarcai, e remaremos!

[...]

CORREGEDOR Hou! *Videtis qui petatis*
Super jure majestatis
tem vosso mando vigor?*

* Vede o que reclamais? Acaso vosso poder está acima do direito de majestade?

DIABO Quando éreis ouvidor
Nonne accepistis rapina? *
Pois ireis pela bolina
onde nossa mercê for*...
Oh! Que isca esse papel
para um fogo que eu sei!

*Acaso não recebestes propina?

* para onde determinamos

CORREGEDOR *Domine, memento mei!* *

* Senhor, lembra-te de mim!

DIABO *Non est tempus*, Bacharel!
Imbarquemini in batel
*quia judicastis malitia.**

* Já não é tempo, Bacharel!/Embarcai neste batel/ Porque sentenciastes com malícia.

CORREGEDOR *Semper ego justitia*
fecit, e bem por nível.*

* Eu sempre fiz justiça com equidade.

DIABO E as peitas* dos judeus
que a vossa mulher levava?

* presentes oferecidos como suborno

CORREGEDOR Isso eu não o tomava,
eram lá percalços seus.
Não são *peccatus* meus,
peccavit uxore mea. *

* Não são pecados meus, minha mulher é que pecava.

DIABO *Et vobis quoque cum ea,*
não *temuisistis* Deus.*
A largo modo *acquiristis*
sanguinis laboratorum,
ignorantis peccatorum.
*Ut quid eos non audistis?**

* E tu pecavas com ela, e não temia a Deus.

* Enriqueceste a valer à custa do sangue dos trabalhadores, ignorantes pecadores, sem atendê-los sequer.

CORREGEDOR Vós, Arrais, *nonne legistis*
que dar quebra os penedos?
Os direitos estão quedos,
si aliquid tradidistis... *

* Vós, Arrais, acaso ouvistes que dádivas removem montanhas? Não se aplica a lei quando se ganha algo.

DIABO Ora, entrai nos negros fados!
Ireis ao lago dos cães
e vereis os escrivães
como estão tão prosperados.

[...]

Estando o Corregedor nesta prática com o Arrais infernal, chegou um Procurador carregado de livros, e diz o Corregedor ao Procurador:

CORREGEDOR Oh Senhor Procurador!

PROCURADOR Beijo-vo-las mãos, Juiz!
Que diz esse Arrais? Que diz?

DIABO Que sereis bom remador.
Entrai, bacharel doutor,
e ireis dando na bomba*.

* Bomba que elimina água do interior do barco.

PROCURADOR E este barqueiro zomba?
Brincais de zombador?
Essa gente que aí está
para onde a levais?

DIABO Para as penas infernais.

PROCURADOR *Dix*! Não vou eu para lá!
Outro navio está cá
muito melhor assombrado.

DIABO Ora estás bem arrumado!
Entra, infeliz de hora-má!

CORREGEDOR Confessaste-vos, doutor?

PROCURADOR Bacharel sou... Dou-me ao demo!
Não cuidei que era extremo,
nem de morte minha dor.
E vós, senhor Corregedor?

CORREGEDOR Eu muito bem me confessei,
mas tudo quanto roubei
encobri ao confessor...

PROCURADOR Porque, se o não tornais*,
não vos querem absolver,
e é muito mau devolver
depois que o apanhais.

* restituís

DIABO Pois porque não embarcais?

CORREGEDOR *Quia esperamus in Deo.**

* Porque esperamos em Deus.

DIABO *Imbarquemini in barco meo...* *
Para que *sperastis** mais?

* Embarcai em meu barco...

* esperais

[...]

(São Paulo: Saraiva, 2008. p. 34-8. Col. Clássicos Saraiva.)

arrais: comandante da embarcação.
bacharel: indivíduo que concluiu a graduação em faculdade de Direito.
corregedor: magistrado com poder sobre os demais juízes de uma comarca e que tem a função de fiscalizar o funcionamento da Justiça.
dix: interjeição que significa espanto.
ir pela bolina: conduzir a vela de modo a ganhar vento favorável à navegação.
jure majestatis: o mesmo que *jus majestatis*, direito de inviolabilidade concedido aos representantes do rei; a grafia *jure* no lugar de *jus* foi escolha do autor, provavelmente feita com a intenção de criar certo efeito de sentido.
ouvidor: juiz que, em audiências, ouvia e sentenciava as causas e os acordos judiciais.
perdiz: ave que vive em áreas campestres e cerrados; na época de Gil Vicente, sua carne era muito apreciada e mais cara que a carne bovina.
procurador: administrador dos bens de outrem.

1. As personagens do texto lido são *tipos*, ou seja, figuras sem profundidade psicológica nas quais estão reunidos os vícios e as virtudes da profissão, da classe ou até do estrato social a que pertencem.

   a. Para que o espectador pudesse identificar facilmente a personagem-tipo, esta aparecia em cena acompanhada de elementos distintivos, como objetos ou animais. Quais são os elementos que distinguem as personagens do texto lido?

   b. A linguagem também funciona como elemento distintivo e caracterizador de determinados tipos. De que maneira o Corregedor se expressa ao longo do texto?

   c. Nas falas do Corregedor, o autor subverte de propósito o léxico e as normas do latim, uma língua que ainda desfrutava, no século XVI, de muito prestígio. Que efeito isso provoca no texto?

   d. Conclua: O Corregedor e o Procurador representam profissionais que atuam em que área? Qual é a principal função desse grupo de profissionais?

2. O Corregedor, ao ser recebido pelo Diabo, estranha que seu destino seja a "terra dos demos".

   a. Por que, nesse momento, o Corregedor julga-se livre do inferno?

   b. Visando escapar da barca infernal, o Corregedor questiona o poder do Diabo. Como ocorre esse questionamento?

3. No *Auto da barca do inferno*, as almas passam por um julgamento antes de embarcarem em direção ao seu destino final. Nesse julgamento, o Diabo desempenha, simultaneamente, as funções de acusador e de juiz, enquanto as almas defendem a própria causa.

   a. O Diabo faz três acusações ao Corregedor. Quais são elas?

   b. Na sua opinião, a argumentação que o Corregedor utiliza para se defender confirma ou desmente as acusações do Diabo? Justifique sua resposta.

   c. Diante dos argumentos do Corregedor, qual é o veredicto do Diabo?

4. O julgamento das almas, as condenações e o ato da confissão são elementos característicos da concepção de mundo cristã e da religiosidade dominantes na cultura medieval.

   a. Nesse contexto, qual é a provável consequência de o Procurador não ter se confessado antes de morrer?

   b. O Corregedor, ao confessar-se antes de morrer, não revelou o que roubara durante a vida. O que o levou a proceder assim?

   c. O que esse procedimento do Corregedor revela a respeito do caráter dele?

5. O teatro de Gil Vicente se expressa em linguagem poética. É composto em versos, nos quais rimas, ironias, eufemismos, antíteses e neologismos (criação de uma expressão ou de uma palavra nova) constituem recursos para a construção de uma sátira mordaz, focada na crítica aos vícios humanos.

   REGISTRE NO CADERNO

   a. No trecho lido, o Diabo se refere ironicamente ao corregedor como "amador de perdiz". Por que ele usa essa expressão?

   b. O Diabo chama o Corregedor de "descorregedor". Qual é o significado desse neologismo na cena?

c. Eufemismo é o emprego de uma palavra ou de uma expressão no lugar de outra que é considerada desagradável, com o fim de causar menos impacto, como, por exemplo, o uso de *descansar* no lugar de *morrer*. No trecho lido, que eufemismo o Diabo emprega para se referir ao inferno?

REGISTRE NO CADERNO

LITERATURA

d. O teatro de Gil Vicente faz uso das métricas mais utilizadas na poesia medieval. Faça a escansão de alguns versos do trecho lido e identifique o tipo de verso empregado pelo dramaturgo nesse auto.

6. O *Auto da barca do inferno* é um auto de moralidade, ou seja, é uma peça em que a dramatização visa ensinar preceitos morais por meio da crítica aos vícios, hábitos e costumes.

a. Qual é a crítica feita por Gil Vicente na cena lida?

b. Na sua opinião, os problemas denunciados e criticados na cena se limitam à sociedade portuguesa do século XVI ou ainda ocorrem na atualidade? Justifique sua resposta.

Visões do inferno

Museu do Prado, Madri, Espanha

O inferno no tríptico *O jardim das delícias*, de Hieronymus Bosch.

No início do século XIV, o poeta Dante Alighieri, seguindo a tradição católica medieval, retratou na obra-prima *Divina comédia* os três destinos reservados à alma humana: o inferno, o purgatório e o paraíso. Na concepção dantesca, o inferno é uma profunda depressão cônica, formada por círculos concêntricos que chegam até o centro da Terra e nos quais os condenados são distribuídos de acordo com a espécie de pecado que cometeram.

No final da Idade Média, o pintor flamengo Hieronymus Bosch retratou o inferno no tríptico *O jardim das delícias*. Nesse inferno, tudo parece ser possível e nele há, além de chamas, monstros, dor e sofrimento, também instrumentos musicais, objetos de tortura e partes do corpo humano que se movimentam.

Em 2015, uma estudante de uma universidade americana decifrou a melodia registrada nas nádegas de uma das figuras humanas do quadro. Você pode ouvir essa melodia no endereço: http://www.seuhistory.com/etiquetas/quadro.

E, para saber um pouco mais sobre o tríptico *O jardim das delícias*, acesse: http://sabertv.com.br/repositorio/filme/?name=o_jardim_das_delicias.

ARQUIVO

Por meio da leitura da cena do *Auto da barca do inferno*, você viu que, no teatro de Gil Vicente:

- as personagens são tipos sociais, sem profundidade psicológica;
- a linguagem das personagens é utilizada como um elemento caracterizador de seu tipo (o Corregedor, por exemplo, se expressa em latim jurídico);
- a métrica utilizada nos versos é a mesma da poesia medieval: a redondilha maior, com sete sílabas, ou menor, com cinco;
- de modo satírico, são criticados os vícios e os costumes de diferentes classes ou grupos sociais, com o objetivo de estimular o comportamento virtuoso;
- as críticas não são endereçadas às instituições, mas, sim, aos indivíduos inescrupulosos que delas participam;
- a obra é permeada pela religiosidade e pela visão de mundo baseadas nas concepções da Igreja Católica.

ENTRE TEXTOS

A lendária história do rei Artur e seus cavaleiros e outras novelas de cavalaria ganharam grande prestígio na península Ibérica durante o século XIV, ou seja, na segunda época medieval. A grande expressão ibérica do desenvolvimento experimentado pelo gênero nesse período é *Amadis de Gaula*. Elaborada na metade do século XIV e publicada apenas em 1508, essa novela inspira-se nas histórias do rei Artur e conserva a concepção mitológica e maravilhosa em que se incluem fadas e dragões, fontes encantadas e florestas misteriosas.

Na primeira metade do século XX, ainda se podia observar em terras brasileiras a influência das novelas de cavalaria. Data de então, na literatura de cordel do Nordeste, a narração, em versos, no folheto *A batalha de Oliveiros com Ferrabrás*, de várias aventuras e façanhas do imperador Carlos Magno e dos doze pares da França.

No folheto, de autoria do cordelista nordestino Leandro Gomes de Barros, o gigante Ferrabrás, rei turco estabelecido na cidade de Alexandria, insulta Carlos Magno e seus pares, desafiando-os para uma luta. Porém, todos os cavaleiros estavam exaustos e feridos devido a uma batalha anterior e, por isso, nenhum deles se oferece para enfrentá-lo, a não ser Oliveiros, que se prontifica ao combate. Leia, a seguir, três trechos dessa história narrada na forma de cordel.

I
Carlos Magno ficou
Certo de que ninguém ia —
Disse que mesmo queria
Ver quem o desafiou.
Quando a notícia chegou
Aos ouvidos de Oliveiros,
Que soube que os cavalheiros
Não tinham lhe obedecido,
Ficou bastante sentido
Desta ação dos companheiros.

Ordenou ao escudeiro
O cavalo lhe selar
E mandou logo aprontar
Arreios de cavalheiro.
E gritou: — Ande ligeiro!
Me ajude logo armar!
Pode o turco se gabar:
Matei um dos cavalheiros!
Porém não diz: Oliveiros
Temeu comigo lutar!

[...]

E foi ao imperador,
Com a maior reverência,
Disse com obediência:
— Esclarecido senhor,
Eu não sou merecedor
Que coisa alguma me dê!
Por isso, senhor, bem vê
Que valor tem seu cativo —
Por dez anos que lhe sirvo,
Vim pedir-lhe uma mercê!

Disse-lhe o imperador:
— Pode, Oliveiros, dizer —
Eu juro o satisfazer,
Seja que pedido for!
Disse Oliveiros: — Senhor,
Não quero coisa demais
E não serei tão capaz,
Para tanto lhe pedir —
Porém o que quero é ir
Dar batalha a Ferrabrás!
Carlos Magno quis faltar,
Devido ao seu mau estado,
Porém, já tinha ordenado,
Não podia revogar.
Viu Oliveiros montar
E muito sangue sair —
Rogou-lhe para não ir.
Disse Oliveiros: — Irei!
Desfeitado meu rei,
Do que me serve existir?

As novelas de cavalaria

As novelas de cavalaria surgiram durante a primeira época medieval, como resultado de transformações das *canções de gesta*, poemas cantados que narravam feitos de heróis reais ou lendários. Essas novelas, em geral de autores desconhecidos, narravam em prosa as façanhas de corajosos cavaleiros em batalhas travadas na defesa de mulheres e pobres, do rei e da fé cristã. Foram cultivadas inicialmente na França e na Inglaterra e, criadas para serem lidas pelos nobres, exaltavam os ideais aristocráticos da cavalaria e seguiam as convenções do amor cortês. O código de conduta da cavalaria medieval, no qual se incluíam a bravura, a honra, a humildade, a generosidade, a lealdade, a sabedoria e a fidelidade aos laços de vassalagem, era, nesses textos, seguido pelos cavaleiros virtuosos, expressando uma concepção de homem ideal segundo os valores da sociedade feudal e da Igreja Católica.

Nessas novelas, destacam-se as narrativas em torno da figura do imperador guerreiro Carlos Magno (742-814 d.C.) e dos doze pares (doze valorosos cavaleiros) da França, bem como da figura lendária do rei Artur e os cavaleiros da Távola Redonda.

Thinkstock/Getty Images

O Imperador Carlos Magno e seus pares Roldão e Oliveiros, em escultura de Charles Rochet e Louis Rochet que se encontra na praça de Notre Dame, em Paris.

Luis Matuto

Oliveiros se preparou
E partiu ao inimigo.
O turco viu o perigo,
A pé firme o esperou —
Um golpe nele deitou,
Com tanta disposição,
Sem ser propósito ou traição,
Nesses golpes tão ligeiros,
O cavalo de Oliveiros
Caiu sem vida no chão.

— Turco, estás bem montado
E o meu cavalo morreu!
Ferrabrás lhe respondeu:
— Mas eu não fui o culpado!
Não ficarás desmontado,
Eu sei a ordem qual é!
Não desanimes da fé;
Eu fui quem matou o teu,
Agora montas no meu —
Eu vou pelejar a pé!

Disse Oliveiros: — Não!
Fico também desmontado!
Tu não foste o culpado!
Assim era ser vilão!
Por certo eu tinha razão,
Porque tu mataste o meu —
Foi acaso que aconteceu,
Era-me feio aceitá-lo!
Não brigo só a cavalo —
Podes descansar o teu!

Aí Ferrabrás atou
Num arvoredo o cavalo
E disse: — Vou descansá-lo,
Sua ocasião chegou!
Para a batalha marchou,
Com toda a disposição.
Oliveiros, forte e são,
Esperava cara a cara,
Com a espada Alta Clara,
Rugindo que só um leão.

Já estava Ferrabrás
Muito rendido ao cansaço.
Já o seu esquerdo braço
Não o podia erguer mais,
Porque não era capaz
De resistir mais por ora.
E Oliveiros, por fora,
Conheceu-lhe a gravidade;
Com toda a amabilidade,
Disse: — Ferrabrás, agora

Quero que fiques sabendo
Que existe um Deus que nos cria!
Sua força e energia
É como aqui tu estás vendo:
Vim aqui quase morrendo,
Todo chagado e ferido,
Pois eu tinha combatido
Para Ele defender —
Sem teu bálsamo beber,
Fui de Deus favorecido!

[...]

Deixa os ídolos que adoras
E crê na Virgem Maria!
Crê num Deus que nos cria,
Julga tudo em uma hora!
Bota estas ilusões fora,
Que o demônio não te pise!
Pede a Jesus que te avise,
Abraça a religião,
Pede das culpas perdão,
Crê em Deus, e se batize!

[...]

Assim que Ferrabrás viu
Se ultimando sua vida,
Pôs a mão sobre a ferida,
A Oliveiros pediu —
Julga-se que ele sentiu
Uma emoção tanto ou quanto,
Que disparou nesse pranto
Ressentido e magoado,
Como se fosse tocado
Do Divino Espírito Santo.

— Nobre e grande cavalheiro!
Disse o turco, arrependido.
Agora estou convencido
Que teu Deus é verdadeiro,
Grande, bom e justiceiro,
Ente de grande mister —
Faz tudo quanto Ele quer.
NEle não há quem O pise!
Te peço que me batize —
Depois faça o que quiser!

(São Paulo: Luzeiro, p. 7, 12 e 15.)

bálsamo: produto que, de acordo com a tradição cristã, foi utilizado para ungir o corpo de Cristo e que, nas narrativas em torno da figura do imperador Carlos Magno, foi roubado por Ferrabrás em Jerusalém; constituído por uma resina odorífera, tem uso em perfumaria e farmácia.
cavalheiro: variação diacrônica de cavaleiro.
desfeiteado: aquele que sofreu uma desfeita.
escudeiro: jovem que prestava serviços ao cavaleiro, como vesti-lo com a armadura, carregar seu escudo, selar seu cavalo, etc.
faltar: voltar atrás em uma decisão; deixar de fazer algo.
gabar: vangloriar-se, louvar-se, enaltecer-se.
ídolo: na tradição judaico-cristã, imagem representativa de uma entidade sobrenatural considerada, de modo herético e equivocado, como divina.
mercê: favor, benefício, graça.
mister: necessidade, exigência, precisão.
pelejar: batalhar, lutar, combater.
revogar: anular, cancelar, tornar sem efeito.

1. No texto, Oliveiros mostra-se um cavaleiro virtuoso, que segue o código de conduta da cavalaria medieval.

a. Que atitude de Oliveiros demonstra sua fidelidade aos laços de vassalagem estabelecidos com o imperador Carlos Magno?

b. No diálogo que tem com Carlos Magno, Oliveiros expressa a fidelidade incondicional que devotava ao imperador. Identifique nesse diálogo um trecho que comprove essa afirmação.

c. Releia esta fala de Oliveiros, dirigida ao escudeiro:

"Me ajude logo armar!
Pode o turco se gabar:
Matei um dos cavalheiros!
Porém não diz: *Oliveiros*
Temeu comigo lutar"

As frases em destaque expressam valores cultivados por Oliveiros. Quais são esses valores?

2. Não faltar à palavra dada era uma das regras do código da cavalaria medieval.

a. No texto, que personagem é mostrada em situação de cumprimento dessa regra?

b. Quais são, para as personagens envolvidas na situação, as consequências do cumprimento dessa regra?

3. No combate, evidenciam-se tanto a destreza na arte da luta quanto o caráter de cada um dos cavaleiros.

a. Que atitude de Ferrabrás demonstra que ele era um cavaleiro leal, justo com o adversário?

b. Que atitudes de Oliveiros ao longo do combate confirmam o caráter virtuoso do cavaleiro?

4. Nas novelas de cavalaria, o bom cavaleiro é aquele que batalha também em nome de Deus e defende a fé cristã.

a. No texto lido, que argumento Oliveiros utiliza para convencer Ferrabrás a se batizar e, assim, abandonar a crença nos deuses não cristãos?

b. O objetivo de converter Ferrabrás ao cristianismo é alcançado por Oliveiros. Como isso ocorreu?

5. As novelas de cavalaria e os poemas de cordel são produções literárias de épocas, espaços e contextos bem diferentes. Porém, no sertão nordestino, na primeira metade do século XX, as novelas de Carlos Magno e dos pares da França e os poemas de cordel se entrecruzavam, veiculando valores com os quais o sertanejo, homem sofrido e em luta pela sobrevivência, se identificava. Levante hipóteses: Quais seriam esses valores?

Dom Quixote de La Mancha

Em um momento no qual as novelas de cavalaria estavam desgastadas, Miguel de Cervantes revigorou o gênero com a célebre novela *Dom Quixote de La Mancha*, publicada em 1605. Nessa obra, o protagonista, o fidalgo Dom Quixote, depois de muito ler novelas de cavalaria, enlouquece, acreditando ser um herói, um bravo e honrado cavaleiro como aqueles dos seus livros. E, assim, de modo cômico, a realidade que se apresenta diante dos olhos do protagonista é distorcida: as hospedarias transformam-se em castelos, as prostitutas em donzelas, os moinhos de vento em terríveis gigantes.

Para além do aspecto cômico, a novela propõe uma reflexão sobre valores como a justiça e a verdade e, de modo inovador, transforma o leitor em personagem.

The Bridgeman Art Library/Keystone Brasil/Coleção particular

As novelas de Carlos Magno e de seus doze pares: da França ao Brasil

Até o início do século XX, a *História do imperador Carlos Magno e dos doze pares de França* era um livro bastante conhecido no sertão nordestino. Nas palavras do folclorista Câmara Cascudo, "nenhum sertanejo ignorava as façanhas dos Pares ou a imponência do Imperador da barba florida".

A obra, que chegou com os colonizadores e era lida nas casas das fazendas de gado e de engenhos de açúcar no Nordeste, é uma versão portuguesa do século XVIII, elaborada a partir de uma tradução castelhana do original francês, datado do século XV.

Em 1913, o poeta popular Leandro Gomes de Barros publicou o cordel *A batalha de Oliveiros com Ferrabrás*, recontando em versos uma das façanhas da *História do imperador Carlos Magno e dos doze pares de França*. Essa transformação da prosa em versos populares possibilitou ao sertanejo simples o contato com a antiga novela de cavalaria francesa, mesmo que fosse apenas por meio do ato de ouvir alguém recitar, nas feiras da região, a valentia e a honra dos "cabras" de Carlos Magno.

Jehan Bagnyon. Romance de Ferrabrás o Gigante, 1497

Gravura da edição francesa de *Roman de Fierabras*, datada de 1497.

Leandro Gomes de Barros. Batalha de Oliveiros com Ferrabraz, 1913

Capa do cordel *A batalha de Oliveiros com Ferrabrás*, publicado em 1913.

LÍNGUA E LINGUAGEM

Funções da linguagem

FOCO NO TEXTO

Leia a tira:

(Disponível em: http://uhull.virgula.uol.com.br/wp-content/uploads/2008/08/tira18.gif. Acesso em: 20/7/15.)

1. Onomatopeia é um recurso de linguagem que consiste na representação gráfica de um som.

a. Identifique a onomatopeia empregada na tira.

b. Qual som essa onomatopeia reproduz?

2. A propósito dos três primeiros quadrinhos, responda:

a. Com qual atividade o homem que aparece na tira está se ocupando?

b. Como está sua expressão facial?

3. Releia as falas do homem: "Eulália, a campainha." / "A campainha, Eulália!!!".

Há, nessas falas, um dado implícito, que só pode ser percebido se considerada a situação de comunicação em que elas ocorrem.

a. Reescreva essas falas, explicitando a intenção do homem.

b. Em relação à polidez, isto é, à cortesia, educação, como você avalia essas falas da tira?

c. O que se espera que a mulher vá fazer quando ela passa ao lado do homem no 3º quadrinho?

4. Observe o 4º quadrinho.

REGISTRE NO CADERNO

a. O que a mulher faz?

b. O que a fisionomia do homem expressa?

5. Entre as personagens da tira, não houve entendimento. Analise as seguintes afirmações sobre a comunicação entre as personagens.

I. O homem fica nervoso por causa da surdez da mulher, que não ouve nem a campainha nem a ordem dele e faz algo diferente do que ele pediu.

II. A mulher certamente ouve a campainha e entende a ordem do homem, mas age de maneira a deixar clara sua discordância em relação à atitude dele.

III. A mulher provavelmente não entende o que o homem disse, porque é muito idosa e já não consegue mais se comunicar com eficiência.

IV. A tira reproduz uma realidade machista da nossa sociedade, em que a mulher cumpre as tarefas domésticas, enquanto o homem cuida de seus interesses particulares.

Discuta com o professor e os colegas: Quais afirmações são verdadeiras? Procure justificar seu ponto de vista levando em conta as informações da tira e a relação entre elas e fatos sociais contemporâneos.

6. Conclua: O desentendimento entre as personagens é resultado de desconhecimento da língua e suas regras? Justifique sua resposta.

A teoria da comunicação e as funções da linguagem

A tira lida mostra que nem sempre os interlocutores estão dispostos a assumir uma atitude colaborativa quando participam de uma interação. Isso ocorre porque muitos são os fatores envolvidos nas interações sociais, entre eles a relação estabelecida entre quem produz e quem recebe o texto, as intenções desses interlocutores, a estrutura dos textos produzidos, a situação de comunicação, as características dessas situações, etc. Assim, é possível considerar que até mesmo o humor dos interlocutores no momento da interação pode ter influência na maneira como recebem e respondem aos textos.

Laerte

Como você já viu no primeiro capítulo desta unidade, a teoria da comunicação emerge como uma tentativa de estudar a língua em uso sem dissociá-la da fala e das situações sociais em que ela ocorre. Proposta por Roman Jakobson, essa teoria considera que a comunicação humana também segue regras e, portanto, pode ser analisada. Para tanto, Jakobson explicita o que seriam, para ele, os elementos essenciais do processo de comunicação:

- o emissor (locutor): aquele que produz o texto;
- o receptor (destinatário): aquele a quem o texto se dirige;
- a mensagem: o texto; tudo o que foi produzido pelo emissor;
- o código: a língua ou os sinais utilizados, que devem ser conhecidos pelos envolvidos na comunicação;
- o canal: o meio físico que veicula a mensagem e permite o estabelecimento da comunicação;
- o referente: o contexto, o assunto, aquilo a que a mensagem faz referência.

Na teoria da comunicação, esses elementos são representados tal como no esquema abaixo e cada um deles determina uma diferente função da linguagem, dependendo das características predominantes em cada texto e da sua finalidade principal.

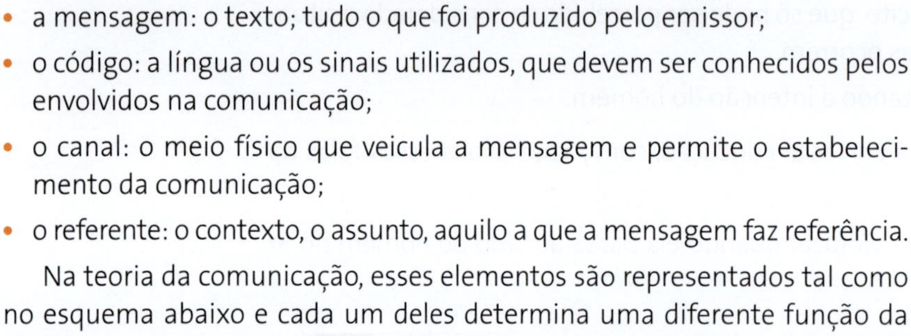

BIS

A função emotiva

A função emotiva, ou expressiva, ocorre nos textos que têm como foco o próprio *locutor* (emissor) e, como objetivo principal, expressar emoções, sentimentos, estados de espírito. Nesse caso, o próprio locutor determina as escolhas feitas na construção do texto, que, em geral, se centra na 1ª pessoa do discurso, com o uso de verbos e pronomes na 1ª pessoa. Veja:

Me sinto ótima

Eu tenho gana pelo mundo inteiro,
Preciso de fôlego.
Mas tenho andado em pleno desespero,
E não aguento mais.
Certas pessoas têm grudado em mim
E não me deixam em paz.
Cansei de carregar milhões de medos das pessoas
Que me cercam e me pesam de agonia.
Eu já tenho lá os meus receios, meus anseios que eu
Perco com a luz do dia, eu tenho acordado cedo e me
Sinto ótima.

(Mallu Magalhães. Disponível em: http://letrasmus.br/mallu-magalhaes/me-sinto-otima. Acesso em: 12/6/2015.)

Essa letra de canção se centra na expressão dos sentimentos no ponto de vista do eu lírico. O uso da 1ª pessoa nas formas verbais e nos pronomes ("eu tenho", "preciso", "em mim", "me deixam") reforça o caráter subjetivo e a predominância das impressões do eu lírico.

A função referencial

A função referencial ocorre nos textos que têm como foco o *referente*, isto é, aquilo de que se fala, e cujo objetivo principal é informar. Nesse caso, o referente determina as escolhas feitas na construção do texto, no qual predomina geralmente o uso da 3ª pessoa do discurso. Veja:

E se não houvesse noite?

[...] A única maneira de não haver noite é pela sincronização dos movimentos da Terra. Ou seja, se a rotação fosse igual à translação. [...] Mesmo com essas condições, seria dia para sempre somente em um lado do planeta. No outro, noite eterna. Um lugar inóspito, com temperaturas que podem ser baixas como as dos polos e onde as formas de vida seriam diferentes das do lado iluminado. Algo como as profundezas abissais dos oceanos, mas na superfície. Teríamos dois planetas em um só. "Em movimento sincronizado, as condições climáticas seriam radicalmente diferentes. Dificilmente haveria a explosão da vida", diz o astrônomo da USP Enos Picazzio.

No lado iluminado, as coisas tampouco seriam fáceis. A vida na Terra está programada para reagir à luz. A galinha, por exemplo, é fotossensível. Em condições naturais, ela só bota ovos quando o Sol nasce. Com ele a pino sempre, a ave como conhecemos dificilmente existiria. [...] A vida como um todo seria adaptada não às andanças do Sol no céu, mas à imobilidade dele.

(Disponível em: http://super.abril.com.br/ciencia/e-se-nao-houvesse-noite. Acesso em: 15/9/2015.)

Thinkstock/Getty Images

Esse texto se centra na informação que procura dar ao leitor. As várias situações de uso da 3ª pessoa reforçam o foco no referente, e a citação de opinião de especialista ("diz o astrônomo da USP") reafirma o caráter objetivo do texto, qualquer que seja o ponto de vista de seu produtor.

A função conativa

A função conativa, ou apelativa, ocorre nos textos que têm como foco o *destinatário* (receptor) e, como objetivo principal, convencer o interlocutor. Nesse caso, o destinatário determina as escolhas feitas na construção do texto, no qual se utilizam geralmente construções com vocativos e imperativos. Veja:

Fallon PMA

(Disponível em: http://www.putasacada.com.br/wp-content/uploads/2015/01/carta-capital-fallon-pma.jpg. Acesso em: 13/6/2015.)

O anúncio acima se centra no convencimento do destinatário. O uso do imperativo ("faça", "receba", "assine", "ligue", "acesse", "leia") e de uma imagem impactante reforça a intenção de chamar a atenção do leitor e o objetivo de persuadi-lo a aderir a uma ideia ou adquirir um produto.

A função poética

A função poética ocorre nos textos que têm como foco a *mensagem* e seu processo de elaboração. Nesse caso, o destaque dado à mensagem determina as escolhas feitas na construção do texto, tais como exploração de recursos sonoros, combinações lexicais, formato, tipos de letra, imagens, etc. Veja:

Amar-amaro

Porque amou por que a!mou
se sabia
p r o i b i d o p a s s e a r s e n t i m e n t o s
ternos ou desesperados
nesse museu do pardo indiferente
me diga: mas por que
amar sofrer talvez como se morre
de varíola voluntária vágula ev
idente?

ah PORQUEAMOU
e se queimou
todo por dentro por fora nos cantos nos
[ecos
lúgubres de você mesm(o,a)
irm(ã,o) retrato espéculo por que amou?
se era para
ou era por
como se entretanto todavia
toda via mas toda vida
é indagação do achado e aguda
[espostejação
da carne do conhecimento, ora veja

permita cavalheir(o,a)
amig(o,a) me revele
este malestar
cantarino escarninho piedoso
este querer consolar sem muita convicção
o que é inconsolável de ofício
a morte é esconsolável consolatrix
[consoadíssima
a vida também
tudo também
mas o amor car(o,a) colega este não
[consola nunca de núncaras.

(Carlos Drummond de Andrade. *Antologia poética*. Rio de Janeiro: José Olympio, 1978. p. 180.)

cantarino: cantador.
escarninho: zombador.
espéculo: invertido.
espostejação: corte em fatias.
lúgubre: fúnebre, sombrio.

Alamy/ Diomedia

O poema acima se centra na exploração de recursos diversos para a construção de sentidos. Além do conteúdo, são importantes para essa construção de sentidos a disposição das letras e das palavras (menos ou mais espaçadas, de cabeça para baixo, maiúsculas, minúsculas, etc.), a sonoridade aliada ao sentido de palavras (amar/amaro, todavia/ toda via/toda vida, porque amou/queimou, etc.), a criação de novos termos ("consolatrix", "núncaras"), entre outros recursos que reforçam a tentativa de trabalhar ao máximo o processo de elaboração da mensagem.

A função fática

A função fática ocorre nos textos que têm como foco o *canal* e, como objetivo, estabelecer ou dar continuidade à comunicação. Nesse caso, o teste do canal determina as escolhas feitas na construção do texto. Veja:

RICO

(Adaptado de: http://www.ahmanolo.blog.br/2015/02/puxando-assunto-da-forma-errada.html. Acesso em: 12/6/2015.)

Esse texto brinca com uma situação comum no dia a dia: o teste do canal comunicativo quando ainda não está estabelecido o assunto de uma conversa. Nessa situação, os interlocutores costumam se empenhar em manter o canal comunicativo aberto, por meio do uso de palavras e expressões que, embora não se refiram a nenhum assunto (Oi, Tudo bem?, Sim e você?, Que bom, Então, é...), cumprem a função de não deixar a conversa acabar.

No texto, ocorre uma quebra de expectativa quando um dos interlocutores pergunta "qual seu tipo sanguíneo?". Essa quebra de expectativa, ao frustrar um dos interlocutores, leva ao fechamento do canal de comunicação.

A função metalinguística

A função metalinguística ocorre nos textos que têm como foco o próprio *código* e, como objetivo, explicá-lo por meio dele mesmo. Nesse caso, o código determina as escolhas feitas na construção do texto. Essa função ocorre, por exemplo, em um poema que trata da criação poética, em uma canção que se refere ao tema musical, em uma tirinha que se refere a quadrinhos, em um filme que trata do processo de produção de um filme.

Elton Silva

(Disponível em: http://lh6.ggpht.com/_31dXaVkwdP0/SjaixsptsTI/AAAAAAAAAOE/259RRA3w3PA/cartunista%20rgb%5B6%5D.jpg. Acesso em: 12/6/2015.)

Veja:

Esse texto centra-se no próprio código por meio do qual é produzido. A tira subverte o formato original das tiras e cria uma nova versão da história em quadrinhos, a história em cubinhos, desenhada em cubos, em vez de quadros.

APLIQUE O QUE APRENDEU

Identifique a função da linguagem predominante nos textos a seguir.

REGISTRE NO CADERNO

a.

Envergo, mas não quebro

Se por acaso pareço
E agora já não padeço
Um mal pedaço na vida

Saiba que minha alegria
Não é normal todavia
Com a dor é dividida

Eu sofro igual todo mundo
Eu apenas não me afundo
Em sofrimento infindo
[...]

(Lenine. Disponível em: http://letras.mus.br/lenine/1979026/. Acesso em: 12/6/2015.)

b.

Leo Burnett Tailor Made/Fiat

(Disponível em: https://clinicamoove.files.wordpress.com/2012/04/ciclista.jpg. Acesso em: 12/7/2015.)

c.

Ortografia

Costumava-se distinguir entre creação e criação. Exemplo: a creação de um poema, a criação de galinhas. Era limpo e nítido. Nada de confusões. Mas agora que tudo é um, como diziam os clássicos, ficou irremediavelmente perdido o que escrevi, um dia:

"Deus creou o mundo e o diabo criou o mundo". E agora? Para explicar tudo isso em mais palavras — o que seria um verdadeiro crime — imaginem os circunlóquios que eu teria de fazer... Não faço!

(Mário Quintana. *Caderno H*. São Paulo: Globo, 2006. p. 245.)

d.

Por que as teclas do teclado não estão em ordem alfabética?

A distribuição das teclas nos teclados já despertou a dúvida de muita gente: Por que as letras não estão em ordem alfabética? Qual o critério utilizado?

Na verdade, a ordem das letras no teclado é apenas uma cópia do padrão da máquina de escrever, criada e patenteada pelo inventor americano Christopher Scholes. Com o intuito de organizar as teclas aproximando os pares de letras mais usados na língua inglesa, Scholes aperfeiçoou a ideia de James Densmore, seu parceiro comercial, e criou o teclado QWERTY, nome dado devido à disposição das primeiras seis teclas.

A partir daí, o padrão desenvolvido pelo americano se tornou bastante popular em todo o mundo, tendo sido incorporado na grande maioria dos teclados de computadores. No Brasil, cerca de 99% dos teclados estão no padrão QWERTY.

[...]

(Disponível em: http://www.mundoeducacao.com/curiosidades/por-que-as-teclas-teclado-nao-estao-ordem-alfabetica.htm. Acesso em: 12/7/2015.)

TEXTO E ENUNCIAÇÃO

Leia este anúncio:

Loducca22

(Disponível em: http://1.bp.blogspot.com/_aCzqGqQeHy8/SRJRqX0zhRI/AAAAAAAABA8/7SagYNhP_Yo/s1600-h/8731.jpg. Acesso em: 13/8/2015.)

REGISTRE NO CADERNO

1. O enunciado principal do anúncio lembra textos de enciclopédia, pois informa sobre determinada palavra.

   a. Qual é essa palavra?

   b. Qual é o trecho do enunciado que se assemelha a textos de enciclopédia?

   c. Tendo em vista essa semelhança, qual função da linguagem predominante se espera que o texto teria? Justifique sua resposta.

2. O trecho "um cara que tava louco pra comprar uma coisa", do enunciado, é compatível com o tom que, em geral, é utilizado em enciclopédias? Justifique sua resposta com elementos do enunciado.

3. Para os fãs do motociclismo, a moto anunciada é um ícone, um mito, e por sua tradição está entre as mais cobiçadas por eles. Seus primeiros modelos foram produzidos para competir em corridas no começo do século XX, mas, com o passar do tempo, ela passou a ser utilizada também nas cidades. No enunciado inferior do anúncio, lê-se:

> "Street Rod. Nascida nas pistas. Criada nas ruas."

Harley-Davidson

   a. Levante hipóteses: Qual relação se pode estabelecer entre os verbos *nascer* e *criar* utilizados nesse enunciado?

   b. Que imagem da moto a utilização desses verbos transmite?

4. Levante hipóteses: A informação dada no enunciado principal sobre a origem da palavra mencionada corresponde à realidade? Justifique sua resposta.

5. Considere a parte não verbal do anúncio.

   a. Que elementos compõem a imagem que a constitui?

   b. Levante hipóteses: Que sentidos essa imagem procura associar ao produto anunciado?

6. Considerando o anúncio no conjunto, responda:

   a. Qual é a sua finalidade principal?

   b. Assim, que função da linguagem predomina nesse texto?

7. Tendo em vista as respostas das questões anteriores, conclua:

   a. Qual estratégia o anúncio utiliza para tentar atingir seu objetivo?

   b. Que imagem essa estratégia ajuda a construir e a associar ao produto anunciado?

PRODUÇÃO DE TEXTO

O texto teatral

Na seção de **Literatura**, você teve contato com a obra de Gil Vicente, considerado o primeiro grande dramaturgo da literatura portuguesa.

Vamos, agora, conhecer melhor o que é o texto teatral, isto é, o texto escrito para ser encenado.

FOCO NO TEXTO

O que os meninos pensam delas?

A ação se passa na sala de estar de um apartamento de classe média, num dos últimos andares. Um pôster de algum astro de música pop decora uma das paredes. As meninas fazem reverência a ele de vez em quando.

Sábado à tarde. Televisão, revistas espalhadas por todo o ambiente. Refrigerantes, salgadinhos, etc. A cena começa com Carol e Ana Paula acompanhando um clipe internacional de rock na TV, lendo a letra da música em uma revista. As duas cantam, dançam. De repente, Ana Paula emburra e desliga a TV.

CAROL
Eh, animal! Dá aqui esse controle remoto! O que foi agora, Ana Paula?

ANA PAULA
Não se faça de desentendida!

CAROL
Eu tava desafinando tanto assim?...

ANA PAULA
Não! É que eu tô aqui toda amiguinha sua e me lembrei que eu devia estar uma fera com você!

CAROL (*liga novamente a TV, mais baixo*)
Fera comigo?! Tá louca? O que que eu fiz, Ana Paula?

ANA PAULA
Eu vou embora! (*começa a juntar algumas revistas*)

CAROL
Como vai embora? Sua mãe viajou! Vai ter que me aguentar o fim de semana in-tei-ri-nho! E eu vou conversar até de madrugada, você não vai conseguir dormir!!! (*gargalhada macabra*) Porque eu tenho insônia!!!!

ANA PAULA
E a noite tá só começando...

RICO

CAROL (*Terrorista*)
Eu tenho insônia!

ANA PAULA
Para! Que terrorismo! (*procura algo nas revistas*) Insônia, insônia... Eu tenho a solução. Cadê?
T'aqui: "um copo de leite morno antes de dormir pode ajudar". Pronto. Você mama e dorme.

CAROL
Não adianta copo de leite morno. É mal de família. Só dormimos depois das três.

ANA PAULA
Se ao menos usasse esse tempo pra estudar, garanto que tirava notas melhores.

CAROL
Começou a humilhação. A vingança da CDF! Se eu não fosse sua amiga, Ana Paula, juro que ia ser sua pior inimiga!

ANA PAULA
Amiga! Que amiga?... Contar pro Toninho que eu tava a fim dele!?

CAROL
Ah! É por isso que você tá tão fula da vida?

ANA PAULA
Contou ou não contou?

CAROL
Contei, e daí? Você não tava mesmo a fim do cara?

ANA PAULA
Tava! Mas era segredo, entre mim e você! Cadê? (*procura nas revistas*) Ah! Essas revistas são a minha salvação! Achei! (*beija a revista*) Tem aqui uma coisa básica sobre paquera, escuta só: "Quando o menino sabe que a menina tá a fim, a tendência é a relação esfriar". E foi o que aconteceu! O Toninho começou a me evitar!!!

CAROL
Ai, Ana Paula! Só quis ajudar, poxa... O cara também não se decidia! Uma hora dava bola, outra hora, não... Cara indeciso... (*vai pegar a pipoca*)

ANA PAULA
Eu detesto isso, detesto! Deixa que eu resolvo as minhas coisas do meu jeito!

CAROL (*Carol dá de ombros, come pipoca*)
Só quis ajudar...

ANA PAULA
Dispenso a sua ajuda! Sempre que eu dou ouvidos pros seus planos eu me ferro. Sempre! Eu não me abro mais com você, Carol! Nunca mais!

CAROL (*se desculpando*)
Puxa vida, Aninha, também não é pra tanto...

ANA PAULA
Cadê? (*procura nas revistas*) Onde tá? "Quando uma amiga rompe um segredo, isso, muitas vezes, significa que poderá romper muitos outros. Cuidado!"

CAROL
Ah, é? Então vem cá. (*procura também*) Tá naquela que tem o Leo di Caprio... (*encontra, lê*) Escuta essa: "Amigas também erram. Se houve sinceridade por tanto tempo, por que não perdoar um errinho de nada? Relaxe!" (*mostra pra Ana*) Tá vendo? (*oferece pipoca e abraço*)

RICO

Ana Paula aceita o abraço. Fazem gestos de reconciliação com as mãos.

ANA PAULA
Eu não devia! Não vai demorar muito pra você aprontar outra das suas! É do seu caráter...

CAROL
Enquanto isso...

AS DUAS
Anestesia!

As duas correm e se prostram em frente à TV por um tempo, comem pipoca.

(Adélia Nicolete. *O que os meninos pensam delas?*. Disponível em: www.encontrosdedramaturgia.com.br/?page_id=599. Acesso em: 14/6/2015.)

1. Considerando o título da obra da qual foi extraído o texto — *O que os meninos pensam delas?* —, levante hipóteses: Qual é, provavelmente, o tema da peça?

2. O texto se inicia com dois parágrafos grafados em letras de tipo diferente — o itálico. Trechos como esse são chamados de rubrica. De acordo com esses parágrafos:

a. Em que lugar a cena acontecerá?

b. Que personagens participarão da cena? Qual é a idade delas? Comprove suas respostas com elementos do texto.

c. Qual é o nível social das personagens? Comprove sua resposta com elementos do texto.

d. Conclua: Qual é o papel da rubrica no início desse texto?

3. A partir do 3º parágrafo, a história começa a ser encenada.

REGISTRE NO CADERNO

a. Existe um narrador que conta o que acontece e o que as personagens falam?

b. De que modo a história se desenrola?

4. No texto, os diálogos cumprem um papel fundamental. De que modo o autor indica quem está falando?

5. Além da rubrica que introduz a peça, aparecem ao longo do texto outras rubricas, apresentadas sempre entre parênteses. Veja:

- "(começa a juntar algumas revistas)"
- "(gargalhada macabra)"
- "(se desculpando)"

a. Qual dessas rubricas indica ação da personagem ou fato que está acontecendo?

b. Qual indica modo de falar?

c. Qual indica som?

d. Conclua: Qual é o papel dessas rubricas no texto?

6. Carol e Ana Paula estão no apartamento de Carol, passando o fim de semana juntas.

a. Como elas se sentem? Por que se sentem assim?

b. Ana Paula revela estar magoada com Carol. Qual é o motivo da mágoa?

7. Ana Paula e Carol discutem e Ana Paula pega uma revista para fundamentar suas opiniões.

REGISTRE NO CADERNO

a. Que tipo de revista você imagina que as personagens leem?

b. O que personagens como Ana Paula e Carol buscam em revistas como essa?

c. Elas parecem acreditar nos conselhos dados pela revista?

8. Terminada a discussão, as meninas se abraçam e depois dizem, juntas: "Anestesia!". Levante hipóteses: O que elas querem dizer com essa palavra, no contexto?

9. Nos textos teatrais, a linguagem das personagens pode variar bastante, de acordo com a época retratada, com o perfil de cada personagem (idade, grau de instrução, origem, etc.), com a situação representada, etc.

a. Como é a linguagem das personagens do texto lido? Caracterize-a.

b. Essa linguagem coincide com a que é usada pelos adolescentes hoje? Por quê?

10. Todo texto é produzido com uma finalidade, levando-se em conta determinados aspectos, como quem produz, quem é o interlocutor, qual é o meio em que vai circular, etc.

Em relação à peça teatral *O que os meninos pensam delas?*, responda:

a. Que finalidade ela tem?

b. Que tipo de público ela tem como alvo?

Arquivo pessoal

Adélia Nicolete

Adélia Maria Nicolete Abreu é dramaturga, roteirista e professora, mestre e doutora em Artes pela Escola de Comunicações e Artes da Universidade de São Paulo.

Teve vários de seus textos montados e recebeu prêmios em concursos de dramaturgia e da crítica especializada. Entre seus textos teatrais, estão: *Festa em família, Geração 80, Lapsos, Nós realizamos o seu sonho!!!, O que os meninos pensam delas?* e *Rubros (vestido – bandeira – batom)*.

Tanto o texto de Gil Vicente que você leu na seção **Literatura** quanto o de Adélia Nicolete, que você leu agora, foram escritos para serem encenados. Trata-se, portanto, de textos teatrais.

Como no texto teatral normalmente não há narrador, as ações e os diálogos são essenciais para contar a história. As *rubricas* (quase sempre grafadas em letra de tipo diferente) indicam como devem ser o cenário, a trilha sonora, a iluminação, o figurino, os móveis e também a interpretação e a movimentação dos atores no palco.

No texto teatral, como na maioria dos outros gêneros narrativos ficcionais, as personagens são apresentadas em uma situação inicial e, em certo momento, ocorre um *conflito*, constituído por um problema ou uma dificuldade, que é resolvido ou superado ao longo da história.

HORA DE ESCREVER

Seguem duas propostas para a produção de cenas teatrais que, depois, poderão ser encenadas no sarau. Conversem com o professor e decidam a melhor forma de realizá-las.

PROJETO

Como você sabe, no final da unidade será realizado um *sarau literomusical.*

Neste capítulo você e os colegas vão produzir cenas teatrais, que serão representadas no sarau.

1. Na peça *O que os meninos pensam delas?*, de Adélia Nicolete, as garotas Carol e Ana Paula descobrem, conversando uma com a outra, que, em uma festa, se interessaram pelo mesmo rapaz, Alexandre. Seguindo os conselhos de uma revista, Carol propõe resolverem o problema da seguinte maneira: chamarem Alexandre até o apartamento e observarem por quem ele se interessa. Leia o trecho da peça que mostra esse momento.

CAROL
Já tô fazendo. (*disca*) Vamos resolver isso rapidinho. Chamando. Um toque, dois toques... Alô, por favor, o Alexandre? Obrigada. (*imita*) "Um momento que eu vou chamar".

ANA PAULA
Desliga isso, Carol!

CAROL
Alô, Alê? É Carol, tudo bem? Carol, da festa da Mônica, de sábado.
Ana Paula tenta desligar o telefone, Carol a impede. Ana emburra.

CAROL
É, você me deu o telefone, lembra? Tudo bem... Sabe o que é? Eu tava pensando, você não pode vir aqui em casa hoje? É. Não. Eu soube que você é bicho de Ciências Sociais, eu tenho que fazer um trabalho sobre... (*tenta imaginar algo*) as minorias, é isso, se você pudesse me ajudar... Certo... Tudo bem. Claro! (*para Ana*) Me ajuda! Ele quer saber que tipo de minorias.

ANA PAULA
Se vira.

CAROL
Hum... Minorias à beira de um ataque de nervos... é... minorias necessitadas... minorias carentes! É isso. Eu preciso da sua ajuda. Então tá. É aquele prédio em cima da locadora. É. Apartamento 83. Falou. Um beijo. (*desliga*)

(Disponível em: www.encontrosdedramaturgia.com.br/?page_id=599. Acesso em: 14/6/2015.)

Imagine o que pode acontecer nesse encontro e como as meninas resolverão o problema. Em seguida, escreva a cena que você imaginou, dando continuidade à história.

Dramaturgo e diretor teatral: autoria colaborativa

Quem escreve a peça teatral é o autor ou dramaturgo; quem a leva ao palco, dando a ela uma interpretação pessoal e dirigindo os atores, é o diretor teatral.

O que se vê no palco é, assim, o resultado de duas autorias.

Um bom espetáculo teatral é, portanto, aquele que reúne um bom texto e uma boa direção.

Lenise Pinheiro/Folhapress

Espetáculo teatral: a confluência de artes e linguagens

Para a montagem de uma peça teatral é necessário mais que texto, diretor e elenco de atores. Artistas e profissionais de áreas afins, como música, figurino, cenários e mobiliário, iluminação, maquiagem, também são indispensáveis.

Diferentemente do cinema, em que as cenas são gravadas uma a uma e editadas posteriormente para compor o filme, no teatro tudo ocorre ao vivo, no palco, e cada apresentação, pela interação com o público, é única.

2. No *Auto da barca do inferno*, de Gil Vicente, as pessoas, depois de mortas, independentemente da posição social que ocupavam em vida, são julgadas e encaminhadas ou para a barca do céu, ou para a barca do inferno. O julgamento de cada personagem possibilita ao dramaturgo tecer críticas aos comportamentos e costumes da sociedade portuguesa do início do século XVI.

   Em grupo, criem uma esquete teatral inspirada no texto de Gil Vicente. *Esquete teatral* é uma peça curta, em uma ou mais cenas, e que geralmente explora um tema de maneira cômica. Escolham uma ou mais pessoas públicas e inventem uma situação em que ela(s) seja(m) julgada(s). Pode(m) ser, por exemplo, pessoa(s) do meio político, do meio artístico ou do meio esportivo.

ANTES DE ESCREVER

Planeje o seu texto, procurando definir:

- as personagens que participarão da cena;
- a época e o lugar em que ocorrem as ações;
- as características de cada personagem: idade, nível social, nível de escolaridade, nível de linguagem, aparência física, traços psicológicos;
- o cenário e o figurino;
- o conflito em que as personagens se envolverão e como ele será resolvido.

Getty Images/Blend Images RM

ANTES DE PASSAR A LIMPO

Leia o que escreveu e, antes de dar seu texto por terminado, verifique:

- se há rubricas, se estão bem-demarcadas e se indicam com clareza que personagens participam da cena e as características de cada uma;
- se as rubricas indicam a movimentação das personagens, o modo como elas devem falar e agir, como são o cenário e o figurino, a sonoplastia, a iluminação, etc.
- se há um conflito em torno do qual as ações acontecem;
- se o conflito é pelo menos parcialmente resolvido;
- se a linguagem das personagens está de acordo com o perfil sociocultural de cada uma e com a situação de interação verbal.

MUNDO plural

ÉTICA

Em busca da ética

Nas obras de Gil Vicente, desfila uma vasta galeria de tipos sociais, todos tratados de forma crítica e mordaz: o nobre autoritário e vaidoso, o padre materialista e sensual, a cafetina, o juiz desonesto, o burguês ignorante e aproveitador, a mulher adúltera, etc.

Suas obras revelam um objetivo claro: descrever, criticar e moralizar a sociedade portuguesa do início do século XVI.

Mais de quinhentos anos depois, nos deparamos com problemas semelhantes no Brasil: desmandos e corrupção na política e no esporte, pedofilia no clero, empresários presos por corrupção, etc.

O texto a seguir comenta essa situação e aponta possíveis maneiras de contribuir para a construção de uma sociedade pautada pela ética.

A importância de se construir uma cultura ética

As cenas que vemos na televisão, mostrando empresários, políticos e funcionários públicos envolvidos em casos de corrupção, provocam sentimentos de indignação. De fato, esses episódios minam a confiança da população na justiça e nas instituições do país.

A corrupção é um fenômeno inerente a qualquer sociedade moderna e até hoje não se conhece país que esteja totalmente livre dela. Em maior ou menor grau, trata-se da apropriação criminosa de recursos públicos que deveriam ser usados na melhoria das condições de vida das pessoas.

O Banco Mundial estima que, nos países onde os índices de corrupção são mais elevados, entre 25% e 30% do PIB é desperdiçado. Já em países onde a corrupção encontra-se sob controle, esses índices não ultrapassam 3%. Aí reside a grande diferença. Como em relação a qualquer outro tipo de crime, alguns países têm sido mais eficazes no controle da corrupção do que outros.

Thinkstock/ Getty Images

Medir a corrupção de maneira precisa é uma tarefa complexa. Os dados mais divulgados são rankings que indicam a percepção que os cidadãos têm da corrupção. Este é o caso da ONG Transparência Internacional, que posiciona o Brasil em 69º lugar em um universo de 178 países pesquisados.

Apesar de serem importantes para estimular o debate público sobre a corrupção, os rankings de percepção são influenciados por eventos críticos em um determinado momento da história de um país. Nesse sentido, a maior transparência de práticas e eventos de corrupção, alcançada por meio de ações policiais de grande visibilidade midiática, tem um duplo caráter. Por um lado, pode dar a sensação de que a corrupção está crescendo. Por outro, o aprimoramento das ferramentas de transparência e de controle naturalmente confere visibilidade a situações antes escondidas e, por isso, desconhecidas.

[...]

Em todo o mundo, é preciso combinar ações de prevenção e de repressão à corrupção. Os corruptos, independente da área que forem, não podem sentir que há um ambiente favorável à impunidade e, por outro lado, deve-se desenvolver nas pessoas uma cultura ética de intolerância à corrupção. É preciso acabar com a impunidade, tratando o corrupto como um criminoso comum, que se apropriou de bens públicos.

Exigir e adotar uma postura ética, no entanto, não deve se restringir apenas ao âmbito político ou empresarial. É preciso que toda pessoa assuma essa postura no dia a dia e procure agir de maneira ética nas situações que pareçam menos relevantes.

[...]

(Bo Mathiasen. Disponível em: https://www.unodc.org/lpo-brazil/pt/imprensa/artigos/2010/09-12-a-importancia-de-se-construir-uma-cultura-etica.html. Acesso em: 14/6/2015.)

1. O título do texto é "A importância de se construir uma cultura ética". Afinal, por que a cultura ética é importante para um país?

2. A corrupção normalmente é associada a crimes contra o bem público praticados por políticos, empresários e quadrilhas organizadas. Em que situações do dia a dia, entretanto, ocorrem possibilidades de a corrupção ser praticada por cidadãos comuns?

3. Em 2015 e 2016, o país ficou perplexo com o grande número de escândalos de corrupção que vieram à tona, envolvendo empresários e altos executivos. Descobriu-se que muitas empresas, a fim de conseguir contratos milionários com o governo, destinavam vultosas quantias de dinheiro para políticos e campanhas políticas. Nesse caso, os empresários foram vítimas ou foram criminosos? Discuta com os colegas.

POR DENTRO DO ENEM E DO VESTIBULAR

ENEM EM CONTEXTO

Nas provas de Língua Portuguesa do Enem, há questões que, para serem resolvidas, exigem apenas uma leitura atenta, pois a resposta se encontra nelas próprias. Veja como isso acontece na questão a seguir e tente resolvê-la.

(ENEM)

Motivadas ou não historicamente, normas prestigiadas ou estigmatizadas pela comunidade sobrepõem-se ao longo do território, seja numa relação de oposição, seja de complementaridade, sem, contudo, anular a interseção de usos que configuram uma norma nacional distinta da do português europeu. Ao focalizar essa questão, que opõe não só as normas do português de Portugal às normas do português brasileiro, mas também as chamadas normas cultas locais às populares ou vernáculas, deve-se insistir na ideia de que essas normas se consolidaram em diferentes momentos da nossa história e que só a partir do século XVIII se pode começar a pensar na bifurcação das variantes continentais, ora em consequências de mudanças ocorridas no Brasil, ora em Portugal, ora, ainda, em ambos os territórios.

(CALLOU, D. Gramática, variação e normas. In: VIEIRA, S. R.; BRANDÃO, S. (orgs.). *Ensino de Gramática: descrição e uso*. São Paulo: Contexto, 2007 (adaptado).)

O português do Brasil não é uma língua uniforme. A variação linguística é um fenômeno natural, ao qual todas as línguas estão sujeitas. Ao considerar as variedades linguísticas, o texto mostra que as normas podem ser aprovadas ou condenadas socialmente, chamando a atenção do leitor para a:

a. desconsideração da existência das normas populares pelos falantes da norma culta.
b. difusão do português de Portugal em todas as regiões do Brasil só a partir do século XVIII.
c. existência de usos da língua que caracterizam uma norma nacional do Brasil, distinta da de Portugal.
d. inexistência de normas cultas locais e populares ou vernáculas em um determinado país.
e. necessidade de se rejeitar a ideia de que os usos frequentes de uma língua devem ser aceitos.

A questão envolve o conceito de variação linguística e aborda-o tanto em relação às diferenças entre o português lusitano e o português brasileiro quanto em relação às variedades linguísticas existentes no território brasileiro.

Os pontos de destaque do texto são estes:

- As variedades linguísticas de um país coexistem, ora se opondo, ora se complementando.
- Da intersecção das variedades, nasce uma norma brasileira ou várias normas brasileiras, dependendo do local e do momento histórico.
- Entre as normas brasileiras, estão em oposição as normas cultas e as normas populares.
- A partir do século XVIII, o português brasileiro distancia-se cada vez mais do português lusitano, dando origem às variantes intercontinentais.

Hello Lovely/Fancy/Diomedia

Assim, o texto chama a atenção para o fato de que, embora o português brasileiro não seja um, e sim o conjunto de suas variedades, o nascimento de uma norma brasileira, diferente da lusitana, só pode ser situado a partir do século XVIII.

A alternativa que mais se aproxima dessa síntese é a *c*: "existência de usos da língua que caracterizam uma norma nacional do Brasil, distinta da de Portugal".

QUESTÕES DO ENEM E DO VESTIBULAR

1. (ENEM) Leia atentamente o trecho de uma música de Caetano Veloso e, em seguida, assinale a alternativa correta.

Um amor assim delicado
Você pega e despreza
Não o devia ter desprezado
Ajoelha e não reza
Dessa coisa que mete medo
Pela sua grandeza
Não sou o único culpado
Disso eu tenho a certeza
Princesa
Surpresa
Você me arrasou
Serpente
Nem sente que me envenenou
Senhora, e agora
Me diga onde eu vou
Senhora
Serpente
Princesa
(...)

a. O texto remete ao lirismo trovadoresco presente nas cantigas de amigo.

b. O texto apresenta uma clara postura de vassalagem amorosa.

c. O texto é moderno, com referência clara às raízes da poesia palaciana.

d. A presença do vocativo *Senhora* remete ao amor platônico, típico do período feudal.

e. O homem posiciona-se como um herói perante a mulher amada.

2. (CEAP-AP)

"Vozes veladas, veludosas vozes,
Volúpias dos violões, vozes veladas,
Vagam nos velhos vórtices velozes
Dos ventos, vivas, vãs, vulcanizadas."

Cruz e Souza

Nessa famosa estrofe do simbolista Cruz e Souza, a musicalidade se expressa pelas:

a. metáforas.

b. sinestesias.

c. aliterações.

d. metonímias.

e. repetição das palavras *vozes* e *violões*.

3. (Mackenzie-SP) Assinale a alternativa incorreta a respeito do Trovadorismo em Portugal.

a. Durante o Trovadorismo, ocorreu a separação entre a poesia e a música.

b. Muitas cantigas trovadorescas foram reunidas em livros ou coletâneas que receberam o nome de cancioneiros.

c. Nas cantigas de amor, há o reflexo do relacionamento entre o senhor e o vassalo na sociedade feudal: distância e extrema submissão.

d. Nas cantigas de amigo, o trovador escreve o poema do ponto de vista feminino.

e. A influência dos trovadores provençais é nítida nas cantigas de amor galego-portuguesas.

4. (Mackenzie-SP) Assinale a afirmativa correta sobre o texto:

Ondas do mar de Vigo,
se vistes meu amigo!
E ai Deus, se verrá cedo!
Ondas do mar levado,
se vistes meu amado!
E ai Deus, se verrá cedo!

(Martim Codax)

REGISTRE NO CADERNO

Obs.: verrá = virá
levado = agitado

a. Nessa cantiga de amigo, o eu lírico masculino manifesta a Deus seu sofrimento amoroso.

b. Nessa cantiga de amor, o eu lírico feminino dirige-se a Deus para lamentar a morte do ser amado.

c. Nessa cantiga de amigo, o eu lírico masculino manifesta às ondas do mar sua angústia pela perda do amigo em trágico naufrágio.

d. Nessa cantiga de amor, o eu lírico masculino dirige-se às ondas do mar para expressar sua solidão.

e. Nessa cantiga de amigo, o eu lírico feminino dirige-se às ondas do mar para expressar sua ansiedade com relação à volta do amado.

5. (Mackenzie-SP) Assinale a alternativa correta sobre o texto da questão anterior.

a. A estrutura paralelística é, neste poema, particularmente expressiva, pois reflete, no plano formal, o movimento de vai e vem das ondas.

b. Nesse texto, os versos livres e brancos são indispensáveis para assegurar o efeito musical da canção.

c. As repetições que marcam o desenvolvimento do texto opõem-se ao tom emotivo do poema.

d. No refrão, a voz das ondas do mar faz-se presente como contraponto irônico ao desejo do eu lírico.

e. É um típico vilancete de tradição popular, com versos em redondilha maior e estrofação irregular.

6. (ENEM)

Texto I

REGISTRE NO CADERNO

Seis estados zeram fila de espera para transplante da córnea

Seis estados brasileiros aproveitaram o aumento no número de doadores e de transplantes feitos no primeiro semestre de 2012 no país e entraram para uma lista privilegiada: a de não ter mais pacientes esperando por uma córnea.

Até julho desse ano, Acre, Distrito Federal, Espírito Santo, Paraná, Rio Grande do Norte e São Paulo eliminaram a lista de espera no transplante de córneas, de acordo com balanço divulgado pelo Ministério da Saúde, no Dia Nacional de Doação de Órgãos e Tecidos. Em 2011, só São Paulo e Rio Grande do Norte conseguiram zerar essa fila.

Texto II

Ministério da Saúde (Governo Federal)

A notícia e o cartaz abordam a questão da doação de órgãos. Ao relacionar os dois textos, observa-se que o cartaz é:

a. contraditório, pois a notícia informa que o país superou a necessidade de doação de órgãos.

b. complementar, pois a notícia diz que a doação de órgãos cresceu e o cartaz solicita doações.

c. redundante, pois a notícia e o cartaz têm a intenção de influenciar as pessoas a doarem seus órgãos.

d. indispensável, pois a notícia fica incompleta sem o cartaz, que apela para a sensibilidade das pessoas.

e. discordante, pois ambos os textos apresentam posições distintas sobre a necessidade de doação de órgãos.

7. (ENEM)

O exercício da crônica

Escrever prosa é uma arte ingrata. Eu digo prosa fiada, como faz um cronista; não a prosa de um ficcionista, na qual este é levado meio a tapas pelas personagens e situações que, azar dele, criou porque quis. Com um prosador do cotidiano, a coisa fia mais fino. Senta-se ele diante de sua máquina, olha através da janela e busca fundo em sua imaginação um fato qualquer, de preferência colhido no noticiário matutino, ou da véspera, em que, com as suas artimanhas peculiares, possa injetar um sangue novo. Se nada houver, resta-lhe o recurso de olhar em torno e esperar que, através de um processo associativo, surja-lhe de repente a crônica, provinda dos fatos e feitos de sua vida emocionalmente despertados pela concentração. Ou então, em última instância, recorrer ao assunto da falta de assunto, já bastante gasto, mas do qual, no ato de escrever, pode surgir o inesperado.

MORAES, V. *Para viver um grande amor: crônicas e poemas.* São Paulo: Cia. das Letras, 1991.

Predomina nesse texto a função da linguagem que se constitui:

a. nas diferenças entre o cronista e o ficcionista.

b. nos elementos que servem de inspiração ao cronista.

c. nos assuntos que podem ser tratados em uma crônica.

d. no papel da vida do cronista no processo de escrita da crônica.

e. nas dificuldades de se escrever uma crônica por meio de uma crônica.

8. (UNICAMP-SP) Os excertos abaixo foram extraídos do *Auto da barca do inferno*, de Gil Vicente.

(...) **FIDALGO:** Que leixo na outra vida
quem reze sempre por mi.

DIABO: (...) E tu viveste a teu prazer, cuidando cá guarecer
por que rezem lá por ti!... (...)

ANJO: Que querês?

FIDALGO: Que me digais,
pois parti tão sem aviso,
se a barca do paraíso
é esta em que navegais.

ANJO: Esta é; que me demandais?

FIDALGO: Que me leixês embarcar.
sô fidalgo de solar,
é bem que me recolhais.

ANJO: Não se embarca tirania
neste batel divinal.

FIDALGO: Não sei por que haveis por mal
Que entr'a minha senhoria.

ANJO: Pera vossa fantesia
mui estreita é esta barca.

FIDALGO: Pera senhor de tal marca
nom há aqui mais cortesia? (...)

ANJO: Não vindes vós de maneira
pera ir neste navio.
Essoutro vai mais vazio:
a cadeira entrará
e o rabo caberá
e todo vosso senhorio.
Vós irês mais espaçoso
com fumosa senhoria,
cuidando na tirania
do pobre povo queixoso;
e porque, de generoso,
desprezastes os pequenos,
achar-vos-eis tanto menos
quanto mais fostes fumoso. (...)

SAPATEIRO: (...) E pera onde é a viagem?

DIABO: Pera o lago dos danados.

SAPATEIRO: Os que morrem confessados,
onde têm sua passagem?

DIABO: Nom cures de mais linguagem!
Esta é a tua barca, esta!
(...) E tu morreste excomungado:
não o quiseste dizer.
Esperavas de viver,
calaste dous mil enganos...
tu roubaste bem trint'anos
o povo com teu mester. (...)

SAPATEIRO: Pois digo-te que não quero!

DIABO: Que te pês, hás-de ir, si, si!

SAPATEIRO: Quantas missas eu ouvi,
não me hão elas de prestar?

DIABO: Ouvir missa, então roubar,
é caminho per'aqui.

(Gil Vicente. Auto da barca do inferno, em Cleonice Berardinelli (org.). *Antologia do teatro de Gil Vicente*. Rio de Janeiro: Nova Fronteira: Brasília: INL, 1984. P. 57-59 e 68-69.)

a. Por que razão específica o fidalgo é condenado a seguir na barca do inferno? E o sapateiro?

b. Além das faltas específicas desses personagens, há uma outra, comum a ambos e bastante praticada à época, que Gil Vicente condena. Identifique essa falta e indique de que modo ela aparece em cada um dos personagens.

9. (FUVEST) Indique a afirmação correta sobre o *Auto da Barca do Inferno*, de Gil Vicente:

a. É intricada a estruturação de suas cenas, que surpreendem o público com o inesperado de cada situação.

b. O moralismo vicentino localiza os vícios não nas instituições, mas nos indivíduos que as fazem viciosas.

c. É complexa a crítica aos costumes da época, já que o autor é o primeiro a relativizar a distinção entre o Bem e o Mal.

d. A ênfase desta sátira recai sobre as personagens populares mais ridicularizadas e as mais severamente punidas.

e. A sátira é aqui demolidora e indiscriminada, não fazendo referência a qualquer exemplo de valor positivo.

10. (PUC-SP) Considerando a peça *Auto da Barca do Inferno* como um todo, indique a alternativa que melhor se adapta à proposta do teatro vicentino.

a. Preso aos valores cristãos, Gil Vicente tem como objetivo alcançar a consciência do homem, lembrando-lhe que tem uma alma para salvar.

b. As figuras do Anjo e do Diabo, apesar de alegóricas, não estabelecem a divisão maniqueísta do mundo entre o Bem e o Mal.

c. As personagens comparecem nesta peça de Gil Vicente com o perfil que apresentavam na terra, porém apenas o Onzeneiro e o Parvo portam os instrumentos de sua culpa.

d. Gil Vicente traça um quadro crítico da sociedade portuguesa da época, porém poupa, por questões ideológicas e políticas, a Igreja e a Nobreza.

e. Entre as características próprias da dramaturgia de Gil Vicente, destaca-se o fato de ele seguir rigorosamente as normas do teatro clássico.

REGISTRE NO CADERNO

PROJETO

Sarau literomusical – cantigas, poemas e teatro

Como encerramento da unidade, realizaremos um *sarau literomusical*, no qual serão apresentados os poemas, as cantigas e as esquetes que você e seus colegas produziram ao longo dos capítulos.

1. ORGANIZANDO, PREPARANDO E DIVULGANDO O SARAU

- Escolham uma data e um horário, de preferência no final da tarde ou à noite, para a realização do sarau.
- Deem um título convidativo ao evento.
- Pensem no público que querem atingir e como farão para convidá-lo: por meio de cartazes, jornal da escola, avisos nas salas, redes sociais.
- Verifiquem quantas apresentações serão feitas e decidam quanto tempo durará o sarau. Dividam o tempo entre os grupos, tendo em vista a duração dos poemas, das cenas e das esquetes.
- Procurem decorar os textos e, antes do dia da apresentação oficial, façam um ensaio diante de uma plateia menor.
- Se for possível, filmem as apresentações. O registro serve tanto para que vocês se vejam e avaliem o próprio desempenho, como também para inspirar futuros eventos.

RICO

2. REALIZANDO O SARAU

Declamação dos poemas e apresentação das cantigas

- Reúnam os poemas e as cantigas produzidos no capítulo 2. Vocês podem organizá-los em ordem cronológica, segundo a influência predominante na sua criação: cantigas medievais, formas clássicas, versos livres, haicais, etc.
- Convidem os amigos que tocam instrumentos musicais para contribuir na apresentação. Eles podem fazer a melodia das cantigas ou, ainda, trilhas sonoras para as declamações dos poemas. Violões, violinos, castanholas, flautas, são todos bem-vindos nas apresentações.

Hill Street Studios/Blend RM/Diomedia

- Lembrem-se de se caracterizarem devidamente. Pesquisem com seus colegas de grupo: como eram as vestimentas usadas pelos trovadores na Idade Média? Como eles se apresentavam? E os poetas dos últimos séculos?
- Preparem um palco e um cenário versátil, que possa servir para as diferentes apresentações.

Encenação dos textos teatrais

- Selecionem uma cena ou uma esquete teatral produzida no capítulo 3 para ser apresentada em grupo no sarau.
- Definam se farão uma caracterização de época ou atual, tendo em vista as personagens do texto teatral de seu grupo. Pensem no vestuário mais adequado para as personagens.
- Discutam qual é a melhor alternativa para o cenário, considerando o local e a época em que se passam as ações das personagens. O ideal é que ele seja fácil de montar e transportar. Lembrem-se de que há opções variadas para produzi-lo: materiais recicláveis, tecido, papelões, mobiliário disponível no local das apresentações, etc.
- Se houver trilha e efeitos sonoros, preparem o material previamente.
- Ensaiem o texto várias vezes, até que todos se apropriem dos diálogos e passem a falar com entonação e gestos naturais. Enfim, comecem a fazer teatro.
- Filmem as apresentações, a fim de que possam fazer uma avaliação do evento e guardar uma recordação especial.

Sonja Pacho/Corbis/Latinstock

UNIDADE

2 Engenho e arte

A primavera (1482), de Sandro Botticelli. Unindo elementos da mitologia clássica com a sensualidade dos corpos, a obra representa um momento de ruptura com o padrão da pintura medieval, voltada essencialmente para temas religiosos. No centro, de manto vermelho, está Vênus, deusa do amor, da fecundidade e intermediária entre os deuses e os seres humanos. À esquerda dela, Flora, a deusa da primavera. Na sequência, a ninfa Clóris, também responsável pela primavera, e Zéfiro, o deus do vento. No alto, Cupido, representante do amor, e, à direita de Vênus, as Três Graças, símbolos de sensualidade e beleza. A figura masculina de manto vermelho, à esquerda, no quadro, é Mercúrio, deus da eloquência, do comércio e dos viajantes.

PROJETO

FEIRA CULTURAL – RENASCIMENTO: ENGENHO E ARTE

Participe, com toda a classe, da realização de uma *feira cultural*. Nela, você e seus colegas apresentarão resumos, cartas, receitas e textos instrucionais que serão produzidos na unidade.

Galleria degli Uffizi, Florença, Itália

Museu do Louvre, Paris, França

Mona Lisa ou *Gioconda*, de Leonardo da Vinci. A obra, de 1503, é uma das pinturas mais conhecidas e valiosas em todo o mundo.

No presente, o homem se faz através da posse da razão. Se as árvores e bestas selvagens crescem, os homens, creia-me, moldam-se. Os que antigamente viviam em bosques, guiados pelas meras necessidades e desejos naturais, sem leis que os dirigissem e organizassem em comunidades, estavam mais próximos dos animais selvagens do que dos homens. Pois, pode-se demonstrar que não existe animal mais selvagem ou perigoso do que um homem que sempre atue por ambição, desejo, ira, inveja, ou mau gênio. Donde se pode concluir que aquele que não permite que seu filho seja instruído de forma conveniente, não é homem, nem filho de homem...

(Erasmo de Roterdã, filósofo e humanista holandês. In: Maria Teresa van Acker. *Renascimento e humanismo*. São Paulo: Atual, 1992. p. 32-3.)

CAPÍTULO 1

Classicismo
Figuras de linguagem
O resumo

LITERATURA

O Classicismo

FOCO NA IMAGEM

Você vai fazer, a seguir, a leitura do famoso desenho de Leonardo da Vinci conhecido como *O homem vitruviano* ou *O homem de Vitrúvio*. Para fazer a leitura, tenha em mãos uma régua.

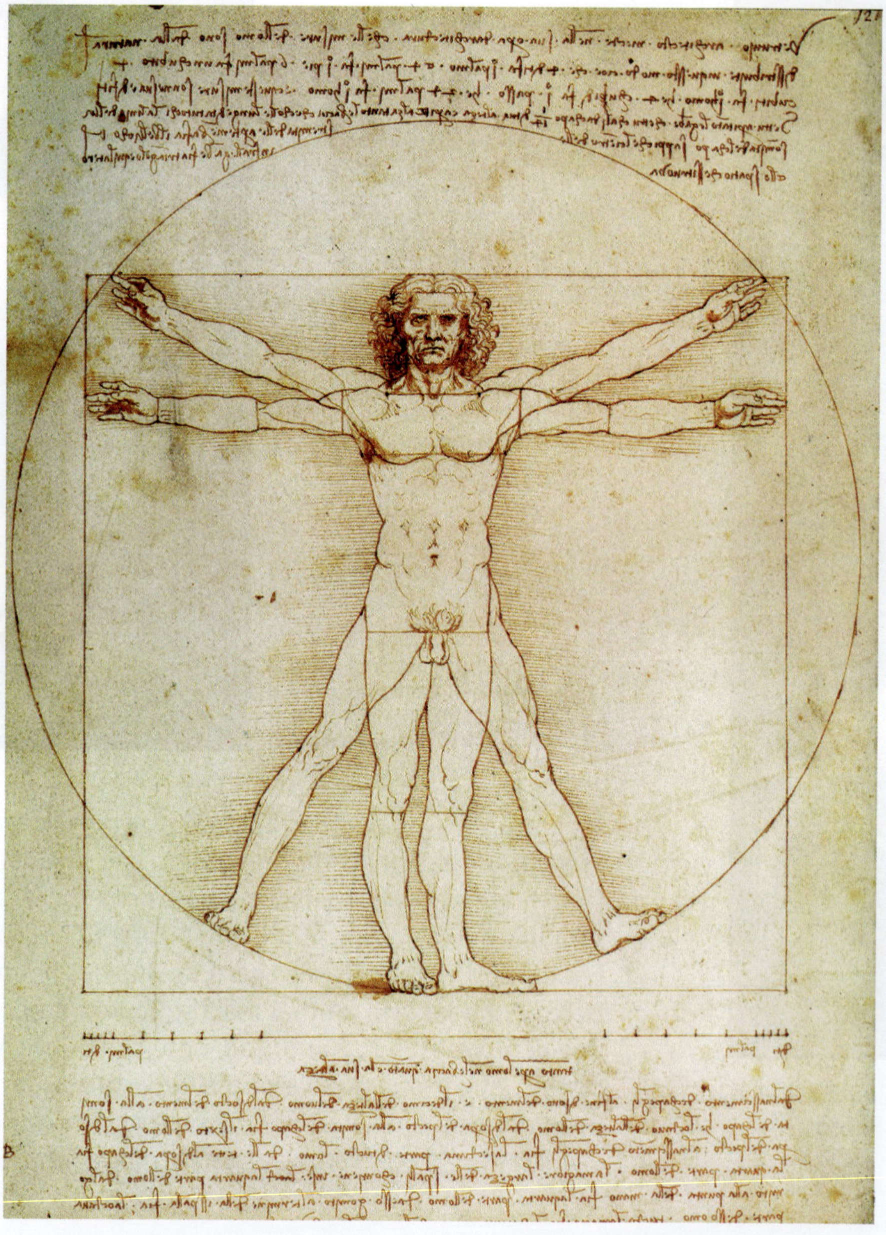

Gallerie dell' Academia, Veneza, Itália

Desenho e anotações de Leonardo da Vinci (aproximadamente 1490).

1. O cientista e artista italiano renascentista Leonardo da Vinci (1452-1519) aplicou a esse desenho do corpo humano o conceito de simetria e proporção de Vitrúvio, arquiteto romano que viveu no século I a.C.

a. Como a figura humana é retratada no interior do círculo e do quadrado?

b. As posições de braços e pernas podem ser combinadas de diferentes maneiras, formando posturas diferentes. Mantendo posições simétricas, ou seja, iguais nos dois lados, quantas posturas é possível combinar?

c. Que impressão essas diferentes posturas provocam no observador?

2. De acordo com Vitrúvio, para que fossem belas, as construções deviam seguir a simetria e as proporções do corpo humano, que, para ele, são perfeitas e se repetem na natureza e no universo. No Renascimento, Leonardo da Vinci retomou essa concepção e aplicou-a a esse desenho do corpo humano. Para verificar as proporções presentes no corpo humano, observe a figura na posição em que as mãos e os pés tocam o quadrado.

a. Nessa posição, passam linhas horizontais na altura dos mamilos, do órgão genital e dos joelhos. Meça a distância entre cada uma dessas linhas, começando pelo topo da cabeça. Qual é a relação entre essas distâncias? Qual é a proporção entre cada uma dessas partes do corpo?

b. Escolha um dos lados do corpo e meça a distância entre o cotovelo e a ponta do dedo médio e, depois, a distância entre a axila e o cotovelo. Qual é a proporção entre essas duas partes do corpo?

c. Meça a cabeça. Qual é a proporção entre ela e a altura total da figura?

d. Essas medidas mostram que, no corpo humano, as proporções são equilibradas, harmoniosas? Por quê?

3. No Renascimento, período de transição entre a Idade Média e a Idade Moderna, que se estende do final do século XV ao final do século XVI, o ser humano passou a ser considerado o centro do universo.

a. Observe a posição em que os braços e as pernas se afastam simetricamente, tocando o círculo. Meça o diâmetro da circunferência e responda: Onde fica o centro do círculo?

b. Explique a relação entre a resposta anterior e a visão que se tinha do ser humano na época.

4. Leia o boxe "Ciência e arte". Depois, responda: Que elementos da figura em estudo permitem perceber os conhecimentos de anatomia que Leonardo da Vinci tinha?

5. No desenho de Leonardo da Vinci, o homem é representado nu. Naquele momento, o ser humano era considerado o centro do universo, e o nu, desprezado durante a Idade Média, foi resgatado da Antiguidade greco-romana. Observe, ao lado, a escultura *Davi*, obra do artista renascentista Michelangelo. Indique, em seu caderno, quais elementos valorizados pelos artistas do Renascimento são expressos na escultura.

- Valorização da figura humana
- Perfeição anatômica
- Deus no centro do mundo
- Desproporcionalidade
- Equilíbrio das formas (proporção e simetria)
- Sensualidade

Ciência e arte

Michelangelo e Leonardo da Vinci são grandes exemplos de artistas do Renascimento que se dedicaram ao estudo da anatomia para melhor conhecer e retratar o corpo humano. Da Vinci, em especial, observou, dissecou e desenhou o corpo humano como nenhum artista fizera antes. Assim, conheceu de perto as características dos músculos, órgãos vitais, nervos e ainda conseguiu compreender e dar explicações lógicas para seus movimentos e funções. Para ele, ciência e arte estavam associadas.

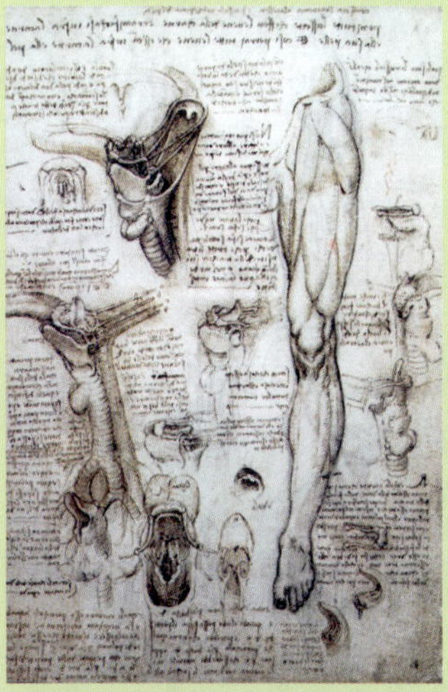

Windsor Castle (Royal Library), Berkshire, Inglaterra

Estudos anatômicos: laringe e perna (1509-10), de Leonardo da Vinci.

Galeria da Academia, Florença, Itália

Davi (1501), de Michelangelo.

FIQUE CONECTADO!

Amplie seus conhecimentos sobre o Renascimento, pesquisando em:

LIVROS

- *O bazar do Renascimento — Da rota da seda a Michelangelo*, de Jerry Brotton (Grua Livros); *O Renascimento*, de Nicolau Sevcenko (Atual); *Renascimento e humanismo*, de Maria Teresa van Acker (Atual); *O projeto do Renascimento*, de Elisa Byington (Zahar); *Os lusíadas em quadrinhos*, de Fido Nesti (Peirópolis); *Os lusíadas*, de Luís de Camões, em livro digital (Saraiva); *Sonetos de Camões*, de Luís de Camões (Ateliê); *Mensagem*, de Fernando Pessoa (Saraiva); *Notas de cozinha*, de Jonathan e Shelagh Routh (Althum.com).

Editora Zahar

FILMES

- *Giordano Bruno*, de Giuliano Montaldo; *Da Vinci's demons*, série de TV escrita e dirigida por David S. Goyer; *O mercador de Veneza*, de Michael Radford; *1492 — A conquista do paraíso*, de Ridley Scott; *Shakespeare apaixonado*, de John Madden; *Desmundo*, de Alain Fresnot; *Agonia e êxtase*, de Carol Reed; *Renascimento — A era dos Medicis*, de Roberto Rosselini; *Hans Staden*, de Luiz Alberto Pereira; *Caramuru — A invenção do Brasil*, de Guel Arraes.

©Paramount/Courtesy Everett Collection/ Everett Collection / Agb Photo

MÚSICAS

- Ouça as músicas do disco *Musikantiga 2*. Ouça também a música de compositores renascentistas como William Byrd, Giovanni Gabrieli e Joaquim des Prez. Ouça ainda as canções "Monte Castelo", do grupo Legião Urbana, e "Língua", de Caetano Veloso, que tomam a obra de Camões como referência.

SITES

- http://www.museusdeflorenca.com/
- http://www.accademia.org/

IGREJAS

No Brasil não há igrejas e monumentos tipicamente renascentistas. Contudo, algumas igrejas construídas no país no século XVI receberam influência do Renascimento. Entre elas, está a Igreja Matriz dos Santos Cosme e Damião, construída em 1535, em Igaraçu (PE).

Adolfo Santos Sonteia/D.A Press

- Na seção **Conexões**, na página 149, você vai encontrar uma pintura de Victor Meireles e um trecho de uma carta aberta assinada por Daniel Munduruku, líder indígena da atualidade.

O contexto de produção e recepção do Classicismo

O homem vitruviano, de Leonardo da Vinci, foi produzido durante o Renascimento, momento em que, na literatura portuguesa, surgiu o Classicismo. Nesse período de transformações na ordem socioeconômica, de muitas invenções, inclusive da imprensa, quem produzia literatura em Portugal no século XVI? E quem era o público consumidor?

Os meios de circulação

A epopeia, a ode, a elegia, a écloga — vindas da Antiguidade greco-romana — e o soneto — cultivado pelos poetas humanistas italianos — eram alguns dos gêneros em que os poetas portugueses compunham suas produções, destinadas sobretudo às pessoas da corte. Esses textos circulavam também nas universidades portuguesas, frequentadas cada vez mais por filhos da burguesia mercantil, que buscava, pela aquisição de bens culturais, ser aceita pela nobreza.

A figura-chave do humanismo em Portugal foi o poeta Sá de Miranda (1481-1558), que, após certo período de permanência na Itália, trouxe para sua pátria, em 1527, as concepções estéticas do Classicismo. Mas o grande expoente desse período literário, e também um dos maiores escritores de todos os tempos, foi Luís Vaz de Camões (1524?-1580), que você conhecerá a seguir, na seção **Foco no texto**.

A imprensa com tipos móveis: uma grande invenção do Renascimento

Em 1455, o alemão Gutenberg apresentou ao mundo o primeiro livro impresso — a Bíblia — com tipos móveis. Até então, os livros eram feitos à mão, levavam muito tempo para ficar prontos e tinham um alto custo, sendo inacessíveis para a maior parte das pessoas. A invenção de Gutenberg proporcionou reproduções mais rápidas, baratas e em quantidade muito maior, possibilitando a expansão e a divulgação do conhecimento tanto nas universidades como fora delas. A imprensa chegou a Portugal em 1487.

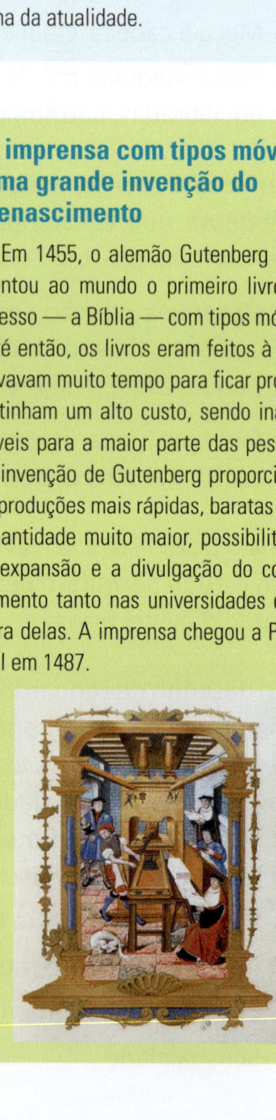

Science Photo Library/Latinstock/Biblioteca de Artes Decorativas, Paris, França

O Classicismo em contexto

O *homem vitruviano*, desenho de Leonardo da Vinci que você conheceu no início do capítulo, expressa uma visão *antropocêntrica*, ou seja, o homem é o centro de todo o universo. Essa concepção de mundo, que se afasta do teocentrismo medieval, está presente nas diversas produções culturais do Classicismo.

Desde o século XIV, os chamados *humanistas*, como os poetas italianos Petrarca (1304-1374) e Bocaccio (1313-1375), centravam suas atenções na natureza humana, em suas potencialidades e interesses, utilizando como base para sua produção literária, filosófica e artística os autores da Antiguidade clássica, como Platão, Aristóteles, Pitágoras, Virgílio e Cícero, entre outros. Durante o Renascimento, nos séculos XV e XVI, o Classicismo integra a perspectiva humanista. Como uma tendência estética, literária, artística, filosófica, o Classicismo centra-se na perspectiva antropocêntrica e fundamenta-se na cultura greco-latina da Antiguidade, também chamada cultura clássica (daí o nome *Classicismo*).

Durante o Renascimento, a produção e a recepção das artes se centravam, sobretudo, em torno do clero e dos mecenas. Florença, por exemplo, foi um dos berços da produção intelectual e artística do Classicismo. Fundada em 1459 pelo mecenas Cosme de Médici, a Academia Platônica de Florença traduzia, comentava e divulgava diversas obras greco-latinas. Além da Academia, os Médici financiaram esculturas e pinturas, como as de Michelangelo e de Botticelli.

O Classicismo foi cultivado na Europa entre os séculos XV e XVII.

Galleria degli Uffizi, Florença, Itália

Palas domando o Centauro (1482), de Sandro Botticelli.

O arquiteto florentino Fillippo Brunelleschi (1377-1446), baseando-se em técnicas de construção da Antiguidade romana – como as utilizadas no Panteão de Roma (século II a.C.) –, projetou a cúpula de alvenaria da catedral Santa Maria del Fiore, em Florença. Pela sua grande dimensão, a cúpula foi um enorme desafio para a arquitetura e a engenharia da época. Depois de dezesseis anos de trabalho, ela ficou pronta em 1436 e tornou-se uma importante expressão do Classicismo na Florença renascentista do século XV.

Manuel Cohen/AFP

Cúpula da catedral de Santa Maria del Fiore.

O pintor florentino Sandro Botticelli (1445-1510), influenciado pela cultura clássica, utilizou elementos da mitologia greco-romana em seus quadros. Em *Palas domando o Centauro*, a deusa da sabedoria, Palas ou Minerva, domina o Centauro, criatura mítica geralmente caracterizada pela violência e pela impulsividade. Esse quadro, pintado por encomenda da família Médici, é enigmático. Poderia ser uma alegoria da vitória da razão sobre o instinto, da castidade sobre a luxúria ou, ainda, do êxito de Lorenzo de Médici ao conter a investida do papa Sisto IV contra Florença. O centauro representaria Roma, e Palas, com a alabarda florentina e os símbolos de Lorenzo na roupa (os três anéis entrelaçados), a própria Florença.

FOCO NO TEXTO

Você vai ler dois textos de Camões, o principal poeta do Classicismo português e um dos grandes escritores da literatura universal. O primeiro é um trecho do canto V de *Os lusíadas*, poema épico que celebra as glórias portuguesas conquistadas com as grandes navegações oceânicas; o segundo é um poema lírico.

Texto 1

No canto V, o capitão-mor Vasco da Gama narra o momento em que, depois de atravessar por "mares nunca de antes navegados", surge diante dele e de sua esquadra alguma coisa maior que tormenta, com terríveis feições humanas e um tom de voz "horrendo e grosso", que "pareceu sair do mar profundo". Tal figura, disforme e de "grandíssima estatura", lhes "pôs nos corações um grande medo", levando-os a arrepiarem "as carnes e o cabelo". Por se atreverem a navegar em "longos mares", aqueles navegadores ouviram da gigantesca e medonha criatura a profecia de que iriam sofrer "naufrágios, perdições de toda sorte".

Leia o trecho que vem na sequência desse episódio.

Ashley Cooper/Alamy/Latinstock

[...]

Mais ia por diante o monstro horrendo,
Dizendo nossos Fados, quando, alçado,
Lhe disse eu: "Quem és tu? Que esse estupendo
Corpo, certo, me tem maravilhado!"
A boca e os olhos negros retorcendo
E, dando um espantoso e grande brado,
Me respondeu, com voz pesada e amara,
Como quem da pergunta lhe pesara:

"Eu sou aquele oculto e grande Cabo
A quem chamais vós outros Tormentório,
Que nunca a Ptolomeu, Pompónio, Estrabo,
Plínio, e quantos passaram, fui notório.
Aqui toda a Africana costa acabo
Neste meu nunca visto Promontório,
Que *pera* o Polo Antárctico se estende,
A quem vossa ousadia tanto ofende!

Fui dos filhos aspérrimos da Terra,
Qual Encélado, Egeu e o *Centimano*;
Chamei-me Adamastor, e fui na guerra
Contra o que vibra os raios de Vulcano;
Não que pusesse serra sobre serra,
Mas, conquistando as ondas do Oceano,
Fui capitão do mar, por onde andava
A armada de Neptuno, que eu buscava.

Amores da alta esposa de Peleu
Me fizeram tomar tamanha empresa.
Todas as Deusas desprezei do Céu,
Só *por* amar das Águas a Princesa.
Um dia a vi, *co* as filhas de Nereu,
Sair nua na praia: e logo presa
A vontade senti de tal maneira,
Que *inda* não sinto cousa que mais queira.

Como fosse *impossíbil* alcançá-la,
Pola grandeza feia de meu gesto,
Determinei por armas de tomá-la
E a Dóris este caso manifesto.
De medo a Deusa então por *mi* lhe fala;
Mas ela, *cum fermoso* riso honesto,
Respondeu: "Qual será o amor bastante
De Ninfa, que sustente o dum Gigante?

"Contudo, *por* livrarmos o Oceano
De tanta guerra, eu buscarei maneira
Com que, com minha honra, escuse o dano."
Tal resposta me torna a mensageira.
Eu, que cair não pude neste engano
(Que é grande dos amantes a cegueira),
Encheram-me, com grandes *abondanças*,
O peito de desejos e esperanças.

Já néscio, já da guerra desistindo,
Hũa noite, de Dóris prometida,
Me aparece de longe o gesto lindo
Da branca *Thetis*, única, despida.
Como *doudo* corri, de longe, abrindo
Os braços *pera* aquela que era vida
Deste corpo, e começo os olhos belos
A lhe beijar, as faces e os cabelos.

Oh! Que não sei de nojo como o conte!
Que, crendo ter nos braços quem amava,
Abraçado me achei *cum* duro monte
De áspero mato e de espessura brava.
Estando *cum* penedo fronte a fronte,
Que eu *polo* rosto angélico apertava,
Não fiquei homem, não, mas mudo e quedo
E, junto dum penedo, outro penedo!

[...]

Converte-se-me a carne em terra dura;
Em penedos os ossos se fizeram;
Estes membros, que *vês*, e esta figura
Por estas longas águas se estenderam.
Enfim, minha grandíssima estatura
Neste remoto Cabo converteram
Os Deuses; e, *por* mais dobradas mágoas,
Me anda *Thetis* cercando destas águas."

Assi contava; e, *cum* medonho choro,
Súbito de ante os olhos se apartou.
Desfez-se a nuvem negra, e *cum* sonoro
Bramido muito longe o mar soou.
Eu, levantando as mãos ao santo coro
Dos Anjos, que tão longe nos guiou,
A Deus pedi que removesse os duros
Casos, que Adamastor contou futuros.

(São Paulo: Saraiva, 2010. p. 140-3.)

abondança: abundância, grande porção.
alçado: altivo, dotado de brio.
alta: nobre, ilustre.
amaro: amargo.
capitão do mar: antiga designação da patente militar situada logo abaixo da de almirante.
Encélado, Egeu e o *Centimano*: na mitologia grega, nomes dos Gigantes; Egeu, também chamado Briareu, tinha o epíteto de *Centimano*, por ter cem braços; assim, na expressão "Egeu e o *Centimano*", compreende-se "Egeu, o *Centimano*".
esposa de Peleu: na mitologia grega, a ninfa do mar Thetis, filha do deus marinho Nereu e da oceânide Dóris.
fado: destino, sina.
filhos aspérrimos da Terra: os Gigantes, filhos de Gaia (Terra); o adjetivo *aspérrimos* faz alusão ao aspecto descomunal e desagradável dessas criaturas.
gesto: semblante; rosto.
honesto: moralmente irrepreensível; casto.
néscio: sem discernimento, desprovido de bom-senso.
Neptuno: na mitologia romana, deus do mar, irmão de Júpiter; na mitologia grega, é Poseidon.
nojo: desgosto, pesar.
o que vibra os raios de Vulcano: o deus romano Júpiter. Vulcano, deus do fogo fabricava os raios usados por seu pai, Júpiter. (Na mitologia grega, Júpiter é chamado de Zeus, e Vulcano, de Hefesto.)
Ptolomeu, Pompónio, Estrabo, Plínio: Ptolomeu (século II d.C.) e Estrabo (século I a.C.) foram geógrafos gregos; Pompónio (século I d.C.), geógrafo romano; Plínio (século I d.C.), naturalista romano.
penedo: grande pedra, rochedo.
promontório: elevação, parte mais alta de um terreno.
quedo: imóvel, parado.
vontade: coração; alma.

Entre o Atlântico e o Índico

Sonia Vaz

Situado no extremo sul do continente africano, o cabo da Boa Esperança foi, em 1488, chamado cabo das Tormentas pelo navegador português Bartolomeu Dias (1450-1500), em razão de lá se deparar com violentos vendavais e tempestades.

Bartolomeu Dias foi o primeiro europeu a contornar esse cabo, chegando ao oceano Índico a partir do Atlântico, em uma época em que os europeus ainda não sabiam o que existia no extremo sul da África.

O nome dado por Bartolomeu Dias durou pouco: dez meses depois de sua façanha, o rei D. João II, exultante com a possibilidade de estabelecer uma nova rota comercial lucrativa com as Índias (termo que se refere à Índia e a outras regiões do Sul e Sudeste asiático), rebatizou o lugar com o nome de cabo da Boa Esperança.

Quase dez anos depois, o navegador português Vasco da Gama também contornou esse cabo e, finalmente, conseguiu chegar à Índia, em maio de 1498. Assim, Vasco da Gama, além de abrir uma rota comercial direta para a Ásia, é também o herói que contribuiu para Portugal se tornar um dos países mais importantes da Europa naquele período.

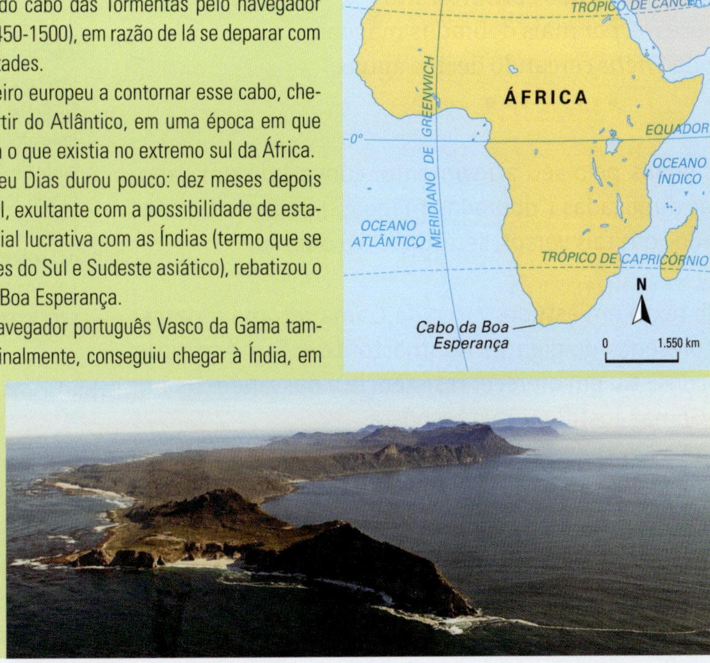

Philippe Turpin/Photononstop/Corbis/Latinstock

REGISTRE NO CADERNO

1. Na composição de *Os lusíadas*, elementos históricos misturam-se a elementos míticos, maravilhosos. Com base no trecho do poema épico lido e no boxe "Entre o Atlântico e o Índico", responda:

   a. No poema, Adamastor é o mítico gigante com que Vasco da Gama e sua esquadra se deparam no percurso da viagem às Índias. Em termos geográficos, o que é esse gigante? Onde ele se situa?

   b. Historicamente, que nomes ele recebeu?

   c. Ele se manteve, por muito tempo, desconhecido pelos europeus, mesmo pelos mais célebres geógrafos e naturalistas greco-latinos. Identifique no texto uma passagem que confirme tal afirmação.

2. No texto de Camões, Adamastor é associado aos mitos greco-latinos.

   a. Quais são as origens de Adamastor? Comprove sua resposta com versos do texto.

   b. Contra quais deuses ele guerreou? Comprove sua resposta com versos do texto.

3. Adamastor, que foi capitão do mar e guerreou contra poderosos deuses, não expõe somente sua força e sua fúria; ele revela também sua fragilidade: seu amor por Thetis.

   a. Diante da impossibilidade de conquistar a ninfa, o que Adamastor resolveu fazer?

   b. Para conter o gigante, Thetis e sua mãe, Dóris, utilizaram uma estratégia. Qual? Extraia do texto um trecho que confirme sua resposta.

   c. Certa noite, de longe, Thetis se mostrou a Adamastor. O que aconteceu nesse encontro?

4. Releia estes versos:

> "Neste remoto Cabo converteram
> Os Deuses; e, *por* mais dobradas mágoas,
> Me anda *Thetis* cercando destas águas."

Adamastor sofre as penas pelo seu atrevimento: convertido em cabo, ele tem suas mágoas duplicadas ("dobradas mágoas"). Levante hipóteses: Por que, de acordo com tais versos, seu suplício é dobrado?

5. Na última estrofe do texto em estudo, Vasco da Gama retoma a narração e conta como a presença do gigante Adamastor teve fim. A atitude final de Adamastor consistiu em oferecer resistência à passagem da esquadra de Vasco da Gama? Justifique sua resposta.

6. Camões era cristão e viveu na época da Inquisição, tribunal que reprimia tudo o que considerasse uma ameaça à fé católica. Apesar disso, retomou, como escritor renascentista, a cultura clássica greco-latina e a conciliou com a tradição cristã. Tendo em vista tais informações, responda: Como o cristianismo se manifesta no texto em estudo?

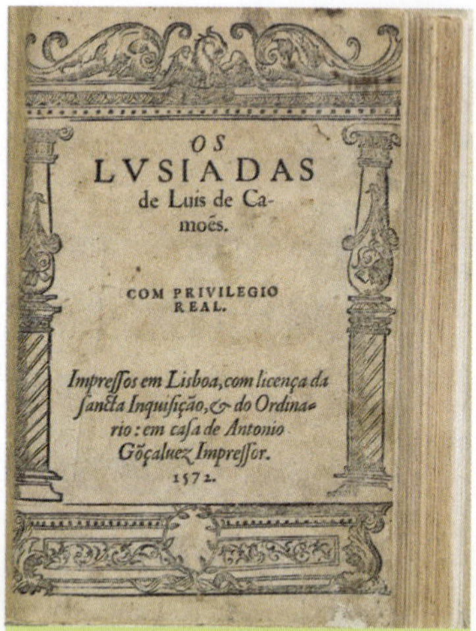

Biblioteca Pública de Évora, Évora, Portugal

Capa da primeira edição de *Os lusíadas*, publicada em 1572. Camões dedicou sua obra-prima ao jovem rei D. Sebastião (1554-1578), que faleceu prematuramente em Alcácer Quibir, no norte da África, quando tentava tomar a região aos mouros. Curiosamente, o poeta pôde ter colaborado para alimentar os sonhos de conquista de D. Sebastião, ao conclamá-lo, no final de *Os lusíadas*, para a conquista do Marrocos.

7. O mítico gigante Adamastor, transformado em promontório na epopeia de Camões, representa os perigos dos mares e o medo dos navegadores em meio a águas desconhecidas.

a. Nesse contexto, o que representa o feito de ter ultrapassado os limites conhecidos realizado pelo herói Vasco da Gama?

b. Tendo em vista que, na concepção teocêntrica, Deus é o centro do universo e, na concepção humanista ou antropocêntrica, o ser humano é a medida de todas as coisas, conclua: Esse episódio revela que Camões tem uma concepção de mundo teocêntrica ou antropocêntrica? Justifique sua resposta.

REGISTRE NO CADERNO

LITERATURA

Texto 2

Quem vê, Senhora, claro e manifesto
o lindo ser de vossos olhos belos,
se não perder a vista só em vê-los,
já não paga o que deve a vosso gesto.

Este me parecia preço honesto;
mas eu, por de vantagem merecê-los,
dei mais a vida e alma por querê-los,
donde já me não fica mais de resto.

Assi que a vida e alma e esperança
e tudo quanto tenho, tudo é vosso,
e o proveito disso eu só o levo.

Porque é tamanha bem-aventurança
o dar-vos quanto tenho e quanto posso,
que, quanto mais vos pago, mais vos devo.

(*Sonetos de Luís de Camões*. São Paulo: Ateliê, 2001. p. 62.)

bem-aventurança: felicidade suprema, glória.
gesto: rosto, semblante.

Retrato de uma jovem (1485), de Domenico Ghirlandaio/Museu Calouste Gulbenkian, Lisboa, Portugal

8. Ao retornar da Itália, em 1527, Sá de Miranda passou a divulgar no seu país certas formas poéticas cultivadas pelos humanistas, entre eles Dante e Petrarca. O poeta trouxe um novo tipo de verso, mais flexível que as redondilhas, que, em Portugal, foi chamado de *medida nova*.

a. Faça a escansão do primeiro verso dos textos 1 e 2 e depois responda: Qual é a métrica da medida nova?

b. O *soneto italiano* também chegou a Portugal por meio de Sá de Miranda. O texto 2 é um soneto. Observe-o e responda: Quantos versos essa forma poética tem? Como esses versos são dispostos nas estrofes?

c. Com base no boxe "O soneto e as rimas", responda: O soneto em estudo apresenta rimas? Se sim, qual é o esquema de rimas?

O soneto e as rimas

De acordo com estudiosos, o soneto italiano, na origem, apresentava o seguinte esquema de rimas: *abba/abba/cde/cde*. Porém, com o tempo, foram sendo experimentadas outras formas, tais como *abab/abab/ccd/ccd* ou *abba/abba/cdc/cdc*.

Por vezes, o soneto também pode apresentar versos brancos, ou seja, versos sem rimas.

9. No soneto lido, o eu lírico fala da amada e da devoção que tem por ela.

a. Aos olhos do eu lírico, quais são as características da amada? Comprove sua resposta com elementos do texto.

b. Para o eu lírico, qual é o pagamento justo pela felicidade de poder contemplá-la?

c. Qual pagamento ele fez?

d. Qual é o sentimento do eu lírico em fazer tal pagamento?

10. No Classicismo, o conceito trovadoresco do amor, no qual a mulher é idealizada e inacessível, foi aprofundado e enriquecido com as concepções filosóficas de Platão. Leia o boxe "Uma perspectiva do amor: o neoplatonismo renascentista" e depois responda:

REGISTRE NO CADERNO

a. Pode-se dizer que o poema lírico de Camões expressa a visão neoplatônica do amor? Por quê?

b. Releia a última estrofe do poema e, tendo em vista as concepções do neoplatonismo renascentista, explique a ideia presente no verso "... quanto mais vos pago, mais vos devo", que encerra o poema.

Uma perspectiva do amor: o neoplatonismo renascentista

No Renascimento, a produção literária resgatou determinadas concepções da filosofia greco-latina. O filósofo grego Platão (V-IV a.C.) foi um dos pensadores que influenciaram os poetas do Classicismo, inclusive Camões.

De acordo com a teoria de Platão, existem dois mundos: o *inteligível* e o *sensível*. O inteligível é o mundo das ideias, dos conceitos, das essências, da perfeição, do eterno, e nele reside o Belo, o Bom, o Amor, a Sabedoria, a Justiça, etc. O sensível é constituído pelas realidades concretas, que são simples sombras ou reflexos do mundo das ideias e, por isso, é imperfeito. Assim, o amor que se sente por alguém ou a beleza que se vê em uma pessoa são apenas manifestações particulares, reflexos das ideias de Amor e Beleza.

Alguns pensadores e poetas do Renascimento associaram essa concepção platônica aos valores da tradição cristã, dando origem ao *neoplatonismo renascentista*, no qual é valorizado o amor puramente idealizado, espiritualizado, não físico. De acordo com essa visão, o exercício do amor puro, desinteressado dos prazeres físicos e sensoriais, elevaria, progressivamente, o homem, aproximando-o do Bem, da Beleza, de Deus.

Museus e Galerias do Vaticano, Cidade do Vaticano, Itália

Detalhe do afresco *Escola de Atenas* (1510-1511), do pintor renascentista Rafael. O filósofo Platão, à esquerda, aponta para cima, na direção do mundo das ideias, e, na mão esquerda, segura o *Timeu*, obra na qual teorizou sobre as formas inteligíveis.

ARQUIVO

Por meio do estudo de um trecho do canto V do poema épico *Os lusíadas* e de um poema lírico de Camões, você viu que, no Classicismo:

- o homem era a medida de todas as coisas; por isso, a visão de mundo predominante nesse período era antropocêntrica;
- tanto mitos greco-latinos quanto elementos da tradição cristã estão presentes nas produções artísticas do período;
- a concepção do amor era orientada pelo neoplatonismo renascentista, perspectiva pela qual a mulher amada era considerada um ser superior e uma fonte de virtudes e o amor era idealizado e desvinculado dos prazeres físicos e sensoriais;
- predominava a razão, considerada capaz de conduzir à harmonia e ao equilíbrio das ideias;
- houve o cultivo de formas poéticas como o soneto e a epopeia, bem como o emprego da medida nova (versos decassílabos).

ENTRE SABERES

HISTÓRIA • LITERATURA

No século XVI, de que maneira os humanistas viam seu presente e seu passado? Como alguns pensadores avaliavam a Igreja? De que modo a matemática ajudou a dominar a natureza? Quem eram os mecenas?

Para refletir sobre essas questões, leia os textos a seguir.

Novas ideias e novas atitudes diante do mundo

O termo **Renascimento** foi utilizado por homens daquele tempo para definir esse momento de intensas mudanças como um despertar [...] Esses homens do século XVI percebiam que viviam em uma nova época, consideravam a época anterior — o período que passou a ser chamado de Idade Média — como um tempo de trevas e obscurantismo e, para marcarem sua diferença com esse tempo passado, voltaram-se para um passado mais distante — a Antiguidade. [...] Os próprios intelectuais daquele tempo chamaram a época em que viviam de Renascimento, como se na Idade Média não tivesse havido qualquer produção cultural importante. Eles pensavam na cultura dos textos escritos, de filosofia, poesia ou ciência, e não nas obras de trovadores anônimos, pois na Idade Média grande parte da cultura era produzida anonimamente e pouca coisa foi registrada por escrito, uma vez que a língua que permitia um diálogo com a produção literária anterior, a da Antiguidade, era o latim literário e este era conhecido apenas [...] por um pequeno número de padres.

[...]

As novas ideias, as novas atitudes diante do mundo e os novos espaços conquistados nesse período que chamamos Renascimento foram fundamentais para o advento do mundo contemporâneo [...] conservando e acentuando a importância da razão e das experiências que deram origem a um grande desenvolvimento científico nos séculos XVIII e XIX. [...]

(Maria Teresa van Acker. *Renascimento e humanismo — O homem e o mundo europeu do século XIV ao século XVI*. São Paulo: Atual, 1992. p. 6-7 e 14.)

A matemática e o domínio da natureza

O instrumento-chave para o domínio da natureza e de seus mananciais, através do qual se poderia condensar sua vastidão e variedade numa linguagem abstrata, rigorosa e homogênea, era a matemática. Nesse campo, os progressos caminhavam rápido, desde a assimilação e difusão dos algarismos arábicos e das técnicas algébricas, tomadas à civilização islâmica. [...]

As pesquisas sobre a tradição da geometria euclidiana acompanhavam os avanços na matemática. E ambas ganharam novas funções com a invenção da luneta astronômica por Galileu. Pode-se, assim, confirmar a teoria do heliocentrismo (o Sol ocupando o centro do sistema planetário e não a Terra, como acreditavam os homens da Igreja, baseados em Ptolomeu) [...] Mas foi acreditando nessa cosmografia ousada, muito antes ainda de sua confirmação, que Colombo descobriu a América (1492) e Fernão de Magalhães fez a primeira viagem de volta ao mundo (1519-1521). Graças a essas descobertas, o sistema comercial pôde ampliar-se, até atingir a extensão do globo terrestre. Globo que passou a ser rigorosamente mapeado e esquadrinhado por uma rede de coordenadas geométricas, destinada a garantir a segurança e a exatidão das viagens marítimas e o sucesso dos mercadores europeus.

(Nicolau Sevcenko. *O Renascimento*. São Paulo: Atual, 1994. p. 12-3.)

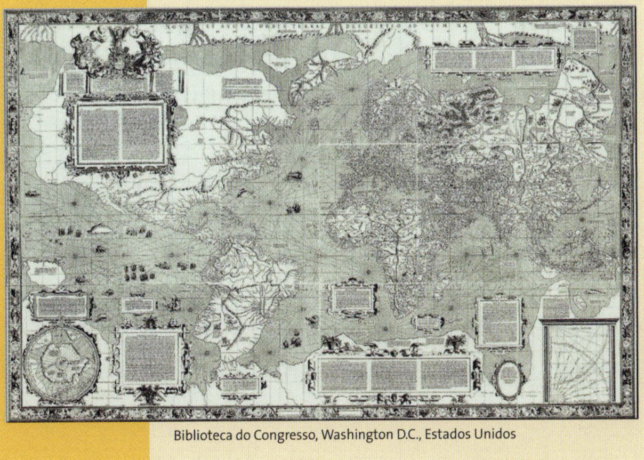

Biblioteca do Congresso, Washington D.C., Estados Unidos

Projeção de Mercator, de 1569. Os textos do geômetra Euclides de Alexandria (IV-III a.C.) influenciaram os cartógrafos renascentistas, como o flamengo Gerardus Mercator (1512-1594), criador da projeção que leva o seu nome e que, apesar de distorções nos polos, auxiliou sobremaneira o desenvolvimento da navegação por mar.

A Igreja no Renascimento

No campo da fé, a interiorização e a individualização da experiência religiosa eram também exigências peculiares aos humanistas, que lutavam por uma religião renovada. O chamado humanismo cristão, ou filosofia de Cristo, desenvolveu-se principalmente no norte da Europa, centralizando-se na figura de Erasmo de Rotterdam e de seus companheiros mais próximos, como Thomas Morus e John Colet. A obra de Erasmo, o *Elogio da loucura*, constitui o texto mais expressivo desse movimento. Todo repassado de fina ironia, ele ataca a imortalidade e a ganância que se haviam apossado do clero e da Igreja, o formalismo vazio a que estavam reduzidos os cultos, a exploração das imagens e das relíquias, o palavrório obscuro dos teólogos, a ignorância dos padres e a venda de indulgências. [...] Era já o anseio da reforma da religião, do culto e da sensibilidade religiosa que se anunciava e que seria desfechada por outros humanistas, como Lutero, Calvino e Melanchton.

(Nicolau Sevcenko. *O Renascimento*, cit., p. 22.)

O mecenato

[...] a nova camada burguesa, pretendendo impor-se socialmente, precisava combater a cultura medieval, no interior da qual ela aparecia somente como uma porção inferior e sem importância da população. Era, pois, necessário construir uma nova imagem da sociedade na qual ela, a burguesia, ocupasse o centro e não as margens do corpo social. Assim sendo, as grandes famílias que prosperavam com negócios bancários e comerciais e os novos príncipes e monarcas começam a utilizar uma parte de sua riqueza para a construção de palácios [...] igrejas, catedrais e capelas, na entrada das quais colocavam seus brasões [...]; e, de resto, quadros, gravuras, afrescos, que adornavam os recintos particulares e alguns prédios públicos [...]

Esses financiadores de uma nova cultura — burguesia, príncipes e monarcas — eram chamados mecenas, isto é, protetores das artes. Seu objetivo não era somente a autopromoção, mas também a propaganda e difusão de novos hábitos, valores e comportamentos. Mais do que sua imagem, que podia ou não aparecer nas obras, o que elas deveriam veicular era uma visão racional, dinâmica, progressista, otimista e opulenta do mundo e da sociedade.

Galleria degli Uffizi, Florença, Itália

Cosme de Médici (1518), de Jacopo Pontormo. O banqueiro florentino Cosme de Médici (1389-1464) foi um dos mais importantes mecenas do Renascimento.

(Nicolau Sevcenko. *O Renascimento*, cit., p. 25-6.)

Agora, discuta com os colegas as seguintes questões:

1. De acordo com o texto "Novas ideias e novas atitudes diante do mundo", com que finalidade foi empregado o termo *Renascimento*? Qual era o modelo cultural que os renascentistas valorizavam? Quais foram as principais contribuições renascentistas para os séculos seguintes?

2. Segundo o texto "A matemática e o domínio da natureza", quais foram os principais avanços e descobertas propiciados pelo desenvolvimento da matemática durante o Renascimento?

3. Durante o Renascimento, Erasmo de Rotterdam, entre outros humanistas, opôs-se aos abusos da Igreja Católica. De acordo com o texto "A Igreja no Renascimento", quais eram as principais críticas desse humanista? De que modo a Igreja reagiu a elas?

4. As artes no Renascimento foram amplamente financiadas pelos mecenas. De acordo com o texto "O mecenato", quem eram eles? Com que objetivo os mecenas financiavam obras de arte em recintos particulares ou públicos?

Figuras de linguagem

Releia os seguintes versos de Camões, que você estudou no início deste capítulo.

"Assi que a vida *e* alma *e* esperança
e tudo quanto tenho, tudo é vosso,
e o proveito disso eu só o levo."

Observe que, no primeiro e no segundo versos, há uma *gradação* de ideias: o poeta primeiramente cita a *vida*, depois a *alma*, depois a *esperança* e, finalmente, retoma e resume com a palavra *tudo* todos os elementos citados. Com esse recurso, o eu lírico acentua seu amor e sua entrega total à mulher amada.

Note também que a conjunção ***e*** foi empregada quatro vezes. O poeta poderia ter empregado a vírgula para ligar alguns desses elementos, mas preferiu ligá-los com a palavra ***e***, pois, assim, torna o texto mais enfático. Esse recurso é chamado de *polissíndeto* (síndeto = conjunção).

Recursos expressivos, que buscam produzir sentidos não convencionais ou não literais, como a gradação e o polissíndeto, são tradicionalmente chamados de *figuras de linguagem*. Podem se dar no nível fonológico, morfológico, sintático e semântico.

> **Figuras de linguagem** são recursos — palavras, expressões, repetições, etc. — utilizados com a finalidade de produzir determinados efeitos expressivos.

As figuras de linguagem são mais frequentes em textos literários, mas podem ser encontradas também em textos publicitários, jornalísticos, etc.

Embora o estudo das figuras seja mais comum no âmbito da linguagem verbal, elas ocorrem também em linguagens não verbais ou mistas, como na fotografia, no cinema, na pintura, etc.

A fim de se preparar melhor para seus estudos literários e linguísticos, conheça outras figuras de linguagem.

Comparação e metáfora

Leia estes versos, de Luís de Camões:

Amor é fogo que arde sem se ver,
É ferida que dói e não se sente;
É um contentamento descontente;
É dor que desatina sem doer.

(In: Massaud Moisés, org. *Lírica*. São Paulo: Cultrix, 1976. p. 123.)

Nelson Provazi

Observe que, nos versos, o eu lírico procura definir o amor, mas não o faz de modo objetivo, conceitual, e sim de modo figurado. Associando o amor a "fogo", "ferida", "contentamento" e "dor", o eu lírico sugere que ele queima, alegra e dói.

Considere estes enunciados:

Amor é *como* fogo, que arde sem se ver.
Amor é fogo que arde sem se ver.

No primeiro enunciado, em "Amor é como fogo", há uma comparação, explicitada pela conjunção *como*. Nesse caso, ocorre a figura chamada *comparação*.

No segundo enunciado, em "Amor é fogo", também há uma comparação, porém ela está implícita e não há a presença da conjunção. Nesse caso, temos uma *metáfora*.

Assim, nos versos de Camões, o amor é definido de modo figurado, por meio de metáforas.

Comparação é um recurso de expressão que consiste no estabelecimento de um paralelo entre dois termos com sentidos diferentes.

Metáfora é um recurso de expressão que consiste no emprego de uma palavra no lugar de outra, em decorrência de uma comparação subentendida.

Metonímia

Leia os versos a seguir, do poema "Laço de fita", de Castro Alves.

Na selva sombria de tuas madeixas,
Nos negros cabelos da moça bonita,
Fingindo a serpente qu'enlaça a folhagem,
Formoso enroscava-se
O laço de fita.
Meu ser, que voava nas luzes da festa,
Qual pássaro bravo, que os ares agita,
Eu vi de repente cativo, submisso
Rolar prisioneiro
Num laço de fita.

O "laço de fita" no qual o eu lírico se enlaçou e do qual ficou prisioneiro representa, na verdade, a própria mulher amada, por quem ele tinha se apaixonado na festa.

Como entre a mulher e o laço usado por ela há uma relação de interdependência, já que o laço é um adorno que ela usa no cabelo, dizemos que "laço de fita" é uma *metonímia* da mulher amada.

Fnac

(*Isto É*, nº 2 290.)

A metáfora e a metonímia são duas das figuras de linguagem mais utilizadas na publicidade. No anúncio acima, a pena, que no passado era utilizada para escrever, representa a figura dos escritores, convidados a participar de um concurso literário.

Metonímia é uma figura de linguagem que consiste na substituição de uma palavra por outra, com base em uma relação de interdependência ou de proximidade entre elas.

As relações de interdependência podem ser expressas pelos seguintes tipos de substituição:

- da obra pelo autor: Você já leu *Machado de Assis*? (a obra)
- do produto pela marca: Passe *bombril* para tirar a mancha. (palha de aço)
- do todo pela parte: Meu *coração* sofreu muito com aquela situação. (a pessoa)
- do plural pelo singular: A *mulher* continua sendo discriminada. (mulheres)
- do que está dentro (conteúdo) pelo que está fora (continente):
  Sempre gostou de um *bom prato*. (comida)
- do efeito pela causa, e vice-versa:
  Mantenho-me com meu próprio *trabalho*. (dinheiro proporcionado pelo trabalho)
- do objeto pela matéria: Esta cidade é cheia de *concreto*. (prédios)
- de um objeto pelo lugar de onde ele provém:
  Que tal uma porção de *camembert* como entrada para o jantar? (queijo)
- do concreto pelo abstrato:
  O terrorista foi localizado pela *inteligência* francesa. (especialistas em segurança)
- da pessoa pelo instrumento que ela utiliza: Você é um bom *garfo*! (comilão)

Antítese e paradoxo

Leia este soneto de Luís de Camões:

Tanto de meu estado me acho incerto,
Que em vivo ardor tremendo estou de frio;
Sem causa, juntamente choro e rio,
O mundo todo abarco e nada aperto.

É tudo quanto sinto, um desconcerto;
Da alma um fogo me sai, da vista um rio;
Agora espero, agora desconfio,
Agora desvario, agora acerto.

Estando em terra, chego ao céu voando,
Numa hora acho mil anos, e é de jeito
Que em mil anos não posso achar um hora.

Se me pergunta alguém porque assim ando,
Respondo que não sei; porém suspeito
Que só porque vos vi, minha Senhora.

(In: Massaud Moisés, org. *Lírica*, cit., p. 117.)

Nelson Provazi

Observe que o eu lírico se encontra em um estado emocional contraditório, uma vez que é capaz de chorar e rir ao mesmo tempo. Há momentos em que ele tem esperanças, e outros em que desacredita de tudo; há momentos em que está no mundo real e outros em que voa e se desprende da realidade; há momentos em que enlouquece e outros em que se acha lúcido.

Essas oposições que expressam o estado conflituoso do eu lírico, em razão de ele estar apaixonado, podem ser observadas nestes versos:

"Da alma um fogo me sai, da vista um rio"
"Que em vivo ardor tremendo estou de frio"

A oposição entre *fogo* e *rio*, no primeiro verso, constitui uma *antítese*; e entre *vivo ardor* e *tremendo de frio*, no segundo verso, um *paradoxo* ou *oxímoro*.

Antítese é um recurso de linguagem que consiste em aproximar palavras ou ideias de sentidos opostos.

Paradoxo ou **oxímoro** é um recurso de linguagem que consiste em fundir elementos opostos, excludentes, em uma única ideia, constituindo uma afirmação aparentemente sem lógica.

Veja outros exemplos de antíteses, empregadas por Camões:

"O tempo cobre o chão de *verde manto*
Que já coberto foi de *neve fria*,
E em mim converte em *choro* o *doce canto*."

(In: Massaud Moisés, org. *Lírica*. cit., p. 118.)

Nesses versos, *verde manto* está em antítese com *neve fria*, assim como *choro* está em antítese com *doce canto*.

Veja outro exemplo de paradoxo, empregado por Camões no soneto que você estudou:

"Porque é tamanha bem-aventurança
o dar-vos quanto tenho e quanto posso,
que, *quanto mais vos pago, mais vos devo*."

A ideia de ter maior dívida quanto mais se paga é, aparentemente, sem lógica e, assim, constitui um paradoxo.

Pleonasmo

No verso "Que já coberto foi de *neve fria*", de Camões, a expressão *neve fria* enfatiza a ideia de que a neve é fria. A opção do poeta por enfatizar a ideia de frieza do inverno é uma forma de contrapô-la ao conforto da primavera, com seu "verde manto". A repetição de uma ideia ou a ênfase dada a uma ideia já expressa se chama *pleonasmo*.

Pleonasmo é um recurso de linguagem que consiste na redundância ou na repetição de certa ideia com o fim de conferir maior ênfase ao enunciado.

São pleonasmos expressões como "ver com os próprios olhos" ou "pegar com as próprias mãos".

Apesar de os pleonasmos serem recursos geralmente bem-aceitos na língua, há alguns, chamados *pleonasmos viciosos*, tais como "subir para cima", "entrar para dentro", "sair para fora", que a gramática normativa recomenda evitar.

Personificação ou prosopopeia

Leia os versos a seguir, de Castro Alves, e observe o modo como o início de uma queimada na floresta é descrito:

A floresta rugindo as comas curva...
As asas foscas o gavião recurva,
Espantado a gritar.
O estampido estupendo das queimadas
Se enrola de quebradas em quebradas
Galopando no ar.

(*O navio negreiro e outros poemas*. São Paulo: Saraiva, 2007. p. 115.)

coma: cabelo, crina, juba.
fosco: sem brilho, embaçado.

Andressa Honório

Para construir a cena do incêndio, o poeta confere a certos elementos vida ou atributos que não são próprios deles. Por exemplo, a floresta *ruge*, o estampido dos troncos queimados se *enrola* e *galopa* no ar. Com isso, a descrição da queimada ganha força expressiva e o caráter trágico da destruição fica acentuado.

Quando são atribuídos a seres inanimados ou irracionais ações, sentimentos e características que não lhes são próprios, dizemos que há *personificação*.

Personificação ou **prosopopeia** é um recurso de linguagem que consiste em atribuir ações, pensamentos e sentimentos a seres inanimados ou irracionais.

O gigante Adamastor, de *Os lusíadas*, é um exemplo claro de personificação. Com a figura do gigante, Camões reúne em torno do cabo das Tormentas vários dos elementos do imaginário português: o desconhecido, o medo, a grandiosidade, o grotesco, o perigo.

Hipérbole

Leia os seguintes versos de Castro Alves, que descrevem o sofrimento de negros africanos escravizados sendo trazidos ao Brasil em porões de navios negreiros.

Era um sonho dantesco... O tombadilho
Que das luzernas avermelha o brilho,
Em sangue a se banhar.
Tinir de ferros... estalar de açoite...
Legiões de homens negros como a noite,
Horrendos a dançar.

(In: *O navio negreiro e outros poemas*, cit., p. 13.)

Andressa Honório

Na cena descrita, Castro Alves, que era abolicionista, procura acentuar as imagens de maus-tratos e sofrimento a que eram submetidos os escravos.

A cena *dantesca* (horrenda) lembra a descrição que Dante Alighieri fez do inferno na *Divina comédia*; o tombadilho do navio estava tão *banhado* em sangue, que tornava vermelho o brilho dos lampiões; e havia nos porões não um grupo de escravos, mas *legiões* (exércitos) de homens negros.

Como se nota, fazendo uso de palavras e expressões exageradas, o poeta enfatiza ao máximo o caráter trágico da cena, uma vez que seu interesse era denunciar e combater a escravidão no Brasil. A esse tipo de recurso chamamos *hipérbole*.

dantesco: horroroso, medonho, pavoroso.
luzerna: luz muito intensa, lampião, candeeiro.
tombadilho: parte mais elevada do navio, situada entre a popa e o mastro de ré.

Hipérbole é um recurso de linguagem que consiste em enfatizar uma ideia por meio do uso de palavras e expressões exageradas.

No verso de Camões "Da alma um fogo me sai, da vista um rio", também há hipérboles, além de antítese, uma vez que a imagem de fogo que sai da alma e a de rio que sai dos olhos são exageros, cujo papel é enfatizar as ideias de ardor amoroso e de choro e sofrimento do eu lírico.

Eufemismo

Leia estes versos de Camões:

Alma minha gentil, que te partiste
Tão cedo desta vida, descontente,
Repousa lá no Céu eternamente
E viva eu cá na terra sempre triste.

(In: Massaud Moisés. *Lírica*, cit., p. 116.)

Nos versos, Camões aborda o tema da separação amorosa por causa da morte. Observe, porém, que a referência à morte é feita por meio de expressões amenas, como "que te partiste / Tão cedo desta vida" e "Repousa lá no Céu eternamente". A esse recurso chamamos *eufemismo*.

Eufemismo é um recurso de linguagem que consiste no uso de palavras ou expressões consideradas amenas no lugar de outras consideradas chocantes ou desagradáveis.

Ironia

Leia a tira a seguir, do cartunista argentino Quino. No contexto, Mafalda está brincando, fingindo que é presidente.

Joaquín Salvador Lavado (QUINO)

(*Mafalda*. São Paulo: Martins Fontes, 1988. v. 1, p. 26-7.)

Observe, no último quadrinho, que a afirmação de Mafalda não pode ser tomada ao pé da letra. Na verdade, por trás do comentário da menina há uma crítica e uma *ironia* à morosidade com que os projetos do governo são tocados. Implicitamente ela diz que, até os projetos do governo "crescerem", muitos anos terão passado.

Ironia é um recurso de linguagem que consiste em fazer uma afirmação com a intenção de dizer algo diferente ou até o oposto do que é dito.

Há ironia quando, por exemplo, um chefe pergunta "Madrugou hoje?" ao empregado que chega atrasado; ou quando um professor, depois de fazer uma pergunta à classe e não ouvir nenhuma resposta, brinca, dizendo: "Respondam um de cada vez, por favor".

Anáfora

Leia este poema, de José Paulo Paes:

A marcha das utopias

não era esta a independência que eu sonhava
não era esta a república que eu sonhava
não era este o socialismo que eu sonhava
não era este o apocalipse que eu sonhava

(*Poesia completa*. São Paulo: Cia das Letras, 2008. p. 275.)

Nelson Provazi

Note que todos os versos do poema se iniciam com a expressão "não era este(a)", seguida das diferentes aspirações e frustrações políticas do eu lírico ao longo do tempo: a independência, a república, o socialismo.

A repetição da expressão "não era este(a)" reitera e encadeia a ideia de negatividade no poema, preparando o leitor para o impacto da palavra *apocalipse*, do último verso, que traduz o modo como o eu lírico vê e sente o mundo.

Anáfora é a repetição de uma palavra ou grupo de palavras no início de duas ou mais frases sucessivas, a fim de enfatizar o termo repetido.

APLIQUE O QUE APRENDEU

Leia o poema a seguir, de Ferreira Gullar, e responda às questões 1 e 2.

Traduzir-se

Uma parte de mim
é todo mundo:
outra parte é ninguém:
fundo sem fundo.

Uma parte de mim
é multidão:
outra parte estranheza
e solidão.

Uma parte de mim
pesa, pondera:
outra parte
delira.

Uma parte de mim
almoça e janta:
outra parte
se espanta.

Uma parte de mim
é permanente:
outra parte
se sabe de repente.

Uma parte de mim
é só vertigem:
outra parte,
linguagem.

Traduzir uma parte
na outra parte
— que é uma questão
de vida ou morte —
será arte?

(In: Alfredo Bosi, org. *Melhores poemas de Ferreira Gullar*. 7. ed. São Paulo: Global, 2004. p. 169.)

Nelson Provazi

1. O eu lírico do poema procura descrever a si mesmo. Para isso, utiliza imagens como:

- "Uma parte de mim
  é todo mundo:
  outra parte é ninguém:"

- "Uma parte de mim
  é permanente:
  outra parte
  se sabe de repente."

REGISTRE NO CADERNO

a. Que figuras de linguagem há nesses versos? Explique como elas ocorrem.

b. Identifique outros versos do poema em que esses mesmos recursos foram empregados.

2. O título do poema é "Traduzir-se". Observe a última estrofe.

a. Em que consiste a tradução mencionada no poema? Discuta com os colegas e o professor.

b. Considerando a resposta do item anterior, responda: Qual é a importância da antítese na construção do poema?

c. Levando em conta a interpretação dada ao poema, identifique as funções da linguagem predominantes nele. Justifique sua resposta.

Leia o anúncio a seguir e responda às questões de 3 a 5.

Governo do Distrito Federal

(*Veja*, nº 2 265.)

3. Qual é a finalidade do anúncio?

4. A imagem do anúncio apresenta um lugar conhecido da vida política brasileira, mas com uma alteração importante.

REGISTRE NO CADERNO

a. Que lugar é esse? Qual é a alteração?

b. Que relação tem o enunciado verbal "A literatura vai tomar conta da cidade", em destaque, com a alteração?

5. A parte visual do anúncio foi planejada e construída com base em uma figura de linguagem. Qual é ela? Como essa figura se manifesta no anúncio?

TEXTO E ENUNCIAÇÃO

Leia o anúncio a seguir.

lua/Destak

1. Relacionando a parte verbal e a parte não verbal do anúncio, responda:

REGISTRE NO CADERNO

a. O que a imagem central do anúncio representa?

b. O enunciado verbal faz referência aos juros cobrados pelo cartão de crédito. O que se pode inferir sobre a situação dos juros do cartão? Justifique sua resposta.

2. *Destak* é o nome de um jornal gratuito que circula em algumas cidades brasileiras. Levando em conta que grande parte dos anúncios publicitários procura promover um produto, responda:

a. A expressão *poucas linhas* é ambígua, ou seja, apresenta duplo sentido. Explique por quê.

b. Qual é o principal argumento de divulgação do jornal contido no *slogan* "Vale mais que mil palavras"?

c. Quem, supostamente, apresenta as notícias com "mil palavras"?

d. Que vantagem o *slogan* da campanha sugere que os leitores do jornal teriam?

3. O anúncio faz uso de três figuras de linguagem. Identifique quais são essas figuras e explique de que modo elas participam da construção do texto.

4. O anúncio procura promover um jornal alegando que ele é mais "enxuto" ou sucinto.

a. Pode-se dizer que o anúncio também faz uso desse mesmo recurso? Justifique sua resposta.

b. Dê sua opinião: Os recursos utilizados na construção do anúncio o tornam atraente para o leitor? Por quê?

PRODUÇÃO DE TEXTO

O resumo

PROJETO

O contexto de produção e recepção dos textos

Quais textos você produzirá nesta unidade? Com que finalidade? Quem os lerá?

Nesta unidade, desenvolveremos o projeto **Feira cultural – Renascimento, engenho e arte**. Para realizá-lo, vamos estudar alguns gêneros que servirão de base para a montagem dessa feira: o resumo, as regras de jogo, a receita e a carta. Assim, no decorrer da unidade, você e seus colegas irão fazer resumos sobre o Renascimento, criar jogos semânticos, pesquisar receitas da cozinha renascentista e escrever cartas, umas que poderão ser enviadas pelo correio e outras que atravessarão o tempo...

O objetivo principal da feira será possibilitar aos visitantes conhecer algumas particularidades do mundo renascentista e, ao mesmo tempo, se divertir e se emocionar com as atividades propostas por vocês.

O resumo é um texto muito presente na nossa vida. Lemos resumos para decidir se compramos ou não um livro cujo título nos chamou atenção, para escolher qual filme veremos no cinema ou na TV, para ficar a par do que ocorreu em um capítulo de novela ou de seriado que perdemos, entre outras finalidades. E, além de ler, produzimos resumos em nossa vida cotidiana. Isso acontece quando contamos para um amigo como foi uma festa a que ele não pôde ir, quando, ao estudar para uma prova, precisamos sintetizar muitos capítulos de um livro, quando, para fazer um trabalho da escola, consultamos livros e páginas da Internet, etc. Neste capítulo, vamos estudar as estratégias envolvidas na elaboração de resumos.

FOCO NO TEXTO

Leia o painel de textos a seguir.

Texto 1

RESUMO: Através deste artigo, pretendemos problematizar o papel desempenhado pelo gigante Adamastor na epopeia *Os Lusíadas* (1572), de Camões. Ao se deparar com esta personagem, Vasco da Gama ultrapassa uma fronteira e, do local onde se encontra, o nauta português consegue apreender tanto o "antigo" quanto o "novo" sob uma perspectiva singular. Adamastor é um hiato situado entre o passado e o futuro, entre o vício e a virtude, entre o comedimento e o excesso. Afinal, o que suas profecias dão a entender? Quais são as memórias forjadas pelo gigante? Enfim, como ele relaciona passado, presente e futuro?

(Disponível em: http://www.periodicos.ufgd.edu.br/index.php/historiaemreflexao/article/viewFile/1887/1064. Acesso em: 2/7/2015.)

Texto 2

Confira agora o resumo [...]

Cris arma plano para prejudicar Regina. [...] Murilo tenta mudar a conversa para que Alice não saiba o motivo da discussão que está tendo com seu irmão Vinícius. Vinícius, muito nervoso, resolve ir até a delegacia denunciar o atentado sofrido [...] à delegada

Vera. Ivan e Sérgio se encontram para conversar. Gabi também não resiste e dá um beijo em Tadeu. Caio vai falar com Regina e faz um convite a ela para que faça um teste para ser a modelo da marca de Pierre.

(Disponível em: http://babilonianovela.com/cap-121-03-08-cris-arma-plano-para-prejudicar-regina/. Acesso em: 2/7/2015.)

Texto 3

Na sua epopeia Os Lusíadas (1572), Camões (1524-1580) narra-nos a história da viagem destes 'segundos argonautas' (Canto IX-64). A viagem não é, no entanto, contada por ordem cronológica. A narração d'Os Lusíadas começa com a esquadra de Vasco da Gama já perto de Moçambique: nos primeiros cantos, Camões descreve a viagem da frota desde o Canal de Moçambique até Melinde. A descrição da viagem desde a largada de Lisboa até Melinde é feita no Canto V, contada na primeira pessoa por Vasco da Gama ao Rei de Melinde. A narração continua no Canto VI, com a travessia do Oceano Índico, de Melinde a Calecute.

(Disponível em: http://www.portaldoastronomo.org/tema_pag.php?id=31&pag=1#sthash.qxdlWpaZ.dpuf. Acesso em: 2/7/2015.)

Arquivo CB/CB/D.A Press

Editora Scipione

Fernando Favoretto/Criar Imagem

Fernando Favoretto/Criar Imagem

Texto 4

Resumo para a 2ª prova de Geografia:

[...]

O processo de urbanização brasileiro

O povoamento do território brasileiro se intensificou com o desenvolvimento da economia açucareira e da pecuária, permitindo o surgimento dos primeiros povoados no litoral e no interior. A descoberta de ouro e diamante em áreas de Minas Gerais, Mato Grosso e Goiás, nos séculos XVII e XVIII, provocou uma maior ocupação do interior do país.

A partir do século XIX, a expansão da cafeicultura (produção de café) na atual região Sudeste favoreceu o crescimento de vilas e cidades neste local.

Até essa época, o Brasil era um país agrário, pois a maioria da população concentrava-se no campo.

[...]

A urbanização em países desenvolvidos e subdesenvolvidos

Nos países desenvolvidos, a infraestrutura acompanhou o ritmo de crescimento da população. As cidades conseguiram absorver a população; sendo assim, haverá um menor número de problemas urbanos.

Já nos países subdesenvolvidos, as cidades não conseguiram absorver a população, o que leva a um maior número de problemas urbanos.

[...]

Obs.: Para fazer esse resumo, usei informações do Power Point [do] professor [...], do livro e da Internet. Se alguma coisa estiver errada, me avisem que eu conserto. Se quiserem completar o resumo, fiquem à vontade.

(Disponível em: http://setimaumgrupodeestudo.blogspot.com.br/2012/06/resumo-para-2-prova-de-geografia.html. Acesso em: 2/7/2015.)

Todos os textos lidos são resumos, que circularam em situações de comunicação diferentes e com propósitos distintos.

REGISTRE NO CADERNO

1. Relacione, em seu caderno, cada item a um dos textos lidos.

a. resumo da obra *Os lusíadas*

b. resumo de conteúdo escolar publicado em *blog* de alunos de uma classe

c. resumo de capítulo de novela

d. resumo de artigo científico

2. Discuta com os colegas e o professor e levante hipóteses:

a. Quem é o autor de cada um desses resumos? E o público-alvo?

b. Qual(is) é (são) o(s) texto(s) que serviu(ram) de base para cada um dos resumos?

3. Nem todos os resumos lidos tiveram como base um longo texto escrito.

a. Justifique essa afirmação.

b. Quais dos textos são exemplos de resumos solicitados com certa frequência no meio escolar?

4. Você já fez ou costuma fazer resumos? Em qual situação de comunicação?

5. Releia o resumo 2.

a. Nele são citados doze nomes. A quem esses nomes se referem?

b. Levante hipóteses: Por que não há no texto explicações sobre quem é Cris, Murilo, etc. e sobre a relação existente entre as figuras citadas?

c. Onde, em geral, textos como esse são publicados?

6. O resumo 2 narra, em períodos curtos, diversas ações sequenciais e não faz referência ao texto-fonte nem ao seu autor. Essas características se devem a algumas particularidades de textos como esse e não prejudicam sua compreensão.

a. Quem é o autor do texto que foi resumido?

b. Levante hipóteses: Quem lê esse tipo de resumo? Em que situação?

c. Entre os elementos listados abaixo, quais influenciam diretamente a estrutura de um texto como o resumo 2?

- o público-alvo
- as informações que o público-alvo tem
- as opiniões do público-alvo
- a finalidade em vista
- o espaço destinado a ele nos veículos em que é publicado
- o tipo de assunto predominante nos veículos em que é publicado
- o conhecimento que seu(s) autor(es) tem (têm) do texto-fonte
- o destino das personagens

7. Releia o resumo 3.

a. Indique os trechos nos quais o autor do resumo faz referência direta ao texto resumido.

b. Indique os trechos nos quais o autor do resumo faz referência direta ao autor do texto resumido.

8. Nas epopeias, é comum a presença de mais de um narrador, pois o narrador principal com frequência cede sua voz a uma personagem. Observe este trecho do resumo 3:

"Camões *descreve* a viagem da frota desde o Canal de Moçambique até Melinde. A descrição da viagem desde a largada de Lisboa até Melinde *é feita* no Canto V, *contada* na primeira pessoa por Vasco da Gama ao Rei de Melinde."

Mary Evans Picture Library/AGB Photo/Keystone Brasil

O gigante Adamastor no cabo das Tormentas.

Nesse trecho, o autor do resumo faz referência a duas vozes presentes em *Os lusíadas:* a de Camões e a de Vasco da Gama. De acordo com o resumo:

a. O que Camões narra?

b. O que Vasco da Gama narra?

c. Identifique o agente relativo a cada uma das formas verbais destacadas no trecho.

9. Releia o resumo 4.

a. No final do texto, o(a) autor(a) insere a observação de que usou "informações do Power Point [do] professor [...], do livro e da Internet". Embora nenhuma dessas fontes esteja especificada, os leitores podem, com base na situação de produção do resumo, saber quais são duas delas. Justifique essa afirmação.

b. É possível identificar quais informações dadas no resumo vieram de cada uma das fontes mencionadas na observação?

c. Levante hipóteses: Por que o(a) autor(a) do resumo optou pela não especificação das fontes que utilizou?

d. Indique, entre as expressões abaixo, as que poderiam ter sido utilizadas para especificar a fonte de informações apresentadas no resumo.

- Conforme o livro,
- Na Internet, há a informação de que
- Segundo indicam os *slides* do professor,
- O livro enumera
- Segundo a Internet,

REGISTRE NO CADERNO

Como fazer um resumo

Você viu que os resumos, dependendo do objetivo de quem os escreve, podem ser bastante diferentes uns dos outros. Embora haja diferentes maneiras de fazer um resumo adequado, é importante que alguns procedimentos sejam observados na produção desse texto. Os principais são estes:

- a compreensão global do texto a ser resumido;
- a sumarização, isto é, a sintetização, por meio da seleção de algumas informações e da exclusão de outras;
- a organização das vozes, de modo que fique claro qual é a voz do autor do resumo, qual é a do autor do texto resumido e a(s) voz(es) citadas nele.

Leia o texto abaixo e o resumo feito a partir dele.

Camões e a Máquina do Mundo

Até o século XVI, a astrologia e astronomia estavam muito próximas e a necessidade de utilizar os astros para navegação levou a observações cada vez mais precisas. Dois foram os grandes sábios portugueses responsáveis pela grande aventura marítima portuguesa: D. João de Castro e Pedro Nunes. D. João de Castro escreveu o tratado da esfera por meio de perguntas e respostas e Pedro Nunes [foi] tradutor do famoso *Tractatus de Sphera* [...], do astrônomo inglês John Holywood, mais conhecido pelo nome latinizado de Johannes Sacrobosco (1200-1256). Esse livro, utilizado durante muitos séculos nas universidades europeias, saiu direto da universidade para guiar os pilotos portugueses em suas descobertas de mares nunca antes navegados. A ciência de cada época influencia as artes em geral, e foi esse livro a principal fonte científica que auxiliou Luís de Camões a escrever sobre a "Máquina do Mundo", concepção mecanicista grego-ptolomaica do mundo com algumas modificações medievais, descrita principalmente no canto X do poema épico *Os Lusíadas* — o maior monumento literário da língua portuguesa. [...] A Máquina do Mundo camoniana tem a Terra no centro. Em redor da Terra, em círculos concêntricos, a Lua (Diana, Ísis, Jaci, Afrodite), Mercúrio, Vênus, o Sol (Febo), Marte, Júpiter e Saturno. Envolvendo estes astros, tem o firmamento seguido pelo "Céu Áqueo", ou cristalino, depois a esfera do primeiro Móbil que arrasta consigo todas as outras. [...] A Máquina do Mundo camoniana é apresentada com detalhes rigorosamente científicos e poéticos, em versos decassílabos. [...]

[...]

[...] Na obra *Os Lusíadas*, apesar do rigor com que o poeta descreve o sistema de Ptolomeu, ainda há muito de crenças no poder da astrologia. Da vida de Camões sabemos pouco e são pouquíssimas as pistas deixadas dessa atribulada existência. A data mais provável de seu nascimento é 1524. Camões pensa e escreve conforme os quadros mentais da sua época. Palavras como *planeta*, *estrela*, *benigna estrela*, são utilizadas por ele com conotações astrológicas. [...]

A cosmogonia de Camões [...], ainda que de estirpe grego-ptolomaica, é também medieval. As esferas giram harmoniosas. No *Almagesto*, o maior tratado astronômico da Antiguidade, Claudius Ptolemaeus (100-170 d.C.) descreve o seu sistema geocêntrico do mundo, com o sol, a lua e os planetas movendo-se ao redor da Terra. Os Céus são esféricos e os objetos celestes têm movimentos circulares, que é o movimento perfeito apropriado à natureza das coisas divinas.

[...]

Visão geocêntrica do mundo, herdada de Ptolomeu, mostrada em uma gravura estampada na *Crônica de Nuremberga*, de 1493. (Disponível em: http://cvc.instituto-camoes.pt/ciencia/e52.html. Acesso em: 20/6/2015.)

The Bridgeman Art Library/Keystone Brasil

[...] o maior clássico da literatura portuguesa, *Os Lusíadas*, tem uma imensidão de saberes que refletem a erudição de Camões em diversas áreas do saber, especificamente da Astronomia, Literatura Clássica, Mitologia e Marinharia. [...] O cosmo de Camões é ptolomaico, porque era esse o modelo ainda adotado pelos navegantes portugueses. O modelo heliocêntrico de Copérnico já era conhecido na época de Camões, mas ainda não tinha sido incorporado pela população e navegantes, que podiam navegar bem com o modelo antigo. Observa-se que Camões conhece muito bem o céu e as estrelas-guias dos navegantes. [...] O céu de Camões tem 11 esferas concêntricas, com a Terra no centro. É o modelo ptolomaico com algumas modificações do Tratado da Esfera, de Pedro Nunes. Analisando alguns poemas de Camões e certas passagens de *Os Lusíadas*, percebe-se que ele ainda utiliza expressões e pensamentos próprios de uma crença astrológica. [...]

(João da Mata Costa, professor da UFRN. Disponível em: http://www.substantivoplural.com.br/wp-content/uploads/2010/04/CAM%C3%95ES-E-A-M%C3%81QUINA-DO-MUNDO.pdf. Acesso em: 20/6/2015.)

Resumo:

João da Mata Costa, professor da UFRN, comenta no texto "Camões e a Máquina do Mundo" que, até o século XVI, a astrologia e a astronomia estavam muito próximas e que a necessidade de utilizar os astros para a navegação levou a descobertas cada vez mais precisas. Costa considera que alguns escritos sobre o tema foram fundamentais para as grandes navegações. O professor universitário cita o livro *Tractatus de Sphera*, do astrônomo inglês John Holywood, traduzido para o português por Pedro Nunes, obra que, segundo o acadêmico, teria sido utilizada para guiar os pilotos portugueses em suas descobertas. Esse mesmo livro, conforme aponta Costa, foi a principal fonte científica que auxiliou Luís de Camões a escrever sobre a "Máquina do Mundo", descrita no canto X do poema épico *Os Lusíadas*. O professor acredita ser possível perceber a erudição de Camões pelas referências feitas na epopeia *Os Lusíadas*. Com base em análises de passagens do texto épico, o professor afirma que a Máquina do Mundo camoniana é baseada em uma concepção mecanicista grego-ptolomaica, com algumas modificações medievais: a Terra no centro e, ao seu redor, em círculos concêntricos, o Sol, os demais planetas e satélites. Costa ressalta que o poeta português pensava conforme os quadros mentais de sua época e que, embora o modelo heliocêntrico de Copérnico já fosse conhecido, o modelo antigo ainda prevalecia, uma vez que funcionava bem para guiar os navegantes. Em razão dessas referências encontradas na epopeia, o acadêmico considera Camões um homem conhecedor de saberes de várias áreas, tais como Astronomia, Literatura Clássica, Mitologia e Marinharia.

1. Contraponha o resumo ao texto original.

a. Identifique as informações que foram mantidas e as informações que foram suprimidas.

b. Discuta com o professor e os colegas: Que tipo de informação do texto-fonte não consta no resumo?

2. O resumo apresenta de maneira sucinta o conteúdo do texto original. Para tanto, faz uso de estratégias como:

REGISTRE NO CADERNO

I. cópia de alguns trechos, com explicitação da voz do autor do texto original;

II. paráfrases (textos que dizem o mesmo que um texto original, porém de outra maneira);

III. supressão de informações detalhadas;

IV. supressão de trechos que expressam opiniões do autor do texto original.

Entre as estratégias citadas, identifique, no caderno, qual(is) foi(ram) utilizada(s) no resumo de cada trecho reproduzido no quadro a seguir.

TEXTO ORIGINAL	RESUMO
Até o século XVI, a astrologia e astronomia estavam muito próximas	João da Mata Costa, professor da UFRN, comenta no texto "Camões e a Máquina do Mundo" que, até o século XVI, a astrologia e a astronomia estavam muito próximas
a necessidade de utilizar os astros para navegação levou a observações cada vez mais precisas	a necessidade de utilizar os astros para a navegação levou a descobertas cada vez mais precisas
Dois foram os grandes sábios portugueses responsáveis pela grande aventura marítima portuguesa: D. João de Castro e Pedro Nunes. D. João de Castro escreveu o tratado da esfera por meio de perguntas e respostas e Pedro Nunes [...] foi tradutor do famoso *Tractatus de Sphera* [...], do astrônomo inglês John Holywood, mais conhecido pelo nome latinizado de Johannes Sacrobosco (1200-1256).	Costa considera que alguns escritos sobre o tema foram fundamentais para as grandes navegações.
Pedro Nunes [...] foi tradutor do famoso *Tractatus de Sphera* [...], do astrônomo inglês John Holywood, mais conhecido pelo nome latinizado de Johannes Sacrobosco (1200-1256). Esse livro, utilizado durante muitos séculos nas universidades europeias, saiu direto da universidade para guiar os pilotos portugueses em suas descobertas de mares nunca antes navegados.	O professor universitário cita o livro *Tractatus de Sphera*, do astrônomo inglês John Holywood, traduzido para o português por Pedro Nunes, obra que, segundo o acadêmico, foi utilizada para guiar os pilotos portugueses em suas descobertas.
o maior clássico da literatura portuguesa, *Os Lusíadas*, tem uma imensidão de saberes que refletem a erudição de Camões em diversas áreas do saber, especificamente da Astronomia, Literatura Clássica, Mitologia e Marinharia	o acadêmico considera Camões um homem conhecedor de saberes de várias áreas, tais como Astronomia, Literatura Clássica, Mitologia e Marinharia.

3. Em resumos, é frequente o uso de certas palavras e expressões para apresentar a voz do autor do texto original. Releia estes trechos do resumo do texto "Camões e a Máquina do Mundo":

- "o professor afirma que a Máquina do Mundo camoniana *tem* uma concepção mecanicista grego-ptolomaica"
- "Costa ressalta que o poeta português *pensava* conforme os quadros mentais de sua época"

a. Nesses trechos, quais formas verbais foram utilizadas para apresentar a voz do autor do texto original?

REGISTRE NO CADERNO

b. Cite outras formas verbais e expressões utilizadas no resumo com a mesma função.

c. Os termos *tem* e *pensava*, destacados nos trechos acima, não foram modificados no resumo. Levante hipóteses: Qual foi a razão desse procedimento?

4. Releia o seguinte trecho do resumo.

O professor universitário cita o livro *Tractatus de Sphera*, do astrônomo inglês John Holywood , traduzido para o português por Pedro Nunes, obra que, segundo o acadêmico, teria sido utilizada para guiar os pilotos portugueses em suas descobertas. Esse mesmo livro, conforme aponta Costa, foi a principal fonte científica que teria auxiliado Luís de Camões a escrever sobre a "Máquina do Mundo"

Levante hipóteses: Por que o autor do resumo optou por utilizar as formas verbais *teria sido utilizada* e *teria auxiliado*, em vez das formas *foi utilizada* e *auxiliou*, empregadas no texto original?

HORA DE ESCREVER

O texto "Camões e a Máquina do Mundo", lido no estudo do resumo, estabelece uma relação entre *Os lusíadas*, a astronomia e a astrologia, temas que têm vínculo com o Classicismo. A feira cultural que a classe deverá realizar no final da unidade terá como centro temas desse período. Um deles é a técnica da perspectiva, que foi marcante na arte renascentista e é comentada por Nicolau Sevcenko no texto a seguir.

Perspectiva intuitiva

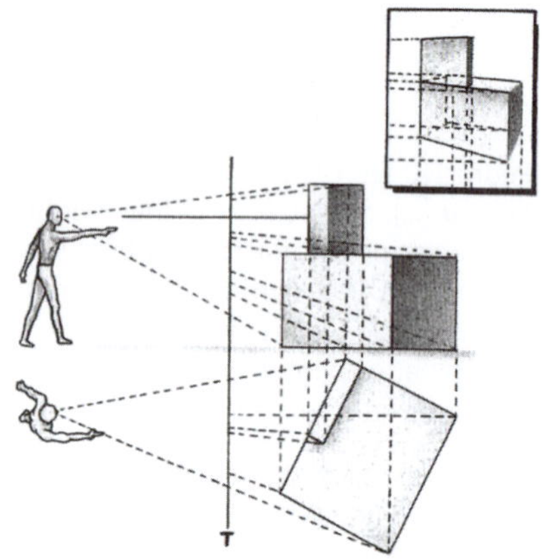

Estudo de perspectiva.

Segundo o comentário do pintor Albrecht Dürer, a expressão *perspectiva* significa "ver através". Essa impressão inédita de olhar-se para uma parede pintada e parecer que se vê para além dela, como se ali tivesse sido aberta uma janela para um outro espaço, o espaço pictórico, era o principal efeito buscado pelos novos artistas. A pintura tradicional, gótica ou bizantina, praticamente se restringia ao plano bidimensional das paredes, produzindo no máximo um efeito decorativo. O novo estilo artístico multiplicava o espaço dos interiores e, com a preocupação de dar às pessoas, aos objetos e paisagens retratados a aparência mais natural possível, parecia multiplicar a própria vida. Uma arte desse tipo impressionava muito mais os sentidos que a imaginação, convidava muito mais ao desfrute visual do que à meditação interior. Era uma arte que remetia o homem ao próprio homem e o induzia a uma identificação maior com seu meio urbano e natural, ao contrário dos estilos medievais que predispunham as pessoas a penetrarem nos universos imateriais das hostes celestiais. A arte renascentista, portanto, mantinha uma consonância muito maior com o modo de vida implantado no Ocidente europeu com o incremento das relações mercantis e o desenvolvimento das cidades.

Técnica do "olho fixo"

Contudo, as técnicas de perspectiva introduzidas por Duccio, Giotto e pelos mestres franco-flamengos careciam ainda de um acabamento mais rigoroso, já que nem todas as dimensões do espaço retratado se submetiam à mesma orientação de profundidade. Sua técnica foi por isso denominada perspectiva intuitiva. A invenção da perspectiva matemática, ou "perspectiva exata", em que todos os pontos do espaço retratado obedecem a uma norma única de projeção, deveu-se com uma grande dose de certeza a Filippo Brunelleschi, arquiteto florentino, por volta de 1420. Baseado no teorema de Euclides, que estabelece uma relação matemática proporcional entre o objeto e sua representação pictórica, Brunelleschi instituiu a técnica do "olho fixo", que observa o espaço como que através de um instrumento óptico e define as proporções dos objetos e do espaço entre eles em relação a esse único foco visual. Assim, o plano do quadro é interpretado como sendo uma "intersecção da pirâmide visual" cujo vértice consiste no olho do pintor e a base na cena retratada, estabelecendo-se desse modo uma construção geométrica rigorosa, cujos elementos e cujas relações são matematicamente determinados. Esse método obteve de imediato uma tal aceitação dos pintores, por sua qualidade de lhes propiciar total controle do espaço representado, que foi denominado "construção legítima". Ele seria aperfeiçoado pelo arquiteto Leon Battista Alberti em seu *Tratado de pintura*, de 1443, que simplificaria o trabalho do pintor, propondo a elaboração da perspectiva em razão de dois esquemas básicos: planta e elevação, que são depois combinados para produzir o efeito de profundidade desejado. Assim facilitado, o método se difundiria com notável rapidez e se tornaria uma das características fundamentais da arte renascentista e de todo o Ocidente europeu até o início de nosso século.

[...]

(*O Renascimento*. São Paulo: Atual, 1994. p. 32-5.)

Produza um resumo do texto de Nicolau Sevcenko. Converse com o professor sobre a melhor maneira de realizar essa produção. A atividade pode ser feita individualmente ou em grupo e, depois, a classe deve selecionar o melhor resumo para expor na feira cultural, em um mural sobre a arte renascentista.

A seguir, reúna-se em grupo; com os colegas, façam pesquisas, busquem outros textos em fontes confiáveis sobre assuntos relacionados ao Renascimento e produzam outros resumos para serem expostos em murais, intitulados "O Classicismo e..." , espalhados pela feira.

Os textos deverão ser curtos e relacionar o assunto ao período, buscando sempre que possível estabelecer um diálogo com a literatura produzida na época. Entre os temas, vocês podem incluir:

- Mitologia
- Antiguidade
- Humanismo
- Ciência
- Racionalismo

ANTES DE ESCREVER

Planeje seu texto, lembrando-se de que é necessário:

- escolher um texto que tenha uma fonte confiável;
- escolher um texto cujo tema tenha relação com o Classicismo;
- avaliar se o assunto tratado no texto pode ser interessante também para os visitantes da feira;
- certificar-se de que compreende bem o ponto de vista do autor, bem como a linguagem utilizada por ele;
- organizar as vozes do texto original, caso tenham sido citados outros autores;
- ao reproduzir um trecho, explicitar que a voz é do autor do texto original;
- suprimir detalhes de informações, bem como expressões que denotam posicionamentos pessoais do autor, caso não os considere relevantes;
- limitar-se à abordagem feita no texto original, sem incluir no resumo o seu próprio ponto de vista.

ANTES DE PASSAR A LIMPO

Antes de dar seu texto por terminado, verifique:

- se você compreendeu bem o texto original, o ponto de vista do autor e as principais ideias expressas nele;
- se você selecionou as informações essenciais e não foi deixado fora do resumo nenhum item importante;
- se a fonte do texto original está explicitada;
- se as vozes do texto, isto é, a do autor do texto original e a de outros autores que ele tenha citado, estão bem marcadas;
- se você se limitou a apresentar as ideias do texto original, sem explicitar seu ponto de vista sobre o assunto.

CAPÍTULO 2

O Classicismo em Portugal
Semântica (I)
Textos instrucionais

LITERATURA

Camões

A lírica e a épica de Camões foram as principais expressões do Classicismo em Portugal. Além do poema épico *Os lusíadas* e de poemas líricos, como sonetos, éclogas, odes, elegias e oitavas, Camões produziu algumas peças teatrais, inspiradas nas obras de Gil Vicente e nos modelos da Antiguidade greco-romana. Entre os outros representantes do Classicismo português, destacam-se Sá de Miranda, na poesia, Fernão Mendes Pinto, na prosa, com a crônica de viagem *Peregrinação*, e Antônio Ferreira, no teatro, com a tragédia *Castro*.

Getty Images/DeAgostini/Palácio de Alcazar, Sevilha, Espanha

A épica

No capítulo 1, por meio do estudo de um trecho do canto V de *Os lusíadas*, você conheceu as características da épica camoniana, ligada estreitamente às concepções estéticas da cultura clássica greco-latina. Camões, ao retomar o gênero epopeia, representativo dessa cultura, seguiu como modelo as epopeias de Homero e de Virgílio.

O poeta português encontrou na expansão marítima e comercial de seu país, ocorrida entre as últimas décadas do século XV e o início do século XVI, o motivo para cantar as glórias do povo português. Essa expansão foi um acontecimento importantíssimo na Europa, pois, com ela, os portugueses, além de vencer os oceanos, alargaram os estreitos limites geográficos e culturais da Idade Média.

Em *Os lusíadas*, Camões, por meio da narração da viagem de Vasco da Gama às Índias, exalta a grandeza histórica dos lusos — daí o nome *lusíadas* —, desde a fundação da nacionalidade até a edificação do império ultramarino. Nessa epopeia, o heroísmo é ampliado, pois Camões canta não apenas as glórias de um herói, mas também de um povo: Vasco da Gama é um herói coletivo, que representa todos os portugueses.

Luís Vaz de Camões

Supõe-se que Camões nasceu por volta de 1524, em Lisboa, em uma família fidalga empobrecida, e que morreu na miséria, em 1580, ano em que Portugal passou para o domínio castelhano. A vasta cultura de que era dotado faz supor que cursara a Universidade de Coimbra ou, ao menos, estudara no colégio de um mosteiro no qual seu tio D. Bento de Camões era prior. Conhecia profundamente a ciência de seu tempo e, em especial, obras de escritores clássicos (gregos e latinos) e modernos (italianos e castelhanos).

Camões lutou por seu país contra os mouros no norte da África, onde perdeu um olho. De volta a Lisboa, passou a ter uma vida de boemia, que o levou à prisão e ao exílio, de 1553 a 1570. Nesse período, viveu na Índia e na China. Ao retornar a Lisboa, publicou, em 1572, *Os lusíadas*, obra-prima que se constitui na principal expressão da literatura portuguesa no Renascimento e na qual se conciliam a rica experiência de viagens e a vasta cultura do poeta.

Autor desconhecido. Retrato de Camões pintado em Goa, 1581/Coleção particular.

Graca Victoria/Alamy/Latinstock

Mosteiro dos Jerônimos, em Lisboa, Portugal.

A estrutura de *Os lusíadas*

A epopeia de Camões tem 1102 estrofes, divididas em 10 cantos. Cada canto é uma parte do poema e corresponde, no texto em prosa, a um capítulo. Seguindo modelos clássicos como a *Ilíada* e a *Odisseia*, Camões organizou os cantos em:

- *Proposição* (estrofes 1 a 3 do canto I): o poeta apresenta o que vai cantar ("[...] eu canto o ilustre peito lusitano").
- *Invocação* (estrofes 4 e 5 do canto I): o poeta pede às ninfas do rio Tejo, as Tágides, inspiração para fazer o poema.
- *Dedicatória* (estrofes 6-18 do canto I): o poeta dedica a epopeia ao rei D. Sebastião.
- *Narração* (estrofe 19 do canto I até a estrofe 144 do canto X): são narrados episódios da viagem de Vasco da Gama, nos quais se destacam o episódio do velho da praia do Restelo (canto IV), do gigante Adamastor (canto V), bem como as intervenções de deuses da mitologia greco-romana (cantos I, II, V, VI, VIII, IX e X). Também são relatadas histórias dos reis de Portugal, como a de Inês de Castro, amante do príncipe D. Pedro, assassinada por ordem do rei D. Afonso IV (canto III).
- *Epílogo* (estrofes 145 a 156 do canto X): o poeta encerra o poema, lamentando a pátria, "que está metida / No gosto da cobiça e na rudeza", e exortando o rei D. Sebastião a novas conquistas.

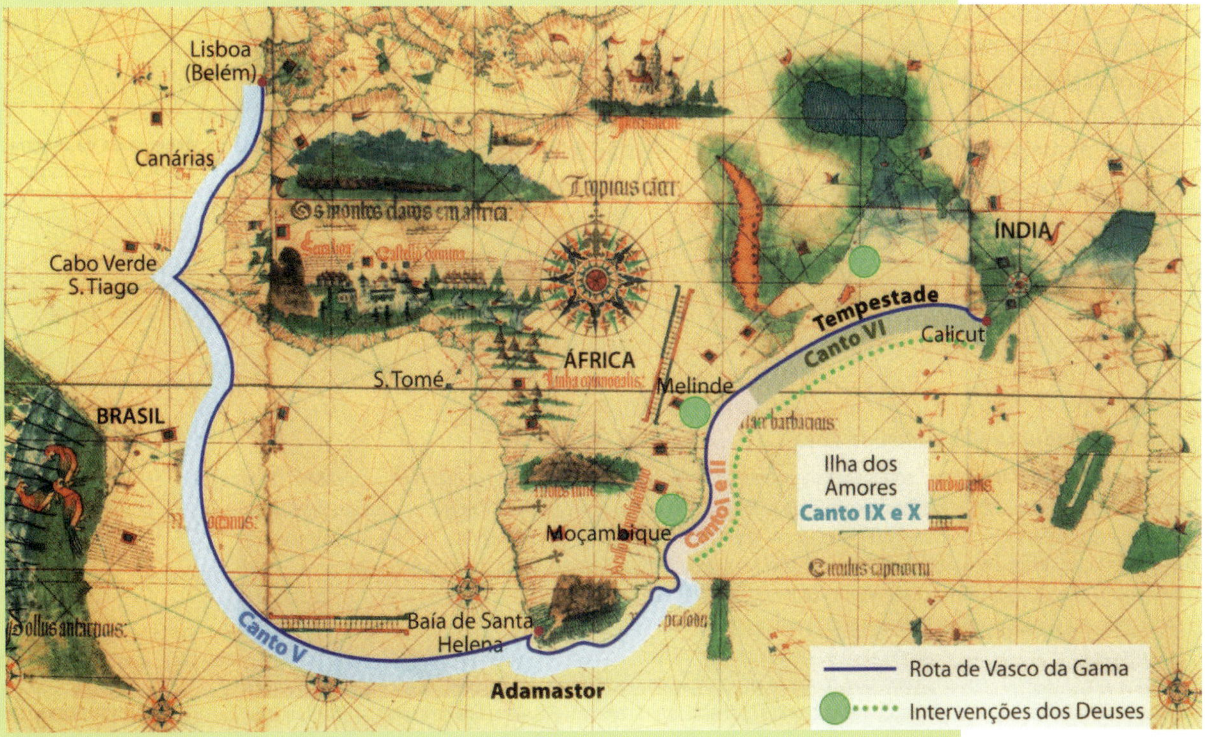

Biblioteca Estense, Modena, Itália

Mapa da viagem de Vasco da Gama, conforme *Os lusíadas*.

A lírica

Na poesia lírica, Camões cultivou gêneros prestigiados no Classicismo, como o soneto, a écloga, a ode, a elegia e a oitava. Ao realizar essa produção, o poeta, sem romper com a velha tradição lírica galego-portuguesa, garantiu a coexistência de novos e velhos gêneros, bem como de novas e velhas métricas e convenções literárias. Desse modo, sua poesia lírica não se caracteriza pela ruptura, mas pela continuidade e pelo aproveitamento da tradição medieval cultivada na península Ibérica.

Como você viu no capítulo 1, a lírica amorosa camoniana segue a concepção estética do Classicismo e apresenta a influência de Petrarca e do neoplatonismo renascentista. Nos poemas líricos do autor, o conceito trovadoresco de amor é aprofundado. A mulher amada é idealizada, é uma fonte de virtudes, um ser celestial, perfeito. Esse retrato divinizado da figura feminina costuma ser traçado por meio de uma profusão de adjetivos que ressaltam mais suas qualidades interiores do que suas características físicas, pois o sentimento amoroso do eu lírico é desinteressado dos prazeres físicos e sensoriais.

Porém, em Camões há também a expressão do *amor sensual*, inspirado nas figuras mitológicas da cultura greco-latina, e do sentimento amoroso que aspira à realização concreta, material, afastando-se, portanto, da concepção de amor espiritualizado, idealizado. Nos poemas em que o sentimento amoroso se expressa pelo desejo físico, a mulher é retratada como um ser impiedoso e cruel, que provoca dor naquele que a ama.

Na lírica amorosa camoniana manifesta-se, então, o conflito entre o amor profano, material, e o amor espiritual, puro. Em termos estilísticos, essas contradições são geralmente expressas por meio de figuras de linguagem como a antítese e o paradoxo.

Outro aspecto da lírica camoniana é a *lírica filosófica*, que reflete sobre a vida, o homem e o mundo e tem como um de seus temas a passagem do tempo, que desfaz as esperanças, substituindo o bem, sempre efêmero, passageiro, pelo mal, que perdura. Exemplo dessa produção de Camões são os versos a seguir.

E vi que todos os danos
se causavam das mudanças,
e as mudanças dos anos;
onde vi quantos enganos
faz o tempo às esperanças.

Ali vi o maior bem
quão pouco espaço que dura,
o mal quão depressa vem,
e quão triste estado tem
quem se fia da ventura.

(In: Izeti Fragata Torralvo e Carlos Cortez Minchillo, orgs. *Sonetos de Camões*. Cotia-SP: Ateliê, 2011. p. 171-2.)

quem se fia da ventura: quem confia na boa sorte.

Camões: medida velha e medida nova

A herança da poesia medieval portuguesa na poesia lírica de Camões se verifica, sobretudo, nas composições em *medida velha*, ou seja, em redondilha maior ou menor. Além da métrica, outro aspecto formal que geralmente caracteriza as composições em medida velha é a sua divisão em duas partes: o *mote*, na primeira estrofe, em que é apresentada a ideia central do texto; e as *voltas* ou *glosas*, nas estrofes seguintes, que desenvolvem a ideia do mote. Nesses poemas, o conteúdo é semelhante ao das cantigas trovadorescas: eles se constituem pela presença do ambiente campesino, do sofrimento amoroso, da mulher inacessível, da partida do namorado, da confidência amorosa, etc.

O *decassílabo*, como você viu no capítulo 1, foi chamado de *medida nova* em Portugal. Essa métrica, típica do Classicismo, é empregada no *soneto italiano*, uma forma de composição que Petrarca desenvolveu no século XIV e que Camões cultivou com mestria, tornando-se um dos gêneros mais conhecidos de sua obra lírica. A medida nova passou a ser utilizada também em outros gêneros líricos, como a canção.

FOCO NO TEXTO

No capítulo 1, você leu um soneto de Camões. Para conhecer melhor a obra lírica do poeta português, leia os três poemas seguintes.

Texto 1

Cantiga alheia

Na fonte está Lianor,
Lavando a talha e chorando,
Às amigas perguntando:
— Vistes lá o meu amor?

talha: jarra.

Voltas

Posto o pensamento nele,
Porque a tudo o amor obriga,
Cantava, mas a cantiga
Eram suspiros por ele.
Nisto estava Lianor
O seu desejo enganando,
Às amigas perguntando:
— Vistes lá o meu amor?

O rosto sobre ũa mão,
Os olhos no chão pregados,
Que, de chorar já cansados,
Algum descanso lhe dão.
Desta sorte, Lianor
Suspende de quando em quando
Sua dor e, em si tornando,
Mais pesada sente a dor.

Não deita dos olhos água,
Que não quer que a dor se abrande
Amor, porque em mágoa grande
Seca as lágrimas a mágoa.
Depois que de seu amor
Soube, novas perguntando,
De improviso a vi chorando.
Olhai que extremos de dor!

(In: Hernâni Cidade. *Luís de Camões — O lírico*. Rio de Janeiro: Bertrand, 1967. p. 108-9.)

Gemäldegalerie, Berlim, Alemanhã

Retrato da jovem nobre Simonetta Vespucci, feito por Sandro Botticelli em 1476. Na pintura, ficam evidentes os ideais de equilíbrio e harmonia da estética clássica.

Texto 2

Um mover d'olhos, brando e piedoso,
sem ver de quê; um riso brando e honesto,
quase forçado; um doce e humilde gesto,
de qualquer alegria duvidoso;

um despejo quieto e vergonhoso;
um repouso gravíssimo e modesto;
ũa pura bondade, manifesto
indício da alma, limpo e gracioso;

um encolhido ousar; ũa brandura;
um medo sem ter culpa; um ar sereno;
um longo e obediente sofrimento:

esta foi a celeste fermosura
da minha Circe, e o mágico veneno
que pôde transformar meu pensamento.

(In: Izeti Fragata Torralvo e Carlos Cortez Minchillo, orgs. *Sonetos de Camões*, cit., p. 60.)

despejo: atitude, desenvoltura.
grave: de grande intensidade, profundo.
honesto: ingênuo, puro.
vergonhoso: recatado, tímido.

Texto 3

Erros meus, má fortuna, amor ardente
em minha perdição se conjuraram;
os erros e a fortuna sobejaram,
que para mim bastava o amor somente.

Tudo passei; mas tenho tão presente
a grande dor das cousas, que passaram,
que as magoadas iras me ensinaram
a não querer já nunca ser contente.

Errei todo o discurso de meus anos;
dei causa que a Fortuna castigasse
as minhas malfundadas esperanças.

De amor não vi senão breves enganos.
Oh! quem tanto pudesse que fartasse
este meu duro gênio de vinganças!

(In: Izeti Fragata Torralvo e Carlos Cortez Minchillo, orgs. *Sonetos de Camões*, cit., p. 137.)

conjurar: associar, reunir.
dar causa: dar motivo.
discurso: transcurso, passagem.
fartar: satisfazer, saciar.
fortuna: sorte, destino.
Fortuna: deusa romana do acaso, da sorte; era retratada com os olhos vendados e distribuindo, ao acaso, os males e as benesses.
sobejar: ser excessivo, abundante.

REGISTRE NO CADERNO

1. Com base no que você leu sobre as composições de Camões em medida velha, responda:

a. Que elementos formais do texto 1 são típicos dos poemas de Camões em medida velha?

b. Qual é a ambientação apresentada nesse poema? Justifique sua resposta utilizando um verso do texto.

2. No texto 1, o mote é um trecho de uma cantiga de outro poeta.

a. Qual é a ideia central expressa no mote? Comprove sua resposta com elementos do texto.

b. Essa ideia é desenvolvida nas voltas? Comprove sua resposta com elementos do texto.

3. Na última estrofe do texto 1, o eu lírico estabelece uma relação entre a mágoa, a dor de amor e o choro.

a. Como se dá essa relação?

b. Tendo em vista essa relação, levante hipóteses: A jovem, depois de ter notícias de seu amado, sente uma grande mágoa dele? Justifique sua resposta.

c. Conclua: Esse poema se aproxima de qual tipo de composição poética medieval? Por quê?

4. Que elementos formais permitem identificar os textos 2 e 3 como sonetos?

5. Nas três primeiras estrofes do texto 2, Camões, imitando Petrarca, recorre a uma constante adjetivação para retratar a figura feminina.

a. Os adjetivos aí empregados ressaltam quais qualidades da mulher amada? Justifique sua resposta com elementos do texto.

b. Qual é a figura de linguagem que se repete nesse conjunto de versos? Que efeito de sentido ela provoca no texto?

c. Pode-se considerar que a imagem da mulher, nas três primeiras estrofes do poema, é típica do Classicismo? Justifique sua resposta.

O princípio da imitação

Uma das características da estética do Classicismo é a aceitação dos modelos preexistentes, ou seja, os poetas obedeciam ao *princípio da imitação*, seguindo as convenções das obras greco-latinas ou de humanistas italianos. Segundo Massaud Moisés:

> [...] o acatamento de moldes pressupunha, inclusive, o empréstimo de versos inteiros ou de temas. Em troca, exigia-se que o poeta imitador instilasse originalidade [...] na substância poética recebida de fora. Somente nos maus poetas a imitação coagia ou abastava a inspiração; nos grandes, constituía estímulo para criar obras pessoais, quiçá superiores às dos modelos imitados. Camões coloca-se neste segundo grupo: praticou o princípio da imitação com toda a liberdade de seu gênio poético, e não raro suplantou os mestres.

(*A literatura portuguesa através dos textos*. São Paulo: Cultrix, 1968. p. 86.)

6. Na última estrofe do texto 2, o eu lírico emprega uma metáfora para introduzir uma nova característica da mulher amada. Com base nessa afirmação e no boxe "A feiticeira grega", responda:

a. Qual é essa metáfora? Que nova característica da mulher é sugerida a partir do emprego de tal metáfora?

b. De que modo esse novo traço da mulher amada contrasta com as características dela mencionadas antes?

c. Esse contraste de características que se manifesta na última estrofe é sugerido no segundo quarteto e no primeiro terceto por meio de expressões como "manifesto indício da alma" e "um encolhido ousar". Que figura de linguagem você identifica em tais expressões?

d. De acordo com a última estrofe do poema, que efeito essa mulher provoca no eu lírico? Justifique sua resposta com elementos do texto.

7. Conclua: No texto 2, Camões se restringe à concepção de amor idealizado, típica do Classicismo? Justifique sua resposta.

8. No texto 3, o eu lírico avalia nos dois quartetos seu percurso de vida.

a. Segundo o eu lírico, que fatores o conduziram à derrocada?

b. Diante dos sofrimentos do passado, como o eu lírico se sente no presente? Justifique sua resposta com elementos do texto.

c. Em relação ao futuro, qual é a expectativa do eu lírico? Por quê? Justifique sua resposta com elementos do texto.

9. Nos dois tercetos do texto 3, o eu lírico revela seu erro do passado.

a. Qual foi ele?

b. Qual foi a consequência de seus erros? Comprove sua resposta com elementos do texto.

c. Qual é o desejo do eu lírico em meio a todo esse sofrimento? Por quê?

10. Conclua: O texto 3 expressa uma visão neoplatônica do amor? Por quê? Justifique sua resposta com elementos do texto.

A feiticeira grega

Na mitologia grega, Circe é uma bela e poderosa feiticeira, filha do deus Hélio (Sol) e da oceânide Perseis. Na *Odisseia*, poema épico de Homero, ela seduz os homens que chegam à ilha em que vive, oferece-lhes uma bebida e depois os transforma em porcos, lobos ou leões, que ficam sob seu poder. O herói Odisseu (ou Ulisses), prevenido por um de seus guerreiros e auxiliado pelo deus Hermes, consegue não ser enfeitiçado por Circe, mas não resiste aos seus encantos femininos e permanece com ela por um ano, desfrutando de uma vida de ócio e de prazeres.

Cartwright Hall, Bradford, Inglaterra

Circe (aproximadamente 1889), de Wright Barker (1864-1941).

ARQUIVO

Por meio do estudo dos três poemas apresentados na seção **Foco no texto**, você viu que, na lírica de Camões:

- a *medida nova* (versos decassílabos) e a *medida velha* (as redondilhas) são empregadas nos vários gêneros cultivados pelo poeta, o que demonstra que a obra camoniana se caracteriza pela coexistência de novos recursos e velhas tradições;
- a influência de Petrarca e o neoplatonismo renascentista orientam a concepção de *amor idealizado*, típica do Classicismo;
- os mitos greco-latinos são elementos que auxiliam a expressão do *amor sensual*, concepção que se afasta ligeiramente da concepção de amor idealizado;
- o amor apresenta contradições, constituídas pelo conflito entre o amor profano, material, e o amor espiritual, puro; em termos estilísticos, tais contradições são expressas por meio de figuras como a antítese e o paradoxo;
- o arrependimento dos próprios erros, a queixa contra o destino cruel e o amor não realizado são também temas frequentes.

ENTRE TEXTOS

Fernando Pessoa, célebre poeta português do século XX, estabeleceu, em seu livro *Mensagem* (1934), diversos diálogos com *Os lusíadas*. Você vai ler, a seguir, dois textos: "Mar portuguez", um dos poemas mais conhecidos dessa obra, reproduzido com a grafia original, anterior à reforma de 1911, e um trecho do canto IV de *Os lusíadas*. Nesse trecho, Vasco da Gama narra o momento em que, estando prestes a zarpar da praia do Restelo, em Lisboa, para iniciar a viagem às Índias, aparece um velho de aparência muito digna diante das naus.

Texto 1

Mar portuguez

Ó mar salgado, quanto do teu sal
São lágrimas de Portugal!
Por te cruzarmos, quantas mães choraram,
Quantos filhos em vão resaram!
Quantas noivas ficaram por casar
Para que fosses nosso, ó mar!

Valeu a pena? Tudo vale a pena
Se a alma não é pequena.
Quem quere passar além do Bojador
Tem que passar além da dor.
Deus ao mar o perigo e o abysmo deu,
Mas nelle é que espelhou o céu.

(Fernando Pessoa. *Obra poética*. Rio de Janeiro: José Aguilar, 1972. p. 82.)

A Torre de Belém em Lisboa (1833), Clarkson Stanfield/Akg-Images/Latinstock/Coleção particular

Torre de Belém, às margens do rio Tejo. Na época das navegações, as naus e as caravelas partiam dali em direção ao Brasil e ao Oriente.

Texto 2

Mas um velho, de aspeito venerando,
Que ficava nas praias, entre a gente,
Postos em nós os olhos, meneando
Três vezes a cabeça, descontente,
A voz pesada um pouco alevantando,
Que nós no mar ouvimos claramente,
Cum saber só de experiências feito,
Tais palavras tirou do experto peito:

"Ó glória de mandar, ó vã cobiça
Desta vaidade, a quem chamamos Fama!
Ó fraudulento gosto, que se atiça
Cũa aura popular, que honra se chama!
Que castigo tamanho e que justiça
Fazes no peito vão que muito te ama!
Que mortes, que perigos, que tormentas,
Que crueldades neles *exprimentas*!

[...]

A que novos desastres determinas
De levar estes Reinos e esta gente?
Que perigos, que mortes *lhe* destinas,
Debaixo dalgum nome *preminente*?
Que promessas de reinos e de minas
De ouro, que *lhe* farás tão *facilmente*?
Que famas *lhe* prometerás? Que histórias?
Que triunfos? Que palmas? Que vitórias?

(Luís de Camões. *Os lusíadas*. São Paulo: Saraiva, 2010. p. 124-5.)

aspeito: aspecto, aparência.
aura: prestígio, fama.
experto peito: experiente coração.
fraudulento: enganador, falso.
menear: mover alternadamente de um lado para outro.
preminente: o mesmo que *preeminente*; superior, eminente.
venerando: venerável, respeitável.

REGISTRE NO CADERNO

1. Cada uma das estrofes do poema de Fernando Pessoa apresenta uma reflexão diferente a respeito do significado do mar para o povo português. Na primeira estrofe, o eu lírico, em tom épico, remete-se à conquista dos mares pelos portugueses na época das grandes navegações.

a. Quem é o interlocutor do eu lírico nessa primeira estrofe?

b. Ao dirigir-se a esse interlocutor, que sentimentos o eu lírico expressa?

2. A expansão ultramarina gerou consequências. De acordo com a primeira estrofe do poema de Fernando Pessoa, quais são elas? Comprove sua resposta com elementos do texto.

3. As consequências da expansão ultramarina aparecem reunidas em uma imagem logo no início do poema "Mar portuguez": "Ó mar salgado, quanto do teu sal/São lágrimas de Portugal!"

a. A aproximação entre *sal* e *lágrimas* constrói uma relação metafórica e hiperbólica. Explique a ideia expressa por tais figuras de linguagem.

b. Que outra figura de linguagem há no verso "São lágrimas de Portugal!"? Explique.

4. A segunda estrofe do poema de Fernando Pessoa apresenta outra visão da conquista marítima portuguesa, sendo toda construída para responder à pergunta "Valeu a pena?". Em um tom lírico, o eu lírico ultrapassa a reflexão acerca da história e chega a uma reflexão existencial.

a. No contexto dos versos "Valeu a pena? Tudo vale a pena / Se a alma não é pequena", qual é o sentido da palavra *pequena*?

b. O eu lírico emprega metaforicamente a imagem do cabo Bojador. Leia o boxe ao lado e, depois, explique o sentido dos versos "Quem quere passar além do Bojador / Tem que passar além da dor".

5. Nos últimos versos de "Mar portuguez", o eu lírico conclui: "Deus ao mar o perigo e o abysmo deu, / Mas nelle é que espelhou o céu".

a. No contexto dos versos, qual é o sentido que a metáfora *céu* adquire?

b. De acordo com esses versos, qual seria o significado do mar para o povo português? Comprove sua resposta com elementos do texto.

6. No texto 2, o velho que surge diante das naus, na praia do Restelo, toma a palavra para fazer uma crítica perante os navegadores.

a. Qual é a crítica que ele faz? Comprove sua resposta com versos do poema.

b. Segundo o velho, o que a conquista dos mares custou ao povo português? Comprove sua resposta com versos do poema.

7. Tal como *Os lusíadas*, o poema "Mar portuguez" evoca os feitos dos portugueses no período das grandes navegações.

a. Que semelhanças há entre o poema de Fernando Pessoa e o trecho do canto IV em estudo?

b. E quais diferenças há? Explique.

Para além do Mar Tenebroso

Até 1434, o limite dos mares conhecidos era o cabo Bojador, situado ao sul das ilhas Canárias e do Marrocos. Acreditava-se que, depois do cabo, começava o Mar Tenebroso, onde havia monstros gigantescos em forma de dragão e de serpente, as águas fervilhavam e o ar era envenenado. Ao passar o cabo Bojador, em 1434, o navegador português Gil Eanes desmitificou a ideia de intransponibilidade do local e abriu caminho para as grandes navegações em direção ao sul da costa africana.

O planisfério de Cantino, 1502/Biblioteca Estense, em Módena, na Itália

LÍNGUA E LINGUAGEM

O que é semântica?

FOCO NO TEXTO

Observe as imagens abaixo.

I

"Enigmas Visuais". Rio de Janeiro: Frente Editora, 2004. p. 53.

II

Enigmas Visuais". Rio de Janeiro: Frente Editora, 2004. p. 58.

III

"Enigmas Visuais". Rio de Janeiro: Frente Editora, 2004. p. 50

1. Discuta com os colegas e o professor: O que as imagens retratam?

2. O texto a seguir circulou em adesivos de uma escola de natação. Leia-o.

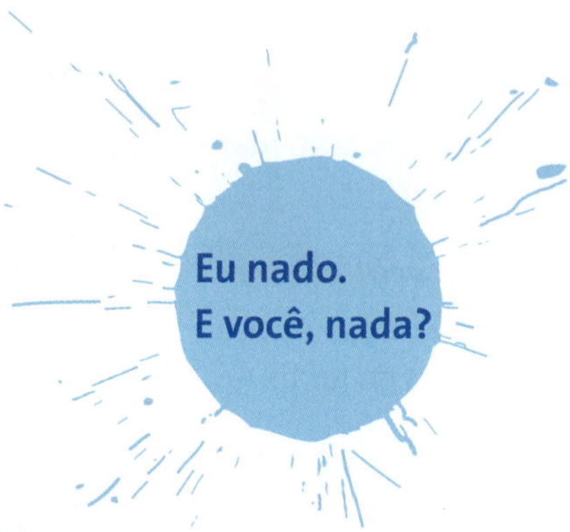

a. É possível considerar que, nesse contexto, há ao menos dois significados para o termo *nada*. Quais são eles?

b. Esse duplo sentido, chamado ambiguidade, é prejudicial para a compreensão do enunciado?

REGISTRE NO CADERNO

c. Levante hipóteses: Qual é a função da ambiguidade nesse texto?

3. Imagine a seguinte situação: mãe e filha estão conversando e concordando sobre a importância de manterem hábitos saudáveis; a mãe, sabendo do sedentarismo da filha, diz: "Eu nado. E você, nada?". Nesse contexto, como essa fala poderia ser compreendida?

REFLEXÕES SOBRE A LÍNGUA

Vimos que determinados textos, verbais ou não verbais, frases, ou mesmo uma única palavra podem assumir sentidos diversos, ou mesmo sobrepostos, dependendo do contexto de circulação e do ponto de vista dos interlocutores. O ramo da linguística que estuda o significado, isto é, os sentidos da língua, é chamado de **semântica**.

Em geral, construímos os sentidos dos textos tanto pelo que conhecemos das estruturas linguísticas e suas construções, como pelos fatores contextuais envolvidos no uso dessas construções: quem fala, para quem, com quais intenções, em que lugar, etc.

Assim, seja para compreender, seja para produzir textos, realizamos, como interlocutores, muitas vezes inconscientemente, operações linguísticas diretamente ligadas a questões semânticas, ou seja, relacionadas aos processos de construção de sentidos da língua. Você vai conhecer, neste e no capítulo seguinte, alguns dos temas relacionados ao estudo da semântica.

Ambiguidade e polissemia

Ambiguidade é a duplicidade de sentidos apresentada por alguns textos. O texto "Eu nado. E você, nada?", visto anteriormente, é um exemplo de emprego de ambiguidade. É comum, em alguns textos, a ambiguidade ser utilizada como recurso para chamar a atenção dos interlocutores ou para criar um efeito de humor.

Leia a tira:

(Disponível em: http://devir.com.br/hqs/gatos.php. Acesso em: 15/8/15.)

Pela expressão facial do gato no 1º quadrinho, é possível perceber que ele está incomodado e que, quando diz "Você tá roncando demais!!", a intenção dele é fazer uma reclamação, queixar-se de que a gata está roncando "demasiadamente", "mais do que deveria". Pela resposta da gata no 3º quadrinho, entretanto, vemos que ela entende — ou finge entender — o termo *demais* como uma gíria. A fala do gato, nesse caso, tem para ela o sentido de "Você está roncando muito bem!", "Você está roncando maneiro!". Outra possibilidade de entender a resposta da gata é que ela não se importa com o incômodo do gato e até faz a ele uma provocação, voltando a dormir e a roncar.

A ambiguidade pode se dar também no nível sonoro, pela segmentação de palavras. Leia as piadas:

Morreu do quê?

De latinha?
Foi nadar no mar achando que não tinha tubarão, mas latinha (lá tinha).
De vinho branco?
Atravessou a rua e desviou do carro vermelho, mas aí vinho branco (vinha o branco).
De bom dia?
Atravessou a linha achando que o bonde vinha, mas o bom dia (bonde ia).
De caiu mamadeira?
Passava por baixo de uma construção quando caiu mamadeira (caiu uma madeira).

(Adaptado de: http://www.pianoeletronico.com.br/piadinhas/morreu.html. Acesso em: 2/7/2015.)

Embora na escrita as expressões sejam claramente distintas e tenham sentidos diversos, na fala a diferença se torna imperceptível e permite que as piadas se pautem em uma relação de ambiguidade entre os sons de "latinha" e "lá tinha"; "vinho branco" e "vinha o branco"; "bom dia" e "bonde ia"; "caiu mamadeira" e "caiu uma madeira".

Polissemia, por sua vez, é a propriedade que uma palavra tem de assumir vários sentidos. Leia o anúncio:

Volkswagen

(Disponível em: http://www.rafiado.com/2009/01/g-marketing/. Acesso em: 20/8/15.)

A palavra *ideal*, em suas duas primeiras ocorrências no anúncio, tem o sentido de "extremamente adequado", "perfeito". Já em "Para a gente o que importa mesmo é o ideal", ela ganha outro sentido, o de "teoria de ideias", "ideologia de vida". Essa percepção só é possível quando consideramos toda a situação de comunicação em que o anúncio se insere. No enunciado da parte inferior, por exemplo, lê-se que um dos objetivos do anunciante é mostrar sua "preocupação com o mundo", celebrando o Dia Mundial da Paz. Conclui-se, assim, que a Kombi é ideal para diferentes tribos (*hippies*, bandas de *rock*), qualquer que seja o ideal delas. Mesmo antagônicas, elas celebram a paz, e é isso o que importaria aos anunciantes.

APLIQUE O QUE APRENDEU

O anúncio a seguir comemora o aniversário de um ano da revista *Rolling Stone*. Leia-o.

EuroRSCG

O livro das sombras

O livro secreto do Exército brasileiro vem à tona e joga luz sobre os episódios mais sombrios da ditadura militar

Os donos do poder

A prestação de contas pós-eleições revela quem investe e manda em Brasília — e no Brasil

(Disponível em: http://www.putasacada.com.br/wp-content/uploads/2008/03/21601.jpg. Acesso em: 20/8/15.)

1. O enunciado principal do anúncio é ambíguo.

a. Quais palavras são polissêmicas nesse contexto?

b. Quais são os dois possíveis sentidos dessas palavras?

c. Explique a ambiguidade construída por essa polissemia.

2. Na parte inferior do anúncio, lê-se este enunciado:

> "Rolling Stone. 1 ano de entretenimento, cultura, esporte, política e informação que não acaba mais"

a. Observe as páginas da revista reproduzidas no anúncio. A qual dos tópicos mencionados no enunciado elas remetem?

b. Como a associação entre as páginas da revista e esse enunciado contribui para a ambiguidade do enunciado principal do anúncio?

3. O aspecto visual e o texto verbal do anúncio estão diretamente ligados à imagem que o anunciante pretende transmitir.

REGISTRE NO CADERNO

a. Discuta com os colegas e o professor e levante hipóteses: O que a diversidade de tipos de letra empregados no anúncio sugere sobre o perfil da revista?

b. Conclua: Que imagem o anunciante procura construir de si próprio por meio do uso de diversos tipos de letra e da ambiguidade?

Sinonímia e paráfrase

Enquanto polissemia consiste em uma palavra ter vários sentidos, **sinonímia** consiste em palavras diferentes terem sentidos semelhantes, constituindo os *sinônimos*.

É importante saber que não há sinônimos perfeitos, isto é, palavras com significados completamente iguais. Utilizar uma palavra ou outra implica uma escolha entre os possíveis sentidos que cada uma pode evocar. Leia este fragmento de texto:

Pão francês, pãozinho ou pão de sal?

Esse é o campeão de denominações e não só de acordo com a região, mas de acordo com cada cidade. Por exemplo, na cidade de São Paulo é conhecido como pãozinho ou pão francês; já em Santos, litoral do estado, é conhecido como média.

Mas a lista de nomes vai longe: cacetinho, pão de trigo, pão de sal, carioquinha, careca, pão d'água, bengalinha, entre outras. [...]

(Disponível em: http://www.maisequilibrio.com.br/nutricao/alimentos-iguais-nomes-diferentes-2-1-1-140.html. Acesso em: 28/6/2014.)

Pedro Amatuzzi/Código19/Folhapress

Segundo o texto, há palavras diferentes, que variam de acordo com a cidade e a região do país, para fazer referência a um mesmo produto. Nesse caso, o uso de uma palavra ou outra independe de uma escolha aleatória do falante. Em geral, ele usa o termo típico do seu lugar de origem ou de onde vive, pois, em Minas Gerais, por exemplo, falar *pão francês* pode soar pedante, enquanto, em São Paulo, falar *pão de sal* pode gerar incompreensão.

Os sinônimos são frequentemente usados em paráfrases. **Paráfrase** é a reprodução de uma ideia por meio de outras palavras, diferentes das empregadas no texto original. Esse procedimento quase sempre envolve o emprego de sinônimos e ocorre quando se quer mencionar o conteúdo de determinado texto sem copiá-lo literalmente, como, por exemplo, na elaboração de resumos (gênero textual estudado no capítulo anterior).

Na elaboração de paráfrases, uma estratégia recorrente é a transformação de uma oração em um nome, técnica que é chamada de *nominalização*. Leia este texto:

Com mais de 1,3 bilhão de usuários, o Facebook é uma das maiores religiões do mundo. *E seu comportamento é cada vez mais* parecido com o de um Estado fundamentalista. *A influência sobre seus súditos é tão grande* que *raramente há entre eles a percepção de que algo está errado*.

(Disponível em: http://www1.folha.uol.com.br/colunas/luliradfahrer/2015/01/1577199-o-dominio-do-facebookistao.shtml. Acesso em: 2/7/2015.)

Observe que os trechos em destaque estão nominalizados. Caso o autor do texto não tivesse utilizado a nominalização, ele poderia tê-lo redigido assim:

O Facebook é uma das maiores religiões do mundo. *Ele se comporta cada vez mais* como um Estado fundamentalista, *o qual exerce uma influência tão grande sobre seus súditos* que *raramente entre eles se acredita que algo esteja errado*.

A paráfrase nem sempre toma por base sinônimos ou a transformação de nomes em verbos (e vice-versa). Ela pode ser considerada uma reformulação se for construída com o fim de deixar o texto mais claro ou, então, de dizer algo de forma mais conveniente à situação de interação, como mostra a narrativa a seguir.

Bridgeman/Fotoarena

Um sultão sonhou que tinha perdido todos os dentes. Quando acordou, mandou chamar um sábio para que ele interpretasse seu sonho. "Que desgraça, meu senhor!", exclamou o sábio, "cada dente caído representa a perda de um parente de Vossa Majestade". "Que insolência!", gritou o sultão enfurecido, "como ousa dizer semelhante coisa? Fora daqui!". Chamou o guarda e ordenou que desse cem chicotadas no sábio. Mais tarde, pediu que trouxessem outro sábio e contou o que tinha sonhado. Este, depois de escutar o sultão com atenção, disse: "Senhor, grande felicidade que lhe foi reservada. O sonho significa que o senhor sobreviverá a todos os seus parentes". O semblante do sultão iluminou-se com um grande sorriso, e ordenou que pagassem cem moedas de ouro ao homem. Quando o sábio saía do palácio, um cortesão disse, admirado: "Não é possível, a interpretação que você fez do sonho foi a mesma do primeiro sábio, não entendo por que o primeiro recebeu cem chicotadas e você, cem moedas de ouro". O segundo sábio respondeu: "Lembre-se bem, meu amigo: tudo depende da forma como você diz as coisas: um dos grandes desafios da humanidade é aprender a comunicar-se. Da comunicação depende, muitas vezes, a felicidade ou a desgraça, a paz ou a guerra".

(Bernardo Stamateas. *Quero mudar*. São Paulo: Leya, 2015.)

Na narrativa, o segundo sábio deu ao sonho do sultão a mesma interpretação que o primeiro. Entretanto, fez sobressair o lado bom da interpretação, enquanto o primeiro sábio fez sobressair o lado trágico. Isso mostra que um mesmo fato pode ser enfocado de maneiras antagônicas, dependendo da perspectiva pela qual é visto. As falas dos sábios podem, assim, ser consideradas paráfrases, pois apresentam de maneiras diferentes o mesmo conteúdo.

APLIQUE O QUE APRENDEU

REGISTRE NO CADERNO

Relacione as colunas, identificando os enunciados que têm o mesmo sentido:

a. Prefeito inaugura ciclovia no centro da cidade.

b. Bandas antigas gravam com cantores jovens a fim de conquistar novas gerações de fãs.

c. Os noivos preferiram fazer uma bela viagem de lua de mel, em vez de uma festa para os convidados.

d. As ciclovias se multiplicam na cidade e incentivam o uso de transportes alternativos.

I. Diferentes gerações da música se encontram e novos fãs são alvo dos cantores mais antigos.

II. Os meios de locomoção alternativos são encorajados pela multiplicação de ciclovias na cidade.

III. Ciclovia é inaugurada pela administração pública na região central.

IV. Não haverá festa no casamento, pois os noivos decidiram investir na lua de mel.

TEXTO E ENUNCIAÇÃO

Leia o anúncio ao lado e responda às questões de 1 a 4.

1. Qual é o produto anunciado?

2. A polissemia de uma palavra é explorada no anúncio.

a. Qual é essa palavra?

b. Quais são os sentidos da palavra explorados no texto?

3. Identifique no texto da parte inferior do anúncio uma paráfrase correspondente ao trecho "existem empresas mais baratas".

4. Discuta com os colegas e o professor e conclua: De que forma a polissemia e a ambiguidade são utilizadas no anúncio para criar o efeito de humor desejado?

Insetisan

(Disponível em: http://www.putasacada.com.br/wp-content/uploads/2014/04/insetisan.jpg. Acesso em: 25/8/15.)

Leia o anúncio a seguir e o boxe "A sangria" e responda às questões 5 e 6.

Agência Estado

(Disponível em: http://www.estadao.com.br/blogs/reclames-do-estadao/deposito-de-bichas/. Acesso em: 28/6/2015.)

A sangria

A sangria foi um recurso terapêutico utilizado amplamente no século XIX. Praticada inicialmente por negros alforriados e escravos, conhecidos como *sangradores*, passou, depois da institucionalização da medicina, a ser exercida preferencialmente por alunos de cursos de Medicina. Essa prática consistia em retirar sangue do doente, a fim de curá-lo, por meio de sanguessugas. Estas, colocadas sobre a pele do paciente, em geral a da região afetada, sugavam sangue com suas ventosas. A saliva das sanguessugas contém substâncias anticoagulantes e anestésicas, o que fazia com que as regiões sugadas sangrassem com facilidade e o paciente não sentisse dor durante o procedimento.

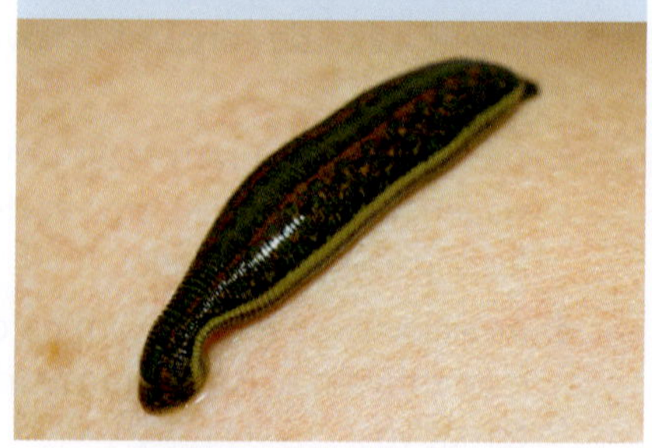

Thinkstock/Getty Images

5. Levante hipóteses, justificando-as com base no texto:

a. De que tipo é o anúncio lido?

b. Em que suporte o anúncio circulou?

c. Em qual ano ele foi publicado: 1230, 1877, 1995 ou 2002?

6. O boxe "A sangria" comenta uma prática curativa muito comum na época do anúncio.

a. No anúncio é utilizada uma palavra de uso corriqueiro na época e que hoje causa estranheza. Qual é essa palavra?

b. Essa palavra substitui qual outra?

PRODUÇÃO DE TEXTO

Textos instrucionais

Dicas e tutoriais

Atualmente, é possível encontrar na Internet textos que ensinam a fazer de tudo um pouco, seja na forma de dicas, seja na de tutoriais. Esses textos, assim como as receitas culinárias, as regras de jogos, os manuais de montagem e de uso de aparelhos, entre outros, são chamados *textos instrucionais*, pois instruem, isto é, ensinam os passos para realizar determinada atividade. Eles podem ser apresentados em suportes variados (vídeos, livros, folhetos, páginas de *sites*, etc.), podem ser compostos exclusivamente de elementos verbais ou de elementos não verbais ou podem ser mistos. Apesar de tais variações, há características estruturais comuns a todos eles.

Rita Barreto

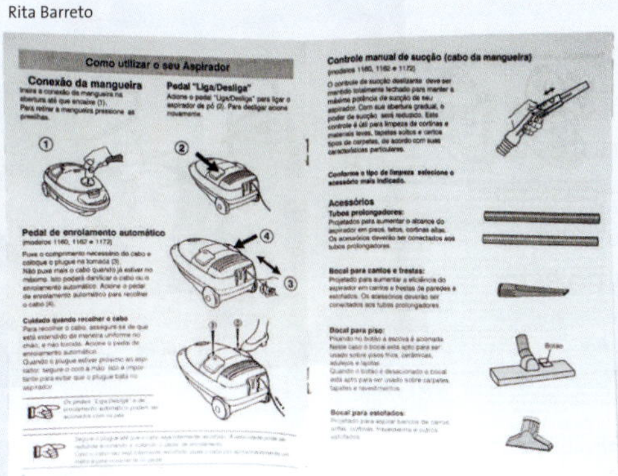

Rita Barreto

Fernando Favoretto/Criar Imagem

Rita Barreto

Vivendo no Canadá by Derby Morais/ Reprodução

FOCO NO TEXTO

Você vai ler a seguir dois textos instrucionais: o primeiro foi extraído de um *site* de tutoriais, e o segundo é um trecho do manual de instruções de um aparelho de celular.

Texto 1

Dicas fantásticas para tirar fotos de si mesmo!

As selfies vieram para ficar. [...] Apesar de ser moda, eu sei que existem muitas pessoas que se sentem frustradas por não conseguirem tirar a foto perfeita! Para resolver essas dificuldades, decidi criar um artigo onde reúno [...] dicas para você conseguir tirar a foto perfeita de si mesmo. [...]

[...]

Corte o seu rosto

Para tirar uma boa foto, você não precisa pegar o seu rosto por completo. Bem pelo contrário! Muitas vezes, uma boa selfie tem apenas uma parte do seu rosto. Se as suas selfies não estiverem ficando boas, experimente "cortar" a imagem perto do olho mais próximo [...].

Hiya Images/Corbis/Latinstock

Fique num dos cantos superiores da foto

Outra dica é deixar o seu rosto num dos cantos superiores da foto. Desta forma, o seu rosto não é o único foco da foto e passa a ser um bom complemento para a restante paisagem. Para saber se está posicionada da forma correta, verifique se o seu olho está no último terço da imagem. [...]

Tire foto com as duas mãos

Quando você tira uma foto, geralmente você tem duas opções: utilizar uma ou duas mãos. Se você está começando a tirar fotos, as duas mãos pode ser a opção mais simples e mais eficaz.

[...]

Getty Images/Blend Images

Coloque a sua câmera por cima da cabeça

Uma boa ajuda na hora de tirar uma selfie é posicionar a câmera do seu smartphone por cima da sua cabeça. Além disso, pode sempre aproveitar esse momento para mostrar outra parte da sua casa (um sofá, por exemplo), a sua roupa nova ou até mesmo... o Rio de Janeiro!

Encontre o seu ângulo

Todos nós temos o nosso melhor ângulo. Todos! Cabe a você encontrar aquele que é o seu melhor ângulo. Além de experimentar os lados direito e esquerdo, experimente também posicionar a câmera um pouco acima da cabeça, fazer alguma alteração com as sobrancelhas ou até mesmo com os lábios. [...]

Tire uma foto com alguém mais feio do que você!

Pode parecer ridículo, mas, segundo o pesquisador Dan Ariely, se estivermos perto de alguém mais feio do que nós, vamos sempre parecer mais bonitos do que realmente somos. [...] Por isso, na hora de tirar uma selfie, considere trazer um amigo mais feio do que você! Já se trouxer um mais bonito, o mais provável é que você não fique muito bem...

[...]

(Disponível em: http://www.apptuts.com.br/tutorial/android/dicas-fantasticas-para-tirar-fotos-de-si-mesmo. Acesso em: 30/6/2015.)

Texto 2

Tirar uma foto ou gravar um vídeo

Você pode tirar fotos ou gravar vídeos em seu celular e compartilhar com outras pessoas.

Na tela de aplicativos, toque no ícone **Câmera** para abrir a câmera.

Veja, ao lado, como navegar na janela da câmera.

CCE

1. Toque para tirar uma foto. Você também pode tirar a foto através da tecla volume.
2. Toque para mudar a modalidade: Câmera ou Vídeo.
3. Toque para abrir a janela de ajustes: Configuração Geral, Configurações de câmera e Configurações de vídeo.
4. Use os dedos no formato de uma pinça para ampliar ou reduzir a imagem (zoom). Conforme a ilustração ao lado.
5. Toque para visualizar a última foto ou vídeo.

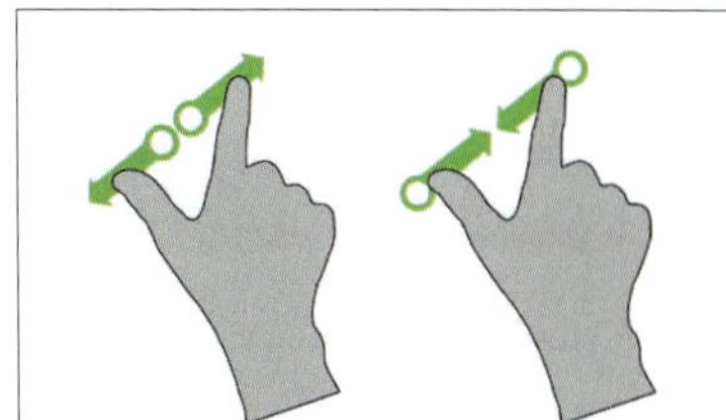

Para aumentar o Zoom — Para diminuir o Zoom

CCE

Visualizando suas fotos e vídeos

Uma outra forma de visualizar as fotos e vídeos que você produziu: vá até o item **Galeria**.

Para voltar na tela principal, toque na tecla **Voltar**.

(Disponível em: http://img.submarino.com.br/manuais/119802334.pdf. Acesso em: 30/8/15.)

1. Os dois textos lidos instruem seus leitores a agir de determinado modo.

a. Entre as formas verbais abaixo, retiradas dos textos, quais são utilizadas para instruir os leitores?

vieram	existem	corte	fique	encontre
estivermos	toque	use	visualizando	vá

b. O que há em comum entre as formas verbais utilizadas para instruir os leitores?

c. Cite construções verbais de um ou outro texto que, embora diferentes das que constituem a resposta do item *a*, têm em comum com elas a característica apontada no item *b*.

REGISTRE NO CADERNO

2. Um tutorial pode ser produzido com base em uma enumeração de passos a serem seguidos.

a. Apenas um dos dois tutoriais lidos tem esse caráter. Qual é ele?

b. Levante hipóteses: Por que no outro texto não há essa preocupação com a sequência das ações?

3. Releia estes trechos:

I. "*Coloque* a sua câmera por cima da cabeça"

II. "*Uma boa ajuda* na hora de tirar uma selfie *é* posicionar a câmera do seu smartphone por cima da sua cabeça."

III. "*[você] pode* sempre *aproveitar* esse momento para mostrar outra parte da sua casa"

IV. "*experimente* também posicionar a câmera um pouco acima da cabeça"

a. Os termos em destaque nos trechos indicam que há uma instrução ou sugestão sendo dada em cada um deles. Embora todos se refiram à uma mesma ação — posicionar a câmera acima da cabeça —, a maneira como os trechos estão construídos permite perceber uma diferença no tom da instrução. Ordene os trechos conforme a sequência de ênfase na instrução dada, começando do que instrui mais diretamente até chegar ao que fica mais no plano da sugestão. Justifique suas escolhas.

b. Em sua vida cotidiana, quando você dá ou recebe ordens ou sugestões, quais são as formas geralmente mais utilizadas?

4. A variedade linguística utilizada nos dois textos está de acordo com a norma-padrão. Há, entretanto, algumas diferenças entre a linguagem de um e a de outro.

a. Qual deles é menos formal? Justifique sua resposta com elementos dos textos.

b. Levante hipóteses: Por que um texto é mais formal do que o outro?

5. Compare os dois textos, discuta com os colegas e o professor com base em suas respostas anteriores e conclua: Em textos instrucionais, em quais situações é permitido ser mais sugestivo e em quais é imprescindível ser mais direto na instrução?

HORA DE ESCREVER

Na feira cultural que a classe realizará no final da unidade, deverá se incluir a realização de jogos semânticos.

A fim de que os convidados participem dessa brincadeira, e, assim, fiquem com uma percepção mais aguçada para os diferentes sentidos que as palavras podem assumir, você irá produzir tutoriais que os ensinem como proceder.

Seguem duas propostas de jogos e de criação de textos instrucionais. Se preferir, você pode inventar outros jogos semânticos, desde que mantenham o princípio de brincar com os sentidos das palavras, e escrever instruções para eles.

Verifique com o professor se a produção dos tutoriais deverá se dar em grupo, em dupla ou individualmente.

PROJETO

Dê continuidade aos preparativos para a *feira cultural* que você e os colegas começaram a desenvolver no capítulo anterior, produzindo jogos semânticos que incentivem os convidados a brincar com os sentidos da língua.

1. Leia alguns verbetes apresentados por Millôr Fernandes no livro *Dicionário etimoLÓGICO*:

- Aguardar — Economizar água.
- Algodão — Oferecem alguma coisa.
- Apelido — Coisa lida sem sentar.
- Armarinho — Vento que vem do mar.
- Asfalto — Ausência da principal carta do baralho.
- Barganhar — Herdar um botequim.
- Barracão — Cidadão que proíbe a entrada de cães.
- Correligionário — Intimação para o legionário abrir no pé.
- Detergente — Ato de deter pessoas.
- Dever — Olhar o D.
- Fascinantes — Certas mulheres que antes de cederem fazem sinal afirmativo.
- Melancólica — Dor de barriga provocada por excesso de melão.
- Padrão — Padre muito alto.
- Pastoral — Tranquilidade entre os esposos das vacas.
- Pelourinho — Pé fulvo.
- Penalizar — Passar as mãos nas plumas.
- Presidiário — Indivíduo preso todos os dias.
- Unção — Um que não está doente.

(Disponível em: http://www2.uol.com.br/millor/dicionario/001.htm. Acesso em: 30/8/2015.)

Escreva os verbetes de Millôr em uma cartolina e os recorte em tiras. Depois separe as palavras e os significados, formando cartões. Se quiserem, vocês também podem criar seus próprios verbetes, adotando em relação a eles o mesmo procedimento.

No dia da feira, distribua os cartões sobre uma mesa e convide os visitantes a descobrir a lógica das definições e juntar cada palavra ao significado correspondente.

Defina com o professor e os colegas as regras do jogo e produza um manual, explicando-as. O tempo para encontrar a correspondência entre palavras e significados será cronometrado? Cada verbete montado corretamente vai valer pontos? O jogo será uma competição? Haverá um ganhador?

O manual pode ser escrito em um cartaz e afixado na parede ao lado da mesa sobre a qual ficarão os cartões ou em uma folha sulfite, plastificada depois, e deixado sobre a mesa, junto com os cartões.

2. Na feira cultural, deverá ser reservado um espaço para que os visitantes criem seus próprios verbetes etimoLÓGICOS, como os de Millôr apresentados na proposta anterior. Para tanto, é preciso explicar aos visitantes a lógica da criação de Millôr, que toma por base o princípio da ambiguidade por segmentação, estudado na seção **Língua e linguagem** deste capítulo. Retome o conceito de ambiguidade por segmentação e escreva um tutorial ensinando como proceder para criar um verbete etimoLÓGICO.

ANTES DE ESCREVER

Planeje seu texto, seguindo estes passos:

- Empregue uma variedade de acordo com a norma-padrão.
- Decida se a linguagem será menos ou mais formal, tendo em vista quem serão os visitantes da feira.
- Defina se as regras deverão ser seguidas obrigatoriamente ou se o texto apenas oferecerá dicas ou sugestões.
- Escolha verbos e formas verbais que indiquem as ações e o modo de agir mais adequados à situação.
- Decida se convém apresentar alguma imagem para auxiliar na compreensão das instruções.
- Defina o suporte (cartaz ou folheto) em que será apresentado.

ANTES DE PASSAR A LIMPO

Antes de dar seu texto por terminado, verifique:

- se a linguagem está de acordo com a norma-padrão e adequada ao público-alvo;
- se os verbos e as formas verbais utilizados estão de acordo com as ações e o modo de agir esperado dos leitores;
- se as orientações são apresentadas com clareza e objetividade, porém sem parecerem pouco polidas;
- caso haja imagem(ns), se ela(s) contribui(em) para facilitar a compreensão do público;
- se o tamanho do texto é adequado ao suporte.

CAPÍTULO 3

Literatura de informação
Semântica (II)
Carta pessoal e carta de apresentação

LITERATURA

Literatura de informação

No século XVI, enquanto ocorria o Classicismo em Portugal, no Brasil eram produzidos textos relativos ao processo de colonização. Esses escritos consistem no registro de informações e impressões que viajantes e missionários europeus fizeram acerca da natureza e do homem brasileiro. São cartas de viagem, diários de navegação e tratados descritivos que, pelo seu caráter informativo, não se situam propriamente no âmbito da literatura, mas no da crônica histórica e informativa.

Esses primeiros textos têm um importante valor histórico, pois, além de conter descrições da paisagem, do índio e dos grupos sociais nascentes, são um testemunho do choque cultural que se deu entre colonizadores e colonizados. Esse conjunto de textos que retratam nossas origens inspirou a pintura, a música, o teatro, a literatura e o cinema, sobretudo no início do século XX.

A *Carta* de Caminha é o primeiro registro do que foi visto no Brasil e, por isso, costuma ser considerada a "certidão de nascimento" do país. Além da *Carta*, destacam-se entre esses escritos o *Tratado da terra do Brasil* e a *História da Província de Santa Cruz a que vulgarmente chamamos Brasil* (1576), de Pero de Magalhães Gândavo, o *Tratado descritivo do Brasil* (1587), de Gabriel Soares de Sousa, e *Duas viagens ao Brasil* (1557), de Hans Staden.

Os jesuítas, cuja missão era converter os índios à fé católica, produziram poemas, autos, cartas, crônicas históricas e tratados descritivos voltados mais diretamente à catequese. Entre esses autores, destacam-se os padres Manuel da Nóbrega, Fernão Cardim e, principalmente, José de Anchieta.

Coleção particular

Descobrimento do Brasil (1954), por Cândido Portinari.

Pero Vaz de Caminha e Pero de Magalhães Gândavo

Supõe-se que Pero Vaz de Caminha tenha nascido na cidade do Porto em 1450 e morrido no ataque dos mouros à feitoria portuguesa de Calicute, na Índia, em dezembro de 1500. Foi escrivão-mor da esquadra de Pedro Álvares Cabral, e o único documento de autoria dele que se conhece é a carta em que relatou essa expedição ao rei de Portugal, D. Manuel, em 1500. A *Carta* manteve-se inédita, guardada na Torre do Tombo, até 1817. Esse documento demonstra que Caminha possuía uma formação cultural sólida, pois seu texto se distingue pela erudição e pelo estilo.

Pero de Magalhães Gândavo nasceu em Braga, por volta de 1540, e morreu em 1580. Foi professor de latim, autor de uma gramática da língua portuguesa e se distinguia pela erudição e pela cultura humanística. Esteve no Brasil entre 1565 e 1570 e, a partir dessa experiência, escreveu o *Tratado da terra do Brasil*, por volta de 1570, e *História da Província de Santa Cruz a que vulgarmente chamamos Brasil* (1576). Esta última obra inspirou um poema de Luís de Camões, de quem o autor era amigo.

LITERATURA

FOCO NO TEXTO

Você vai ler, a seguir, dois textos: o primeiro é um fragmento da *Carta* de Pero Vaz de Caminha e o segundo é um trecho do *Tratado da terra do Brasil*, de Pero de Magalhães Gândavo.

Texto 1

Carta

[...] Traziam, alguns deles, arcos e setas e todos os deram por carapuças e por qualquer coisa que lhes davam. [...] Andavam todos tão dispostos, tão enfeitados e galantes, com suas tinturas, que pareciam bem. Acarretavam dessa lenha, quanta podiam, com muito boas vontades e levavam-na aos batéis; e andavam já mais mansos e seguros, entre nós, do que nós andávamos entre eles. [...] Quando saímos do batel disse o Capitão que seria bom irmos direitos à Cruz, que estava encostada a uma árvore junto com o rio, para se erguer amanhã que é sexta-feira, e que nos puséssemos todos de joelhos e a beijássemos para eles verem o acatamento que lhe tínhamos. E assim fizemos. E a esses dez ou doze que aí estavam, acenaram-lhe que fizessem assim e foram logo todos beijá-la. Parece-me gente de tal inocência que se a gente os entendesse e eles a nós, que seriam logo cristãos, porque eles não têm nem entendem em nenhuma crença, segundo parece. E, portanto, se os degredados que aqui hão de ficar aprenderem bem a sua fala e os entenderem, não duvido, segundo a santa tenção de Vossa Alteza, fazerem-se cristãos e crerem na nossa santa fé, a qual, praza a Nosso Senhor que os traga porque, na verdade, esta gente é boa e de boa simplicidade e gravar-se-á neles, ligeiramente, qualquer cunho, que lhes quiserem dar. E logo deu Nosso Senhor bons corpos e bons rostos como a bons homens. E Ele que nos por aqui trouxe, creio que não foi sem causa. E, portanto Vossa Alteza, pois tanto deseja acrescentar na santa fé católica, deve cuidar da sua salvação. E praza a Deus, que com pouco trabalho seja assim. [...]

(In: Carlos Vogt e José Augusto Guimarães de Lemos. *Cronistas e viajantes*. São Paulo: Abril, 1982. p. 20-1.)

acarretar: levar, transportar.
batel: barco pequeno.
carapuça: gorro.
degredado: homens condenados pelos tribunais portugueses à pena do degredo (expulsão da terra natal).
tenção: intenção, propósito.

Texto 2

Da condição e costumes do índio da terra

Quando estes índios tomam alguns contrários, se logo com aquele ímpeto os não matam, levam-nos vivos para suas aldeias (ou seja, portugueses ou quaisquer outros índios seus inimigos) e tanto que chegam a suas casas lançam uma corda muito grossa ao pescoço do cativo para que não possa fugir; e armam uma rede em que durma e dão-lhe uma índia moça, a mais formosa e honrada da aldeia [...] Esta índia tem cargo de lhe dar muito bem de comer e beber; e depois de o terem desta maneira cinco ou seis meses ou o tempo que quiserem, determinam de o matar. [...] Aquele que o há de matar empena-se primeiro com penas de papagaio de muitas cores por todo corpo: há de ser este o mais valente da terra, e mais honrado. Traz na mão uma espada de um pau muito duro e pesado com que costumam matar, e chega-se ao padecente dizendo-lhe muitas coisas e ameaçando-lhe sua geração que o mesmo há de fazer a seus parentes; e depois de o ter afrontado com muitas palavras injuriosas dá-lhe uma grande pancada na cabeça para tomar os miolos e o sangue: tudo enfim cozem e assam, e não fica dele coisa que não comam. Isto é mais por vingança e por ódio que por se fartarem. Depois que comem a carne destes contrários ficam nos ódios confirmados, e sentem muito esta injúria, e por isso andam sempre a vingar-se uns contra os outros [...]

Ritual antropofágico (1593), de Theodore de Bry.

Biblioteca do Congresso, Washington D.C., Estados Unidos

Finalmente que são estes índios muito desumanos e cruéis, não se movem a nenhuma piedade: vivem como brutos animais sem ordem nem concerto de homens [...] Todos comem carne humana e têm-na pela melhor iguaria de quantas pode haver: não de seus amigos com quem eles têm paz se não dos contrários. Têm esta qualidade estes índios que de qualquer coisa que comam por pequena que seja hão de convidar com ela quantos estiverem presentes. [...]

(In: Luiz Roncari. *Literatura brasileira — Dos primeiros cronistas aos últimos românticos*. São Paulo: Edusp, 2014. p. 54-5. Atualização ortográfica feita pelos autores.)

1. A *Carta* de Caminha tinha o objetivo de informar D. Manuel, rei de Portugal, sobre o que foi encontrado nas terras do Novo Mundo.

a. No texto 1, que informações sugerem que o indígena poderia ser uma mão de obra fácil de ser utilizada pelos portugueses?

b. De que modo Caminha descreve a aparência do indígena?

c. Caminha sugere que a relação de confiança estabelecida entre os indígenas e os europeus não era percebida da mesma maneira por ambas as partes. Identifique um trecho que confirme tal afirmação.

2. A *Carta* revela a visão de mundo do europeu, bem como seus valores e suas intenções em relação às terras recentemente encontradas.

a. Caminha projeta no Novo Mundo a ideia de um paraíso habitado por homens puros. Justifique essa informação com elementos do texto.

b. De acordo com Caminha, a salvação desses povos se daria por meio da conversão ao catolicismo. Levante hipóteses: Que outras intenções estariam ligadas a esse propósito religioso de salvar a alma dos índios?

3. Os textos de Gândavo foram escritos aproximadamente setenta anos após a *Carta*. No texto 2, ele trata do ritual antropofágico.

a. De acordo com estudos recentes da antropologia, os índios concebiam o canibalismo como uma maneira de adquirir a vitalidade, a valentia e a coragem de seu inimigo. Essa visão coincide com a mostrada por Gândavo no texto? Justifique sua resposta.

b. Qual é o juízo de valor que Gândavo fazia dos indígenas?

c. Que qualidade o autor reconhecia nos indígenas?

4. Leia o boxe "Léry e a *Viagem à terra do Brasil*". Depois, responda: Quanto à antropofagia indígena, em que a visão de Gândavo e a de Léry se diferenciam?

Léry e a *Viagem à terra do Brasil*

Jean de Léry (1536-1613), um protestante francês, relatou suas experiências com os indígenas na obra *Viagem à terra do Brasil* (1578), na qual também descreveu o ritual antropofágico.

[...] não encontramos aqui [França], nem na Itália e alhures, pessoas condecoradas com o título de cristãos, que não satisfeitas com trucidar seu inimigo ainda lhes devoram fígado e coração? E que vimos em França durante a sangrenta tragédia iniciada a 24 de agosto de 1572? [...] O fígado e o coração e outras partes do corpo de alguns indivíduos não foram comidos por furiosos assassinos de que se horrorizam os infernos? [...] Não abominemos, portanto, demasiado a crueldade dos selvagens antropófagos. Existem entre nós criaturas tão abomináveis, se não mais, e mais detestáveis do que aquelas que só investem contra nações inimigas de que têm vingança a tomar. [...]

(In: Carlos Vogt e José Augusto Guimarães de Lemos. *Cronistas e viajantes*. São Paulo: Abril, 1982. p. 79-80.)

A tragédia do dia 24 de agosto de 1572 a que Léry se refere é o massacre da noite de São Bartolomeu. Nessa noite, a mando da coroa católica francesa, milhares de protestantes foram brutalmente mortos em Paris e em outras partes da França.

O ritual antropofágico teve fim no século XVII, por influência dos jesuítas.

ARQUIVO

Por meio da leitura dos textos de Caminha e de Gândavo, você viu que, na literatura de informação:

- a descrição do indígena e de seus hábitos contém projeções da cultura europeia da época; por essa perspectiva, o índio foi considerado um homem puro, na visão de Caminha, e um ser bestial, na visão de Gândavo;
- a nudez e os rituais antropofágicos são exemplos do choque cultural entre colonizadores e colonizados;
- as descrições dos cronistas foram feitas com a finalidade de documentar a natureza e o homem do Novo Mundo;
- há a expressão dos interesses da coroa portuguesa na Colônia ligados à expansão marítima e ao mercantilismo;
- há a expressão dos ideais de expansão da cristandade, que, no contexto, ligavam-se aos propósitos de dominar o indígena e, assim, ampliar o poder português sobre as terras e as riquezas do Novo Mundo.

No século XIX, momento em que as artes e a literatura valorizavam o sentimento de nacionalidade, o pintor Victor Meireles, inspirando-se na *Carta* de Caminha, pintou o quadro *A primeira missa no Brasil* (1860). Observe com atenção o quadro abaixo e depois leia a carta aberta que o líder indígena Jairo Saw Munduruku escreveu e divulgou em dezembro de 2014, no Pará.

Museu Nacional de Belas Artes, Rio de Janeiro

Carta aberta

Por Jairo Saw Munduruku, liderança da aldeia Sai Cinza, Terra Indígena Sai Cinza

À sociedade brasileira e internacional,

Somos povos nativos da floresta amazônica, existimos desde a origem da criação do mundo quando o Karosakaybu nos transformou do barro (argila) e nos soprou com a brisa do seu vento, dando a vida para todos nós. Desde o princípio conhecemos o mundo que está ao nosso redor e sabemos da existência do pariwat (não índio), que já vivia em nosso meio. Éramos um só povo, criado por Karosakaybu, criador e transformador de todos os seres vivos na face da Terra: os animais, as florestas, os rios e a humanidade. Antes, outros povos não existiam, assim como os pariwat não existiam.

O pariwat foi expulso do coração da Amazônia, devido ao seu pensamento muito ambicioso, que só enxergava a grande riqueza material. Portanto, a sua cobiça, a sua ganância, a sua ambição, o seu olho grande despertou o grande interesse econômico sobre o patrimônio que estava em seu poder. Não pretendia proteger, guardar, preservar, manter intactos os bens comuns, o maior patrimônio da humanidade, e isso despertou o seu plano de destruição da vida na Terra. Por isso, o Karosakaybu achou melhor tirar a presença do pariwat deste lugar tão maravilhoso, onde há sombra e água fresca.

Antonio Cruz/ABr

Nossos ancestrais, no decorrer do tempo, nos transmitiram oralmente esses relatos sobre a vinda dos pariwat, oriundos de outro continente, a Europa. Contaram-nos que um dia chegariam a esse paraíso onde nós estamos. Hoje podemos presenciar os fatos sendo consumados.

O pariwat chegou, depois de viajar pelo mundo em busca de especiarias, produtos, mercadorias. Foi ampliando a expedição, em busca de conhecer outro mundo ou outra terra. Viajava em caravelas até chegar ao chamado "novo continente", que se conhece hoje como continente americano, onde está o Brasil [...]

Nossos avós diziam que, quando os pariwat chegassem até o nosso território, eles iriam tomar nossas terras, nossas mulheres, nossas crianças. Iriam nos matar, não nos poupariam vidas para possuir tudo aquilo que nos pertence: a nossa riqueza, os bens que possuímos, incluindo a nossa cultura, a forma como vivemos.

Invadiram nossa terra, muitos de nossos parentes foram massacrados, assassinados, foram submetidos à tortura e foram usados nos trabalhos forçados, servindo de mão de obra escrava.

Já no século XXI, na era contemporânea, continuamos sendo oprimidos, como nos tempos passados. Apesar de termos alcançado várias conquistas e garantido nossos direitos específicos e diferenciados na Constituição Federal, ainda assim esses direitos não são respeitados e reconhecidos. [...]

Será que o mundo vai permitir esse genocídio que está sendo anunciado com a decisão do governo brasileiro de construir grandes hidrelétricas e outros grandes projetos na região amazônica, que transformarão a natureza causando impactos irreversíveis para toda a humanidade? É a vida na Terra que está em perigo e nós estamos dispostos a continuar lutando, defendendo a nossa floresta e os nossos rios, para o bem de toda a humanidade. E vocês? Vocês estão dispostos a ser solidários nessa luta? [...]

Exigimos respeito aos direitos humanos, aos direitos indígenas, aos direitos do meio ambiente, aos direitos de preservação do patrimônio arqueológico, ao nosso direito de nos expressar enquanto povo com uma cultura diferenciada. A luta não é somente nossa, a luta é em defesa de todas as formas de vida!

SAWE! SAWE! SAWE!

(Disponível em: http://portalamazonia.com/noticias-detalhe/meio-ambiente/lider-indigena-munduruku-critica-destruicao-do-meio-ambiente-em-carta-aberta. Acesso em: 8/9/2015.)

Agora discuta com os colegas o roteiro proposto. REGISTRE NO CADERNO

1. O quadro de Victor Meireles tornou-se uma imagem representativa do início da história do Brasil.
   a. Nessa imagem, como os índios são retratados?
   b. E os brancos?
   c. Como parece ser a relação entre índios e brancos?
   d. Como é representada a natureza?
2. Na carta aberta, o líder indígena narra o mito da origem dos mundurukus.
   a. O que diz esse mito?
   b. Conclua: O mito da origem dos mundurukus se choca com o que é mostrado no quadro de Meireles? Por quê?
3. Historicamente, o quadro de Meireles se choca com a realidade da colonização portuguesa no Brasil. Por quê?
4. Por meio dessa carta aberta, o que os mundurukus demandam ao governo, ao povo brasileiro e à sociedade internacional? Por quê?

Cao Hamburger. Xingu, 2012

Arquivo/Estadão Conteúdo/AE

O filme *Xingu*, de Cao Hamburger, recria a trajetória dos irmãos Villas-Boas na Expedição Roncador-Xingu, que adentrou o Brasil central e fez contato com etnias indígenas então desconhecidas. À direita, foto dos irmãos Villas-Boas.

LÍNGUA E LINGUAGEM

Semântica (II)

No capítulo anterior, você conheceu alguns dos recursos linguísticos do campo da semântica: a ambiguidade, a polissemia, a sinonímia e a paráfrase. Agora, você irá conhecer outros recursos de nossa língua utilizados para construir sentidos.

Negação e ironia

Dizer um *não* pode ser muito fácil em alguns contextos, e muito difícil em outros. Mas existem maneiras de negar que não envolvem o uso dessa palavra.

Leia o trecho abaixo, no qual são feitas reflexões sobre o fim de um relacionamento.

> Aceitar um fim é aceitar um novo começo. Continuar numa relação na qual as pessoas não mais se relacionam faz tanto sentido quanto ir patinar porque se está com fome. Você perde tempo, pessoas, vida. Você ganha arranhões que poderiam ter sido evitados, ganha mágoas de alguém que poderia ter sido sempre especial e só. Ninguém disse que iria ser fácil, ninguém disse que não iria doer. O costume grita e você pensa que é o amor ainda vivo em algum canto. Grande engano, grande perigo. Até que o costume mude de figura, tudo é vazio, lembrança, saudade, tudo é ele. Mesmo depois do fim, mesmo sem amor. É o velho vício de mexer na ferida, sentir fisgada só pra não ficar sem sentir nada. E você ouve muitas fórmulas pra fazer tudo isso passar mais rápido, muito atalho tentando driblar o tempo. Não vou dizer que nenhum funciona, assim como não digo que algum funcione a longo prazo ou definitivamente. [...]

(Disponível em: http://annabrisaa.tumblr.com/post/29029222551/aceitar-um-fim-%C3%A9-aceitar-um-novo-come%C3%A7o-continuar. Acesso em: 3/7/2015.)

Como se nota, há no trecho termos da área semântica da negação: *não, ninguém, nenhum, nada*. Essas palavras, por si mesmas, já remetem a um contexto de negação. Mas nem sempre quando usamos palavras negativas estamos de fato querendo negar. O recurso da negação pode servir para construir uma ironia, por exemplo. Conforme você já estudou no capítulo 1 desta unidade, a ironia é um recurso linguístico que consiste em dizer algo diferente (até mesmo o contrário) do que se quer dizer, e essa construção só pode ser percebida pelo contexto em que o enunciado se insere. A negação pode ainda ser dupla, equivalendo, na verdade, a uma afirmação.

A autora, ao dizer "faz tanto sentido quanto ir patinar porque se está com fome" cria um efeito de sentido irônico, uma vez que ir patinar não é solução para fome. A negação presente nessa ironia é reforçada na sequência "Você perde tempo, pessoas, vida", assim como pelo emprego de verbos como *perder*, *evitar*, entre outros.

A dupla negação é uma construção comum em português. Ao dizermos "Ninguém viu nada", os dois termos negativos, *ninguém* e *nada*, não se anulam, isto é, nossa intenção é, de fato, dizer que coisa alguma foi vista e não que todos viram tudo.

Releia estes trechos do texto:

> "*ninguém* disse que *não* iria doer."
> "sentir fisgada *só* pra *não* ficar *sem* sentir *nada*."
> "*Não* vou dizer que *nenhum* funciona"

Nesses trechos, a repetição da negação gera uma afirmação. Assim, há, neles, respectivamente, os sentidos: "alguém disse", "para sentir algo", "algum funciona". Pode parecer complicado, mas são exercícios que fazemos frequentemente, sem perceber, ao usar a língua. Quando estamos engajados em uma conversa, somos perfeitamente capazes de compreender todos esses sentidos.

Um uso específico de negação que envolve a posição de uma palavra na frase é o do termo *algum*. Quando, por exemplo, uma pessoa diz "Eu, com algum interesse, fui pesquisar sobre o assunto", ela está afirmando que existia certo interesse. Se, entretanto, o termo *algum* for colocado depois de *interesse*, ou seja, em "Eu, com interesse algum, fui pesquisar sobre o assunto", o que a pessoa faz é uma negação, pois ela está afirmando que não havia interesse.

Outra possibilidade de criar efeito de negação é acrescentar a palavras prefixos de negação, como *i(n)*, *a(n)* e *des*, em determinadas ocorrências (por exemplo, *feliz/infeliz*, *normal/anormal*, *arrumado/desarrumado*).

Leia este anúncio:

F/Nazca S&S

No enunciado principal do anúncio, "Exercite o seu poder de desconcentração", há a substituição da palavra *concentração*, mais corriqueiramente usada nesse contexto ("poder de concentração"), pela sua negativa, *desconcentração*, a fim de chamar a atenção do leitor. Ao confrontar essa frase com o texto não verbal, fica possível construir sentidos como: permita-se, em alguns momentos, sair do habitual (que seria exercitar o poder de concentração em um escritório ou em uma sala de aula, por exemplo) e se desconectar das obrigações diárias, indo a uma praia, deixando a cabeça vazia, e, assim, beneficiando a saúde.

No enunciado da parte inferior do anúncio, lê-se: "O melhor plano de saúde é viver. O segundo melhor é Unimed". É possível, aqui, identificar um procedimento irônico: certamente, o anúncio não quer dizer que a Unimed é o "segundo melhor" seguro de saúde, mas, sim, o melhor. Entretanto, utiliza essa estratégia contando com a ambiguidade da expressão *plano de saúde*, que pode ser entendida, no contexto, como "seguro de saúde" e como "planejamento de vida".

APLIQUE O QUE APRENDEU

Leia a tira:

Adão Iturrusgarai

1. Em uma das falas das personagens, há uma dupla negação. REGISTRE NO CADERNO

a. Identifique essa fala.

b. Transforme essa dupla negação em uma afirmação. Depois, responda: A frase afirmativa equivale, quanto ao sentido, à frase da tira?

c. Conclua: A dupla negação utilizada na tira equivale a uma afirmação? Justifique sua resposta.

2. No último quadrinho, o homem diz: "Não!".

a. Tendo em vista o restante da fala dele, responda: É possível considerar que esse *não* nega qual ideia anterior?

b. Levante hipóteses: Qual é a relação entre o homem e a mulher da tira?

c. A fala "Você foi atropelada por um casamento e dois filhos!" pode ser considerada irônica, o que contribui para a construção do humor da tira. Justifique essa afirmação.

Implícitos e indiretas

Para compreendermos de fato um enunciado, é preciso haver entre os interlocutores o compartilhamento de certos conhecimentos e pressupostos, pois é esse compartilhamento que possibilita entender os *implícitos* e as *indiretas*.

Implícitos são dados e informações socialmente compartilhados, supostamente por todos, e que, portanto, não precisariam ser explicitados.

Leia o anúncio de lançamento imobiliário abaixo.

Ogilvy FAV

O enunciado procura chamar a atenção do leitor, fazendo uma brincadeira com um valor de nossa sociedade, sustentado por uma mentalidade machista: meninos devem namorar, meninas, não. Assim, ao omitir o verbo *namorar* quando faz referência a *filha*, o enunciado não apenas ressalta as qualidades do jardim, mas também faz piada com o pensamento machista referido anteriormente. Direcionando-se ao responsável pela compra da casa própria, o anúncio apela para o ciúme que, em geral, existe do pai em relação à filha, explorando jocosamente a ideia de que meninas não devem namorar.

Indiretas, por sua vez, consistem em, tomando-se por base alguns implícitos, não dizer diretamente o que se pretende, pressupondo que, por compartilharem conhecimentos, os interlocutores compreenderão o que se quer expressar.

Leia a tira:

Alexandre Beck

O humor da tira é construído com base em uma indireta muito comum em nossa sociedade: quando se está interessado em alguém, é comum perguntar à pessoa se ela "já tem namorado(a)", dando a entender que, se não tem, ali diante dela está um(a) pretendente.

Armandinho, personagem da tira, entende a fala da amiga da mãe como essa indireta, quando, na verdade, ela estava apenas querendo enfatizar a percepção de que ele está crescido, a ponto de poder namorar. E é esse mal-entendido, essa quebra de expectativa, que cria o efeito de humor.

APLIQUE O QUE APRENDEU

Leia a tira:

Caco Galhardo

1. O humor da tira se deve principalmente às falas da personagem de bigode.

a. No 1º quadrinho, duas personagens contam vantagem sobre seu sucesso com as mulheres. Para isso, tomam por base características físicas delas. Quais são essas características físicas?

b. No 2º quadrinho, Chico responde à pergunta com base na aparência física? Justifique sua resposta.

c. No 3º quadrinho, Chico dá mais detalhes sobre sua afirmação anterior. Qual implícito é base para o efeito de humor resultante dessa fala?

2. Observe a parte não verbal da tira.

a. Como são, fisicamente, os dois homens que falam no 1º quadrinho? Como estão vestidos?

REGISTRE NO CADERNO

b. Como é fisicamente a personagem Chico? Como ele está vestido?

c. Em que sentido as características físicas das personagens contribuem para a construção de sentidos na tira?

3. Que estereótipo quanto ao gosto feminino na escolha de namorados está implícito na tira, como um todo?

Expressões idiomáticas e frases feitas

Expressões idiomáticas são aquelas cujo sentido só pode ser entendido no todo, pois as palavras que as compõem perderam seu significado original. Um exemplo de expressão idiomática é *amigo da onça*. Veja como é contada a história dessa expressão:

Amigo da onça

Interessante [...] é o caso da expressão "amigo da onça" [...]. Como se sabe, certos provérbios e expressões estão ligados a histórias ou anedotas, resumindo-as numa breve sentença. É o caso, entre nós, dessa expressão, proveniente daquela piada do caçador que está narrando ao amigo os percalços de seu encontro na selva com uma onça e o amigo, impaciente por saber o fim da história, interrompe com perguntas que antecipam a tragédia: "E a sua espingarda, não funcionou?", "E, aí, você escorregou?". Até que o caçador se aborrece e indaga: "Espera aí, afinal, você é amigo meu ou amigo da onça?".

A piada é da década de 40 (ou até anterior) e a expressão impôs-se com a genial criação do cartunista pernambucano Péricles de Andrade Maranhão (1924-1961), em 1943, para a então importante revista O Cruzeiro, na qual apareceu até 1972 (pelas mãos de outro ilustrador, Carlos Estevão).

(Disponível em: http://revistalingua.com.br/textos/79/velha-expressao-da-nova-geracao-258570-1.asp. Acesso em: 3/7/2015.)

Péricles Maranhão/O Cruzeiro

Desenho da personagem Amigo da Onça.

As expressões idiomáticas podem ter valor de:

- substantivo: Isso é *dor de cotovelo*. (inveja)
  Essa revelação foi para ele um *balde de água fria*. (decepção)
- adjetivo: Joaquim é *amigo da onça*. (traidor)
  Aquele rapaz é *bom de bico*. (galanteador, tem boa conversa)
- advérbio: Ele mora *onde Judas perdeu as botas*. (muito longe)
  Estou com você *até debaixo d'água*. (em toda e qualquer situação)
- verbo: Você *deu mole* ontem. (bobeou)
  Já cansei de *enxugar gelo* nesse caso. (agir sem ter sucesso)

Quando a expressão idiomática é constituída por uma oração inteira, ela recebe o nome de **frase feita**. Veja: Dei com a língua nos dentes. (Falei demais.)
Entrei numa fria. (Tive problemas.)

APLIQUE O QUE APRENDEU

Leia o anúncio:

Rynaldo Gondim/AlmapBBDO

1. Há, no texto verbal do anúncio, duas expressões idiomáticas, que são também frases feitas.

a. Qual delas está reproduzida integralmente? Identifique-a, explique o sentido que ela tem como expressão idiomática e dê exemplo de uma situação em que ela pode ser empregada.

b. A expressão correspondente à resposta do item *a* foi empregada no anúncio com o seu sentido literal ou como expressão idiomática? Justifique sua resposta.

c. A outra expressão idiomática está subentendida. Qual é essa expressão? Que sentido ela tem?

REGISTRE NO CADERNO

2. Como você viu, para ser compreendida, uma expressão idiomática deve ser lida no conjunto, e não somando-se suas partes. No anúncio em estudo, entretanto, uma expressão idiomática é apresentada de maneira fragmentada e, com isso, sua leitura deixa de ser feita no conjunto.

a. Identifique, no texto verbal do anúncio, o trecho que comprova a afirmação acima.

b. No contexto desse anúncio, a leitura literal de uma expressão idiomática é um problema ou é um recurso importante? Justifique sua resposta.

3. O anúncio se dirige diretamente ao leitor, fazendo-lhe uma sugestão.

a. Qual é o produto anunciado e qual é a particularidade dele?

b. Qual sugestão é feita ao leitor?

c. Conclua: Para ser devidamente compreendido, o trecho da frase em que é feita a sugestão deve ser entendido como uma expressão idiomática ou em seu sentido literal? Justifique sua resposta.

TEXTO E ENUNCIAÇÃO

O texto a seguir apresenta vários dos recursos semânticos estudados neste capítulo. Leia-o.

Coisas que só quem vive atrasado pode entender

- Nunca ter de esperar por ninguém, já que você sempre consegue chegar mais tarde do que a outra pessoa (mesmo se ela própria estiver atrasada).
- Só se considerar atrasado após 40 minutos do horário; afinal, na sua cabeça existe aquela "tolerância" de meia hora (mas na das outras pessoas não).
- Já ter usado todas as desculpas para justificar seu atraso, quando a verdade é simples: a falta de pontualidade faz parte do seu ser.
- Saber que você nunca moraria em Londres.
- Perder a credibilidade com seus amigos — ninguém consegue acreditar que você vai chegar na hora.
- O sofá é sempre um grande inimigo de todos os seus compromissos — ele simplesmente não te larga.
- *"Estou no caminho"* ou *"Chego em 5 minutinhos"* não significam nada para você.
- A previsão do tempo já está definida quando você chega na hora: "Nossa, VAI CHOVER HOJE, hein!".

(Disponível em: http://www.obaoba.com.br/comportamento/noticia/25-coisas-que-so-quem-vive-atrasado-vai-entender. Acesso em: 10/7/2015. Adaptado.)

1. Releia estes trechos do texto:

"Nunca ter de esperar por ninguém"
"Só se considerar atrasado após 40 minutos"
"a falta de pontualidade faz parte do seu ser."
"Perder a credibilidade"
"ninguém consegue acreditar"
"O sofá é sempre um grande inimigo"

REGISTRE NO CADERNO

a. Qual dos recursos semânticos estudados é comum a todos eles?

b. Aponte os termos que permitem identificar esse recurso.

c. No primeiro trecho, qual é a peculiaridade da ocorrência desse recurso? Qual é o sentido do trecho?

2. Em "você nunca moraria em Londres", há, no contexto, um implícito e uma indireta. Justifique essa afirmação.

3. Releia este trecho:

"O sofá é sempre um grande inimigo de todos os seus compromissos — ele simplesmente não te larga."

Quais dos recursos semânticos estudados ocorrem no trecho? Justifique sua resposta.

4. Releia este trecho:

"A previsão do tempo já está definida quando você chega na hora: 'Nossa, VAI CHOVER HOJE, hein!'."

No trecho, há três dos recursos semânticos estudados.

a. Quais são eles?

b. Identifique e explique em que consistem, no trecho, esses recursos.

5. O texto lido foi publicado na seção "Comportamento" de um *site* de notícias sobre entretenimentos, festas, baladas, bares, comportamento e *shows* direcionados ao público jovem. Levante hipóteses:

a. Qual é a finalidade desse texto?

b. Por que nele há o uso de tantos recursos semânticos?

PRODUÇÃO DE TEXTO

A carta pessoal

A carta pessoal não é mais tão presente no cotidiano de grande parte da população brasileira, ao contrário do que ocorria no começo do século passado.

George Marks/Retrofile/Getty Images

FOCO NO TEXTO

Leia a carta pessoal a seguir.

Instituto de Estudos Brasileiros, São Paulo, Brasil

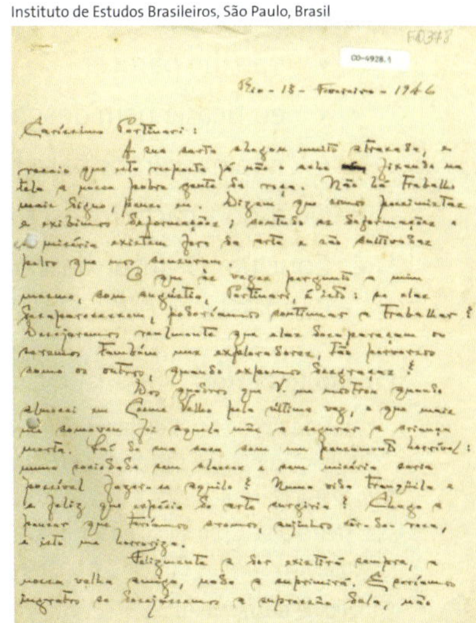

Cópia da carta em estudo, disponível no *site* oficial de Graciliano Ramos.

Rio – 18 – Fevereiro – 1946

Caríssimo Portinari:

A sua carta chegou muito atrasada, e receio que esta resposta já não o ache fixando na tela a nossa pobre gente da roça. Não há trabalho mais digno, penso eu. Dizem que somos pessimistas e exibimos deformações; contudo as deformações e miséria existem fora da arte e são cultivadas pelos que nos censuram.

O que às vezes pergunto a mim mesmo, com angústia, Portinari, é isto: se elas desaparecessem, poderíamos continuar a trabalhar? Desejamos realmente que elas desapareçam ou seremos também uns exploradores, tão perversos como os outros, quando expomos desgraças? Dos quadros que você mostrou quando almocei no Cosme Velho pela última vez, o que mais me comoveu foi aquela mãe com a criança morta. Saí de sua casa com um pensamento horrível: numa sociedade sem classes e sem miséria seria possível fazer-se aquilo? Numa vida tranquila e feliz que espécie de arte surgiria? Chego a pensar que faríamos cromos, anjinhos cor-de-rosa, e isto me horroriza.

Felizmente a dor existirá sempre, a nossa velha amiga, nada a suprimirá. E seríamos ingratos se desejássemos a supressão dela, não lhe parece? Veja como os nossos ricaços em geral são burros.

Julgo naturalmente que seria bom enforcá-los, mas se isto nos trouxesse tranquilidade e felicidade, eu ficaria bem desgostoso, porque não nascemos para tal sensaboria. O meu desejo é que, eliminados os ricos de qualquer modo e os sofrimentos causados por eles, venham novos sofrimentos, pois sem isto não temos arte.

E adeus, meu grande Portinari. Muitos abraços para você e para Maria.

Graciliano.

(Disponível em: http://graciliano.com.br/site/1946/02/carta-de-graciliano-ramos-a-portinari/. Acesso em: 10/7/2015.)

1. A carta lida tem como interlocutores dois conhecidos artistas brasileiros.

a. A quem ela foi endereçada? Qual era a atividade artística a que se dedicava o destinatário? Justifique sua resposta com elementos presentes na própria carta.

b. Quem escreveu a carta? Há no texto indicações quanto à atividade artística que ele desenvolvia?

c. Levante hipóteses: Quem é Maria?

2. Há na carta indicadores que permitem concluir que os interlocutores eram pessoas próximas. Identifique trechos em que esses indicadores aparecem:

a. nas saudações;

b. na menção a fatos;

c. em expressões informais.

3. Embora a carta lida tenha sido trocada entre amigos, há nela termos e construções que, nos dias de hoje, parecem formais.

a. Identifique, entre os trechos abaixo, aqueles que atualmente parecem formais.

- "A sua carta chegou muito atrasada"
- "receio que esta resposta já não o ache"
- "Dizem que somos pessimistas e exibimos deformações"
- "não lhe parece?"
- "eu ficaria bem desgostoso"
- "não nascemos para tal sensaboria"

b. Quando a carta foi escrita?

c. Conclua: O autor da carta utilizou, de fato, uma linguagem formal? Por quê?

Volume de cartas enviadas em 2014 é o menor em 15 anos

Com pessoas e empresas recorrendo crescentemente a meios digitais, o número de cartas enviadas em 2014 chegou ao menor nível dos últimos 15 anos.

Dados levantados pelos Correios a pedido da Folha mostram que 2,4 bilhões de cartas foram mandadas no ano passado. O número é cerca de 60% menor do que os 6,1 bilhões enviados em 2001 [...].

[...]

Em 2003, 11,4% dos domicílios brasileiros tinham um computador conectado à rede. Em 2013, essa proporção havia quase quadruplicado, e chegou a 42,4%.

Outra questão importante é a posse de telefones celulares — que também são capazes de mandar mensagens. Em 2005, 36% dos brasileiros tinham um aparelho para uso pessoal. Em 2013, esse percentual chegou a 75%.

[...]

(Disponível em: http://www1.folha.uol.com.br/cotidiano/2015/02/1593060-volume-de-cartas-enviadas-em2014-e-o-menor-em-15-anos.shtml. Acesso em: 11/9/2015.)

REGISTRE NO CADERNO

Enviando cartas

Uma carta pode ser entregue a seu destinatário de várias maneiras: pelo próprio remetente; por um portador; pelo correio.

Em geral, as cartas são postas em envelopes e, se a opção for pelo envio por correio, eles precisam ser preenchidos com as informações corretas, para que a correspondência não se extravie. Os dados do destinatário (quem vai receber a carta) devem ser colocados na frente do envelope, o lado liso, sem a aba. E, no verso do envelope, devidamente fechado, os dados do remetente (quem envia a carta).

Segundo o *site* dos Correios, o endereçamento correto deve ter a seguinte estrutura:

- nome do destinatário;
- tipo do logradouro + nome do logradouro + número do lote + complemento (se houver);
- nome do bairro;
- nome da localidade + sigla da unidade da federação;
- CEP (código de endereçamento postal).

4. O autor da carta faz referência a certa obra do interlocutor.

a. Em que trecho isso ocorre? Como a obra é descrita?

b. Qual sentimento e qual reflexão a obra do interlocutor provocou no autor?

5. As telas a seguir foram pintadas por Portinari. Identifique qual delas é a obra a que o autor da carta faz referência.

I

Museu de Arte de São Paulo Assis Chateaubriand, São Paulo, Brasil

II

Coleção particular

III

Coleção particular

IV

Museu de Arte de São Paulo Assis Chateaubriand, São Paulo, Brasil

a. Troque ideias com os colegas e o professor: O que as telas mostram? Que sentimentos elas despertam em você?

b. Com base na observação das telas, associe cada uma ao seu título:

REGISTRE NO CADERNO

- *Retirantes*
- *Enterro na rede*
- *Criança morta*
- *Mulheres chorando*

6. O autor da carta é Graciliano Ramos, um dos maiores escritores brasileiros. Na carta, ao se referir à sua arte, Graciliano a aproxima da arte de Portinari. Identifique qual dos dois trechos a seguir, extraídos de obras do autor, revela, quanto ao assunto, proximidade com a arte de Portinari.

a.

Achava-me numa vasta sala, de paredes sujas. Com certeza não era vasta, como presumi: visitei outras semelhantes, bem mesquinhas. Contudo pareceu-me enorme. Defronte alargava-se um pátio, enorme também, e no fim do pátio cresciam árvores enormes, carregadas de pitombas. [...]

A sala estava cheia de gente. Um velho de barbas longas dominava uma negra mesa, e diversos meninos, em bancos sem encostos, seguravam folhas de papel e esgoelavam-se:

— Um b com um a — b, a: ba; um b com um e — b, e: be.

(*Infância*. Disponível em: http://veja.abril.com.br/infograficos/especiais/graciliano-ramos/trechos_de_livros.shtml. Acesso em: 11/7/2015.)

b.

Os infelizes tinham caminhado o dia inteiro, estavam cansados e famintos. [...] Fazia horas que procuravam uma sombra. A folhagem dos juazeiros apareceu longe, através dos galhos pelados da catinga rala.

Arrastaram-se para lá, devagar, sinha Vitória com o filho mais novo escanchado no quarto e o baú de folha na cabeça, Fabiano sombrio, cambaio, o aió a tiracolo, a cuia pendurada numa correia presa ao cinturão, a espingarda de pederneira no ombro. O menino mais velho e a cachorra Baleia iam atrás.

(*Vidas secas*. Disponível em: http://veja.abril.com.br/infograficos/especiais/graciliano-ramos/trechos_de_livros.shtml. Acesso em: 11/7/2015.)

7. A propósito da carta lida, considere as afirmações a seguir e, depois de discutir com os colegas e o professor, indique as que são verdadeiras.

a. A carta mostra claramente o sentimento egoísta de seu autor, que só se preocupava com seu trabalho e ficava feliz com a pobreza e a miséria, como comprovam os trechos "se elas [as deformações e miséria] desaparecessem, poderíamos continuar a trabalhar?" e "Felizmente a dor existirá sempre".

b. A carta mostra a inquietação de seu autor, que se preocupava com a miséria humana, embora tivesse a concepção de que a arte emerge em momentos críticos e que, "numa vida tranquila e feliz", não haveria espaço para uma arte socialmente engajada.

c. O texto da carta traz indícios de que os interlocutores se conheciam pouco e não tinham muito contato pessoal, o que se confirma pelo uso de um tratamento muito distante, revelado em "Caríssimo", além do emprego de termos como "receio" e "desgostoso" ou da expressão "não lhe parece?", todos extremamente formais.

d. O texto da carta traz indícios de que os interlocutores nutriam uma grande amizade e tinham contato pessoal, o que se confirma pela menção ao fato de o autor almoçar na casa do destinatário e pelo uso de expressões como "nossa velha amiga", "meu grande Portinari", "Muitos abraços", entre outras.

HORA DE ESCREVER

Quem ainda escreve cartas?

Embora saibamos que hoje em dia escrever carta não é uma prática corriqueira para a maioria das pessoas, há aqueles que, por algum motivo especial, ainda mantêm esse hábito.

Leia, a seguir, alguns relatos que tratam da escrita de cartas nos dias atuais.

PROJETO

Dê continuidade aos preparativos para a *feira cultural* que você e os colegas começaram a desenvolver no capítulo 1, produzindo cartas que inspirem os convidados a recorrer ao gênero como meio de se expressar.

[...]

Tendo sobrevivido a um primeiro diagnóstico de câncer de mama e estando já na etapa final do tratamento, Heather tinha apenas 35 anos e a doença já havia invadido seu fígado, ossos e até o crânio.

Para ela e para seu marido, Jeff, a notícia causou um forte impacto, especialmente ao pensar em sua filha de apenas 4 anos de idade. [...]

Getty Images

Como os médicos não sabiam quanto tempo lhe restava de vida, Heather decidiu criar uma caixa de lembranças para a sua filha. Encheu-a de bugigangas, cartas e cartões, dezenas. [...]

[...]

"Tenho cartões e cartas para todas as ocasiões possíveis — disse. Para a sua primeira cerveja, seu primeiro amor, sua primeira decepção amorosa. Tenho conselhos para quando ela se casar e para quando tiver seu primeiro filho."

Em poucos meses, Heather já havia escrito 50 cartas e cartões.

Escrever essas cartas à sua filha foi uma espécie de terapia para Heather. [...]

[...]

(Disponível em: http://www.aleteia.org/pt/saude/artigo/antes-de-morrer-mae-escreve-cartas-para-cada-momento-da-vida-da-filha-5841095078445056. Acesso em: 11/7/2015.)

São 14 mil pessoas por dia, 14 mil angústias diárias. Em alguns momentos, a confusão é ensurdecedora, parece que ninguém se ouve, ninguém presta atenção no outro, ninguém se preocupa com qualquer coisa além de seus próprios pepinos. Por isso mesmo, o Poupatempo fez silêncio por poucos segundos e andou um tantinho mais devagar quando Gustavo de Andrade, um garoto miúdo de 4 anos, se esgueirou atrás de um balcão e pediu:

"Tia, tia... Você pode, por favor, escrever uma carta pro Papai Noel para mim?"

Zuma Press/Keystone Brasil

O balcão de fórmica cinza com 3,5 metros de comprimento abriga o projeto Escreve Cartas, que há nove anos ajuda pessoas analfabetas, semianalfabetas ou com dificuldade de leitura e escrita a se expressarem por meio de uma caneta esferográfica e de uma folha pautada. Principalmente nesta época de festas, cerca de 60 voluntários doam um pouquinho de tempo e se revezam para auxiliar homens e mulheres a mandar notícias da família, rascunhar uma mensagem de fé ao filho preso, fazer uma bela declaração de amor ou simplesmente pedir um carrinho de brinquedo para o Papai Noel.

(Disponível em: http://www.estadao.com.br/noticias/geral,sonhos-escritos-a-mao-em-itaquera,484868. Acesso em: 11/7/2015.)

[O *blog Trocas de cartas* foi criado para pessoas interessadas em trocar cartas entre si. Para participar, é preciso se inscrever e listar três motivos que o levam a querer se corresponder nos dias de hoje, em que aparentemente enviar um *e-mail* pareceria bem mais prático. Veja abaixo os motivos apresentados por duas internautas participantes do *blog*.]

Thinkstock/Getty Images

Três motivos para se corresponder

1. Eu não sou muito boa em demonstrar meus sentimentos e escrever é uma das formas que mais me ajudam.
2. Seria fascinante poder mandar e receber cartas como antigamente.
3. Nas cartas vemos um pouco da pessoa que a escreveu, a sua letra, os seus sentimentos e até o seu cheiro; tem afeto, tem algo de especial que eu acho incrível.

C. V.

Três motivos para se corresponder

1. Amo o processo da correspondência por cartas. Desde escolher o papel de carta até ir nos correios, esperar ansiosa pela resposta, a emoção quando o carteiro passa e te avisam que, sim, ele trouxe algo para você. Minha mãe foi uma ávida correspondente na minha idade, e ainda guarda dezenas de cartas, adoro folheá-las e ler as histórias por trás delas.
2. Conhecer novas pessoas; fazer amizade; conversar sobre séries, filmes, livros, viagens e tudo mais. Adoro aprender coisas novas e compartilhar sonhos.
3. Desconectar. Vivemos em um mundo cheio de tecnologia, no trabalho, na faculdade, até mesmo em casa. Usar as mãos, caneta e papel... Sinto falta do contato offline.

D. D.

(Disponível em: http://trocasdecartas.blogspot.com.br/. Acesso em: 23/9/2015.)

[...]

Com a missão de resgatar o poder do amor e promover o bem ao próximo, fortalecendo a educação e a solidariedade por meio da escrita de cartas, a organização sem fins lucrativos Amor em Cartas acaba de ser lançada no Brasil.

O projeto já está em andamento desde janeiro de 2014, quando a sua fundadora, Patrícia Mello, resolveu se dedicar a um projeto social que — por meio das palavras — levasse amor às pessoas e a fizesse vê-las felizes por dentro.

"Escrever um dia foi um exercício de carinho entre as pessoas e a letra de alguém pode simbolizar conexão e presença. A ideia do Amor em Cartas é resgatar nas pessoas o sentimento de o quanto são especiais, enviando ou recebendo uma carta cheia de amor. Além disso, o projeto incentiva o exercício da escrita, estimula a leitura e gera aproximação entre as pessoas, em um mundo cheio de tecnologias úteis e funcionais, mas que não substituem abraços carinhosos, olhares sinceros e amores incondicionais", explica Patrícia.

[...]

O Projeto Amor em Cartas pode chegar até pacientes em hospitais, asilos cheios de conhecedores da vida ou pessoas desconhecidas que a todo momento se tornam vítimas de um mundo cheio de dificuldades e que não esperam que alguém possa pensar nelas com carinho.

[...]

(Disponível em: https://br.noticias.yahoo.com/projeto-espalha-amor-atrav%C3%A9s-de-cartas-114024006.html. Acesso em: 11/7/2015.)

1. Pense em uma situação de sua vida em que uma carta pessoal caberia bem. Essa situação pode estar relacionada, entre outras possibilidades, a felicitar ou desejar boa sorte, pedir desculpas, desculpar, contar novidades ou pedir notícias. Para quem e para que você escreveria uma carta? Escreva uma carta para essa pessoa, com a finalidade que lhe ocorreu. Ou, então, escolha uma destas propostas:

- uma carta para o filho que você um dia vai ter
- uma carta para você mesmo(a), para ser lida daqui a cinco anos
- uma carta para alguém próximo: um familiar, um amigo, um conhecido da família
- uma carta para uma pessoa querida que esteja distante

2. O texto a seguir, de Ferreira Gullar, se intitula "Carta tardia a um poeta arredio", e, nele, o autor simula uma carta a Carlos Drummond de Andrade, já morto à época de sua escrita. Leia-o.

Poeta Carlos Drummond de Andrade, desculpe-me se venho lhe perturbar o sossego, dizendo-lhe coisas que, para você, a esta altura, não têm qualquer importância. [...]

Vi-o, pela primeira vez, ao sair do elevador do "Correio da Manhã", na avenida Gomes Freire, aonde fui com Oliveira Bastos e Décio Victório, certa tarde, em que decidimos escandalizar as pessoas. Meus dois companheiros tinham as respectivas gravatas presas à cintura, enquanto eu trajava calças, paletó e gravata mas, em lugar de sapatos, calçava tamancos. Você não deve ter se dado conta da provocação, pois mal nos olhou, ao sair do elevador. [...]

Isso foi em 1955, quando alguns poucos que me conheciam tinham-me por maldito. Eu vagabundava, naquela época, pelas ruas do centro da cidade e às vezes me sentava à porta de um restaurante, ali na esquina de Graça Aranha com Araújo Porto Alegre, para contemplar o edifício do hoje Palácio Gustavo Capanema, que parecia flutuar, onde você trabalhava. E o vi, certa vez, deixar o trabalho, de mãos dadas com uma mocinha, que, soube depois, era sua namorada. A sua cara, porém, nada dizia.

Muitos anos se passaram até que você chegasse aos 70 anos e me convidassem para participar de um programa de televisão em sua homenagem. Escolhi, para dizer, aquele seu poema "Memória", por ser curto e por ser belo [...].

Rafael Neves

Fiquei todo bobo quando, dias depois, recebi um bilhete seu, agradecendo minha participação na homenagem e elogiando o modo como havia dito o poema. Tenho esse bilhete comigo, até hoje, guardado em alguma gaveta.

A última vez que o vi foi no velório de Vinicius de Moraes, no cemitério São João Batista. A morte, neste caso, serviu para nos aproximar: fui falar com você e, para minha surpresa, em vez do homem tímido e reservado, deparei-me com um sujeito irritado, reclamando da doença que lhe tinha aberto uma ferida no rosto, como me mostrou. Havia, de fato, uma cicatriz que lhe marcava a face direita.

Depois disso, só voltaria a vê-lo naquele mesmo cemitério, desta vez em seu próprio velório. Eu tinha, naquele dia, um compromisso de trabalho em Brasília mas, a caminho do aeroporto, fui, por assim dizer, despedir-me de você. E, desta vez, quem estava revoltado era eu, revoltado com sua morte, com esse fato inevitável e inaceitável, que é a morte das pessoas que amamos ou admiramos. As declarações, que dei aos jornalistas, naquela ocasião, estavam mais perto do insulto que de outra coisa. A quem eu insultava, na verdade, não sei.

(Disponível em: http://www1.folha.uol.com.br/fsp/ilustrad/fq0702201021.htm. Acesso em: 13/9/2015.)

A exemplo de Ferreira Gullar, escreva uma "carta tardia" para um dos autores estudados nesta unidade que viveram na época do Renascimento: Camões, Leonardo da Vinci, Pero Vaz de Caminha. Depois, sua carta será exposta na feira cultural do final da unidade. Nela, você pode:

- relacionar o trabalho do autor escolhido à realidade dos dias de hoje;
- falar sobre o que o trabalho desse autor desperta em você e dizer a sua opinião sobre ele;
- contar para o autor como ele é visto atualmente e como sua obra é estudada nas escolas;
- desenvolver qualquer outro assunto que julgue interessante e tenha relação com o autor ou sua obra.

ANTES DE ESCREVER

Planeje seu texto, seguindo estes passos:

- Defina quem será seu destinatário e, de acordo com essa escolha, a linguagem que utilizará em seu texto: menos ou mais formal, coloquial, etc.
- Escolha o assunto principal para desenvolver, a fim de que o texto não fique disperso, ou difícil de compreender.
- Decida se vai escrever à mão ou se vai digitar o texto.
- No caso da proposta 1, informe-se do endereço completo do destinatário, a fim de enviar a carta por correio.

ANTES DE PASSAR A LIMPO

Antes de dar seu texto por terminado, verifique:

- se a linguagem está adequada ao destinatário, tendo em vista a relação existente entre vocês;
- se há um assunto principal;
- no caso da proposta 1, se o endereço do destinatário e do remetente estão corretos.

POR DENTRO DO ENEM E DO VESTIBULAR

ENEM EM CONTEXTO

As questões do Enem apresentam com frequência uma abordagem interdisciplinar. A questão a seguir, por exemplo, envolve duas áreas do conhecimento: literatura e história. Leia-a e tente resolvê-la.

(ENEM)

LXXVIII (Camões, 1525?-1580)

Leda serenidade deleitosa,
Que representa em terra um paraíso;
Entre rubis e perlas doce riso;
Debaixo de ouro e neve cor-de-rosa;

Presença moderada e graciosa,
Onde ensinando estão despejo e siso
Que se pode por arte e por aviso,
Como por natureza, ser fermosa;

Fala de quem a morte e a vida pende,
Rara, suave; enfim, Senhora, vossa;
Repouso nela alegre e comedido:

Estas as armas são com que me rende
E me cativa Amor; mas não que possa
Despojar-me da glória de rendido.

CAMÕES, L. *Obra completa*. Rio de Janeiro: Nova Aguilar, 2008.

Galeria Borghese, Roma, Itália

SANZIO, R. (1483-1520). *A mulher com o unicórnio.* Roma, Galleria Borghese.
Disponível em: www.arquipelagos.pt. Acesso em: 29 fev. 2012.

A pintura e o poema, embora sendo produtos de duas linguagens artísticas diferentes, participaram do mesmo contexto social e cultural de produção pelo fato de ambos:

a. apresentarem um retrato realista, evidenciado pelo unicórnio presente na pintura e pelos adjetivos usados no poema.
b. valorizarem o excesso de enfeites na apresentação pessoal e na variação de atitudes da mulher, evidenciadas pelos adjetivos do poema.
c. apresentarem um retrato ideal de mulher marcado pela sobriedade e o equilíbrio, evidenciados pela postura, expressão e vestimenta da moça e os adjetivos usados no poema.
d. desprezarem o conceito medieval da idealização da mulher como base da produção artística, evidenciado pelos adjetivos usados no poema.
e. apresentarem um retrato ideal de mulher marcado pela emotividade e o conflito interior, evidenciados pela expressão da moça e pelos adjetivos do poema.

Para resolver a questão, é necessário primeiramente compreender o soneto de Camões e, em seguida, buscar relações entre o poema e a pintura *A mulher com o unicórnio*, de Rafael Sanzio.

O primeiro ponto de intersecção entre os textos é o tema: ambos abordam a mulher, retratada com sobriedade e equilíbrio, como é comum na linguagem artística renascentista.

No poema, expressões como *serenidade deleitosa* e *presença moderada e graciosa* destacam as qualidades da mulher ideal. Não sendo desmesuradamente sem pudor ("despejo") nem sem juízo ("siso"), ela é a pura expressão do equilíbrio, de onde provém toda beleza.

A sobriedade e o equilíbrio dessa mulher ideal estão igualmente representados na pintura de Rafael Sanzio. A postura ereta, a delicadeza do rosto e da pele, o vestido sóbrio, os cabelos bem-penteados e a expressão serena estão no mesmo plano da mulher idealizada no poema de Camões.

A alternativa *c* é, portanto, a que melhor traduz a proximidade entre os dois textos.

QUESTÕES DO ENEM E DO VESTIBULAR

1. (Mackenzie-SP) Sobre o poema *Os Lusíadas*, é incorreto afirmar que:

a. na Invocação, o poeta se dirige às Tágides, ninfas do rio Tejo.

b. na ilha dos Amores, após o banquete, Tétis conduz o capitão ao ponto mais alto da ilha, onde lhe desvenda a "máquina do mundo".

c. quando a ação do poema começa, as naus portuguesas estão navegando em pleno Oceano Índico, portanto no meio da viagem.

d. é composto em sonetos decassílabos, mantendo em 1.102 estrofes o mesmo esquema de rimas.

e. tem como núcleo narrativo a viagem de Vasco da Gama, a fim de estabelecer contato marítimo com as Índias.

2. (ENEM)

reprodução

Disponível em: http://wordinfo.info/unit/3352/ip:10/il:E. Acesso em: 27 abr. 2010.

O argumento presente na charge consiste em uma metáfora relativa à teoria evolucionista e ao desenvolvimento tecnológico. Considerando o contexto apresentado, verifica-se que o impacto tecnológico pode ocasionar:

a. o surgimento de um homem dependente de um novo modelo tecnológico.

b. a mudança do homem em razão dos novos inventos que destroem sua realidade.

c. a problemática social de grande exclusão digital a partir da interferência da máquina.

d. a invenção de equipamentos que dificultam o trabalho do homem, em sua esfera social.

e. o retrocesso do desenvolvimento do homem em face da criação de ferramentas como lança, máquina e computador.

(UFSCAR-SP) As questões de números 3 e 4 baseiam-se no poema épico *Os Lusíadas*, de Luís Vaz de Camões, do qual se reproduzem, a seguir, três estrofes.

"Mas um velho, de aspeito venerando, (= aspecto)
Que ficava nas praias, entre a gente,
Postos em nós os olhos, meneando
Três vezes a cabeça, descontente,
A voz pesada um pouco alevantando,
Que nós no mar ouvimos claramente,
C'um saber só de experiências feito,
Tais palavras tirou do experto peito:

"Ó glória de mandar, ó vã cobiça
Desta vaidade a quem chamamos Fama!
Ó fraudulento gosto, que se atiça
C'uma aura popular, que honra se chama!
Que castigo tamanho e que justiça
Fazes no peito vão que muito te ama!
Que mortes, que perigos, que tormentas,
Que crueldades neles experimentas!

Dura inquietação d'alma e da vida
Fonte de desamparos e adultérios,
Sagaz consumidora conhecida
De fazendas, de reinos e de impérios!
Chamam-te ilustre, chamam-te subida,
Sendo digna de infames vitupérios;
Chamam-te Fama e Glória soberana,
Nomes com quem se o povo néscio engana."

3. Os versos de Camões foram retirados da passagem conhecida como *O Velho do Restelo*. Nela, o velho:

a. abençoa os marinheiros portugueses que vão atravessar os mares à procura de uma vida melhor.

b. critica as navegações portuguesas por considerar que elas se baseiam na cobiça e busca de fama.

c. emociona-se com a saída dos portugueses que vão atravessar os mares até chegar às Índias.

d. destrata os marinheiros por não o terem convidado a participar de tão importante empresa.

e. adverte os marinheiros portugueses dos perigos que eles podem encontrar para buscar fama em outras terras.

4. Entre os versos *Chamam-te ilustre, chamam-te subida, / Sendo digna de infames vitupérios*, a relação que se estabelece é de:

a. oposição.

b. explicação.

c. causa.

d. modo.

e. conclusão.

REGISTRE NO CADERNO

5. (ENEM)

Texto 1

Andaram na praia, quando saímos, oito ou dez deles; e daí a pouco começaram a vir mais. E parece-me que viriam, este dia, à praia, quatrocentos ou quatrocentos e cinquenta. Alguns deles traziam arcos e flechas, que todos trocaram por carapuças ou por qualquer coisa que lhes davam. [...] Andavam todos tão bem-dispostos, tão bem feitos e galantes com suas tinturas que muito agradavam.

CASTRO, S. *A carta de Pero Vaz de Caminha*. Porto Alegre: L&PM, 1996 (fragmento).

Texto 2

REGISTRE NO CADERNO

Coleção Banco Central do Brasil, Rio de Janeiro, Brasil

PORTINARI, C. *O descobrimento do Brasil*, 1956.
Óleo sobre tela, 199 x 169 cm.
Disponível em: www.portinari.org.br. Acesso em: 12 jun. 2013.

Pertencentes ao patrimônio cultural brasileiro, a carta de Pero Vaz de Caminha e a obra de Portinari retratam a chegada dos portugueses ao Brasil. Da leitura dos textos, constata-se que:

a. a carta de Pero Vaz de Caminha representa uma das primeiras manifestações artísticas dos portugueses em terras brasileiras e preocupa-se apenas com a estética literária.

b. a tela de Portinari retrata indígenas nus com corpos pintados, cuja grande significação é a afirmação da arte acadêmica brasileira e a contestação de uma linguagem moderna.

c. a carta, como testemunho histórico-político, mostra o olhar do colonizador sobre a gente da terra, e a pintura destaca, em primeiro plano, a inquietação dos nativos.

d. as duas produções, embora usem linguagens diferentes — verbal e não verbal —, cumprem a mesma função social e artística.

e. a pintura e a carta de Caminha são manifestações de grupos étnicos diferentes, produzidas em um mesmo momento histórico, retratando a colonização.

6. (ENEM)
Na criação do texto, o chargista Iotti usa criativamente um intertexto: os traços reconstroem uma cena de *Guernica*, painel de Pablo Picasso que retrata os horrores e a destruição provocados pelo bombardeio a uma pequena cidade da Espanha. Na charge, publicada no período de carnaval, recebe destaque a figura do carro, elemento introduzido por Iotti no intertexto. Além dessa figura, a linguagem verbal contribui para estabelecer um diálogo entre a obra de Picasso e a charge, ao explorar:

Iotti

Jornal *Zero Hora*, 2 mar. 2006.

a. uma referência ao contexto, "trânsito no feriadão", esclarecendo-se o referente tanto do texto de Iotti quanto da obra de Picasso.

b. uma referência ao tempo presente, com o emprego da forma verbal "é", evidenciando-se a atualidade do tema abordado tanto pelo pintor espanhol quanto pelo chargista brasileiro.

c. um termo pejorativo, "trânsito", reforçando-se a imagem negativa de mundo caótico presente tanto em *Guernica* quanto na charge.

d. uma referência temporal, "sempre", referindo-se à permanência de tragédias retratadas tanto em *Guernica* quanto na charge.

e. uma expressão polissêmica, "quadro dramático", remetendo-se tanto à obra pictórica quanto ao contexto do trânsito brasileiro.

7. (UNICAMP-SP) A propaganda abaixo explora a expressão idiomática "não leve gato por lebre" para construir a imagem de seu produto:

NÃO LEVE GATO POR LEBRE
SÓ BOM BRIL É BOM BRIL

a. Explique a expressão idiomática por meio de duas paráfrases.

b. Mostre como a dupla ocorrência de BOM BRIL no *slogan* "SÓ BOM BRIL É BOM BRIL", aliada à expressão idiomática, constrói a imagem do produto anunciado.

Produção de texto

8. (UNICAMP-SP)

Proposta de redação: Imagine-se como um estudante de ensino médio de uma escola que organizará um painel sobre características psicológicas e suas implicações no plano individual e na vida em sociedade. Nesse painel, destinado à comunidade escolar, cada texto reproduzido será antecedido por um resumo. Você ficou responsável por elaborar o resumo que apresentará a matéria transcrita a seguir, extraída de uma revista de divulgação científica. Nesse resumo você deverá:

- apresentar o ponto de vista expresso no texto, a respeito da importância do pessimismo em oposição ao otimismo, relacionando esse ponto de vista aos argumentos centrais que o sustentam.

Atenção: uma vez que a matéria será reproduzida integralmente, seu texto deve ser construído sem copiar enunciados da matéria.

Pessimismo

Para começar, precisamos de pessimistas por perto. Como diz o psicólogo americano Martin Seligman: "Os visionários, os planejadores, os desenvolvedores, todos eles precisam sonhar com coisas que ainda não existem, explorar fronteiras. Mas, se todas as pessoas forem otimistas, será um desastre", afirma. Qualquer empresa precisa de figuras que joguem a dura realidade sobre os otimistas: tesoureiros, vice-presidentes financeiros, engenheiros de segurança...

Esse realismo é coisa pequena se comparado com o pessimismo do filósofo alemão Arthur Schopenhauer (1788-1860). Para ele, o otimismo é a causa de todo o sofrimento existencial. Somos movidos pela vontade — um sentimento que nos leva a agir, assumir riscos e conquistar objetivos. Mas essa vontade é apenas uma parte de um ciclo inescapável de desilusões: dela vamos ao sucesso, então à frustração — e a uma nova vontade.

Mas qual é o remédio, então? Se livrar das vontades e passar o resto da vida na cama sem produzir mais nada? Claro que não. A filosofia do alemão não foi produzida para ser levada ao pé da letra. Mas essa visão seca joga luz no outro lado da moeda do pessimismo: o excesso de otimismo — propagandeado nas últimas décadas por toneladas de livros de autoajuda. O segredo por trás do otimismo exacerbado, do pensamento positivo desvairado, não tem nada de glorioso: ele é uma fonte de ansiedade. É o que concluíram os psicólogos John Lee e Joane Wood, da Universidade de Waterloo, no Canadá. Um estudo deles mostrou que pacientes com autoestima baixa tendem a piorar ainda mais quando são obrigados a pensar positivamente.

Na prática: é como se, ao repetir para si mesmo que você vai conseguir uma promoção no trabalho, por exemplo, isso só servisse para lembrar o quanto você está distante disso. A conclusão dos pesquisadores é que o melhor caminho é entender as razões do seu pessimismo e aí sim tomar providências. E que o pior é enterrar os pensamentos negativos sob uma camada de otimismo artificial. O filósofo britânico Roger Scruton vai além disso. Para ele, há algo pior do que o otimismo puro e simples: o "otimismo inescrupuloso". Aquelas utopias* que levam populações inteiras a aceitar falácias** e resistir à razão. O maior exemplo disso foi a ascensão do nazismo — um regime terrível, mas essencialmente otimista, tanto que deu origem à Segunda Guerra com a certeza inabalável da vitória. E qual a resposta de Scruton para esse otimismo inescrupuloso? O pessimismo, que, segundo ele, cria leis preparadas para os piores cenários. O melhor jeito de evitar o pior, enfim, é antever o pior.

(Extraído de M. Horta, "O lado bom das coisas ruins", em *Superinteressante*, São Paulo, nº 302, março 2012. http://super.abril.com.br/cotidiano/lado-bom-coisas-ruins-68705.shtml. Acessado em 2/09/2012.)

* Utopia: projeto de natureza irrealizável; ideia generosa, porém impraticável; quimera; fantasia.

** Falácia: qualquer enunciado ou raciocínio falso que, entretanto, simula a veracidade; raciocínio verossímil, porém falso; engano; trapaça.

Feira cultural — Renascimento, engenho e arte

Como encerramento da unidade, realizaremos uma *feira cultural*, em que serão expostos os resumos, as cartas e os jogos de palavras que você e seus colegas produziram ao longo dos capítulos.

1. Organizando, preparando e divulgando a feira

- Escolham uma data e um horário, de preferência ao longo de um dia ou de mais de um dia, para a realização da feira.
- Deem um título convidativo ao evento.
- Pensem no público que querem atingir e como farão para convidá-lo: por meio de cartazes, jornal da escola, avisos nas salas, redes sociais.
- Definam e preparem os espaços onde ficarão os murais com os resumos e com as cartas, onde os visitantes se divertirão com os jogos de palavras e onde ocorrerão outras atividades que vocês queiram realizar.
- Verifiquem se, nos resumos e nas cartas, o tamanho das letras é adequado para a exposição em murais, lembrando que os visitantes irão fazer a leitura de pé e a certa distância.
- Façam uma simulação com os jogos de palavras, a fim de verificar se o espaço destinado a eles é adequado.

The Washington Post/Getty Images

2. Realizando a feira

Exposição de resumos sobre o Renascimento

- Reúnam, em murais, os resumos produzidos no capítulo 1. Vocês podem organizá-los por afinidade de assunto, em quantos murais forem necessários. Criem para cada mural um título convidativo à leitura dos textos.
- Discutam com os colegas e o professor: Algum aluno ficará como guia, diante de cada mural, para tirar dúvidas dos visitantes? Caso decidam que sim, combinem quais alunos ficarão responsáveis pela tarefa, revezando-se na função. Esses colegas precisam de tempo para ler os resumos e tirar suas próprias dúvidas com quem os elaborou.

Rafael Andrade/Folhapress

Exposição de cartas fictícias

- Reúnam, em murais, as cartas fictícias produzidas no capítulo 3. Vocês podem organizá-las por destinatário, expondo em um mesmo mural as cartas escritas para certo autor.
- Definam como apresentar as cartas: manuscritas, impressas, com letra ou caligrafia antiga, em papel envelhecido, etc.
- Discutam com os colegas e o professor: Algum aluno ficará como guia, diante de cada mural, para tirar dúvidas dos visitantes? Caso decidam que sim, combinem quais alunos ficarão responsáveis pela tarefa, revezando-se na função. Esses alunos precisam de tempo para ler as cartas e tirar suas próprias dúvidas com quem as elaborou.

Acervo dos autores

Jogos semânticos

- Reúnam os jogos produzidos no capítulo 2 e providenciem algumas mesas em que eles possam ser jogados pelos visitantes.
- Deixem bem acessíveis aos visitantes os tutoriais que ensinam como jogar. Escritos com letras de tamanho grande, eles podem ser afixados em uma parede ou dispostos em um tripé deixado próximo das mesas em que estarão os jogos. Há também a possibilidade, entre outras que vocês julgarem adequadas, de fazer cópias plastificadas e deixá-las em cima das mesas, juntamente com os jogos.

Getty Images/Dorling Kindersley

Quem ainda escreve cartas?

- Incentivem os visitantes da feira a escrever cartas: disponibilizem um espaço adequado, com papéis, envelopes e canetas coloridos e diversificados.
- Discutam com os colegas e o professor a possibilidade de alguns alunos ficarem responsáveis por escrever cartas para pessoas que queiram enviá-las, mas estejam pouco familiarizadas com a prática. Esses alunos podem não só exercer a função de escribas, mas também auxiliar os visitantes com ideias e sugestões, encorajando-os a entrar para o mundo das cartas.

UNIDADE 3

Palavras em movimento

Galleria degli Uffizi, Florença, Itália

Medusa (1596-7), de Caravaggio, um dos expoentes da pintura barroca. Retomando o mito de Medusa da mitologia grega, a obra retrata um escudo côncavo, no qual a personagem vê a própria imagem no momento de sua morte. De acordo com o mito, por castigo de Atena, deusa da sabedoria, Medusa passou a viver uma maldição: ninguém poderia olhá-la, sob o risco de virar pedra. Segundo alguns especialistas, o rosto retratado na pintura é, na verdade, o do próprio pintor.

PROJETO

MUNDO CIDADÃO

Participe com os colegas da realização de uma *campanha* intitulada **Mundo cidadão** e da montagem de uma *mostra* sobre a campanha e sobre cidadania.

Se a palavra de Deus é tão eficaz e tão poderosa, como vemos tão pouco fruto da palavra de Deus? Diz Cristo que a palavra de Deus frutifica cento por um, e já eu me contentara com que frutificasse um por cento. Se com cada cem sermões se convertera e emendara um homem, já o Mundo fora santo.

(Pe. Antônio Vieira, *Sermão da sexagésima*.)

Dorling Kindersley/Getty Images

Getty Images

CAPÍTULO

1 Barroco Letras e sons Os gêneros digitais

LITERATURA

O Barroco

Marcos Amend/Pulsar Imagens

Igreja de São Francisco de Assis e Santuário de Nossa Senhora do Carmo, em Mariana, Minas Gerais.

Na abertura desta unidade, você teve contato com uma pintura barroca. O Barroco foi um movimento artístico que surgiu na Itália, no final do século XVI, e durante o século XVII se difundiu em países europeus e em algumas das colônias de Portugal e da Espanha, como o Brasil.

FOCO NA IMAGEM

Observe este quadro, do pintor barroco holandês Jan Vermeer:

National Gallery of Art, Washington DC, USA

Mulher com balança (1664).

1. A pintura retrata uma mulher em um ambiente fechado. Observe os detalhes do ambiente e responda:

REGISTRE NO CADERNO

a. Onde provavelmente a mulher está?

b. O que há sobre a mesa?

c. O que a mulher tem na mão direita?

d. O que ela parece estar fazendo?

2. A pintura explora efeitos do contraste entre luz e sombra.

a. Que elementos estão na sombra?

b. Sobre que elemento da pintura incide o feixe de luz que entra pela janela?

3. Observe que, ao fundo, em uma parede, há um quadro. No alto desse quadro, aparece a figura de Cristo; na parte de baixo, figuras de seres humanos, nus, compondo uma cena caótica que lembra o juízo final. Compare as figuras humanas da tela do juízo final com a figura da mulher.

  a. Que diferenças é possível observar entre elas?

  b. A mulher parece estar grávida. Que sentido esse dado agrega ao conjunto dos elementos da tela?

4. A pintura retrata nitidamente dois planos diferentes: o material e o espiritual.

  a. Que elementos são próprios do plano material? Quais representam o plano espiritual?

  b. Na obra, esses planos se completam ou estão em oposição? Justifique sua resposta com elementos das duas telas.

5. A tela de Vermeer pode ser compreendida como uma *alegoria*. Alegoria é uma representação de ideias abstratas por meio de símbolos, constituídos por figuras, animais, objetos, pessoas, etc.

National Gallery of Art, Washington DC, USA

  a. O que normalmente a balança representa?

  b. A balança da pintura está cheia ou vazia?

  c. Considerando a relação entre mundo material e mundo espiritual existente na pintura, interprete: A tela é alegoria de quê? Que ideia ou pensamento ela constrói?

6. O Barroco é uma corrente artística que vigorou no século XVII e se manifestou na pintura, na arquitetura, na literatura e em outras artes. As principais características do Barroco estão relacionadas a seguir. Entre elas, aponte as que podem ser identificadas na pintura *Mulher com balança*.

- jogo de sombra e luz
- universalismo
- elementos da mitologia greco-latina
- gosto pelas antíteses, como mundo espiritual e mundo material, vida e morte, etc.
- racionalismo
- preocupação com a passagem do tempo e com o sentido da vida
- temas religiosos

REGISTRE NO CADERNO

O juízo final na tela de Vermeer

Os especialistas divergem em relação à obra que teria inspirado o quadro que aparece ao fundo na pintura *Mulher com balança*, de Vermeer. Alguns acham que se trata do *Juízo final* de Jacob Backer; outros, que é o *Juízo final* de Jean Bellegambe. No quadro, em oposição à supremacia de Cristo, os condenados são retratados de modo obscuro, sem vida e sem contornos claros.

Gemäldegalerie, Berlim, Alemanha

Juízo final (1525), de Jean Bellegambe.

Catedral de Nossa Senhora, Antuérpia, Bélgica

Juízo final (1591), de Jacob Backer.

FIQUE CONECTADO!

Amplie seus conhecimentos sobre o Barroco, pesquisando em:

LIVROS

- *Os sermões*, de Pe. Antônio Vieira (Cultrix); *Poemas escolhidos*, de Gregório de Matos (Cultrix); *Moça com brinco de pérola*, de Tracy Chevalier (Bertrand Brasil); *Barroco — Do quadrado à elipse*, de Affonso Romano de Sant'Anna (Rocco); *Barroco mineiro* e *Barroco*, de Suzy de Mello (Brasiliense).

Editora Rocco

FILMES

- *Lutero*, de Eric Till; *Caravaggio*, de Derek Jarman; *Maria Antonieta*, de Sofia Coppola; *Moça com brinco de pérola*, de Peter Webber; *Gregório de Matos*, de Ana Carolina; *Palavra e utopia*, de Manoel de Oliveira.

Lions Gate/Everett Collection/AGB Photo

MÚSICAS

- Ouça a obra de compositores barrocos como Antonio Vivaldi, J. S. Bach, Domenico Scarlatti, Johann Paschelbel e do brasileiro Antônio José Silva. Ouça também as canções "Verdade vergonha do Boca do Inferno", de Rappin Hood, "Triste Bahia", de Caetano Veloso, e "Mortal loucura", de José Miguel Wisnik, todas criadas a partir de poemas de Gregório de Matos.

SITES

- Baixe as obras de Gregório de Matos e Pe. Antônio Vieira, que são de domínio público, acessando: http://www.dominiopublico.gov.br/pesquisa/PesquisaObraForm.do?select_action=&co_autor=45
- Conheça de perto e em 3D os doze profetas do santuário de Congonhas do Campo, feitos por Aleijadinho, no *site* do Museu de Ciências da USP, acessando: http://200.144.182.66/aleijadinho/.

IGREJAS

- O Brasil tem um rico acervo de igrejas, esculturas e pinturas barrocas, situado em cidades como Ouro Preto, Mariana, Tiradentes, Sabará, Congonhas do Campo, Diamantina, Salvador, Recife e Olinda, entre outras.

Mosteiro de São Bento, em Olinda, Pernambuco.

Rubens Chaves/Pulsar Imagens

Na seção **Conexões**, na página 229, você vai encontrar um painel de imagens que mostram esculturas de Aleijadinho, artista do Barroco mineiro.

O contexto de produção e recepção do Barroco

A pintura *Mulher com balança*, de Vermeer, pertence ao Barroco, movimento artístico que surgiu na Europa, no final do século XVI, e se estendeu em alguns países, como o Brasil, até o século XVIII. Quem produzia textos literários no Brasil nessa época? Quem era o público consumidor?

Os meios de circulação

No Brasil do século XVII, as manifestações literárias do Barroco começaram a ocorrer sobretudo na cidade de Salvador, capital da colônia, onde havia uma vida social e urbana mais intensa. Ali, a poesia circulava principalmente na forma oral e estava presente tanto em comemorações mais corriqueiras, como aniversários, quanto em ocasiões mais solenes, como em homenagens a personalidades. Os poemas circulavam também nas academias, associações em que literatos liam e discutiam poesia e o fazer poético. As academias, como as baianas Brasílica dos Esquecidos e Brasílica dos Renascidos, foram criadas no século XVIII e constituíram a primeira manifestação cultural humanística da sociedade brasileira fora dos domínios da Igreja.

As academias na Europa

No século XVII, floresceram nos círculos eruditos europeus as academias, sociedades voltadas à livre discussão dos mais variados aspectos do saber.

A Academia Francesa, uma das principais delas, surgiu a partir das reuniões informais de um grupo laico de literatos. Foi instituída formalmente em 1635 pelo cardeal Richelieu, primeiro-ministro de Luís XIII, e logo ficou responsável pela regulamentação da gramática e da ortografia francesas.

Getty Images/Gallo Images

Academia Francesa, fundada pelo cardeal Richelieu, no reinado de Luís XIII.

O Barroco em contexto

Em 1517, o padre alemão Martinho Lutero publicou 95 teses nas quais denunciava abusos e más práticas da Igreja Católica e, com elas, desencadeou a Reforma Protestante. Em 1545, a Igreja Católica reagiu a esse movimento com a Contrarreforma, que consistiu em um conjunto de medidas para reconquistar os fiéis e conter o avanço da Reforma Protestante. Algumas dessas medidas foram a restauração do Tribunal do Santo Ofício da Inquisição, a instauração da censura a obras de arte e livros — entre os quais se incluíram os de pensadores e cientistas como Erasmo de Roterdã, Galileu Galilei, Copérnico e Descartes — e a criação da Companhia de Jesus, da qual fez parte o padre Antônio Vieira, principal expressão literária do Barroco português.

Para reconquistar e manter os fiéis do catolicismo, a Contrarreforma também utilizou amplamente a expressão artística. Uma das estratégias que empregou nesse esforço foi a transformação dos cultos em espetáculos de beleza, a fim de estimular os sentidos e despertar o sentimento de devoção. Foi nesse período que as igrejas ganharam mais suntuosidade, com decorações ricas em detalhes e pinturas e esculturas em que se expressavam as emoções da fé e do êxtase religioso. Desse modo, a Contrarreforma teve grande influência na arte dos países católicos. Segundo alguns estudiosos, o Barroco acabou se tornando a arte da Contrarreforma, pelo fato de as principais características estéticas do movimento terem servido ao empenho doutrinador da Igreja Católica na luta contra a Reforma.

De maneira diferente do que ocorreu em Portugal, na Holanda, país em que o protestantismo ganhou força, a produção artística do Barroco teve um caráter predominantemente leigo. Como a Reforma aboliu o culto às imagens, quase desapareceram na pintura as representações de Cristo, as madonas e os santos. As pinturas de Vermeer, por exemplo, como a *Mulher com balança* — que você estudou na seção **Foco na imagem** —, retratam situações do dia a dia.

Em Portugal e no Brasil, o Barroco teve início no século XVII e se estendeu até meados do século XVIII.

Getty Images/Gallo Images

Interior da Igreja de Santa Clara (no Porto, Portugal, de meados do século XVIII), em talha dourada. A talha dourada, técnica que consiste em esculpir a madeira e depois revesti-la com uma película de ouro, tornou-se uma das principais expressões artísticas do Barroco joanino (do reinado de D. João V).

Fabio Colombini

Interior da Igreja de São Francisco de Assis, em São João del Rei, Minas Gerais. Construída entre 1774 e 1809, a igreja se destaca pela beleza da talha de seu interior e pelos trabalhos de Aleijadinho existentes na sua decoração interna e externa, na qual se mesclam elementos do Barroco joanino e do Rococó, estilo decorativo francês do início do século XVIII.

FOCO NO TEXTO

Você vai ler, a seguir, dois poemas de Gregório de Matos, o mais importante poeta do Barroco brasileiro. Observe que os poemas não são antecedidos por títulos, mas por rubricas inseridas por copistas ou editores dos textos.

Texto 1

A CRISTO S. N. CRUCIFICADO ESTANDO O POETA
NA ÚLTIMA HORA DE SUA VIDA

Meu Deus, que estais pendente de um madeiro,
Em cuja lei protesto de viver,
Em cuja santa lei hei de morrer
Animoso, constante, firme e inteiro:

Neste lance, por ser o derradeiro,
Pois vejo a minha vida anoitecer,
É, meu Jesus, a hora de se ver
A brandura de um Pai, manso Cordeiro.

Mui grande é vosso amor e o meu delito;
Porém pode ter fim todo o pecar,
E não o vosso amor, que é infinito.

Esta razão me obriga a confiar,
Que, por mais que pequei, neste conflito
Espero em vosso amor de me salvar.

(In: José Miguel Wisnik. *Gregório de Matos*. São Paulo: Cultrix. p. 298.)

animoso: com ânimo, determinado.
lance: situação difícil.
protestar: prometer, jurar.

A imagem de N. S. das Maravilhas

Trazida de Portugal em 1552, a imagem de N. S. das Maravilhas que se vê abaixo foi colocada na primeira catedral do Brasil, a Igreja da Sé de Salvador.

Em 1624, o Menino Jesus foi arrancado da imagem, e partes do seu corpo foram espalhadas pela cidade. Aos poucos, essas partes foram recuperadas, tornando possível a reconstituição da imagem, que atualmente está no Museu de Arte Sacra da Universidade Federal da Bahia.

A Igreja da Sé, apesar de sua importância histórica, foi demolida em 1933.

Romulo Fialdini/Tempo Composto

Nossa Senhora das Maravilhas, do século XVI.

Texto 2

ACHANDO-SE UM BRAÇO PERDIDO DO MENINO DEUS DE N. S. DAS MARAVILHAS, QUE DESACATARAM INFIÉIS NA SÉ DA BAHIA

O todo sem a parte não é todo;
A parte sem o todo não é parte;
Mas se a parte o faz todo, sendo parte,
Não se diga que é parte, sendo o todo.

Em todo o Sacramento está Deus todo,
E todo assiste inteiro em qualquer parte,
E feito em partes todo em toda a parte,
Em qualquer parte sempre fica todo.

O braço de Jesus não seja parte,
Pois que feito Jesus em partes todo,
Assiste cada parte em sua parte.

Não se sabendo parte deste todo,
Um braço que lhe acharam, sendo parte,
Nos diz as partes todas deste todo.

(In: José Miguel Wisnik. *Gregório de Matos*, cit., p. 307.)

assistir: estar, permanecer.
sacramento: rito cristão no qual é concedida a graça divina aos fiéis. No sacramento da comunhão, por exemplo, Cristo está inteiro em cada hóstia, ou seja, em cada parte.

1. Alguns procedimentos estéticos do Classicismo continuaram a ser cultivados nos textos barrocos.

a. Nos textos 1 e 2, a métrica e o tipo de composição poética são os mesmos do Classicismo? Justifique sua resposta.

b. No Barroco, os efeitos sensoriais foram amplamente explorados. Observe a sonoridade em cada um dos poemas e responda: Quais são os fonemas que se repetem neles?

2. A religiosidade católico-cristã cultivada no contexto da Contrarreforma manifesta-se em diversos poemas barrocos por meio de uma linguagem ornamentada, repleta de imagens.

a. Na primeira estrofe do texto 1, o que o eu lírico declara a Jesus? Comprove sua resposta com elementos do texto.

b. Nessa estrofe, a cruz, importante símbolo do cristianismo, é retratada por meio de uma figura de linguagem. Identifique e explique essa figura.

c. No quarto verso dessa estrofe, o eu lírico finaliza com uma figura de linguagem a declaração que faz a Jesus. Qual é essa figura? Que efeito de sentido ela produz na primeira estrofe?

3. No texto 1, ao sentir que o fim de sua vida se aproxima, o eu lírico, nas duas últimas estrofes, busca a salvação de sua alma por meio de uma argumentação.

a. Que argumento o eu lírico utiliza na terceira estrofe?

b. Na última estrofe, o eu lírico conclui que há esperança para sua salvação. Como ele chega a essa conclusão?

c. A argumentação do eu lírico segue um raciocínio silogístico. Leia o boxe "Silogismo" e, depois, tente responder: Qual seria um possível esquema para representar o raciocínio silogístico presente nas duas últimas estrofes?

4. O texto 1 aborda uma temática que é central na literatura barroca — a oposição entre a vida e a morte — e da qual derivam outras dualidades. No poema, que outra dualidade é abordada?

5. No texto 2, inspirado no episódio do Menino Jesus que foi arrancado de uma escultura religiosa (veja o boxe da p. 179), desenvolve-se uma argumentação sobre o que pode ser considerado parte ou todo.

a. Nos dois primeiros versos, o eu lírico estabelece uma relação de interdependência entre todo e parte. Do que se constitui o todo?

b. Quando a parte se torna todo?

c. No Barroco, há a tendência de fundir palavras antitéticas, visões opostas, criando-se paradoxos. No terceiro e quarto versos, o eu lírico chega à conclusão de que parte e todo são equivalentes. Explique essa conclusão, utilizando elementos do texto.

A decoração das igrejas durante o Barroco

No Barroco, as igrejas recebiam suntuosos e exuberantes elementos ornamentais, como o dossel em bronze com colunas espirais abaixo. O excessivo detalhamento ornamental utilizado na arquitetura, na pintura e na escultura barroca ocorre também na literatura. A linguagem ornamentada, com grande número de imagens e figuras, reflete esse gosto pelo rebuscamento típico do Barroco.

Diomedia / Arcaid

Dossel em bronze sobre o túmulo de São Pedro, na Basílica de São Pedro, em Roma. Obra de Giovanni Lorenzo Bernini (1598-1680).

Silogismo

Segundo a lógica aristotélica, silogismo é um raciocínio dedutivo estruturado em duas premissas (premissa maior e premissa menor) a partir das quais, por inferência, se obtém uma conclusão. Esquematicamente, esse tipo de raciocínio se estrutura da seguinte forma:

Todo A é B (premissa maior).
C é A (premissa menor).
Logo, C é B (conclusão).

Um famoso exemplo de silogismo é este:

Todo homem é mortal.
Sócrates é homem.
Logo, Sócrates é mortal.

Por meio desse exemplo, é possível notar que, em um silogismo, parte-se de uma afirmação geral para deduzir uma afirmação particular.

A grande antítese barroca: vida e morte

A essência da temática barroca está na antítese entre vida e morte. Essa temática reflete as tensões vivenciadas pelo homem do século XVII. Por um lado, como um herdeiro do Renascimento, convivia com a visão antropocêntrica, que celebra a vida humana e a superação de seus limites. Por outro, convivia com a Contrarreforma e o resgate da visão teocêntrica, que cultiva o lado frágil e imperfeito do ser humano em face da suprema perfeição e magnitude de Deus.

A estética barroca procura unificar essas visões antagônicas — medieval e renascentista —, por meio da fusão de opostos. Tematicamente, aproxima a razão e a fé, a materialidade e o espírito, o profano e o sagrado, a vida e a morte.

Na pintura ao lado, por exemplo, o retrato cru e realista da Virgem Maria feito por Caravaggio funde o espiritual e o material, transformando cenas sagradas em dramas profundamente humanos.

Museu do Louvre, Paris, França

A morte da Virgem (1605-1606), de Caravaggio.

6. Na segunda, terceira e quarta estrofes do texto 2, o eu lírico reitera a argumentação da primeira estrofe, fazendo um jogo de ideias a partir de um jogo com as palavras *todo* e *parte*.

a. Com base na definição de *sacramento* dada no glossário, explique a relação que o eu lírico estabelece entre esse rito e Deus, utilizando elementos do texto.

b. Como se dá a relação entre o braço de Jesus e a escultura inteira? Justifique sua resposta com elementos do texto.

c. Conclua: Pode-se dizer que, no poema, há um raciocínio silogístico? Explique.

Leia, a seguir, um fragmento de um sermão do padre Antônio Vieira, o principal autor do Barroco português.

Texto 3

Sermão de Nossa Senhora de Penha de França

Igreja de Penha de França, Lisboa, 1652.

[...] Nenhum de nós há tão perfeitamente são que não tenha alguma enfermidade, e muitas de que sarar. Quantos estão hoje nesta igreja mancos e aleijados? Quantos cegos, quantos surdos, quantos entrevados, e o pior de tudo, quantos mortos? Quereis saber quem são os mancos? Ouvi a Elias: *Usquequo claudicatis in* duas partes [...]? Até quando, povo errado, hás de manquejar para duas partes, adorando juntamente a Deus e mais a Baal? Quantos há debaixo do nome de cristãos, que dobram um joelho a Deus e outro ao ídolo? Perguntai-o a vossas torpes adorações. Os que fazem isto são os mancos. Quereis saber quais são os cegos? Não são aqueles que não veem: são aqueles que vendo, e tendo os olhos abertos, obram como se não viram [...] Vemos que todo este mundo é vaidade, que a vida é um sonho, que tudo passa, que tudo acaba, e que nós havemos de acabar primeiro que tudo, e vivemos como se fôramos imortais ou não houvera eternidade. [...]

(*Os sermões do Padre Antônio Vieira*. São Paulo: Montecristo, 2012. Disponível em: https://books.google.com.br/books?id=cAZrKpSd2XUC&pg=. Acesso em: 20/7/2015.)

Baal: divindade cultuada entre povos antigos do Oriente, como os cananeus e os fenícios.

ídolo: figura, estátua ou imagem adorada e cultuada como divindade.

***Usquequo claudicatis in*:** "Até quando vós claudicareis para"; claudicar significa "coxear, mancar".

7. Para impressionar ouvintes ou leitores, os autores barrocos faziam amplo uso de figuras de linguagem. Na prosa, elas eram utilizadas não apenas para ornamentar a linguagem, mas também para auxiliar na condução do raciocínio.
No texto 3, que figura de linguagem Vieira construiu a partir do emprego dos substantivos *mancos* e *cegos*? A quem esses substantivos se referem? Explique.

REGISTRE NO CADERNO

8. No Barroco, a constante preocupação com a morte influenciou na escolha de temas como a fragilidade humana, a fugacidade do tempo, a brevidade da vida e a crítica à vaidade, que podem ser observados neste trecho:

REGISTRE NO CADERNO

"Vemos que todo este mundo é vaidade, que a vida é um sonho, que tudo passa, que tudo acaba, e que nós havemos de acabar primeiro que tudo, e vivemos como se fôramos imortais ou não houvera eternidade."

Considerando os temas presentes no trecho e a vinculação do autor com a fé católica, interprete a crítica feita por Vieira em: "vivemos como se fôramos imortais ou não houvera eternidade".

9. Leia o boxe "Cultismo e conceptismo" e, depois, identifique nos três textos estudados elementos típicos dessas duas tendências de estilo observadas na literatura barroca.

Cultismo e conceptismo

Comumente, são utilizados dois conceitos para caracterizar a literatura barroca: o *cultismo* e o *conceptismo*.

O cultismo se caracteriza pela utilização de uma linguagem rebuscada, bastante ornamentada, em que predomina o jogo de palavras (como os trocadilhos), o uso de figuras de linguagem (comparação, metáfora, metonímia, antítese, paradoxo, etc.) e a exploração de efeitos sensoriais, como o som, a imagem, a cor. Gôngora (1561-1627), poeta e dramaturgo espanhol, desenvolveu com mestria esse estilo de linguagem, razão pela qual o cultismo é também chamado *gongorismo*.

O conceptismo (do espanhol *concepto*, ou seja, "conceito") valoriza a lógica, o raciocínio, a construção intelectual de uma ideia. Nos textos conceptistas, a argumentação é apurada, valendo-se de citações e exemplificações frequentes, de analogias, comparações, metáforas, hipérboles e silogismos. O escritor espanhol Quevedo (1580-1645) se distinguiu pelo cultivo desse estilo em suas obras, razão pela qual o conceptismo é também chamado *quevedismo*.

O cultismo é mais cultivado na poesia e o conceptismo na prosa, mas tais tendências estilísticas não são excludentes, podendo aparecer juntas em um mesmo texto.

Museu do Prado, Madri, Espanha

Gôngora. Anônimo (cópia de Velázquez), datado de, aproximadamente, 1622.

Instituto de Valencia de Don Juan, Madri, Espanha

Quevedo, por Juan van der Hammen, datado de meados do século XVII.

ARQUIVO

Por meio da leitura dos poemas de Gregório de Matos e de um fragmento de um sermão do Padre Antônio Vieira, você viu que, no Barroco:

- o soneto e a medida nova (o verso decassílabo), cultivados no Classicismo, continuaram a ser utilizados;
- a linguagem é ornamentada, rebuscada e explora efeitos sensoriais, como o som, a cor, a imagem e, por isso, há uma profusão de figuras de linguagem (metáforas, antíteses, aliterações, metonímias, hipérboles, etc.), de jogos de palavras e de inversões sintáticas; esse gosto pelo rebuscamento da linguagem constitui a tendência de estilo chamada *cultismo*;
- há raciocínios complexos, desenvolvidos por uma argumentação apurada, construída pelo emprego de metáforas, analogias, hipérboles, comparações, silogismos; esse gosto por raciocínios complexos constitui a tendência de estilo chamada *conceptismo*;
- há um conflito entre a visão antropocêntrica e a teocêntrica, do qual derivam temas que refletem estados contraditórios da alma e oposições entre vida e morte, pecado e perdão, matéria e espírito, amor carnal e amor platônico, razão e fé; a busca pela fusão de antagonismos resulta na transformação de antíteses em paradoxos;
- a constante preocupação com a morte denota uma concepção pessimista, relacionada a temas como a fragilidade humana, a fugacidade do tempo, a brevidade da vida, a crítica à vaidade;
- a poesia e a prosa expressam a religiosidade e a fé católica e serviram, muitas vezes, de veículo para a expansão e a defesa da Igreja Católica, em razão da Reforma protestante.

ENTRE SABERES

ARTE • FILOSOFIA
HISTÓRIA • LITERATURA

Que valores as sociedades europeias cultivavam no período do Barroco? Como se desenvolveram a ciência e a filosofia na Europa do século XVII? Como era, então, a sociedade colonial brasileira?

Para refletir sobre essas questões, leia os textos a seguir.

As sociedades europeias dos séculos XVII e XVIII

[...] A igreja barroca, com sua decoração exuberante, com suas cerimônias marcadas pelo caráter de espetáculo, revela a tendência típica das sociedades europeias dos séculos XVII e XVIII. Depois do impacto da Reforma, a Igreja Católica toma severas medidas para reconquistar seus fiéis. Um meio eficiente para atingir esse objetivo é transformar o culto num momento sublime, em que a beleza esteja presente sob todas as formas, incentivando a devoção [...] Por outro lado, os soberanos dos grandes Estados nacionais lançam mão dos mesmos recursos para a afirmação de seu poder absoluto [...]

[...] os reis mantêm seu prestígio incentivando o respeito de seus súditos através do luxo e da pompa, o que lhes confere uma imagem majestosa e sempre digna de homenagens. E a classe aristocrática, desde os nobres da corte aos senhores de terras, acompanha essa ostentação, orientando, por sua vez, o comportamento da burguesia que, amparada no acúmulo de dinheiro, procura adotar hábitos aristocráticos.

(*Arte nos séculos*. São Paulo: Abril, 1970. p. 1055-6.)

Photononstop/ AFP

Galeria dos Espelhos do Palácio de Versalhes, França. Esse palácio é um ícone da arquitetura barroca francesa e um exemplo da opulência da monarquia absolutista. A Galeria dos Espelhos, cujo teto é decorado com afrescos de Charles Le Brun (1619-1690), é uma das dependências mais suntuosas do palácio.

National Portrait Gallery, Londres, Inglaterra

Francis Bacon e a ciência moderna

O filósofo inglês Francis Bacon (1561-1626) defendia que o método para conhecer e dominar a natureza é o da experimentação (empiria), ou seja, a experiência dos sentidos, baseada em observar, tocar, sentir o cheiro, etc. Portanto, na concepção dele, além do raciocínio lógico, o conhecimento exige a experiência sensorial. Essa ideia de Bacon foi um dos alicerces da ciência moderna.

Francis Bacon (1618), obra de artista desconhecido.

Filosofia e ciência na Idade Moderna

No plano intelectual, o pensamento de Galileu, Descartes e Newton completou o processo iniciado no Renascimento. O estudo físico e matemático da natureza, chamado filosofia natural, deu passos gigantescos a partir do método indutivo que havia sido definido por Bacon no *Novum organum*. Pela observação e experimentação constatava-se a regularidade dos fenômenos. Havia ordem no universo. Esta ordem natural, estruturada como sistema, tinha leis, que poderiam ser descobertas através de procedimentos metodológicos adequados. [...]

No entanto, a Península Ibérica continuou refratária às novas correntes filosóficas [...]:

> Os trabalhos de Galileu e Harvey [...] de Bacon, Descartes, Grotius e Hobbes [...] todos concluídos na primeira metade do seiscentismo, não conseguiram modificar a rotina da Companhia [de Jesus]. Continuou a ensinar o latim decorado e a desprezar o grego e as línguas vivas, inclusive a portuguesa, as histórias universal e pátria, nos estudos menores; e a repelir [...] a matemática, a física experimental e a anatomia, nos superiores. (Carlos Rizzini, *Hipólito da Costa e o Correio Brasiliense*)

(Arno Wehling e Maria José C. M. Wehling. *Formação do Brasil colonial*. Rio de Janeiro: Nova Fronteira, 1999. p. 103-4.)

refratário: indiferente, desinteressado.

Luís XIV

O monarca absolutista francês Luís XIV, o Rei Sol, construiu o suntuoso Palácio de Versalhes e foi protetor das letras, das artes e das ciências. Seu reinado foi marcado por um excepcional desenvolvimento de obras literárias, entre as quais se destacam as de Molière e Racine, escritas para teatro. E ainda, como resultado das relações comerciais da França com o Levante, a primeira tradução, do árabe, do livro das *Mil e uma noites*, feita por Antoine Galland (1646-1715) e publicada entre 1704 e 1717.

Museu do Louvre, Paris, França

Luís XIV, por Hyacinthe Rigaud (1659-1743), em Versalhes.

A sociedade rural no Brasil do século XVII

[...] A obra literária está muito ligada ao tipo de vida social a que pertencem os que a produzem, assim como os que a consomem. Não basta haver escritores, é preciso também haver os que leem e reconhecem na literatura alguma função ou importância em suas vidas. [...] no Brasil do século XVII, a vida social era por demais acanhada para suportar uma literatura rica ou criar condições concretas para o desenvolvimento das atividades literárias.

Nessa época, a base social da vida brasileira estava nos engenhos ou nas grandes propriedades rurais e fazendas, onde se plantava a cana-de-açúcar, o tabaco ou o algodão. A vida predominante era a rural [...]

O grande proprietário rural, na figura do pai e senhor, estendia seu domínio e autoridade sobre o conjunto de seus familiares e homens livres, que precisavam, de alguma forma, submeter-se a ele, muitas vezes decidindo sobre os seus destinos; sobre os escravos, então, o seu mando era absoluto [...] Com esse tipo de relações e a vida rústica, sobrava pouco espaço para a literatura e menos ainda para alguém se dedicar a ela. Alcântara Machado, que procurou reconstituir a vida social na capitania de São Vicente, nos séculos XVI e XVII, através dos testamentos que deixaram os homens da época, observou neles uma série de fatos importantes para pensarmos a vida cultural de então. O pouco de educação que se podia alcançar nos colégios jesuítas, ou através de professores contratados e mal pagos, era restrito aos meninos, a quem se ensinava a ler, escrever e contar. O latim ficava apenas para aqueles que se fossem dedicar à vida eclesiástica. Às meninas, ensinava-se a coser, lavar, fazer renda [...] Eram raras as mulheres que sabiam ler e escrever, sendo a maior parte dos testamentos delas assinados por "outrem *a pedimento* da outorgante: por ser mulher e não *saber ler*". Os poucos livros de particulares deixados aos herdeiros eram, na maioria, devocionários e de literatura religiosa [...] Eram raros os livros de literatura profana, didáticos ou jurídicos, sendo mencionados apenas alguns, e o autor fez questão de notar: "Nenhum exemplar dos *Lusíadas*".

(Luiz Roncari. *Literatura brasileira — Dos primeiros cronistas aos últimos românticos*. São Paulo: Edusp, 2014. p. 102-6.)

Práticas literárias na capital da colônia

Foi na vida urbana de Salvador, com sua diversidade de contatos e multiplicidade de relações, que mais se desenvolveram as práticas literárias no Brasil do século XVII. Ao contrário de hoje, a literatura nessa época fazia parte da vida de todos os dias, fosse no âmbito da vida profana ou no da sagrada. Faziam-se poesia, trovas, glosas, romances em versos, desafios, encômios, versos maledicentes, trocavam-se cartas, pregavam-se sermões nas igrejas que se erguiam em cada freguesia; tudo isso a propósito de tudo e de todos, por um simples aniversário, pela morte de uma grande autoridade, para a detração de uma escrava ou de um governador.

Mas o que chamamos aqui de "práticas literárias" se refere muito mais à literatura oral que à escrita, pois se trata de versos escritos para serem lidos em ocasiões especiais. Ou então eram improvisados, como muitos desafios, a partir de motes propostos, e depois redigidos pelo próprio autor ou por terceiros. A prática literária estava assim estreitamente vinculada à pratica da oratória, para a qual alguns indivíduos se preparavam e à qual se dedicavam, tornando-se verdadeiros mestres de recitação, declamação, pregação, desafios etc.

(Idem, p. 102-6.)

encômio: texto laudatório, elogioso.

François Froger. Salvador em 1696.

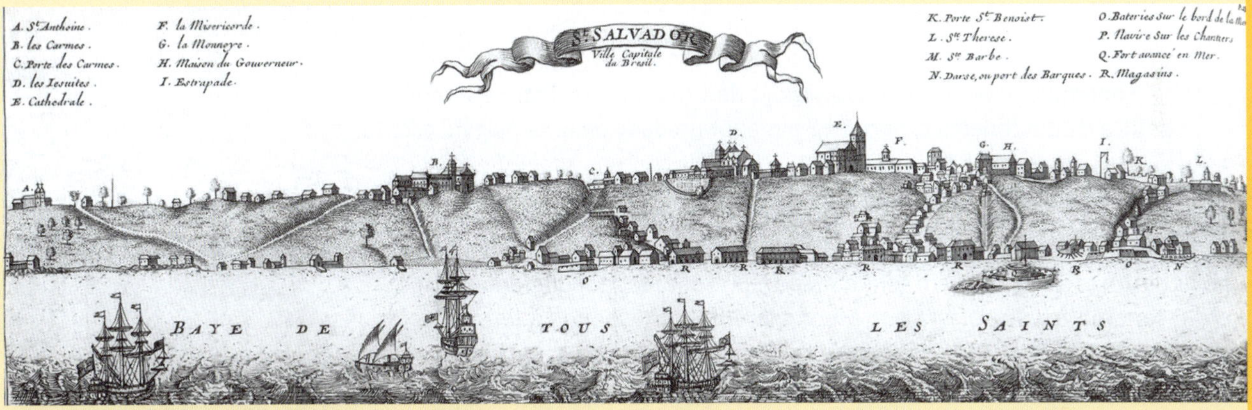

Salvador no século XVII, em ilustração de 1695, de François Froger.

Agora, discuta com os colegas as seguintes questões.

1. Nos séculos XVII e XVIII, países como a França, a Inglaterra, Portugal e Espanha viveram sob o absolutismo, sistema político e administrativo em que o rei tinha poder absoluto, ou seja, concentrava em suas mãos todos os poderes do Estado (leis, justiça, administração, etc.). De acordo com o texto "As sociedades europeias dos séculos XVII e XVIII", que estratégias os reis utilizavam para afirmar seu poder absoluto perante a sociedade? E a Igreja, para manter seus fiéis? De que modo a estética do Barroco refletia os valores dessa sociedade?

2. Durante o período do Barroco, foram feitas descobertas no campo do conhecimento e surgiram novos métodos de investigação e análise. Segundo o texto "Filosofia e ciência na Idade Moderna", que concepção os filósofos e físicos tinham do universo? Que método utilizavam para estudá-lo? Como Portugal reagiu aos avanços da ciência na Europa?

3. De acordo com o texto "A sociedade rural no Brasil do século XVII", qual era a base da vida social brasileira na época referida nesse título? Culturalmente, predominava no Brasil a vida urbana ou rural? Por que não foi possível, então, o desenvolvimento de atividades literárias?

4. Conforme o texto "Práticas literárias na capital da colônia", em Salvador, na época colonial, foi onde mais se desenvolveram as práticas literárias no Brasil. Por que isso ocorreu? Quais eram essas práticas literárias?

LÍNGUA E LINGUAGEM

Letras e sons

REFLEXÕES SOBRE A LÍNGUA

No estudo de um dos poemas de Gregório de Matos, na seção **Foco no texto** você viu que ele apresenta uma rica camada sonora, construída com base na repetição de fonemas. Observe na estrofe a seguir a repetição dos fonemas /t/, /d/ e /s/.

Em *todo* o *S*acramento e*st*á *D*eu*s* *todo*,
E *todo* a*ssist*e inteiro em qualquer parte,
E feito em parte*s* *todo* em *tod*a a parte,
Em qualquer parte *s*empre fica *todo*.

Na língua escrita, uma palavra é constituída por *letras*; na língua falada, por sons ou *fonemas*.

Fonema é a menor unidade sonora de uma palavra. **Letra** é a representação gráfica de um fonema e, portanto, a menor unidade de uma palavra escrita.

A correspondência entre sons e letras, em português, nem sempre é perfeita. Há letras que correspondem a um único som e letras que representam mais de um som. Há também sons que são representados por diferentes letras.

O fonema /p/ da palavra *parte*, por exemplo, corresponde à letra ***p***. Já o fonema /s/ de *sendo* e *assiste* corresponde, na primeira palavra, à letra ***s*** e, na segunda, às letras ***ss***.

Há também a situação em que uma combinação de duas letras representa um único fonema. Nesse caso, têm-se os *dígrafos*. Na palavra *acharam*, por exemplo, as letras *ch* representam um único fonema, o fonema /ʃ/ (lê-se "xê").

Dígrafo é a combinação de duas letras que representam um único fonema.

Conheça os dígrafos do português:

DÍGRAFOS	FONEMAS	EXEMPLOS
rr	/R/	carro
ss, sc, sç, xc	/s/	assiste, nasce, cresça, exceção
nh	/ɲ/	manhã
lh	/ʎ/	palha
ch	/ʃ/	chave
qu	/k/	queijo
gu	/g/	guerra
am, an	/ã/	ampola, andar
em, en	/ẽ/	tempo, lento
im, in	/ĩ/	fim, lindo
om, on	/õ/	compra, onde
um, un	/ũ/	bumbo, mundo

Fonética e fonologia

O fonema é objeto de estudo de dois campos da linguística: da fonética e da fonologia.

Enquanto a fonologia examina o papel do fonema como elemento de constituição da palavra e de distinção entre palavras, a fonética examina o fonema do ponto de vista de sua realização sonora.

Assim, para a fonologia, o fonema /r/ de *porta* é sempre o mesmo, independentemente de como é falado. Já a fonética examina as diferentes realizações desse fonema, dependendo de quem é o falante.

Como é que você e seus colegas falam o /r/ de *porta*? De que outras formas esse fonema pode ser pronunciado em nosso país?

Não se deve confundir dígrafo com *encontro consonantal*. Observe as letras destacadas nestas palavras do poema de Gregório de Matos:

sa**cr**amento assi**ss**te **br**aço a**ch**aram

Em *sacramento*, as consoantes *cr* são, ambas, efetivamente pronunciadas, e o mesmo ocorre com as consoantes *br*, em *braço*. Contudo, nas palavras *assiste* e *acharam*, os pares de letras *ss* e *ch* correspondem, cada um, a um único fonema. Assim, *cr* e *br* são encontros consonantais, enquanto *ss* e *ch* são dígrafos.

Encontro consonantal é o agrupamento de duas ou mais consoantes em uma palavra.

Há, na língua portuguesa, três tipos de fonemas: consonantais, vocálicos e semivocálicos. Nas palavras, são representados, respectivamente, por consoantes, vogais e semivogais.

Fonema consonantal é aquele em cuja produção o ar que vem dos pulmões encontra obstáculos (lábios, língua, dentes, etc.). São fonemas consonantais, entre outros: /p/, /b/, /t/, /d/, /k/, /g/, /f/, /v/.

Fonema vocálico é aquele em cuja produção o ar que vem dos pulmões passa livremente pela boca. Os fonemas vocálicos são: /a/, /ɛ/ (de ***e**la*), /e/ (de ***e**le*), /i/, /ɔ/ (de *tij**o**los*), /o/ (de *tij**o**lo*), /u/.

D/Araújo

(27º Anuário do Clube de Criação de São Paulo.)

No enunciado principal do *outdoor* acima, há dois encontros consonantais: *st* e *pr*.

Fonema semivocálico é aquele que é produzido como vogal, porém apresenta baixa intensidade, como as consoantes. São /y/ e /w/, ou seja, *i* e *u* fracos, pronunciados com baixa intensidade.

Na palavra *saí*, por exemplo, temos a consoante /s/ e as vogais /a/ e /i/, enquanto em *sai* temos a consoante /s/, a vogal /a/ e a semivogal /y/.

A vogal pode constituir sílaba sozinha, como na palavra *amor* (a-mor). Já a semivogal, por ter baixa intensidade, não pode constituir sílaba sozinha; por isso, ela se junta a uma vogal para formar sílaba, como em *feito* (fei-to) e *água* (á-gua).

Sílaba é um som ou um grupo de sons pronunciados em uma só emissão de voz.

Quando em uma sílaba há o encontro de uma vogal e uma semivogal, forma-se um *ditongo*. Se a ordem é semivogal + vogal, temos um *ditongo crescente*; se é vogal + semivogal, temos um *ditongo decrescente*. Veja:

m*au* — ditongo decrescente
á*gua* → á-g*ua* — ditongo crescente

Quando uma vogal se junta a duas semivogais, temos um *tritongo*. Em um tritongo, a vogal fica sempre no meio da sílaba. Veja:

Parag*uai* → Pa-ra-g*uai* — tritongo

Quando duas vogais se encontram, temos um *hiato*. Nesse caso, as vogais ficam em sílabas distintas. Veja:

saída → *sa*-*í*-da — hiato

Em resumo, são estes os tipos de encontros vocálicos:

- **Ditongo:** encontro de uma vogal e uma semivogal, que ficam sempre em uma única sílaba.
- **Tritongo:** encontro de uma vogal e duas semivogais, que ficam sempre em uma única sílaba.
- **Hiato:** encontro de duas vogais, que ficam em sílabas diferentes.

As regras básicas de divisão silábica

Não se separam:

- as letras dos dígrafos *lh, nh, ch, qu, gu*: a-lho, ma-nha, quei-jo;
- as letras dos encontros consonantais formados por consoante + **r** ou **l**: cra-vo, cla-ve; se, entretanto, o **l** ou o **r** forem pronunciados separadamente da outra consoante, ficam em sílabas diferentes: sub-lo-ca-tá-rio, sub-li-nhar;
- as letras dos ditongos e dos tritongos: frou-xo, a-guen-tar, U-ru-guai.

Separam-se:

- as letras dos hiatos: sa-í-da, sa-ú-de;
- as letras dos dígrafos *rr, ss, sc, sç, xc* e dos encontros consonantais *cc* e *cç*: bar-ro, as-sa-do, nas-cer, cres-ça, ex-ce-ção, Oc-ci-tâ-nia, in-fec-ção.

Lembre-se:

- Em uma palavra iniciada por consoante seguida de outra consoante, as duas consoantes ficam na mesma sílaba, junto com a vogal que vem depois delas: psi-co-lo-gi-a.
- No interior de uma palavra, se houver duas consoantes seguidas, cada letra deve ficar em uma sílaba: ap-to, ac-ne.

Dependendo da tonicidade que apresentam, as sílabas podem ser tônicas ou átonas. *Sílabas tônicas* são as pronunciadas com maior intensidade. *Sílabas átonas* são as pronunciadas com menor intensidade. Em *sacramento*, por exemplo, a sílaba *men* é tônica, e as demais são átonas.

APLIQUE O QUE APRENDEU

Leia os versos abaixo, de Gregório de Matos, e responda às questões de 1 a 4.

Que és terra Homem e em terra hás de tornar-te,
Te lembra hoje Deus por sua igreja,
De pó te faz espelho, em que se veja
A vil matéria, de que quis formar-te.

(Disponível em: http://www.dominiopublico.gov.br/download/texto/ua00121a.pdf. Acesso em: 20/7/2015.)

The Barnes Foundation, Filadélfia, Pensilvânia, EUA

Natureza-morta com crânio (1898), de Paul Cézanne.

1. Em relação à palavra *terra*, responda:

a. Quantas letras e quantos fonemas ela apresenta?

b. A que se deve a diferença entre o número de letras e o de fonemas da palavra?

c. Como se divide a palavra *terra* em sílabas?

2. Há nos versos várias palavras que contêm dígrafos.

a. Indique essas palavras e identifique os dígrafos que elas apresentam.

b. As palavras *homem* e *hoje* também apresentam dígrafos? Discuta com os colegas e o professor.

3. Na palavra *Deus* há um ditongo decrescente. Em que outra palavra do texto também há ditongo?

4. Na palavra *igreja* há o encontro consonantal *gr*. Entre as palavras a seguir, quais também apresentam encontro consonantal?

terra   tornar   lembra   espelho

5. Compare estas palavras:

REGISTRE NO CADERNO

que   quis   qual   cinquenta

a. Em quais há ditongo crescente?

b. Em quais a letra *u* não é semivogal e, sim, faz parte de um dígrafo?

Leia a tira de Adão Iturrusgarai a seguir e responda às questões de 6 a 9.

(*Folha de S. Paulo*, 22/8/2008.)

6. A tira é construída com quatro cenas.

a. Em que a última cena difere das demais, criando humor?

b. O sentido da palavra *assassino* é o mesmo nas quatro cenas? Por quê?

7. Parte do humor da tira se deve ao modo como o autor explorou a sonoridade das palavras *babá*, *bobo*, *bebê* e *bobó*.

a. Quantas letras e fonemas tem cada uma dessas palavras?

b. Qual é a sílaba tônica de cada uma?

c. O que difere as palavras *bobo* e *bobó*, do ponto de vista da sonoridade?

8. Observe a palavra *assassino*.

a. Quantas letras e quantos fonemas ela tem?

b. O que explica a diferença entre o número de letras e o de fonemas?

c. Como é a divisão silábica dessa palavra?

9. A onomatopeia *BUM* apresenta três letras. Ela apresenta também três fonemas? Justifique sua resposta.

REGISTRE NO CADERNO

Leia a tira a seguir, do cartunista Orlandeli, e responda às questões de 10 a 12.

GRUMP - Orlandeli

Orlandeli

(Cedida pelo autor.)

10. Orlandeli satiriza, na tira, a influência da cultura americana no Brasil. Suas personagens, Vândalo e Fido, resolveram tornar-se heróis para combater essa infuência.

a. No primeiro quadrinho, a que aula provavelmente Vândalo se refere quando diz "a aula de hoje"?

b. De acordo com o último quadrinho, como foi o desempenho do "herói" em sua missão? Por quê?

11. Na palavra *yankee*, há duas letras que foram incorporadas ao nosso alfabeto na última reforma ortográfica, em 2009.

a. Quais são essas letras?

b. A palavra *yankee* já foi aportuguesada e consta no dicionário desta forma: *ianque*. O que justifica, na tira, o emprego da forma inglesa?

12. No último quadrinho, as palavras *inteiramente* e *grátis* aparecem divididas em sílabas.

a. Por que essas palavras estão escritas desse modo?

b. A divisão silábica feita pelo cartunista segue as normas ortográficas?

c. Caso o cartunista optasse por escrever desse mesmo modo as palavras *adivinhe*, *direito* e *aula*, como seria a divisão silábica delas?

TEXTO E ENUNCIAÇÃO

Leia o poema a seguir, do poeta e compositor Arnaldo Antunes.

Inferno

Lasciate ogni speranza voi ch'entrate

Aqui a asa não sai do casulo, o azul
não sai da treva, a terra
não semeia, o sêmen
não sai do escroto, o esgoto
não corre, não jorra
a fonte, a ponte
devolve ao mesmo lado, o galo
cala, não canta a sereia, a ave
não gorgeia, o joio
devora o trigo, o verbo envenena
o mito, o vento
não acena o lenço, o tempo
não passa mais, adia,
a paz entedia, para
o mar, sem maremoto,
como uma foto, a vida,
sem saída, aqui,
se apaga a lua, acaba
e continua.

(*2 ou + corpos no mesmo espaço*. São Paulo: Perspectiva, 1997. p. 58-9.)

Dante e Virgílio no inferno (1826), obra de Delacroix inspirada na *Divina comédia*, de Dante.

Museu do Louvre, Paris, França

1. Na obra *2 ou + corpos no mesmo espaço*, da qual foi extraído o poema, a frase "*Lasciate ogni speranza voi ch'entrate*" encontra-se em uma página e o poema na página seguinte. Essa frase, cuja tradução é "Deixai toda esperança, vós que entrais", foi extraída do canto III da parte "Inferno" da *Divina comédia*, do poeta humanista italiano Dante Alighieri. Esse verso, que na obra de Dante é a inscrição gravada no portal da entrada para o inferno e que Antunes toma por epígrafe é, assim, uma espécie de "porta de entrada" para o poema.

a. Que relação existe entre o poema e a epígrafe?

b. Em duas situações foi empregado o advérbio *aqui*. Levante hipóteses: Onde fica o inferno para o eu lírico?

2. Leia o boxe "Cenas do inferno", ao lado, e depois compare o poema de Arnaldo Antunes à descrição feita por Dante, estabelecendo semelhanças entre as ideias apresentadas nos dois textos.

3. A enumeração dos elementos que compõem a visão infernal parece não ter fim. Um desses elementos, contudo, parece sintetizar todos os outros. Releia os quatro versos finais do poema:

como uma foto, a vida,
sem saída, aqui,
se apaga a lua, acaba
e continua.

a. Que elemento resume todos os elementos anteriores?

b. Explique a comparação entre a vida e a foto.

c. Dê uma interpretação coerente à aparente contradição entre *acabar* e *continuar.*

REGISTRE NO CADERNO

Cenas do inferno

Levado por Virgílio, Dante, na *Divina comédia*, adentra o portal do inferno, que descreve assim:

Ali, suspiros, queixas e lamentos
cruzavam-se pelo ar, na escuridão,
fazendo-me hesitar por uns momentos.

Línguas estranhas, gíria em profusão,
exclamações de dor, acentos de ira,
gritos, rangidos e bater de mão,

[...]

Vegetam como os sáurios indolentes;
eu os via desnudos, aguilhoados
por vespas e por moscas renitentes.

[...]

(Dante Alighieri. *Divina comédia*. Tradução de Cristiano Martins. São Paulo: Edusp, 1976. p. 98-9.)

4. A quebra dos versos não segue a lógica natural das frases. Por exemplo, o primeiro verso poderia terminar na palavra *casulo*, mas terminou em *azul*, que é o início de uma nova oração.

Que efeito de sentido essa quebra antinatural provoca no poema?

5. O poema apresenta uma rica sonoridade, constituída de recursos como aliterações (repetição do mesmo som consonantal ou de sons consonantais semelhantes) e rimas.

a. Releia os quatro primeiros versos do poema. Que sons consonantais criam aliterações nesses versos?

b. Que palavras rimam com *esgoto, ponte, adia, maremoto, vida*? Essas rimas são internas ou externas?

6. Observe a sonoridade destas palavras:

REGISTRE NO CADERNO

asa sai casulo azul semeia
sêmen acena lenço passa

a. Em quais delas a letra *s* representa o fonema /s/?

b. Em quais delas a letra *s* representa o fonema /z/, presente em *azul*?

c. Em quais delas há o fonema /s/, mas representado por letras diferentes de *s*? Que letras são essas?

7. Observe estas palavras:

adia entedia sai saída lua continua

Em todas elas, com exceção de uma, há um determinado tipo de encontro vocálico.

a. Qual é a exceção? Que tipo de encontro há nessa palavra?

b. Que tipo de encontro vocálico há nas demais palavras?

8. Observe estas palavras:

sai saída entedia semeia sereia

a. Faça a divisão silábica delas.

b. Conclua: Como se faz a divisão silábica em palavras nas quais há ditongos e hiatos?

9. O poema explora a contraposição de algumas palavras cuja diferença se deve a um único fonema. Veja: fonte – ponte.

a. Quais são os fonemas responsáveis pela distinção entre as duas palavras?

b. Com base nessa oposição, conclua: Qual é o papel dos fonemas na língua?

PRODUÇÃO DE TEXTO

Os gêneros digitais: produção de conteúdo e comunicação virtual

PROJETO

O contexto de produção e recepção dos textos

Quais textos você produzirá nesta unidade? Com que finalidade? Quem os lerá?

Nesta unidade, nosso projeto será a campanha **Mundo cidadão**. Para desenvolvê-la, vamos estudar alguns gêneros que podem auxiliar na montagem e divulgação da campanha e na mobilização do público-alvo. Assim, no decorrer da unidade, você e seus colegas irão montar um *blog*, realizar debates e escrever um ou mais artigos de opinião sobre o tema da campanha.

O foco da campanha pode ser um problema do bairro ou da comunidade, ou se relacionar a temas mais gerais que a classe debaterá nos capítulos da unidade, como a publicidade dirigida a crianças ou a participação de crianças em filmes, programas de TV, peças de teatro e anúncios.

Escolham um subtítulo para a campanha, especificando seu foco, definam com o professor qual será o público-alvo e escolham os locais em que serão realizados os eventos que farão parte dela.

Sabemos que a Internet reúne um infindável número de textos, entre os quais há os que podem configurar um rico, interessante e confiável conjunto de informações sobre os mais diversos assuntos. Além de ter se tornado fonte de muita informação, a Internet revolucionou a comunicação entre as pessoas, com os correios eletrônicos e, mais recentemente, com as redes sociais, que, entre outras possibilidades, permitem postar comentários, fotos e vídeos.

Atualmente, mais do que um banco de textos ou um meio de comunicação, a Internet tem se mostrado uma oportunidade de negócios e um meio de trabalho para muitas pessoas, que decidem criar conteúdos e disponibilizá-los em *blogs* ou *sites* de vídeos.

Quanto maior é o número de pessoas que se interessam por determinado conteúdo e quanto mais o *site* ou o *blog* que o contém é acessado, maior oportunidade seu criador tem de utilizar a Internet como meio de ganhar dinheiro, em razão dos patrocínios e contratos publicitários que pode conseguir para sua página virtual. Muitos internautas são conhecidos como *blogueiros* e *youtubers*, termos que já podem ser aplicados a duas das novas profissões do século XXI.

Hoje, há uma infinidade de *blogs* que tratam dos mais diversificados temas: política, história, literatura, maternidade, adolescência, comédia, música, jogos, notícias e muitos outros.

Você já produziu algum conteúdo especificamente para a Internet? Em qual situação? Nesta unidade, você terá a oportunidade de produzir textos de gêneros que circulam na Internet.

Os *youtubers*

Eles são como o Cristiano Ronaldo ou o Messi do planeta YouTube. [...] São um fenômeno de massa nesse submundo em que às vezes a Internet se transforma. Alguns — poucos — ganham milhões; outros, cada vez mais, conseguem uma renda mensal entre 2.700 e 15.000 reais postando vídeos caseiros no YouTube, acompanhados de seus comentários, piadas e análises. É o fenômeno *youtuber*, um movimento mundial que já atraiu o olhar de grandes produtoras de televisão [...].

Para centenas de milhares de jovens a vida acontece no YouTube. Atualmente, o portal atrai mais de 1 bilhão de visitantes por mês, que dedicam 6 bilhões de horas aos vídeos ali colocados. [...]

"É verdade que dá para viver, mas não se ganha a fortuna que as pessoas pensam", diz Jesús Casabón, que se esconde atrás do apelido TiparracoSA. Ele é dono do maior canal de piadas e câmeras escondidas da Espanha, acumulando 5 milhões de visitas, e admite que só pensa no YouTube. Porque se há algo que define essa profissão de *youtuber* é a obsessão. David Calvo (codinome Celopan) afirma que "não se preocupa muito com o amanhã". Com seus 18 anos recém-completados, suspendeu seus estudos de publicidade. Vive de seu canal de gameplays, que acaba de ultrapassar a marca de 500.000 assinantes e de 8 milhões de acessos. Ou seja, está começando a ser rentável.

(Disponível em: http://brasil.elpais.com/brasil/2014/09/19/economia/1411143896_418235.html. Acesso em: 25/7/2015.)

Alamy/Latinstock

Profissão blogueiro

Leonardo Benassatto/FuturaPress

Foi-se a época em que o termo *nerd* definia uma pessoa antissocial e sem amigos. Hoje, eles são pessoas antenadas que dominam as redes sociais, as salas de bate-papo e possuem dezenas de seguidores. A internet e as novas tecnologias têm atraído cada vez mais a atenção dos jovens e, alguns deles, estão ficando famosos na rede e até conseguindo ganhar dinheiro.

A história de Bruna Vieira é mais ou menos por aí! Ela resolveu criar um blog para desabafar os problemas da adolescência e o sucesso foi tanto que ele virou livro, e a jovem, uma celebridade. "Eu criei o blog inicialmente como um diário virtual, só para falar dos meus sentimentos, das minhas desilusões, e acabou que ele cresceu, porque as meninas foram se inspirando. Hoje virou um livro, um livro que está entre os mais vendidos. Isso é superlegal, porque eu usei a internet, que era mesmo uma brincadeira, e hoje virou uma profissão. Eu pretendo ser jornalista e seguir essa carreira", admitiu a escritora.

(Disponível em: http://gshow.globo.com/programas/mais-voce/O-programa/noticia/2013/01/ser-nerd-ta-na-moda-e-pode-render-ate-r5-mil-reais-por-mes.html. Acesso em: 25/7/2015.)

O *blog* e o comentário de Internet

FOCO NO TEXTO

Leia, a seguir, um texto postado em um *blog*.

O alto preço de viver longe de casa

Muito além do valor do aluguel

RUTH MANUS — ESTADÃO
24 Junho 2015 11h28

Acervo pessoal da autora

Voar: a eterna inveja e frustração que o homem carrega no peito a cada vez que vê um pássaro no céu. Aprendemos a fazer um milhão de coisas, mas voar... Voar a vida não deixou. Talvez por saber que nós, humanos, aprendemos a pertencer demais aos lugares e às pessoas. E que, neste caso, poder voar nos causaria crises difíceis de suportar, entre a tentação de ir e a necessidade de ficar.

Muito bem. Aí o homem foi lá e criou a roda. A Kombi. O patinete. A Harley. O Boeing 737. E a gente descobriu que, mesmo sem asas, poderia voar. Mas a grande complicação foi quando a gente percebeu que poderia ir sem data para voltar.

E assim começaram a surgir os corajosos que deixaram suas cidades de fome e miséria para tentar alimentar a família nas capitais, cheias de oportunidades e monstros. Os corajosos que deixaram o aconchego do lar para estudar e sonhar com o futuro incrível e hipotético que os espera. Os corajosos que deixaram cidades amadas para viver oportunidades que não aparecem duas vezes. Os corajosos que deixaram, enfim, a vida que tinham nas mãos, para voar para vidas que decidiram encarar de peito aberto.

A vida de quem inventa de voar é paradoxal, todo dia. É o peito eternamente dividido. É chorar porque queria estar lá, sem deixar de querer estar aqui. [...]

[...]

E começamos a viver um roteiro clássico: deitar na cama, pensar no antigo-eterno lar, nos quilômetros de distância, pensar nas pessoas amadas, no que eles estão fazendo sem você, nos risos que você não riu, nos perrengues que você não estava lá para ajudar. [...]

[...]

Será que um dia saberemos, afinal, se estamos no lugar certo? Será que há, enfim, algum lugar certo para viver essa vida que é um turbilhão de incertezas que a gente insiste em fingir que acredita controlar?

Eu sei que não é fácil. E que admiro quem encarou e encara tudo isso, todo dia.

[...]

O preço é alto. A gente se questiona, a gente se culpa, a gente se angustia. Mas o destino, a vida e o peito às vezes pedem que a gente embarque. Alguns não vão. Mas nós, que fomos, viemos e iremos, não estamos livres do medo e de tantas fraquezas. Mas estamos para sempre livres do medo de nunca termos tentado. [...]

(Disponível em: http://vida-estilo.estadao.com.br/blogs/ruth-manus/o-alto-preco-de-viver-longe-de-casa/. Acesso em: 25/7/2015.)

REGISTRE NO CADERNO

1. Um *blog* não precisa tratar sempre do mesmo assunto. Pelo fato de abordarem assuntos variados, os blogueiros, para facilitar o acesso a seus textos, utilizam *tags*, termos que funcionam como etiquetas para delimitar os assuntos de cada postagem. Entre os conjuntos de *tags* abaixo, qual corresponde ao texto lido?

a. amizade, astrologia, comportamento, relacionamento, signos

b. carreira, comportamento, trabalho

c. amigos, amizade, ciúmes, comportamento, relacionamento

d. comportamento, morar fora, mudança, relacionamento, saudades, viagens

2. Considere o título do texto: "O alto preço de viver longe de casa".

a. Podemos considerar que ele é ambíguo. Justifique essa afirmação e aponte seus dois sentidos possíveis.

b. Há no texto uma expressão que explicita essa ambiguidade. Identifique-a.

c. A qual dos sentidos possíveis no título corresponde o conteúdo do texto?

3. A autora do texto, Ruth Manus, enumera alguns dos motivos pelos quais as pessoas deixam sua cidade de origem. Quais são eles?

4. A linguagem de *blogs* é flexível, não tem um formato único. Ela pode, por exemplo, se valer de recursos utilizados mais frequentemente na literatura. Releia este trecho:

"A vida de quem inventa de voar é paradoxal, todo dia. É o peito eternamente dividido. É chorar porque queria estar lá, sem deixar de querer estar aqui."

a. Explique qual é o paradoxo a que a autora se refere e identifique, no trecho, os termos cujo emprego constitui essa figura de linguagem.

b. Além do paradoxo, há no trecho uma metáfora. Identifique-a e explique-a.

c. Releia agora os trechos a seguir e identifique qual contém uma metáfora.

- "Aí o homem foi lá e criou a roda."
- "a gente percebeu que poderia ir sem data para voltar"
- "essa vida que é um turbilhão de incertezas"

d. Levante hipóteses: A quais lugares se referem as palavras *lá* e *aqui* da frase "É chorar porque queria estar lá, sem deixar de querer estar aqui", tendo-se como referência a pessoa que "inventa de voar"?

5. Ao mesmo tempo em que pode conter recursos literários, a linguagem de *blogs* pode se aproximar da que é usada em conversas informais. Há, no texto lido, alguns trechos que lembram uma conversa, dando a impressão de que a blogueira estivesse falando com seus leitores.

a. Levante hipóteses: A quem a autora do *blog* se dirige?

b. Quais são os trechos do texto que lembram uma conversa direta com os leitores? Justifique sua resposta.

c. Identifique no texto termos que demostram informalidade, reforçando a característica de proximidade entre a linguagem de *blogs* e de conversas informais.

Dia do *blog*

Informalmente, o dia 31 de agosto foi escolhido como o dia do *blog*. A razão dessa escolha se deve ao fato de os números que compõem essa data se assemelharem às letras da palavra *Blog*. Veja:

Reprodução

Thinkstock/Getty Images

6. Discuta com os colegas e o professor e depois indique, em seu caderno, as alternativas que apresentam afirmações corretas a respeito do texto lido.

a. A autora utiliza figuras de linguagem e expressa seus próprios sentimentos; isso não significa, porém, que todos os *blogs* sigam esse padrão, uma vez que textos postados em *blogs* não têm um formato fixo.

b. Trata-se de um texto impessoal, pois está em 3ª pessoa e não exprime a opinião da autora, que o escreve com base em textos de estudiosos sobre o assunto, como pode ser exemplificado pelas citações feitas no segundo parágrafo a propósito das invenções do homem ao longo da história.

c. Trata-se de um texto extremamente pessoal, pois está em 1ª pessoa e dá a impressão de que a autora fala também de seus próprios sentimentos e de que ela pode ter vivido uma situação parecida com a que descreve.

d. O assunto explorado no texto é pouco polêmico, muito superficial e de fácil resolução, o que dificulta a possibilidade de discussão e prejudica o *blog*, que deveria ser um espaço em que internautas em geral pudessem falar de suas experiências e interagir com o blogueiro.

e. Embora adote um ponto de vista pessoal, a blogueira lança questões a seus leitores e se dirige diretamente a eles, dando margem à interação e à exposição de outras experiências e pontos de vista sobre o assunto.

Leia, agora, alguns dos comentários sobre a postagem feita por Ruth Manus e responda às questões 7 e 8.

I.

M M — Jun 25, 2015

Ruth, que legal seu texto. Não estou tão longe assim de casa, estou a pouco mais de 2000 km, mas, como não tenho dinheiro pra ir pra casa, é muito longe rs Sou estudante de arqueologia em Sergipe, mas sou de Poços de Caldas, MG, e estou neste exato momento bebendo sozinho em um apartamento "sozinho" e ler este texto me fez um bem muito legal. Obrigado por compartilhar, além do texto, acredito que sua experiência de vida :) boa noite.

2 Curtir Responder

D P — Jun 25, 2015

Depois de passar por 5 Estados no Brasil e 3 nos EUA, posso dizer que Minas segue como o lugar que sempre chamo de casa. Não pelo simples fato de ser o lugar onde eu nasci... É algo que vai muito além disso. São as pessoas, a comida, o jeito de falar, as piadas, os sorrisos, o cheiro... Enfim, sou muito feliz por estar onde estou e passar por onde passei. Mas não há nada como voltar pra casa depois de um longo voo. Estar longe nos faz compreender e enxergar melhor tudo o que há de belo, importante e essencial em nossas vidas.

5 Curtir Responder

II.

G M — Jun 25, 2015

Muito blá blá blá, a meu ver! Diálogo de gente totalmente dependente, que não é capaz de fazer nada por si mesmo, ou que demorou bastante tempo para aprender a tomar suas próprias decisões!

2 Curtir Responder

D P

@GM Jun 25, 2015

Você deve ser uma recalcada. Pessoas altamente capazes e independentes têm sentimentos... Enquanto você... Bom, vc deve ter só gases!

5 Curtir Responder

P M Jun 26, 2015

@D P @G M

Ahahahhaha...

Arrasou, D!!

1 Curtir Responder

III.

A M F Jun 25, 2015

Fiquei receoso em não comentar, pois os 41 usuários que escreveram foram unânimes em elogiar o texto. Todos se identificaram de alguma forma e alguns até choraram.

Mas pensando no método judeu, que alguém sempre precisa questionar a unanimidade, resolvi escrever e espero que não atinja ninguém, pois essa não é minha intenção.

Bom, lendo seu texto, achei sentimentos típicos do sangue latino, cristão e doutrinado a crescer e viver perto da família. Não que isso seja ruim ou errado, pelo contrário, faz parte das nossas características etnoculturais.

Apesar de amar minha família e, como alguém comentou, ser o meu porto seguro, não tenho esse sentimento detalhado no teu texto. Não sinto saudade nenhuma da minha cidade natal, Porto Alegre, sinto, sim, saudade de momentos que vivi lá e que sei que não voltarão a acontecer pelo simples fato da linha do tempo ser contínua.

Thinkstock/Getty Images

Não saí da minha cidade em busca de prosperidade, fui morar em outros lugares pelo simples fato de conhecer melhor o mundo, os hábitos sociais, diferentes práticas culturais, climas e sistemas urbanos diferentes e, o mais importante, as pessoas de outros lugares.

Claro que um bom trabalho, educação e um futuro melhor contam e muito para o êxodo, mas a qualidade de vida é a principal motivação que me faz mudar de cidade. Viver onde me sinta bem!

Com certeza ainda não encontrei o local ideal para fincar bandeira, até porque ainda preciso conhecer muitos outros lugares, mas de uma coisa eu já sei: não pretendo voltar para "casa" permanentemente.

Uma passagem a cada 6 meses com estadia de 4 ou 5 dias é o suficiente para carregar a bateria, rever os amigos de infância e matar a saudade da família.

12 Curtir Responder

D P Jun 25, 2015

@A M F

Parabéns pela maneira respeitosa de expor sua opinião. Isso tem sido muito raro de se ver, especialmente online!

2 Curtir Responder

(Disponível em: http://vida-estilo.estadao.com.br/blogs/ruth-manus/o-alto-preco-de-viver-longe-de-casa/. Acesso em: 14/11/2015.)

Thinkstock/Getty Images

7. As letras que aparecem antes de cada comentário são as iniciais do nome das pessoas que se manifestaram.

a. Quantas pessoas se manifestaram nesses comentários, no total?

b. Dessas pessoas, quantas concordam com o ponto de vista da blogueira? Quantas discordam?

c. Quais fatos e/ou argumentos foram utilizados pelas pessoas que concordam?

d. Quais fatos e/ou argumentos foram utilizados pelas pessoas que discordam?

8. Releia os comentários abaixo, os três feitos pela mesma pessoa.

D P — Jun 25, 2015

Depois de passar por 5 Estados no Brasil e 3 nos EUA, posso dizer que Minas segue como o lugar que sempre chamo de casa. Não pelo simples fato de ser o lugar onde eu nasci... É algo que vai muito além disso. São as pessoas, a comida, o jeito de falar, as piadas, os sorrisos, o cheiro... Enfim, sou muito feliz por estar onde estou e passar por onde passei. Mas não há nada como voltar pra casa depois de um longo voo. Estar longe nos faz compreender e enxergar melhor tudo o que há de belo, importante e essencial em nossas vidas.

5 Curtir Responder

D P — Jun 25, 2015

@A M F

Parabéns pela maneira respeitosa de expor sua opinião. Isso tem sido muito raro de se ver, especialmente online!

2 Curtir Responder

D P

@GM — Jun 25, 2015

Você deve ser uma recalcada. Pessoas altamente capazes e independentes têm sentimentos... Enquanto você... Bom, vc deve ter só gases!

5 Curtir Responder

O primeiro dos três comentários é de apoio ao ponto de vista da blogueira, conforme indica a maneira como a pessoa se expressa em relação à sua terra natal.

a. Comparando-se os dois comentários seguintes, é possível observar posturas contraditórias da pessoa. Em que consiste essa contradição?

b. Tendo em vista o conteúdo do primeiro dos três comentários, levante hipóteses: Por que a pessoa teve essas atitudes contraditórias?

O *e-mail* e seus usos

Thinkstock/Getty Images

Com a popularização das redes sociais, como o Facebook, o Instagram, o Snapchat e o Twitter, bem como de celulares com acesso à Internet e de aplicativos que otimizam a comunicação, como o WhatsApp, o *e-mail* tem sido cada vez menos utilizado pelas gerações hiperconectadas.

Entretanto, um ambiente em que esse gênero digital sobrevive com força é o corporativo, isto é, em empresas e situações de trabalho. Ainda é comum, nesse meio, o envio por *e-mail* de currículos e documentos, bem como de pautas de reuniões, tópicos para discussão, notícias e felicitações. Por esse motivo, ao escrever uma mensagem de *e-mail* em situações profissionais, é importante dar atenção a alguns aspectos. Alguns deles são comentados a seguir.

Shutterstock

Como não errar em e-mails profissionais

Escrever e-mails parece a coisa mais simples do mundo e, por isso, muita gente vai mandando bala sem prestar atenção no que escreve, sem ler antes de enviar e, principalmente, sem considerar como a pessoa que recebe vai entender (ou não) a mensagem. O resultado é que essa forma de comunicação, aparentemente tão simples, acaba causando mal-entendidos e gerando um ruído e tanto — normalmente por bobagens.

[...] Portanto, para evitar que isso aconteça, confira estas [...] dicas da consultora de imagem Renata Mello.

- EVITE A CAIXA-ALTA. Você pode apenas querer chamar a atenção para alguma informação, mas é muito provável que a pessoa que estiver lendo vá entender mal, como se você estivesse gritando ou, no mínimo, sendo muito indelicado. Para destacar uma informação muito importante, você pode usar negrito ou highlight (aquela opção de grifar colorido), mas sempre com moderação.
- Exclamações não são muito profissionais!!!! — Exclamar (!) no final das frases também pode dar a impressão de que você está gritando ou muito impaciente [...]. Preste atenção e deixe as exclamações preferencialmente para saudações do tipo "Bom dia!" ou "Boa sorte!". Fica mais simpático.
- Emoticons são fofos, muitas vezes economizam palavras e, de cara, demonstram o "tom" que sua voz teria se você estivesse falando e não escrevendo, mas... "Se o e-mail for para um diretor ou para alguém com quem você tem pouco contato, o melhor é evitar porque a mensagem fica informal demais", diz ela. [...] Tudo depende do grau de formalidade que vocês têm.
- "Ok" e pronto. Cuidado com esse tipo de resposta, mesmo quando você está com pressa. O melhor é dizer "ok, respondo na sequência", se você quer apenas sinalizar que leu o e-mail mas não tem tempo de responder na hora, ou "ok, tudo certo", quando estiver tudo certo mesmo [...]. Um "ok" muitas vezes significa apenas "ok" mesmo, mas pode acontecer de a pessoa dar um "tom" irritado ou desapontado para ele. [...]
- Querida, amada, idolatrada, flor, bela... Precisa continuar? "Saudações muito calorosas podem ser usadas apenas entre amigos muito próximos, para combinar um almoço comum", diz Renata. [...] Diga apenas o nome ou, se forem vários os destinatários do e-mail, utilize algo como "Caros", que não costuma pegar mal e resolve o problema.
- Aninha, Marcinha, Luisinho e todos os nomes no diminutivo também podem ser evitados, a menos que a pessoa seja amplamente conhecida e chamada dessa forma na empresa. É o velho excesso de informalidade que pode pegar mal novamente.
- Ah, sim, pode terminar o e-mail mandando beijos? Depende. Se for muito formal, o melhor é um "obrigado". Se for mais ou menos, um "abraço" pode ser ok. Se achar que terminar com "beijos" não tem problema, tudo bem também, desde que você não exagere com um "beijoooooossss", que fica inadequado em todos os casos.

(Fernanda Bottoni. Disponível em: http://www.vagas.com.br/profissoes/dicas/8-dicas-para-acertar-o-tom-dos-e-mails-corporativos/. Acesso em: 26/7/2015.)

HORA DE ESCREVER

Ao longo desta unidade, você e seus colegas deverão realizar uma campanha relacionada a um problema de seu bairro ou sua cidade. Da campanha farão parte textos diversos, que serão publicados em um *blog* criado pela classe e divulgado para toda a comunidade escolar (alunos, pais, professores, coordenadores, diretores, empresas e comércios vizinhos, etc.) ou para apenas parte dela.

Para produzir esses textos, primeiramente organizem-se em grupos. Em seguida, escolham a postagem pela qual cada grupo ficará responsável: textos explicativos da campanha e de apresentação do *blog* ou textos com atualizações sobre o andamento da campanha. No caso destes últimos, determinem a frequência (por exemplo, duas ou três vezes por semana) com que as atualizações deverão ocorrer.

Os textos explicativos e de apresentação da campanha deverão contextualizar e divulgar o trabalho que a classe desenvolverá. Assim, produzam postagens que tenham como centro:

- a origem da campanha, contando por que o tema despertou o interesse da classe;
- a finalidade da campanha, expondo os objetivos que vocês têm em vista;
- o tema da campanha, dando mais informações sobre quem serão os beneficiados;
- o convite à participação e o incentivo ao engajamento das pessoas na campanha.

Nos textos de atualização, deem informações sobre o andamento da campanha, sobre o que a classe tem feito, quem está contribuindo e como, sobre eventos relacionados à campanha (por exemplo, um debate, uma palestra, uma aula especial, etc.), entre outras cuja divulgação considerem importante.

ANTES DE ESCREVER

Planejem o texto, seguindo estes passos:

- Procurem ter clareza quanto ao público-alvo do *blog*.
- Considerem o objetivo da postagem. É apresentar o *blog*? Apresentar a campanha? Contar como surgiu a ideia do *blog*? Contar por que a classe se envolveu com o tema da campanha? Contar quem serão os beneficiados? Atualizar o público quanto ao andamento da campanha?
- Definam, com base no objetivo e no público-alvo da campanha, a linguagem do texto: mais pessoal ou mais impessoal? Mais formal ou mais informal?
- Procurem incentivar a participação do público, com comentários no *blog* ou com ações relacionadas à campanha.
- Adéquem o tamanho do texto ao formato do *blog*, considerando que ele será lido em uma tela e, portanto, se for muito longo, os leitores podem se cansar e não ler até o fim.
- Criem *tags* (etiquetas ou palavras-chave) que facilitem para o público encontrar o seu texto.

ANTES DE PASSAR A LIMPO

Antes de dar o texto por terminado, verifiquem:

- se ele cumpre o objetivo que a postagem tem em vista;
- se a linguagem está adequada ao público-alvo;
- se ele incentiva o público a participar do *blog* com comentários ou a desenvolver ações relacionadas à campanha;
- se o tamanho do texto ficou adequado ao formato *blog*;
- se as *tags* são adequadas ao conteúdo do texto.

CAPÍTULO

2 O Barroco no Brasil (I) Acentuação O debate regrado

LITERATURA

LITERATURA

Gregório de Matos

Conforme você viu no capítulo anterior, foi na cidade de Salvador que mais se desenvolveram as práticas literárias no Brasil do século XVII. Além de ser o centro de escoamento de açúcar e tabaco do Recôncavo Baiano, Salvador era a capital, ou seja, era a sede do poder político e administrativo da colônia. Assim, foi nessa vida urbana, enriquecida por relações sociais que iam além das de caráter comercial e político, que surgiram os autores do Barroco no Brasil. Nesse contexto, a produção literária desses autores foi, por um lado, um meio de expressão de sentimentos pessoais profundos e, por outro, um instrumento de crítica a figuras daquela sociedade, assim como de moralização e difusão da fé católica.

Tradicionalmente, considera-se como marco inicial do Barroco no Brasil a obra *Prosopopeia* (1601), de Bento Teixeira, constituída por um poema que imita *Os lusíadas* em diversos aspectos. Contudo, a produção de Gregório de Matos é a expressão mais importante da poesia barroca brasileira. Além de Gregório de Matos, destacam-se no Barroco brasileiro Bento Teixeira, Botelho de Oliveira e Frei Itaparica, na poesia, e Pe. Antônio Vieira, Sebastião da Rocha Pita e Nuno Marques Pereira, na prosa.

Gregório de Matos

Filho de um fidalgo português, Gregório de Matos e Guerra nasceu na cidade de Salvador, provavelmente em 1636. Estudou no Colégio dos Jesuítas em sua cidade natal e, com 19 anos, foi cursar Direito em Portugal, onde se formou na Universidade de Coimbra, em 1661. Exerceu a magistratura em Lisboa até 1681, quando retornou ao Brasil, já viúvo. Nesse período que viveu em Portugal, aprimorou seus conhecimentos sobre poesia, lendo autores como Camões, Gôngora e Quevedo.

Na Bahia, entre a magistratura e a vida boêmia, Gregório de Matos, tocando viola e cantando, compunha versos em que caçoava de todos, inclusive de governantes.

Depois de casar-se com Maria dos Povos, abandonou tudo, casa e profissão, para viver como cantador itinerante. Nesse período, conviveu com as mais diversas camadas da população e sua produção de poemas satíricos aumentou. A sátira ferina que fazia lhe rendeu a alcunha de "Boca do Inferno" e também o exílio, em Angola, de onde retornou em 1695.

Proibido de voltar para a Bahia e de divulgar suas sátiras, foi para o Recife, onde morreu no ano seguinte. Não publicou nem assinou nenhum de seus poemas.

Fundação Biblioteca Nacional, Rio de Janeiro

Gregório de Matos.

A poesia de Gregório de Matos

Seguindo os princípios do Barroco europeu, a poesia de Gregório de Matos baseia-se no cultismo de Gôngora e no conceptismo de Quevedo. Sua lírica é marcada pelo conflito, pelos antagonismos, pela oposição entre vida e morte, bem como pela fusão de elementos opostos, revelando o desejo de atingir uma unidade sintética.

Na *lírica amorosa* do autor destacam-se o conflito entre o amor carnal e o espiritual e o retrato da figura feminina por meio de metáforas, comparações, antíteses e paradoxos. A *lírica religiosa* é marcada pelo conflito entre o pecado e o perdão, pelo sentimento de culpa e pela consciência da efemeridade da vida.

Na *poesia satírica*, Gregório de Matos não poupa palavrões nem críticas às diferentes classes da sociedade baiana de seu tempo, como o clero, os governantes, os comerciantes, os mestiços, os negros, os índios. Sua crítica revela os valores e os preconceitos da época e, ao se direcionar ao que o autor considerava absurdo e inaceitável, tematiza o desconcerto do mundo (ou "mundo às avessas"). Nessa perspectiva, Gregório de Matos idealizava o passado da cidade de Salvador e agredia aqueles que, no seu modo de ver, invertiam a ordem do mundo, como o índio fidalgo ou o mulato que ascendia socialmente.

Outro aspecto importante da poesia satírica de Gregório de Matos é o trabalho com a linguagem, que foge aos padrões do Barroco, pela incorporação de vocábulos indígenas e africanos à língua portuguesa, culta e europeia, e ao soneto. Explorando o jogo de palavras, o poeta promoveu um tipo de miscigenação na linguagem poética, buscando, numa atitude barroca, a unidade na diversidade. A percepção crítica, a força dos jogos sonoros e o léxico ferino fizeram de Gregório de Matos um dos principais poetas satíricos da literatura brasileira.

Gregório de Matos e a tradição literária

É muito comum os poemas de Gregório de Matos apresentarem variações de vocabulário de uma edição para outra e também haver dúvida em relação à autoria de alguns textos que lhe são atribuídos. Isso acontece pelo fato de não se conhecer nenhum texto assinado pelo poeta nem nenhuma publicação de obra dele feita enquanto estava vivo. Apesar disso, sua obra, além de ter um importante caráter documental, pois retrata a sociedade baiana do século XVII, em razão do alto nível artístico é reconhecida como a fundadora da tradição lírica no Brasil.

FOCO NO TEXTO

Você vai ler, a seguir, três poemas de Gregório de Matos. O primeiro é representativo da lírica amorosa; o segundo, da lírica religiosa; e o último, da poesia satírica do autor.

Texto 1

A MARIA DOS POVOS, SUA FUTURA ESPOSA

Discreta, e formosíssima Maria,
Enquanto estamos vendo a qualquer hora,
Em tuas faces a rosada Aurora,
Em teus olhos e boca o Sol, e o dia:

Enquanto com gentil descortesia
O ar, que fresco Adônis te namora,
Te espalha a rica trança voadora,
Quando vem passear-te pela fria:

Goza, goza da flor da mocidade,
Que o tempo trata a toda ligeireza,
E imprime em toda a flor sua pisada.

Oh, não aguardes, que a madura idade,
Te converta essa flor, essa beleza,
Em terra, em cinza, em pó, em sombra, em nada.

(In: José Miguel Wisnik. *Poemas escolhidos – Gregório de Matos*. São Paulo: Cultrix. p. 319.)

Adônis: figura da mitologia grega representativa do ideal de beleza juvenil masculina.
Aurora: na mitologia romana, deusa do amanhecer.
fria: madrugada.

Getty Images/DeAgostini

Tocadora de alaúde (séc. XVII), de Il Genovesino, tela que se encontra no Palácio Vermelho, em Gênova, Itália.

Texto 2

NO DIA DE QUARTA-FEIRA DE CINZAS

Que és terra, homem, e em terra hás de tornar-te,
Te lembra hoje Deus por sua igreja;
De pó te faz espelho, em que se veja
A vil matéria, de que quis formar-te.

Lembra-te Deus, que és pó para humilhar-te,
E como o teu baixel sempre fraqueja
Nos mares da vaidade, onde peleja,
Te põe à vista a terra, onde salvar-te.

Alerta, alerta, pois, que o vento berra.
Se assopra a vaidade e incha o pano,
Na proa a terra tens, amaina e ferra.

Todo o lenho mortal, baixel humano,
Se busca a salvação, tome hoje terra,
Que a terra de hoje é porto soberano.

(Idem, p. 309.)

amainar: sossegar, acalmar, abrandar.
baixel: barco, navio.
ferrar: jogar âncora.
inchar o pano: inflar as velas.
lenho: embarcação.
pelejar: lutar, batalhar.
proa: parte dianteira de uma embarcação.

Igreja de Nossa Senhora da Conceição dos Capuchinhos, Roma, Itália

São Francisco em meditação (1606), de Caravaggio.

Texto 3

DESCREVE O QUE ERA NAQUELE TEMPO A CIDADE DA BAHIA

A cada canto um grande conselheiro,
Que nos quer governar cabana e vinha;
Não sabem governar sua cozinha,
E podem governar o mundo inteiro.

Em cada porta um bem frequente olheiro,
Que a vida do vizinho e da vizinha
Pesquisa, escuta, espreita e esquadrinha,
Para o levar à praça e ao terreiro.

Muitos mulatos desavergonhados,
Trazidos sob os pés os homens nobres,
Posta nas palmas toda a picardia.

Estupendas usuras nos mercados,
Todos os que não furtam muito pobres:
E eis aqui a cidade da Bahia.

(Idem, p. 41.)

P. Mortier, Cidade do Salvador, vista da Bahia de Todos os Santos, século XVII/Museu de Arte da Bahia, Salvador, Brasil

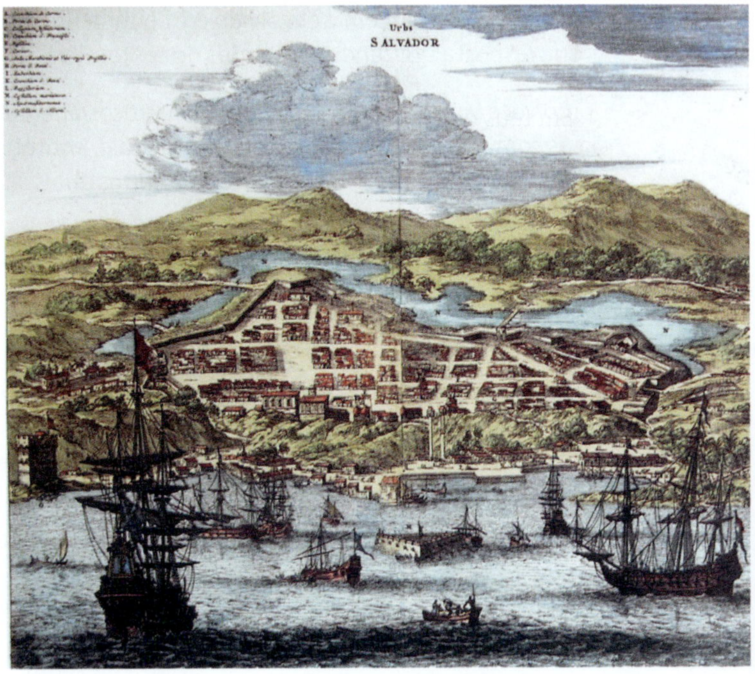

esquadrinhar: examinar minuciosamente.
picardia: logro, velhacaria, enganação.
usura: agiotagem, exploração financeira.

Plágio ou princípio da imitação?

O soneto "A Maria dos Povos, sua futura esposa" tornou-se famoso pelo fato de ser, ao mesmo tempo, uma tradução e uma paráfrase de dois sonetos do poeta espanhol Luís de Gôngora, um deles iniciado com o verso "*Illustre y hermosíssima María*", e o outro com o verso "*Mientras por competir con tu cabelo*". Do primeiro soneto, Gregório de Matos traduziu os dois quartetos e, do segundo, fez com habilidade uma paráfrase dos tercetos, traduzindo apenas o último verso: "*en tierra, en humo, en polvo, en sombra, en nada*". Essa combinação de dois poemas de Gôngora gerou diversas acusações de plágio a Gregório de Matos.

No entanto, é preciso considerar que, na época em que o autor viveu, os poetas seguiam modelos estéticos, obedecendo ao princípio da imitação, à maneira dos autores do Classicismo. Os poetas Gôngora e Quevedo, do Barroco espanhol, assim como Camões e os poetas clássicos, foram referências para a obra de Gregório de Matos, e, nesse contexto, ele realmente os imitou, parafraseou e, no caso dos espanhóis, os traduziu. Além desse fato, não havia imprensa na colônia nem rigor na questão de originalidade e de direito autoral. Por tudo isso, a ideia de plágio em Gregório de Matos é sempre muito polêmica e divide opiniões entre os críticos.

1. No texto 1, a descrição da mulher é feita conforme as convenções poéticas do período barroco.

a. Na primeira estrofe, identifique e explique as figuras de linguagem utilizadas para retratar a figura feminina.

b. As figuras de linguagem contribuem também para construir a imagem de juventude da mulher. Explique como essa construção é feita.

c. Nos quartetos do soneto, há elementos da cultura greco-romana. Quais são esses elementos? Que efeitos de sentido eles produzem no texto?

2. No primeiro terceto do texto 1, o eu lírico associa a mocidade da mulher à flor.

a. Explique essa metáfora no contexto desse e do terceto seguinte.

b. De acordo com o eu lírico, o tempo converte a flor "Em terra, em cinza, em pó, em sombra, em nada". Explique essa sucessão de metáforas.

c. A sequência de metáforas constrói outra figura de linguagem. Qual é ela?

3. O poema foi dedicado a Maria dos Povos, futura esposa do poeta. Com base nessa informação e nas do boxe "*Carpe diem*", responda:

a. No poema, como o tema do *carpe diem* é abordado?

b. O tema do *carpe diem* é envolvido em sentimento de culpa? Justifique sua resposta utilizando elementos do texto.

4. Como você viu no capítulo 1, os textos barrocos abordam com frequência os conflitos humanos pela perspectiva dual, antitética, como pecado e perdão ou razão e fé. No poema, que conflitos duais são apresentados?

5. O texto 2 se fundamenta em dois ensinamentos bíblicos: o primeiro, de que homem é pó e ao pó sempre retorna; o segundo, de que tudo na vida é vaidade.

a. Quem é o interlocutor do eu lírico no poema?

b. Segundo o poema, o homem é feito de pó. Levante hipóteses: Considerando-se a primeira estrofe do poema, que princípio moral está presente nessa afirmação? Justifique sua resposta com elementos do texto.

c. Na segunda estrofe, ao abordar os ensinamentos bíblicos, o eu lírico emprega uma imagem para representar a vida humana. Qual é ela?

d. Como o homem sempre fraqueja e se deixa levar pela vaidade, para que ele possa se salvar, o eu lírico lembra que Deus: "Te põe à vista a terra". Considerando-se os ensinamentos bíblicos, o que a terra representa nessa recomendação?

Carpe diem

A expressão *carpe diem* vem do latim e significa "colher (gozar) o dia". Ela se consagrou em versos do poeta romano Horácio (65 a.C.- 8 a.C.) que aconselham aproveitar o dia, o momento presente, em razão de o tempo ser fugidio, efêmero. Nos versos de Horácio, o *carpe diem* tem relação com convite amoroso: como a vida corre rápida e em direção à morte, o eu lírico sugere à amada que ambos, ele e ela, usufruam do amor enquanto há tempo.

O Barroco retoma a reflexão sobre a efemeridade da vida e o *carpe diem*, porém, devido ao forte sentimento religioso dominante na época, o desejo de aproveitar o dia aparece, muitas vezes, associado ao sentimento de culpa.

Mary Evans/AGB Photo

O poeta latino Horácio.

Alegoria

A alegoria é uma representação do pensamento em forma figurada, ou seja, empregam-se imagens, figuras, animais, objetos, pessoas para representar uma ideia, uma moral, um pensamento, etc. A fábula, o apólogo e a parábola são exemplos de gêneros textuais que utilizam a alegoria. Na fábula "A cigarra e a formiga", esses animais representam dois tipos humanos opostos quanto ao comportamento — o preguiçoso e o trabalhador —, e suas ações, na história, constroem uma moral: ambos colhem o que merecem.

A alegoria também está presente na pintura e na escultura. No Barroco, a arte utilizou amplamente a alegoria. Por exemplo, no quadro *Mulher com balança*, de Vermeer, a balança é uma alegoria da ponderação, do equilíbrio. Outro exemplo são os crânios, que aparecem em diversas pinturas, representando a morte.

6. Os dois tercetos do texto 2 constituem uma alegoria contra a vaidade humana.

a. Quando a vaidade assopra e "incha o pano", o ser humano deve ter em vista que na "proa" tem a terra; por isso, o eu lírico recomenda: "amaina e ferra". Considerando o contexto do poema, explique as imagens observadas nos trechos destacados.

b. Conclua: Segundo o eu lírico, de que modo o ser humano pode se livrar dos perigos da vaidade? Justifique sua resposta com elementos do último terceto.

Museu de Arte da Bahia, Salvador, Brasil

Vista da cidade de Salvador, em gravura do século XVII de autor desconhecido.

7. A poesia satírica do poeta baiano critica vários aspectos da vida social da cidade de Salvador no século XVII. No texto 3, o eu lírico critica os governantes de uma forma irônica.

a. Na primeira estrofe, *cabana*, *vinha* e *cozinha* são metonímias. Explique o sentido de tais metonímias, com base no contexto em que aparecem.

b. Explique a ironia presente nessa primeira estrofe.

c. Conclua: Nessa estrofe, qual é a crítica que Gregório de Matos faz à sociedade em que vive?

8. Na segunda estrofe do texto 3, a crítica é direcionada ao "olheiro".

a. De que modo o eu lírico enfatiza as más práticas dessa figura social?

b. Na região onde você vive, como são chamados os "olheiros"?

9. Na terceira estrofe do texto 3, reafirmando a ideologia dominante na época, o poeta critica a ascensão social do mulato. Considerando que, no segundo verso, há uma inversão da estrutura sintática, responda: Qual é a situação dos "homens nobres" diante dos mulatos?

10. No último terceto do texto 3, são feitas outras críticas à cidade da Bahia, ou seja, a Salvador.

a. Quais são essas críticas?

b. De acordo com as reflexões realizadas ao longo do poema, pode-se dizer que nele está presente o tema do mundo às avessas? Justifique sua resposta.

11. Nos poemas estudados, predomina o estilo cultista ou o estilo conceptista? Justifique sua resposta.

ENTRE TEXTOS

Você vai ler, a seguir, dois textos: um poema de Oswald de Andrade, poeta da primeira fase do Modernismo (século XX), e um poema satírico de Gregório de Matos.

Texto 1

relicário

No baile da Corte
Foi o Conde d'Eu quem disse
Pra Dona Benvinda
Que farinha de suruí
Pinga de Parati
Fumo de Baependi
É comê bebê pitá e caí

(In: Maria Aparecida Santilli. *Paralelas e tangentes — Entre literaturas de língua portuguesa*. São Paulo: Arte e Ciência, 2003. p. 43.)

Museu Histórico Nacional, Rio de Janeiro, Brasil

Baile da Ilha Fiscal (1905), de Francisco Figueiredo. O quadro retrata o último baile do Império, realizado em 9 de novembro de 1889.

Texto 2

AOS PRINCIPAIS DA BAHIA CHAMADOS OS CARAMURUS

Soneto

Há coisa como ver um Paiaiá
Mui prezado de ser Caramuru,
Descendente do sangue de tatu,
Cujo torpe idioma é Cobepá?

A linha feminina é Carimá
Muqueca, pititinga, caruru,
Mingau de puba, vinho de caju
Pisado num pilão de Pirajá.

A masculina é um Aricobé,
Cuja filha Cobé, c'um branco Paí
Dormiu no promontório de Passé.

O branco é um Marau que veio aqui:
Ela é uma índia de Maré;
Cobepá, Aricobé, Cobé, Paí.

(In: José Miguel Wisnik. *Poemas escolhidos — Gregório de Matos*, cit., p. 100.)

Fundação Biblioteca Nacional, Rio de Janeiro

Baependi: cidade do Estado de Minas Gerais; nome de origem tupi.
Conde d'Eu: nome com que ficou conhecido Luís Filipe Maria Fernando Gastão de Orléans (1842-1922); nascido na França, casou-se com a Princesa Isabel, filha do imperador D. Pedro II, em 1864, tornando-se príncipe no Brasil.
farinha de suruí: um tipo de farinha de mandioca; *suruí* é nome originalmente designativo de integrantes de um povo indígena do Estado de Rondônia.
Parati (Paraty): cidade litorânea do Estado do Rio de Janeiro; nome de origem tupi.

aricobé: tribo indígena da qual descende o Paiaiá, citado no primeiro verso.
caramuru: homem branco, europeu; no texto, fidalgos mestiços filhos de índios e brancos.
carimá: bolo feito com mandioca amolecida.
cobé: índio.
caruru: prato de origem indígena feito com a planta caruru.
cobepá: dialeto da tribo aricobé, que vivia no entorno de Salvador.
marau: espertalhão.
Maré: ilha situada na baía de Todos os Santos, na Bahia.
muqueca/moqueca: prato à base de peixe.
paí: chefe.
paiaiá: o mesmo que pajé (curandeiro de tribos indígenas).
Passé: vilarejo da Bahia.
pititinga: uma variedade de peixe.
Pirajá: bairro da cidade de Salvador, Bahia.
puba: massa de mandioca fermentada.
torpe: vil, baixo, de pouco valor.

REGISTRE NO CADERNO

1. O poema "relicário" foi publicado em 1925, no contexto do movimento Pau-Brasil, iniciado por Oswald de Andrade em 1924. O movimento se posicionava contra a dominação cultural europeia em nosso país e defendia uma poesia vinculada à realidade brasileira.

   a. No poema, que palavras são de origem indígena?

   b. Que elementos são típicos da cultura popular brasileira?

   c. Quais são os elementos relacionados à cultura europeia no texto?

2. Uma das propostas do movimento Pau-Brasil era o uso de uma língua sem arcaísmos, sem erudição, mais próxima da língua falada. No poema de Oswald, quem rompe com as regras da norma-padrão da língua é o Conde d'Eu.

   a. Considerando quem foi essa figura histórica e o contexto em que aparece no poema, responda: Que efeito a fala atribuída ao Conde d'Eu provoca no texto? Justifique sua resposta com elementos do poema.

   b. Oswald valorizava os contrastes da realidade e da cultura brasileira ao propor uma mistura de elementos culturais antagônicos. Que comportamentos do Conde d'Eu apontam para essa mistura cultural?

   c. No poema, ao juntar as faces antagônicas da sociedade brasileira, Oswald subverte a ordem e provoca humor. Levante hipóteses: O que ele ridiculariza nesse poema?

3. No poema "relicário", Oswald de Andrade se vale de um procedimento literário bem ao gosto do barroco cultista.

   a. No último verso, há uma retomada de elementos mencionados anteriormente. Relacione os produtos brasileiros citados pelo Conde d'Eu aos verbos do último verso.

   b. A sequência de verbos cria uma figura de linguagem bastante utilizada no Barroco. Qual é ela? Que efeito de sentido ela produz no texto?

Acervo Fundação José e Paulina Nemirovsky, São Paulo, Brasil

Carnaval em Madureira (1924), de Tarsila do Amaral. No quadro, a Torre Eiffel em meio à paisagem da favela de Madureira, no Rio de Janeiro, corresponde à proposta de mistura de elementos culturais antagônicos feita pelo movimento Pau-Brasil iniciado por Oswald de Andrade.

4. No texto 2, Gregório de Matos, de forma original, foge aos padrões do Barroco e incorpora palavras indígenas à língua portuguesa europeia e as utiliza em um soneto. Inconformado com a ascensão social dos mestiços — os fidalgos caramurus da Bahia —, o poeta ataca as origens e o universo cultural desse segmento social.

a. Que expressões na primeira estrofe depreciam o mestiço?

b. A falta de clareza e o jogo sonoro produzido pelo emprego de palavras que descrevem plantas, objetos e alimentos utilizados pelos indígenas provocam que efeito de sentido no poema?

c. O poema tem como alvo os fidalgos mestiços e os critica por se prezarem de caramurus, ou seja, brancos, europeus. Explique como essa ideia é reforçada no último verso do poema.

Museu Nacional da Dinamarca, Copenhague, Dinamarca

Dança dos tapuias, de Albert Eckhout (1610-1666).

5. Tendo em vista as reflexões realizadas ao longo do estudo dos dois textos, responda:

REGISTRE NO CADERNO

a. Que elementos aproximam o texto de Oswald de Andrade e o de Gregório de Matos?

b. Que elementos os distanciam?

ARQUIVO

Por meio da leitura de poemas de Gregório de Matos você viu que, na poesia do autor:

- a juventude e a beleza da figura feminina remetem ao *carpe diem*, que, por sua vez, leva a um convite amoroso;
- ocorre tanto o cultismo como o conceptismo e, em determinados poemas, há, além da ornamentação da linguagem e da exploração de efeitos sensoriais, também o jogo de ideias, construído por meio de alegorias, silogismos, metáforas, etc.;
- os estados contraditórios da alma se manifestam na aproximação de temas como vida e morte, pecado e perdão, juventude e velhice;
- a religiosidade se expressa pela crítica à vaidade e pela consciência da fragilidade humana e da fugacidade do tempo;
- a sátira faz uma crítica a diversas classes sociais da cidade de Salvador e, por meio dela, é possível observar valores e preconceitos da época;
- há a presença do tema do desconcerto do mundo, ou do mundo às avessas, que, na poesia satírica, revela as insatisfações do poeta com a sociedade em que vivia;
- há a inserção de palavras indígenas e africanas, observada na poesia satírica, o que demonstra certo afastamento do poeta em relação a padrões do Barroco europeu.

LÍNGUA E LINGUAGEM

A língua escrita: acentuação

FOCO NO TEXTO

Leia o texto a seguir, extraído de uma publicação sobre arqueologia.

Cursos de archeologia

1. Cadeira de numismatica

Nesta cadeira, que está estabelecida na Bibliotheca Nacional de Lisboa, e faz parte do Curso superior de bibliothecario-archivista, matricularam-se no actual anno lectivo de 1894-1895 seis alumnos.

A primeira epocha do anno foi consagrada ao estudo da *Numismatica geral.*

As lições são ao mesmo tempo theoricas e práticas.

(*O archeologo português*, Lisboa, Museu Etnográfico Português, v. 1, p. 17.)

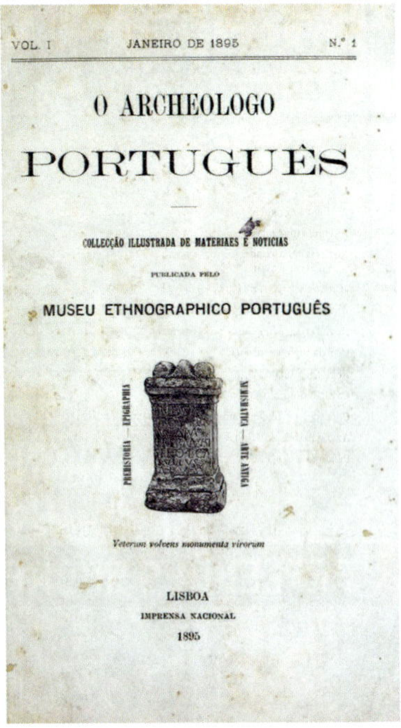

VOL. I JANEIRO DE 1895 N.º 1

O ARCHEOLOGO PORTUGUÊS

COLLECÇÃO ILLUSTRADA DE MATERIAES E NOTICIAS

PUBLICADA PELO

MUSEU ETHNOGRAPHICO PORTUGUÊS

PREHISTORIA — EPIGRAPHIA

NUMISMATICA — ARTE ANTIGA

Veterum volvens monumenta virorum

LISBOA

IMPRENSA NACIONAL

1895

Museu Nacional de Arqueologia, Lisboa, Portugal

Página de rosto do livro *O archeologo português*, de 1895.

1. O texto se refere a um curso de numismática.

a. O que é numismática?

b. Onde e quando foi dado o curso?

2. A grafia das palavras do texto segue as normas ortográficas da época.

a. Identifique no texto as palavras que apresentam grafia diferente da atual.

b. Identifique as palavras que estão acentuadas de maneira diferente da que é recomendada pela norma ortográfica atual e reescreva-as conforme essa norma.

REGISTRE NO CADERNO

3. Levando em conta o boxe abaixo e o modo como as palavras da nossa língua eram escritas no século XIX e como são escritas hoje, conclua:

a. O que são as normas ortográficas de uma língua?

b. Essas normas são estáveis? Por quê?

Reformas ortográficas do português

1911 – Reforma em Portugal.

1915 – O Brasil faz a sua reforma.

1919 – No Brasil, por ordem de Osório Duque Estrada, a ortografia volta ao que era antes de 1915.

1931 – Primeiro acordo entre Brasil e Portugal.

1934 – Com a nova Constituição, ocorre a volta à ortografia de 1891.

1938 – Volta ao acordo de 1931.

1943 – Novo acordo entre Brasil e Portugal.

1971 – Reforma no Brasil.

1986 – Durante o governo Sarney, representantes dos países de língua portuguesa reunidos no Rio de Janeiro propõem a uniformização da ortografia da língua.

1990 – O acordo ortográfico proposto em 1986 é assinado por todos os países lusófonos. No Brasil, começa a ser implantado em 2009 e se torna obrigatório em 2016. Em Portugal, os documentos oficiais passam a seguir a nova ortografia em 2015.

4. A tira que segue, de Orlandeli, faz referência ao acordo ortográfico que entrou em vigor no Brasil em 2009. Leia-a.

GRUMP - Orlandeli

Orlandeli

O humor da tira é criado a partir de uma quebra de expectativa. Em que consiste essa quebra de expectativa?

REFLEXÕES SOBRE A LÍNGUA

REGISTRE NO CADERNO

Como você viu ao responder às questões anteriores, toda língua, quando escrita, segue convenções. E as convenções sofrem mudanças, no transcorrer do tempo, em razão de interesses políticos, de diferentes visões quanto à língua escrita e de modificações que ocorrem na própria língua.

Em Portugal, do século XVI até o início do século XX, predominou uma escrita etimológica, isto é, que levava em conta a origem das palavras. É por essa razão que se escrevia *pharmacia*, com *ph*, pois essa palavra vem do grego *pharmakos* (veneno).

O acordo ortográfico que passou a ter vigência no Brasil em 2009 introduziu mudanças na grafia e na acentuação de várias palavras.

Neste capítulo e no próximo, você vai conhecer as normas ortográficas básicas da língua portuguesa, importantes para a produção de gêneros textuais escritos.

Leia esta tira:

GRUMP - Orlandeli

Orlandeli

Como se vê na tira, não adianta saber as regras de acentuação se não temos conhecimento de alguns conceitos básicos mencionados nas regras, como *ditongo* e *paroxítona*, entre outros.

No capítulo anterior, abordamos os conceitos de *ditongo* e *hiato*. Vamos, agora, abordar outros conceitos que são pré-requisitos para a compreensão das regras de acentuação.

LÍNGUA e LINGUAGEM

Classificação das palavras de acordo com a posição da sílaba tônica

Leia em voz alta as palavras abaixo e compare-as quanto à sonoridade.

aqui   agudo   paroxítona

Observe que, em *aqui*, a sílaba *qui* é pronunciada com maior intensidade e, por isso, ela é a sílaba tônica da palavra. Já em *agudo*, a sílaba tônica é *gu*, e em *paroxítona*, a sílaba tônica é *xí*.

De acordo com a posição da sílaba tônica, as palavras se classificam como:

- **oxítonas:** aquelas cuja sílaba tônica é a última: a*qui*, a*vó*, abaca*xi*;
- **paroxítonas:** aquelas cuja sílaba tônica é a penúltima: ve*ja*mos, *mu*da, a*cor*do;
- **proparoxítonas:** aquelas cuja sílaba tônica é a antepenúltima: paro*xí*tona, *lâm*pada, *sín*dico.

Abilitá

No anúncio, as palavras *por* e *a* são monossílabos átonos, enquanto *é* constitui um monossílabo tônico.

As palavras que apresentam uma única sílaba são chamadas de *monossílabos*. Os monossílabos são *átonos* quando se apoiam fonética e semanticamente em outras palavras, como *lhe*, *de*, *da*, *com*, *nos*, *me*, entre outros. São *tônicos* quando têm independência fonética e semântica, como *má*, *fé*, *sol*, *nó*, *já*, *dê*, etc.

Regras básicas de acentuação gráfica

O acordo ortográfico de 1990 tornou as regras de acentuação do português mais simples. Há quatro regras principais e alguns casos especiais.

Acentos agudo e circunflexo

Lembre-se: empregamos o acento circunflexo apenas nas vogais *e* e *o* fechadas e na vogal *a* quando seguida de *m* ou *n*.

Nos demais casos, empregamos acento agudo.

Exemplos: lápide, lâmpada, pó, pônei, bebês, pés.

1. Palavras oxítonas

São acentuadas as palavras oxítonas terminadas em *a(s)*, *e(s)*, *o(s)*, *em(ens)* e nos ditongos abertos *éi(s)*, *éu(s)* e *ói(s)*:

vatapá   jacaré   avô   Belém   papéis   heróis
atrás   japonês   avós   parabéns   chapéu

2. Monossílabos tônicos

São acentuados os monossílabos tônicos terminados em *a(s)*, *e(s)*, *o(s)* e nos ditongos abertos *éi(s)*, *éu(s)* e *ói(s)*:

réis   céu   mói

Monossílabos tônicos e palavras oxítonas terminados em *em*

Os monossílabos tônicos terminados em *em* não recebem acento, com exceção dos que são formas verbais da 3ª pessoa do plural, que recebem acento circunflexo para se diferenciarem da 3ª pessoa do singular:

(ele) vem   (eles) vêm   (ele) tem   (eles) têm

As palavras oxítonas terminadas em *em* são acentuadas normalmente, mas, nos verbos derivados de *ter* e *vir*, a 3ª pessoa do singular recebe o acento agudo e a 3ª pessoa do plural, o acento circunflexo:

(ele) intervém   (eles) intervêm   (ele) mantém   (eles) mantêm

3. Palavras paroxítonas

São acentuadas as palavras paroxítonas terminadas em *l*, *n*, *r*, *x*, *ã(s)*, *ão(s)*, *i(s)*, *ei(s)*, *um(uns)*, *us* e em *ditongo*:

útil	ímã	álbum
pólen	órfão	bônus
caráter	júri	ânsia
tórax	jóquei	enxágue

4. Palavras proparoxítonas

São acentuadas todas as palavras proparoxítonas:

lâmpada síndico ímpeto

APLIQUE O QUE APRENDEU

Leia o texto:

O novo futuro das TVs

Fabrizio Bensch/Reuters/Latinstock

Depois do fracasso das TVs de OLED, a industria tenta emplacar uma nova tecnologia revolucionaria: a televisão quantica, com pixels que exploram leis bizarras da fısica. Sera que agora vai?

TEXTO Bruno Garattoni e Fernando Badô

RIP, OLED

Apos dez anos em desenvolvimento, as TVs de OLED chegaram ao mercado em 2013. Sua imagem e muito melhor que das TVs atuais. Mas a fabricação, cara e difıcil, fez com que essa tecnologia acabasse sendo deixada de lado pelos fabricantes — restou apenas a LG, que ainda produz um modelo do tipo [...].

A NOVA ONDA

Agora, o mercado aposta em outra tecnologia: *quantum dots*, ou pontos quanticos. A televisão quantica e uma TV de LED normal, exceto por um detalhe. Dentro dela, ha uma camada de cristais metalicos de 2 nanometros (dez vezes menores que um vırus). Eles são bombardeados pela luz gerada pelos LEDs da TV. E e aí que a "magica" acontece.

(*Superinteressante*, abril 2015, p. 72.)

No texto, foi eliminada de propósito a maior parte dos acentos das palavras.

Utilizando as regras que aprendeu, reescreva em seu caderno as palavras que devem receber acento gráfico. Depois, justifique oralmente por que elas devem ser acentuadas.

Curiosidades sobre o acordo ortográfico de 1990

Em publicações mais antigas, encontram-se palavras com acentos que hoje não são mais empregados. Por exemplo, *tranquilo* e *aguentar* antes recebiam trema e eram escritas deste modo: *tranqüilo* e *agüentar*.

Da mesma forma, palavras com os hiatos *ee* e *oo*, como *leem* e *voo*, hoje não são acentuadas. Antes, porém, recebiam acento circunflexo na primeira vogal dos hiatos e eram escritas assim: *lêem* e *vôo*.

Casos especiais

São considerados casos especiais aqueles em que a acentuação independe da posição da sílaba tônica e dizem respeito a hiatos e acentos diferenciais.

1. Hiatos

Em hiatos, as vogais tônicas *i* e *u*, seguidas ou não de *s*, devem ser acentuadas:

saída   caíste   Jaú   baús

Exceções:

- Quando a vogal *i* tônica de hiatos é seguida de *nh*, ela não é acentuada: tainha, bainha, sainha, rainha.
- Quando as vogais *i* e *u* tônicas de hiatos são precedidas de ditongo e a palavra é paroxítona, elas não são acentuadas: feiura, baiuca.

2. Acentos diferenciais

- O verbo *pôr* é acentuado para diferenciar-se da preposição *por*.

É preciso *pôr* o dinheiro na conta hoje.
Faça isso *por* mim, *por* favor.

- A forma verbal *pôde* (passado) é acentuada para diferenciar-se da forma verbal *pode* (presente): Você nunca *pôde* me visitar. Será que hoje você *pode*?

APLIQUE O QUE APRENDEU

Leia esta tira, de Orlandeli, e responda às questões de 1 a 3:

Orlandeli

REGISTRE NO CADERNO

1. O cachorro menor, a personagem Vândalo, está usando uma máscara e se intitula "o corsário mascarado".
   a. Pelas qualidades que Vândalo se atribui no 2º quadrinho, como ele se sente?
   b. Conforme o 3º quadrinho, que novo sentido a palavra *mascarado* tem para o cachorro maior?
2. Observe a acentuação das palavras *corsário, astúcia, inteligência*. Que regra justifica a acentuação delas?
3. Quais das palavras abaixo são acentuadas em razão da mesma regra que determina a acentuação de *máscara*? Justifique sua resposta.

hipócrita   herói   mérito   vaidoso

Leia esta outra tira, também de Orlandeli, e responda às questões 4 e 5.

www.ultimaquimera.com.br Orlandeli

REGISTRE NO CADERNO

4. A tira é construída com base na oposição das formas verbais *pode* e *pôde*.

a. Qual é o tempo da forma verbal *pode* dos dois primeiros quadrinhos?

b. E o tempo da forma verbal *pôde* do último quadrinho?

5. Relacione o emprego das formas verbais *pode* e *pôde* ao conteúdo da tira. A que se deve a mudança do tempo verbal no último quadrinho?

TEXTO E ENUNCIAÇÃO

O acordo ortográfico de 1990, que tinha a finalidade de unificar a grafia da língua portuguesa em todos os países lusófonos — Brasil, Portugal, Moçambique, Angola, Cabo Verde e Guiné-Bissau —, foi e ainda vem sendo objeto de muita discussão. O texto a seguir foi publicado pouco antes de o acordo ortográfico entrar em vigor no Brasil, em 2009. Leia-o.

E agora, Portugal?

José Luiz Fiorin

[...]

Equívocos

Nos últimos tempos, diferentes manifestações têm surgido sobre o assunto [o acordo ortográfico] e mesmo pessoas consideradas especialistas na matéria têm incidido em quatro equívocos. É preciso afastá-los para evitar que toldem nossa apreciação desse objeto.

Getty Images/Caiaimage

O primeiro é que se está fazendo uma unificação da língua portuguesa. Isso não é verdade. O que se deseja fazer é uma unificação da ortografia, ou seja, da convenção por meio da qual se representam graficamente as formas faladas da língua, se escrevem as formas da língua. O que se pretende unificar é a escrita e não a língua, que varia de uma região para outra, de um grupo social para outro, de uma situação de comunicação para outra, de uma faixa etária para outra. A variação é um fenômeno inerente à língua, porque a sociedade em que é falada é heterogênea. É impossível uniformizar a língua. Repetimos, o que se pode e se quer tornar una é a ortografia.

O segundo equívoco é que a reforma é tímida, dever-se-ia fazer uma mudança radical para simplificar a ortografia e aproximá-la da maneira como falamos. Na verdade, aqui há dois erros. Primeiramente, não se está fazendo propriamente uma reforma ortográfica e sim um acordo de unificação ortográfica e, portanto, atinge basicamente os pontos de divergência das duas ortografias e não faz reforma profunda na maneira de grafar as palavras. Depois, enganam-se os que pensam que se pode escrever como se fala, pois a pronúncia varia, por exemplo, de região para região em cada país e, por isso, não se pode grafar tal como se fala. Além disso, cabe perguntar por que países em que se falam línguas como o francês ou o inglês, cuja ortografia reflete um estado linguístico muito mais antigo ou a origem da palavra, não fazem uma reforma ortográfica drástica. Porque não é mais possível, uma vez que mudar completamente a ortografia significa condenar à obsolescência todo o material impresso. Em duas gerações ninguém mais será capaz, sem preparo específico, de ler tudo o que foi impresso até o momento. Ora, isso é impossível. Podia-se fazer reforma ortográfica radical até o início do século passado. Depois, com o crescimento das bibliotecas, dos acervos etc. não se pode mais pensar em alterar totalmente a ortografia.

incidir: cair em, incorrer.
obsolescência: processo de tornar-se obsoleto, ultrapassado.
toldar: encobrir, anuviar.

Meia-sola

O terceiro erro sobre o acordo é que ele, de fato, não unifica a ortografia. Como disse um conhecido professor de português, é "uma reforma meia-sola". Os que afirmam isso se fundamentam no fato de que o tratado permite dupla ortografia nos casos em que no Brasil se acentua com acento circunflexo e em Portugal, com acento agudo, refletindo a diferença de timbre fechado e aberto (econômico/económico; fêmur/fémur; bebê/bebé; gênio/génio), e nos casos em que uma consoante seguida de outra não é pronunciada no Brasil, mas é falada em Portugal (por exemplo, facto/fato; secção/seção; sector/setor; amnistia/anistia; súbdito/súdito; assumpção/assunção). Afirmar que não houve a unificação é um erro porque as duas grafias passam a ser corretas no território da lusofonia. [...] A partir da entrada em vigor do acordo, as duas grafias serão corretas em todos os países de língua portuguesa.

Marcos Michael/Folhapress

Isso quer dizer que, com muita sabedoria, unificou-se, respeitando-se a diversidade de pronúncia refletida em formas históricas de grafar.

Finalmente, muitos dizem que há coisas mais importantes a fazer do que tornar uniformes as ortografias. Poderia até ser verdade se pensarmos apenas do ponto de vista das carências educacionais nos países lusófonos. No entanto, para efeitos de difusão internacional e de implantação de uma política linguística comum, a unificação é importante. Para os brasileiros, no entanto, está em jogo outra coisa. Em Portugal, muitos falam em recusar o acordo, em nome da manutenção da pureza da língua original, porque ele representa a "brasilianização da ortografia", "a colonização dos ex-colonizados". Os argumentos desses portugueses não têm fundamento na realidade. São fantasias.

[...]

José Luiz Fiorin é professor do Departamento de Linguística da USP e autor de vários livros que tratam de linguística.
(Revista *Língua Portuguesa*, ano 3, n. 28.)

1. O autor do texto, o linguista José Luiz Fiorin, aponta quatro equívocos que, na opinião dele, se observavam nas manifestações a respeito do acordo ortográfico. O primeiro se refere à confusão entre unificar a língua e unificar a escrita.

a. Qual é a diferença entre um processo e outro?

b. Na opinião do linguista, é possível fazer os dois tipos de unificação?

2. O segundo equívoco apontado pelo linguista diz respeito à confusão entre reforma ortográfica radical e uma unificação ortográfica. Qual é a diferença entre reforma e unificação, nesse caso?

3. Apesar de a implantação do acordo ser relativamente recente, está em debate atualmente uma nova proposta de reforma ortográfica. Veja em que ela consistiria:

Comissão de "Educasão" do Senado estuda abolir "h" e "ç" do Português

[...]

A Comissão de Educação (CE) do Senado debate uma nova reforma ortográfica propondo uma maior "simplificação" da Língua Portuguesa. De acordo com nota divulgada no site do presidente da comissão, senador Cyro Miranda (PSDB-GO), a ideia é excluir o "h" inicial de palavras como "homem" e "hoje", abolir o "ch", substituído pelo "x", como em "flecha", e, ainda, substituir "x" e "s" por "z" nas palavras com esse som, como "exemplo" e "analisar". O "ç" seria outra norma da língua com os dias contados, com a "educação" passando a ser escrita como "educasão".

Entre outras alterações, existe ainda a possibilidade de abolir o "u" de dígrafos como "gue" e "que", em termos como "guerra" e "guitarra". Conforme Miranda, as alterações serão debatidas em videoconferências com professores do Brasil e de países lusófonos, como Portugal e Angola. Com a novidade proposta, "um xow de gitarra, oje, seria anunsiado asim".

[...]

(*Correio do Povo*, 6/8/2015.)

Ortografia: ontem e hoje

A fim de constatar como a grafia de uma língua é relativa e histórica, observe esta comparação:

Ortografia antes de 1911/1943	Ortografia atual (acordo de 1990)
acção	ação
actividade	atividade
abbade	abade
abstrahir	abstrair
abysmo	abismo
acceder	aceder
accentuar	acentuar
accomodar	acomodar
alumno	aluno
anniversario	aniversário

REGISTRE NO CADERNO

a. A proposta comentada no texto, se aprovada, seria uma reforma ortográfica ou um acordo ortográfico? Por quê?

b. Faça uma experiência: pronuncie a palavra *mesmo*. O modo como você pronuncia a palavra é igual ao modo como seus colegas a pronunciam? E é igual ao usado no restante do Brasil? É possível, na escrita, indicar diferenças entre modos de falar?

c. Qual é o ponto de vista de José Luiz Fiorin a respeito de uma mudança dessa natureza? Justifique sua resposta com um trecho do texto do linguista.

4. Alguns críticos da unificação ortográfica alegam que o acordo ortográfico de 1990 foi uma "reforma meia-sola", pois algumas diferenças entre o português lusitano e o brasileiro foram mantidas, como *facto* (Portugal) e *fato* (Brasil).

a. Do seu ponto de vista, a simplificação ortográfica resolveria as dificuldades de escrita do português?

b. Com que argumento o linguista José Luiz Fiorin rebate essa crítica?

5. Em Portugal, o acordo ortográfico sofreu resistência por razões políticas. Quais são essas razões?

6. Todo discurso apresenta marcas que revelam a posição de seu autor em relação ao assunto que desenvolve.

a. José Luiz Fiorin se posiciona a favor ou contra os termos do acordo ortográfico? Justifique sua resposta com trechos do texto.

b. E você? Qual é sua posição a respeito da unificação ortográfica do português? Por quê?

PRODUÇÃO DE TEXTO

O debate regrado

Você já deve ter assistido a algum debate político na televisão, em época de eleições. Esse gênero textual, chamado **debate regrado público**, é bastante praticado em diferentes esferas e contextos. Além de ser realizado na TV em época de eleições, o debate regrado também acontece em sindicatos, em escolas, em comunidades e associações de bairro, em cinemas e teatros (após a apresentação de um filme ou uma peça), etc.

O debate regrado é um gênero argumentativo oral que acontece quando se quer apresentar publicamente diferentes pontos de vista acerca de um tema polêmico. Sua realização tem em vista possibilitar que o público conheça diferentes opiniões sobre um assunto, confronte propostas e ideias e, no caso de debates políticos, escolha um dos candidatos ao(s) cargo(s) em disputa.

Trata-se de um gênero que apresenta um conjunto de procedimentos e normas, além de regras que devem ser combinadas previamente. Por exemplo, pode haver dois ou mais debatedores; deve haver um moderador ou mediador, que é a pessoa que anuncia as regras do debate, dá início às discussões e interfere sempre que necessário.

FOCO NO TEXTO

O texto a seguir é a transcrição de um trecho do debate realizado às vésperas da eleição presidencial de 2014, que levou Dilma Rousseff ao segundo mandato como presidente da República. Se possível, antes de ler a transcrição, assista ao debate na Internet.

WILLIAM BONNER: Olá, boa noite. Está começando o último debate entre os candidatos à Presidência da República na eleição de 2014. [...] No primeiro e no terceiro blocos desse debate os candidatos fazem perguntas um para o outro. Meio minuto para pergunta, um minuto e meio para resposta, 50 segundos para a réplica e 50 segundos para a tréplica. Cada um dos candidatos terá direito a fazer três perguntas para o adversário. [...] Agora vamos receber os candidatos à Presidência. Aécio Neves, do PSDB, e Dilma Rousseff, do PT. Muito obrigado pela presença dos dois candidatos. Agradeço os dois. Boa noite, candidata Dilma.

DILMA ROUSSEFF: Boa noite, Bonner.

WILLIAM BONNER: Boa noite, candidato Aécio Neves.

AÉCIO NEVES: Boa noite, Bonner.

WILLIAM BONNER: Muito bem. Pelo nosso sorteio, quem deverá começar fazendo perguntas é o candidato Aécio Neves. É o senhor. Peço aos dois que se aproximem e venham até o púlpito. É o senhor que abre este debate fazendo a primeira pergunta à candidata Dilma Rousseff. A pergunta, como eu disse, tem 30 segundos.

Alexandre Cassiano/Agência O Globo

Pergunta 1

AÉCIO NEVES: Candidata, essa campanha vai passar para a história como a mais sórdida das campanhas eleitorais do nosso sistema democrático. A calúnia, a infâmia, as acusações irresponsáveis foram feitas não só em relação a mim, com relação ao Eduardo Campos, em relação à Marina, agora em relação a mim. Isso é um péssimo exemplo. Mas eu lhe faço uma pergunta, candidata. A revista [*Veja*] hoje publica que o delator, um dos delatores do "petrolão", disse que a senhora e o ex-presidente Lula tinham conhecimento da corrupção na Petrobras, uma oportunidade da senhora responder aos brasileiros. A senhora sabia, candidata, da corrupção na Petrobras?

DILMA ROUSSEFF: Candidato, é fato que o senhor tem feito uma campanha extremamente agressiva a mim. Isso é reconhecido por todos os eleitores. Agora essa revista que fez e que faz sistematicamente oposição a mim, faz uma calúnia e uma difamação do porte que ela fez hoje. E o senhor endossa. Candidato, a revista *Veja* não apresenta nenhuma prova do que faz. Eu manifesto aqui a minha inteira indignação. Porque essa revista tem o hábito de nos finais das campanhas, na reta final, tentar dar um golpe eleitoral, e isso não é a primeira vez que ela fez. Fez em 2002, fez em 2006, fez em 2010 e agora faz em 2014. O povo não é bobo, candidato. O povo sabe que está sendo manipulada essa informação porque não foi apresentada nenhuma prova. Eu irei à Justiça para defender-me e ao mesmo tempo tenho certeza de que o povo brasileiro vai mostrar a sua indignação no domingo votando e derrotando essa proposta que o senhor representa e que é o retrocesso no Brasil.

AÉCIO NEVES: Candidata, eu apenas dei à senhora a oportunidade de apresentar sua defesa, não acredito que a acusação à revista ou a tentativa do seu partido de tirá-la de circulação seja a melhor resposta. A delação premiada traz ao réu o benefício de ele obviamente apresentar provas, caminhos que levem à comprovação das acusações e nós temos que aguardar que isso ocorra. Uma outra revista, para ver que não há um complô contra a senhora, lança hoje na sua capa, a revista *IstoÉ*, fala da campanha da mentira, da campanha da infâmia. Hoje aqui no Rio de Janeiro, na sede do seu partido, foram apreendidos boletins apócrifos contra a minha candidatura. No Nordeste brasileiro, carros de som estão circulando dizendo que, se o eleitor votar no 45, ele está automaticamente desligado do Bolsa Família. A senhora se orgulha, candidata, de uma campanha nesse nível?

DILMA ROUSSEFF: Candidato, eu fico muito estarrecida com o senhor, porque eu na minha vida política, na minha vida pública, jamais persegui jornalista, jamais reprimi a imprensa. Tenho respeito pela liberdade da imprensa, porque eu vivi os tempos escuros desse país. Agora, candidato, eu acredito que o senhor cita duas revistas, candidato, que nós sabemos para quem fazem campanha. E agora acredito que a partir de segunda-feira vai desaparecer essa acusação. Agora, eu não vou deixar que ela desapareça. Eu vou investigar os corruptos e os corruptores, e os motivos pelos quais isso chegou a esse ponto.

WILLIAM BONNER: A candidata Dilma agora faz a pergunta ao candidato Aécio.

Pergunta 2

DILMA ROUSSEFF: Candidato, o Brasil é um país que se destaca hoje no mundo pelo fato de ter criado milhões de empregos. Nós não só criamos empregos, como também tivemos um aumento significativo da renda neste mês de setembro, 1,5% real. O senhor concorda com o que fala o seu candidato a Ministro da Fazenda, que diz que o salário mínimo está alto demais?

AÉCIO NEVES: Candidata, não é justo colocar palavras na boca de alguém que não está aqui para respondê-la. Eu tenho orgulho enorme do meu candidato a Ministro da Fazenda. A senhora parece que não tem do seu, até porque já demitiu o atual Ministro da Fazenda. Mas o Brasil, candidata, é visto sim pela comunidade internacional como um dos países que menos cresce na nossa região. Temos uma taxa de investimentos hoje de 16,5% do PIB, a pior da década, porque o seu governo afugentou os investimentos, e a inflação, infelizmente, está de volta. A situação do Brasil é extremamente grave, candidata, e

Luciana Whitaker/ Pulsar Imagens

é preciso que o seu governo reconheça isso, porque os mercados, outros países, os brasileiros já reconhecem. O governo do PT e o governo da candidata Dilma Rousseff fracassou na condução da economia, pois nos deixará uma inflação saindo de controle, por mais que ela não reconheça, um crescimento pífio, fracassou na gestão do Estado nacional. O Brasil é hoje um cemitério de obras abandonadas, inacabadas, e com sobrepreço, de fortes denúncias de desvios por toda a parte, e fracassou na melhoria dos nossos indicadores sociais. Lamentavelmente, candidata, esse é o retrato do Brasil real, não é o retrato do Brasil da propaganda do seu marqueteiro. Mas nós vamos muito mal na saúde ou a senhora acha que vai bem? Vamos mal na segurança pública, uma omissão criminosa do governo federal, e vamos muito mal na educação. A senhora será a primeira presidente da República pós-Plano Real que deixará o país com uma inflação maior do que aquela que recebeu.

DILMA ROUSSEFF: Eu acho que o senhor está mal informado, porque quem deixou o país com uma inflação maior do que recebeu foi o governo tucano do Fernando Henrique. Além disso, candidato, eu queria dizer que nós criamos empregos, sim, candidato, e o senhor não pode questionar esse fato. São dados reais. Nós aumentamos o salário mínimo 71% em termos reais. Além disso, candidato, na saúde, quem não gastou o mínimo constitucional foi o senhor quando era governador, que ficou devendo R$ 8 bilhões. Além disso, candidato, eu quero deixar claro que eu tenho certeza de que eu neste próximo mandato farei um governo muito melhor se for eleita, principalmente controlando a inflação.

AÉCIO NEVES: Vamos aguardar o eleitor decidir se a senhora vai ter o próximo mandato, candidata.

DILMA ROUSSEFF: Eu disse: se eu for.

WILLIAM BONNER: Por favor.

(Disponível em: http://g1.globo.com/politica/eleicoes/2014/transcricao-debate-presidencial-2-turno.html. Acesso em: 15/9/2015.)

REGISTRE NO CADERNO

1. Em relação aos participantes desse debate e às regras adotadas, responda:

a. Quem atua como moderador? Em que momentos o moderador fala, nesse trecho do debate?

b. Em relação à primeira pergunta, identifique qual fala é a da resposta, qual é a da réplica e qual é a da tréplica.

c. No total, a cada pergunta, quanto tempo o interlocutor tem para responder? Justifique sua resposta.

2. Na primeira pergunta que faz, Aécio Neves tenta desqualificar sua oponente por meio do uso de duas estratégias.

a. Quais são elas?

b. De que argumento Dilma se vale para rebater a afirmação de Aécio?

3. Na tréplica, Dilma faz uma insinuação a respeito dos órgãos de imprensa.

a. O que ela insinua?

b. Essa insinuação é grave, do ponto de vista do jornalismo e da ética? Por quê?

Gustavo Serebrenick/Brazil Photo

4. Na segunda pergunta, Dilma aborda o tema da economia e, antes de fazer a pergunta, aproveita para afirmar que seu governo criou milhões de empregos e melhorou a renda dos trabalhadores.

REGISTRE NO CADERNO

a. Aécio responde à pergunta de Dilma?

b. Como Aécio tenta desconstruir a afirmação de Dilma?

c. Que argumentos Dilma utiliza em sua contra-argumentação?

d. Por que o jornalista William Bonner interfere ao final dessa pergunta?

5. De modo geral, os debatedores, para enriquecer seus argumentos e tornar seu discurso mais convincente, procuram empregar dados estatísticos, mencionar fatos históricos, fazer comparações, citar o pensamento ou uma frase de pessoa renomada. No trecho transcrito do debate em estudo quais desses recursos foram utilizados?

6. Nos debates regrados, é comum os debatedores fazerem afirmações como "Eu concordo com fulano", "Eu discordo de fulano" ou, ainda, "Eu concordo em parte com fulano". No trecho transcrito do debate em estudo, aparecem expressões desse tipo? Se não, levante hipóteses sobre por que elas não foram usadas.

7. Observe a linguagem dos candidatos e o modo como eles se tratam.

a. Pode-se dizer que a linguagem é formal ou informal? Justifique sua resposta.

b. A variedade linguística utilizada é adequada à situação? Justifique sua resposta.

8. O texto que você leu é transcrição de um trecho de debate. Embora em debates políticos os candidatos façam uso de anotações escritas, o gênero é essencialmente oral, e o debate em estudo apresenta algumas marcas de oralidade.

Releia esta parte de uma fala de Dilma:

"Candidato, é fato que o senhor tem feito uma campanha extremamente agressiva a mim. Isso é reconhecido por todos os eleitores. *Agora essa revista que fez e que faz sistematicamente oposição a mim, faz uma calúnia e uma difamação do porte que ela fez hoje. E o senhor endossa. Candidato, a revista* Veja *não apresenta nenhuma prova do que faz. Eu manifesto aqui a minha inteira indignação. Porque essa revista tem o hábito de nos finais das campanhas, na reta final, tentar dar um golpe eleitoral, e isso não é a primeira vez que ela fez.* Fez em 2002, fez em 2006, fez em 2010 e agora faz em 2014."

Nessa parte, há, no trecho destacado, expressões que no registro escrito seriam diferentes. Discuta com o professor e os colegas quais são essas expressões e que nova redação poderia ser dada ao trecho.

HORA DE PRODUZIR

Há, a seguir, duas propostas de produção de debate regrado.

1. Você já deve ter visto propagandas dirigidas às crianças em programas de televisão. Será que anúncios desse tipo são inofensivos às crianças ou podem causar problemas de saúde e até criar problemas psicológicos? O assunto já foi, inclusive, proposto como tema de redação em um dos exames do Enem.

Na sua opinião, a publicidade infantil deve ser proibida? Leia o painel de textos que segue e depois debata o tema com os colegas.

Texto 1

A publicidade infantil deve ser proibida?

Mike Kemp/Tetra Images/Corbis/Latinstock

A aprovação, em abril de 2014, de uma resolução que considera abusiva a publicidade infantil, emitida pelo Conselho Nacional de Direitos da Criança e do Adolescente (Conanda), deu início a um verdadeiro cabo de guerra envolvendo ONGs de defesa dos direitos das crianças e setores interessados na continuidade das propagandas dirigidas a esse público.

[...]

Elogiada por pais, ativistas e entidades, a resolução estabelece como abusiva toda propaganda dirigida à criança que tem "a intenção de persuadi-la para o consumo de qualquer produto ou serviço" e que utilize aspectos como desenhos animados, bonecos, linguagem infantil, trilhas sonoras com temas infantis, oferta de prêmios, brindes ou artigos colecionáveis que tenham apelo às crianças. Ainda há dúvidas, porém, sobre como será a aplicação prática da resolução. E associações de anunciantes, emissoras, revistas e de empresas de licenciamento e fabricantes de produtos infantis criticam a medida e dizem não reconhecer a legitimidade constitucional do Conanda para legislar sobre publicidade e para impor a resolução tanto às famílias quanto ao mercado publicitário. Além disso, defendem que a autorregulamentação pelo Conselho Nacional de Autorregulamentação Publicitária (Conar) já seria uma forma de controlar e evitar abusos.

IDOETA, P. A.; BARBA, M. D. Disponível em: www.bbc.co.uk. Acesso em: 23 maio 2014 (adaptado).

(Enem 2014.)

Texto 2

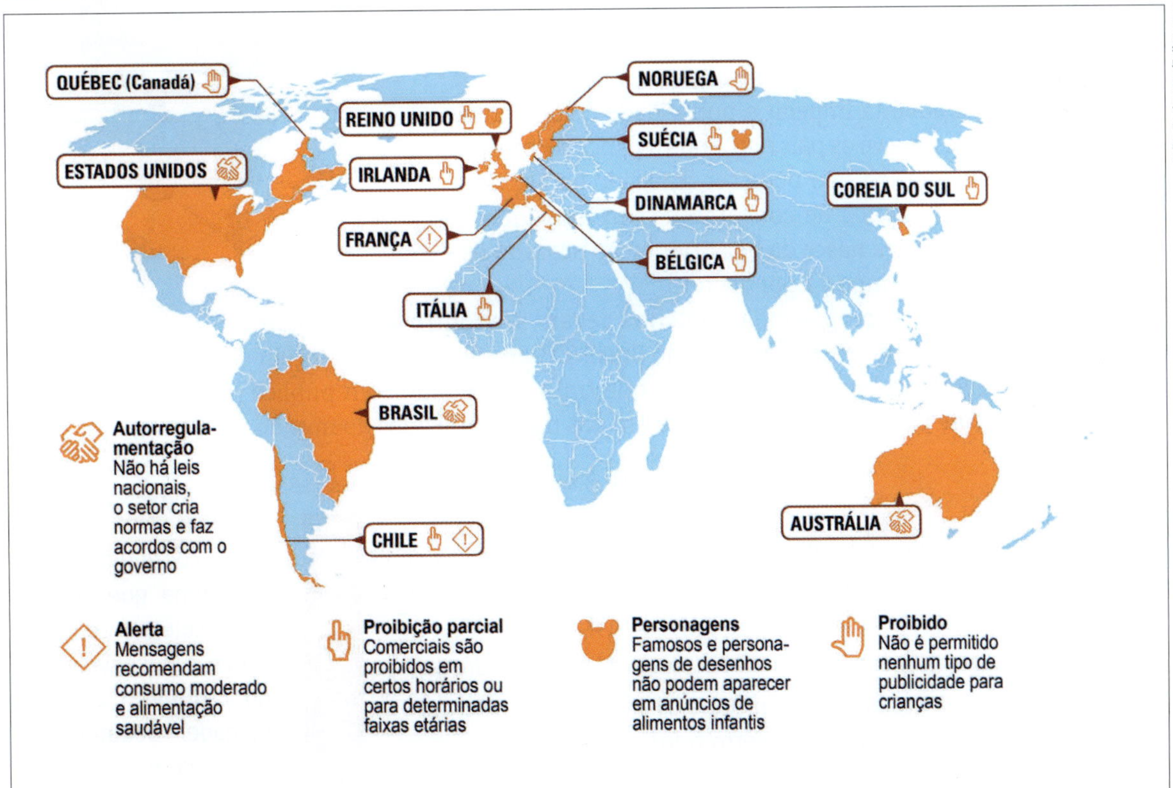

Editoria de Arte/Folhapress

Fontes: OMS e Conar/2013. Disponível em: www1.folhauol.com.br. Acesso em: 24 jun. 2014 (adaptado). (Enem 2014.)

Texto 3

A publicidade deve ser proibida para crianças?

[...]

Sim

As crianças não têm maturidade suficiente para se proteger da persuasão exercida pela publicidade, sendo facilmente seduzidas para o consumo. O Estado tem a obrigação de interferir para defender o público infantil dessa lavagem cerebral publicitária. Ainda mais quando esse estímulo é feito por meio de uma concessão pública, que é a televisão.

Os abusos da publicidade contribuem para a obesidade infantil. Pesquisas comprovam a relação entre os comerciais de alimentos e o sobrepeso infantil. Um estudo do National Bureau of Economic Research, nos EUA, mostrou que, se os anúncios de redes de fast-food fossem eliminados, o número de crianças gordinhas seria quase 20% menor.

Com campanhas milionárias, repetidas à exaustão, a publicidade acaba anulando a autoridade dos pais, que ficam reféns das demandas consumistas criadas nos filhos. O resultado são crianças frustradas e em conflito com a figura paterna.

A necessidade de regulamentar a publicidade infantil é um consenso mundial. E a maioria dos países desenvolvidos já adotou legislações restritivas. Na Suécia, por exemplo, é vetado qualquer tipo de propaganda para crianças. Inglaterra, Alemanha, Espanha e Canadá também têm leis severas contra o oba-oba publicitário.

Não

Não se pode privar um jovem de informação, seja de que tipo for. Ele só terá maturidade se for educado para ter uma visão crítica sobre tudo com o que entra em contato, como uma propaganda. Nesse sentido, a solução para controlar o consumismo infantil é a educação, e não a restrição. Se o mal fosse a exposição de produtos, deveríamos proibir também as vitrines em lojas.

RICO

A obesidade não é causada pela propaganda, mas, sim, por uma série de fatores, desde socioculturais até genéticos. O que falta é uma boa educação alimentar. Não adianta impedir a publicidade de alimentos gordurosos se, em casa, a galera vê os pais enchendo a pança de frituras.

Em um sistema democrático, não pode ser delegado ao Estado o poder de decidir sobre os hábitos de consumo de um indivíduo. A conscientização de uma criança nasce da boa orientação passada pelos pais, e não de uma norma imposta por decreto.

Ninguém questiona que as propagandas abusivas devam ser controladas. A questão é que já há mecanismos eficientes para isso no Brasil. O Conselho de Autorregulamentação Publicitária (Conar) tem uma resolução que trata do cuidado com público infantil, e nosso Código de Defesa do Consumidor é um dos mais avançados do mundo.

[...]

(Fernanda Salla. *Mundo Estranho*, nº 95. p. 10. Abril Comunicações S.A.)

2. Junto com os colegas, participe de um debate em torno de um tema relacionado à campanha que vocês decidiram desenvolver. Dependendo do foco da campanha, vocês poderão debater, por exemplo, um destes temas:

- Por que muitos jovens, mesmo sabendo dos riscos, consomem drogas?
- O trabalho infantil é proibido. E na própria casa da criança, ele também deve ser proibido? Ou deve ser permitido?
- Por que muitas pessoas deixam a família, o trabalho e o convívio social para viverem na rua como mendigos?

PROJETO

Dê continuidade à campanha que você e os colegas começaram a desenvolver no capítulo 1 desta unidade, debatendo um tema relacionado a ela.

ANTES DO DEBATE

- Primeiramente, definam quem vai ser o moderador. Depois, escolham uma pessoa para secretariar o debate. A ela caberá anotar o nome de quem deseja falar e dar essa informação ao moderador no momento em que ele for passar a palavra a outra pessoa.
- Definam as regras do debate. Qual será o tempo total de sua duração? Quanto tempo cada debatedor poderá falar? Haverá direito de réplica e direito de tréplica?
- Decidam o local do debate – a sala de aula ou um auditório – e a disposição dos participantes – em círculo ou em cadeiras enfileiradas.
- Indiquem um grupo que fique responsável por fazer anotações sobre o debate, tirar fotos e filmar, a fim de que, posteriormente, possa ser realizada uma postagem do evento. Nessa postagem, poderão ser incluídos os momentos principais e os principais argumentos relativos a cada uma das posições, além da publicação de fotos e da disponibilização de um vídeo com os melhores momentos do debate.

DURANTE O DEBATE

- Os debatedores devem ser claros e objetivos e evitar apresentar ideias repetidas; para isso, é importante que estejam atentos ao que já foi dito e anotar o que pretendem dizer.
- Para que sejam convincentes, os debatedores devem apresentar argumentos, isto é, fornecer dados, mencionar exemplos, fazer comparações, citar a fala de alguém de destaque, indicar causas e consequências, etc.
- Ao se reportarem à fala de outro debatedor, convém empregar expressões como "Conforme disse fulano", ou "Discordo do que fulano disse quanto ao seguinte aspecto", ou "Concordo parcialmente com o que fulano disse", e assim por diante.
- Usem uma linguagem de acordo com a norma-padrão, dosando o grau de formalidade ou informalidade conforme o perfil dos participantes. Evitem gírias e expressões de apoio como *né*, *tipo*, *tá ligado?* e outras.

Getty Images

DEPOIS DO DEBATE

Concluído o debate, assistam a ele ou a parte dele e avaliem-no, verificando:

- se o tema foi suficientemente debatido e se todos saíram dele com uma visão diferente da que tinham ou, pelo menos, mais rica sobre o tema;
- se a coordenação do moderador foi adequada quanto a tempo e turnos, ou seja, à troca das falas;
- se os argumentos apresentados foram fortes e capazes de convencer os debatedores e os ouvintes;
- se o debate transcorreu em um clima cordial, sem agressões pessoais;
- se o uso da linguagem foi adequado, sem palavrões, sem gírias e com boa argumentação.

O DEBATE NA *WEB*

Para finalizar a atividade, o grupo responsável pela postagem do evento deve publicá-lo no *blog* da classe criado no capítulo anterior.

CAPÍTULO

3 O Barroco no Brasil (II)
Ortografia
O artigo de opinião

LITERATURA

Pe. Antônio Vieira

No século XVII, a península Ibérica manteve-se alheia à Reforma protestante, enquanto no norte da Europa as ideias reformistas de Lutero e de Calvino ganhavam mais adeptos. Uma das medidas tomadas pela Igreja Católica para combater a Reforma protestante foi a fundação da Companhia de Jesus, cujos integrantes, os jesuítas, tiveram depois um papel importante na manutenção de Portugal e Espanha como países católicos. Foi nesse contexto que Vieira, padre jesuíta, atuou na defesa do catolicismo e, também, na propagação dessa religião no Brasil, acompanhando e apoiando a expansão ibérica no Novo Mundo.

Sérgio Nogueira/Alamy/Latinstock

Igreja da Misericórdia de Lisboa (Conceição Velha), Portugal, palco de vários sermões de Vieira.

Pe. Antônio Vieira

Nascido em Lisboa, em 1608, Antônio Vieira chegou com 7 anos a Salvador, onde estudou em um colégio jesuíta. Aos 15 anos, ingressou na Companhia de Jesus e, em 1635, foi ordenado padre e iniciou sua carreira de pregador.

Em 1641, quando Portugal já havia se tornado independente do domínio espanhol, voltou à metrópole. Reconhecido pelos seus sermões, passou a ser o pregador mais importante da corte e chegou a atuar em outros centros de poder europeus, como Roma, Nápoles, Paris e Haia. Homem de ação, Vieira, além de ter desempenhado a função de pregador, se envolveu em atividades de diplomacia e política portuguesas. Associando seus interesses humanitários ao interesse pela retomada da expansão comercial portuguesa com capital judaico, ele se opôs às perseguições, prisões, confiscos de bens e torturas que a Inquisição praticava contra os judeus.

Em 1653, Vieira foi mandado para o Maranhão, onde elaborou uma série de grandes sermões, como o de "Santo Antônio (aos peixes)", de 1654. Com a morte de seu principal protetor, o rei D. João IV, em 1656, foi condenado pela Inquisição com a acusação de ter opiniões heréticas. Depois de ficar preso em Portugal por dois anos, foi perdoado pelo papa. Retornou definitivamente à Bahia em 1681 e ali reuniu e editou seus sermões e cartas. Morreu em 1697, com 89 anos, 52 deles vividos no Brasil.

Arquivo Histórico Ultramarino, Lisboa, Portugal

Padre Vieira convertendo os índios do Brasil (1746), de André de Barros.

Vieira era um homem de ação, e seus sermões eram um meio de expor sua visão de mundo e de atuar na vida social. Sua atuação, porém, nem sempre contemplou os interesses do Santo Ofício e dos colonos. A defesa que fazia dos judeus, por exemplo, o indispôs com a Inquisição, enquanto a defesa dos índios o levou a ser expulso do Maranhão.

Vieira era um exímio orador e em seus sermões associava a doutrina cristã-católica às concepções estéticas barrocas, sobretudo ao conceptismo, do que resultou uma prosa culta, com comparações ousadas e raciocínio complexo.

Os sermões fazem parte da literatura oral, pois servem à pregação em igrejas. Tornam-se parte da história da literatura somente depois de serem escritos e publicados, como é o caso dos sermões de Vieira, cuja obra é extensa e compreende mais de duzentos sermões e quinhentas cartas. Entre os sermões de Vieira, destacam-se o "Sermão da sexagésima", proferido na Capela Real de Lisboa, em 1655, no qual o tema é a arte de pregar; o "Sermão da primeira dominga da Quaresma", pregado no Maranhão, em 1653, em que é feita a defesa da libertação dos indígenas; e o "Sermão pelo bom sucesso das armas de Portugal contra as de Holanda", proferido na Bahia, em 1640, no qual a invasão holandesa é condenada.

FOCO NO TEXTO

Você vai ler, a seguir, um fragmento do "Sermão XIV", pregado por Vieira à irmandade de negros escravos em um engenho da Bahia, no dia de São João Evangelista, em 1633.

Sermão XIV

Maria de qua natus est Jesus, qui vocatur Christus (Mateus, 1)

[...] Suposto pois que nem é lícito ao Pregador [...] apartar-se do tema, nem o tema nos oferece outra coisa mais que um Filho nascido de Maria, multiplicando este nascimento em três nascimentos, este nascido em três nascidos, e este Filho em três filhos, todos três nascidos de Maria Santíssima [...].

Primeiramente digo que temos hoje nascido de Maria a Cristo Senhor nosso, não como nasceu há três dias, mas com outro nascimento novo. E que novo nascimento é este? É o nascimento com que nasceu da mesma Mãe daqui a trinta e três anos, não em Belém, senão em Jerusalém. Isto é o que diz o nosso texto: e provo: *Maria de qua natus est Jesus, qui vocatur Christus*: Maria da qual nasceu Jesus, que se chama Cristo. Cristo quer dizer ungido, Jesus quer dizer Salvador. E quando foi Cristo Salvador, e quando foi ungido? Foi ungido na Encarnação, e foi Salvador na Cruz [...] quando por meio da morte, e pelo preço de seu sangue, salvou o gênero humano [...].

Nasceu o Filho crucificado na sua Cruz, e pariu-o a Mãe crucificada na cruz do Filho [...]. A razão, como dizia ao princípio, não foi outra senão porque Cristo no primeiro parto nasceu propriamente Cristo, e neste segundo nasceu propriamente Jesus. [...]

O segundo Filho da mesma Virgem Maria, e nascido também no Calvário, e com novo e segundo nascimento, foi São João. [...]

Os sermões e suas funções na vida social brasileira

Hoje, nossas opiniões sobre a vida e o mundo são formadas a partir de relações com uma série de instituições e meios de comunicação: escolas, igrejas, clubes, teatros, cinemas, livros, revistas, jornais, rádio, televisão, etc. Mas, para o homem da acanhada sociedade brasileira do século XVII, não existia outro espaço onde se informar e refletir sobre os fatos da vida e do mundo a não ser o da Igreja. Eram os colégios, seminários e, principalmente, os templos, os únicos lugares voltados especialmente para a educação e formação da opinião. Como a maioria da população não frequentava os seminários e as escolas, nem tinha acesso aos livros, sobravam apenas as igrejas como espaços de formação e informação. Na hora dos sermões, os padres, nos púlpitos, tratavam de todos os assuntos que envolviam e preocupavam o seu auditório, dependendo da sensibilidade que tivessem para os detectar. Desse modo, não discorriam apenas sobre temas religiosos. Podiam falar sobre qualquer aspecto da vida humana, dos menores aos maiores, dos mais concretos aos mais abstratos, procurando, na maior parte das vezes, aproximá-los de um ponto de vista religioso e doutrinário.

(Luiz Roncari. *Literatura brasileira — dos primeiros cronistas aos últimos românticos*. São Paulo: Edusp, 2014. p. 155.)

Romildo de Jesus/FuturaPress

Igreja Nossa Senhora da Ajuda, em Salvador, onde o padre Antônio Vieira proferiu muitos dos seus sermões.

O terceiro nascimento de que também se verificam as mesmas palavras, é o dos Pretos, devotos da mesma Senhora, os quais também são seus filhos, e também nascidos entre as dores da Cruz. [...]

E se me perguntarem os curiosos quando alcançaram os Pretos esta dignidade de filhos da Mãe de Deus; respondo que no monte Calvário, e ao pé da Cruz [...]. Este parece o ponto mais dificultoso desta terceira proposta. Mas assim o diz com propriedade e circunstância admirável o mesmo texto de Davi. Porque os Etíopes que no corpo do Salmo se chamam nomeadamente filhos da Senhora, no título do mesmo Salmo se chamam filhos de Coré [...]. Coré, na língua Hebreia, quer dizer Calvário, e chamam-se filhos do Calvário, e filhos da paixão de Cristo, e filhos da sua Cruz os mesmos que neste texto se chamam nomeadamente filhos da Virgem Maria [...].

O novo nascimento dos mesmos Pretos, como filhos da Mãe de Deus, lhes mostra a obrigação que têm de servir, venerar, e invocar a mesma Senhora com o seu Rosário. [...]

Começando pois pelas obrigações que nascem do vosso novo e tão alto nascimento, a primeira e maior de todas é que deveis dar infinitas graças a Deus por vos ter dado conhecimento de si, e por vos ter tirado de vossas terras, onde vossos pais e vós vivíeis como gentios, e vos ter trazidos a esta, onde instruídos na Fé, vivais como Cristãos, e vos salveis. Fez Deus tanto caso de vós, e disto mesmo que vos digo, que mil anos antes de vir ao mundo, o mandou escrever nos seus livros, que são as Escrituras Sagradas. Virá tempo, diz Davi, em que os Etíopes (que sois vós) deixada a gentilidade e idolatria, se hão de ajoelhar diante do verdadeiro Deus: *Coram illo procident Aethiopes*: e que farão assim ajoelhados? Não baterão as palmas como costumam, mas fazendo oração, levantarão as mãos ao mesmo Deus: *Aethiopia praeveniet manus ejus Deo*. E quando se cumpriram estas duas profecias, uma do salmo setenta e um, e outra do salmo

Museu Nacional, Copenhague, Dinamarca

Mulher africana (1641), de Albert Eckhout.

Nossa Senhora do Rosário

Em todo o Brasil, havia escravos negros devotos de Nossa Senhora do Rosário. As festividades e os cultos religiosos de que eles participavam ocorriam separadamente dos frequentados pelos brancos e aconteciam em confrarias ou irmandades. Mais tarde, passaram a ser realizados em igrejas construídas pelos próprios negros, como a de Nossa Senhora do Rosário dos Pretos de Diamantina.

Mauricio Simonetti/Pulsar Imagens

Detalhe do teto da capela-mor da Igreja de Nossa Senhora do Rosário dos Pretos, em Diamantina, Minas Gerais; criação de José Soares de Araújo, datada de 1779.

sessenta e sete? Cumpriram-se principalmente depois que os Portugueses conquistaram a Etiópia ocidental, e estão-se cumprindo hoje mais e melhor que em nenhuma outra parte do mundo nesta da América, aonde trazidos os mesmos Etíopes em tão inumerável número, todos com os joelhos em terra, e com as mãos levantadas ao Céu, creem, confessam, e adoram no Rosário da Senhora todos os Mistérios da Encarnação, Morte e Ressurreição do Criador e Redentor do mundo, como verdadeiro Filho de Deus e da Virgem Maria. [...]

Oh se a gente preta tirada das brenhas da sua Etiópia, e passada ao Brasil, conhecera bem quanto deve a Deus, e a sua Santíssima Mãe por este que pode parecer desterro, cativeiro e desgraça, e não é senão milagre, e grande milagre! Dizei-me: vossos pais, que nasceram nas trevas da gentilidade, e nela vivem e acabam a vida sem lume da Fé, nem conhecimento de Deus, aonde vão depois da morte? Todos, como credes e confessais, vão ao inferno, e lá estão ardendo e arderão por toda a eternidade. [...]

Segundo a propriedade da história, já dissemos que os filhos de Coré são os Pretos filhos da Virgem Santíssima, e devotos do seu Rosário. Segundo a significação do nome, porque Coré na língua Hebraica significa Calvário, diz Hugo Cardeal que são os imitadores da Cruz e Paixão de Cristo crucificado [...]. Não se pudera nem melhor nem mais altamente descrever que coisa é ser escravo em um Engenho do Brasil. Não há trabalho, nem gênero de vida no mundo mais parecido à Cruz e Paixão de Cristo que o vosso em um destes Engenhos. [...] Bem-aventurados vós se soubéreis conhecer a fortuna do vosso estado, e com a conformidade e imitação de tão alta e divina semelhança aproveitar e santificar o trabalho!

Em um engenho sois imitadores de Cristo crucificado [...] porque padeceis em um modo muito semelhante ao que o mesmo Senhor padeceu na sua Cruz, e em toda a sua paixão. A sua Cruz foi composta de dois madeiros, e a vossa em um Engenho é de três. Também ali não faltaram as canas, porque duas vezes entraram na Paixão: uma vez servindo para o cetro de escárnio, e outra vez para a esponja em que lhe deram o fel. A Paixão de Cristo parte foi de noite sem dormir, parte foi de dia sem descansar, e tais são as vossas noites e os vossos dias. Cristo despido, e vós despidos: Cristo sem comer, e vós famintos: Cristo em tudo maltratado, e vós maltratados em tudo. Os ferros, as prisões, os açoites, as chagas, os nomes afrontosos, de tudo isto se compõe a vossa imitação, que, se for acompanhada de paciência, também terá merecimento de martírio [...].

Museu Marítimo Nacional, Greenwich, Inglaterra

Negros no fundo do porão, em gravura de 1827, de Rugendas.

(Alcir Pécora, org. *Sermões — Padre Antônio Vieira*. São Paulo: Hedra, 2000. p. 635-51.)

Aethiopia praeveniet manus ejus Deo: "A Etiópia cedo estenderá para Deus as suas mãos".

brenha: selva, matagal.

Coram illo procident Aethiopes: "Diante dele irão prostrar-se os da Etiópia".

Hugo Cardeal: teólogo do século XII.

lume: luz, brilho.

Maria de qua natus est Jesus, qui vocatur Christus: "Maria, da qual nasceu Jesus, que se chama o Cristo".

martírio: morte, tortura ou sofrimento infligidos a alguém em razão de sua fé religiosa ou adesão a um ideal.

ungido: que se tornou sagrado.

1. Epígrafe é uma frase ou uma citação colocada no início de um texto (um poema, um livro, um capítulo de livro, etc.). Nos sermões religiosos, a epígrafe provém de textos bíblicos e serve como tema ou mote para a pregação que será feita.

a. No sermão lido, como Vieira interpreta a epígrafe nos três primeiros parágrafos? Justifique sua resposta com elementos do texto.

b. Com um raciocínio sinuoso, Vieira estabelece uma relação entre a epígrafe e a ideia de um novo nascimento dos negros. Qual é essa relação? Justifique sua resposta com elementos do texto.

c. Como Vieira explica a ideia do novo nascimento dos negros? Justifique sua resposta com elementos do texto.

REGISTRE NO CADERNO

A cruz dos escravos negros

O sofrimento dos escravos que trabalhavam nos engenhos foi comparado por Vieira aos padecimentos de Cristo: "padeceis em um modo muito semelhante ao que o mesmo Senhor padeceu na sua Cruz, e em toda a sua paixão. A sua Cruz foi composta de dois madeiros, e a vossa em um Engenho é de três".

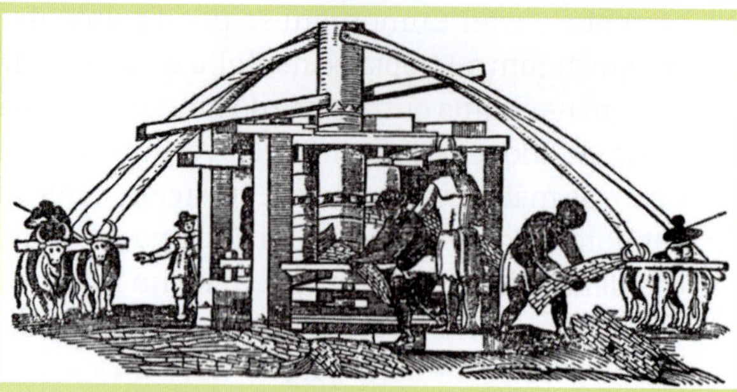
Biblioteca Nacional da França, Paris, França

Engenho de açúcar, em ilustração de 1648, de Guilherme Piso.

2. Em seus sermões, Vieira, como religioso, defensor da fé católica e da expansão portuguesa, utiliza o texto bíblico para justificar e comprovar suas afirmações sobre a situação presente.

a. De que modo Vieira relaciona as profecias de Davi às quais se refere com o desterro e o cativeiro dos negros no Brasil?

b. Segundo o texto, qual era a importância dos portugueses para o cumprimento de tais profecias?

c. Vieira prega aos negros que seu desterro e sua escravidão no Brasil eram, na verdade, um milagre. Por quê?

3. Com a finalidade de persuadir seus ouvintes quanto à verdade de seus argumentos, Vieira reitera as comparações entre os negros e Cristo crucificado.

a. Segundo Vieira, por que os negros escravizados na colônia sofriam padecimentos semelhantes aos de Cristo crucificado?

b. Ao comparar tais padecimentos, Vieira denuncia as condições de vida e de trabalho dos negros na colônia. Quais eram essas condições?

c. Ao final do trecho em estudo, Vieira sugere que o padecimento vivido com paciência seria compensado com o "merecimento de martírio". Explique essa ideia.

4. Para Vieira, um missionário e um homem de ação, os sermões eram um instrumento de convencimento e de transformação daqueles que o ouviam.

a. Tendo em vista que esse sermão foi pregado aos escravos negros, responda: Que intenções do autor se destacam nesse texto?

b. Conclua: De acordo com esse sermão, como Vieira, sendo um religioso, se posicionava em relação à escravidão dos negros? Justifique sua resposta com elementos do texto.

5. Das duas tendências estéticas do Barroco, o conceptismo e o cultismo, qual predomina no sermão em estudo? Por quê?

ARQUIVO

Por meio da leitura do texto do padre Antônio Vieira feita neste capítulo, você viu que os sermões desse religioso:

- caracterizam-se pela utilização do estilo conceptista, pois neles se destacam raciocínios complexos, construídos a partir de citações bíblicas e testemunhos de autoridades e com o amplo emprego de metáforas, analogias, hipérboles, comparações e silogismos;
- eram um instrumento de convencimento, utilizado com vistas à mudança daqueles que os ouviam, sendo, portanto, um veículo para a defesa da Igreja Católica e da expansão portuguesa;
- não questionavam a escravidão negra.

CONEXÕES

Quando o Barroco entrou em decadência na Europa, em Minas Gerais o ciclo do ouro ocasionou o surgimento do chamado *barroco mineiro*, no qual se destacou o escultor e arquiteto Antônio Francisco Lisboa, o Aleijadinho. No adro (pátio) do Santuário de Bom Jesus de Matosinhos, em Congonhas do Campo, Minas Gerais, se encontra uma das mais importantes obras do artista: o conjunto de esculturas chamado *Profetas* (1800-1805), constituído por esculturas em pedra-sabão em tamanho quase natural.

Observe com atenção as fotos a seguir.

Marcos Amend/Pulsar Imagens

Os *Profetas*: Amós (1), Abdias (2), Jonas (3), Baruc (4), Isaías (5), Daniel (6), Oseias (7), Jeremias (8), Ezequiel (9), Joel (10), Habacuc (11) e Naum (12). As esculturas estão dispostas de modo que as figuras parecem se relacionar e, ao mesmo tempo, convidar o fiel a subir as escadarias da igreja.

Rubens Chaves/Pulsar Imagens

Baruc.

Marcos Amend/Pulsar Imagens

Daniel.

Rogério Reis/Pulsar Imagens

Abdias.

Marcos Amend/Pulsar Imagens

Jonas.

Agora discuta com os colegas o roteiro proposto.

1. As esculturas representam doze profetas, todos segurando rolos de textos chamados *filactérios*, nos quais estão registradas as principais profecias ou eventos marcantes da vida das figuras representadas. Observe as imagens dos quatro profetas em destaque.

a. Além dos filactérios que os profetas seguram em uma das mãos, que outros elementos as esculturas apresentam em comum?

b. Os gestos e a expressão facial, assim como determinados objetos e animais, diferenciam as esculturas e se relacionam com os dizeres do filactério que cada figura segura. Com base nessas informações, associe os dizeres a seguir a Baruc, Daniel, Abdias ou Jonas. Justifique as associações.

REGISTRE NO CADERNO

I. "Engolido por uma baleia, permaneço três dias e três noites no seu ventre; depois venho a Nínive."

II. "Eu vos arguo (repreendo), ó Idumeus e gentios. Anuncio-vos e vos prevejo pranto e destruição."

III. "Encerrado na cova dos leões por ordem do rei, sou libertado, incólume (ileso), com o auxílio de Deus."

IV. "Eu predigo a vinda do Cristo na carne e os últimos tempos do mundo, e previno os piedosos."

Antônio Francisco Lisboa, o Aleijadinho

Nascido em Ouro Preto, Minas Gerais, por volta de 1730, Antônio Francisco Lisboa, o Aleijadinho, era mestiço, filho de uma escrava e de um arquiteto português. Além de seguir o ofício do pai, dedicou-se também à arte do entalhe e à escultura. Considerado o maior artista brasileiro do século XVIII, Aleijadinho associou a estética barroca ao uso de materiais brasileiros, como a pedra-sabão, e conferiu um estilo marcante à sua rica e extensa obra. Produziu projetos de igrejas, altares, púlpitos, talhas e frontispícios e também esculturas em diversas cidades mineiras, como Congonhas do Campo, Ouro Preto, Sabará, São João del Rei, Tiradentes e Mariana.

Por volta dos 50 anos, começou a sofrer de uma doença que provocou deformações em seus pés e mãos, o que lhe valeu o apelido de Aleijadinho. Ainda assim, continuou a atuar com talento e genialidade, como demonstram seus doze *Profetas*, esculpidos entre 1800 e 1805. Faleceu em Ouro Preto, em 1814.

Rogério Reis/Pulsar Imagens

Detalhe do *Cristo carregando a cruz*. Os olhos amendoados são um dos traços característicos da escultura de Aleijadinho.

2. O escritor Carlos Drummond de Andrade (1902-1987) registrou em uma crônica suas impressões sobre os *Profetas*. Leia, a seguir, um trecho dessa crônica.

Colóquio das estátuas

Sobre o vale profundo, onde flui o Rio Maranhão, sobre os campos de congonha, sobre a fita da estrada de ferro, na paz das minas exauridas, conversam entre si os profetas.

Aí onde os pôs a mão genial de Antônio Francisco, em perfeita comunhão com o adro, o santuário, a paisagem toda – magníficos, terríveis, graves e eternos –, eles falam de coisas do mundo que, na linguagem das Escrituras, se vão transformando em símbolo.

As barbas barrocas de uns, panejadas pelo vento que corre as gerais, lembram serpentes vingativas, a se enovelarem; [...] os doze consideram o estado dos negócios do homem, a turbação crescente das almas, e reprovam, e advertem.

[...]

Na sua intemporalidade, são sempre atuais os profetas. Em qualquer tempo, em qualquer situação da história, há que recolher-lhes a lição:

[...] Oseias dá uma lição de doçura, mandando que se receba a mulher adúltera, e dela se hajam novos filhos. Mas Nahum, o pessimista, não crê na reconversão de valores caducos:

— Toda a Assíria deve ser destruída – digo eu.

Contudo, há esperança, mesmo para os que forem atirados à jaula dos leões – conta-nos Daniel (e em numerosas partes do mundo eles continuam a ser atirados; apenas os leões se disfarçam); esperança mesmo para os que, por três noites, habitarem o ventre de uma baleia – é a experiência de Jonas, a caminho de Nínive.

(In: *Passeios na ilha – Divagações sobre a vida literária e outras matérias*. Rio de Janeiro: José Olympio, 1975. p. 31-3.)

caduco: ultrapassado, superado.
turbação: desassossego, perturbação.

Diomedia/Photononstop/Tibor Bognar

O profeta Naum e o filactério com os dizeres: "Exponho que castigo espera Nínive pecador. Declaro que a Assíria será completamente destruída".

a. Segundo Drummond, os *Profetas*, além de "magníficos", são "terríveis, graves". Na sua opinião, que elementos das esculturas sugerem tais características?

b. De acordo com Drummond, os profetas são sempre atuais. Por quê? Justifique sua resposta com exemplos apresentados no texto.

LÍNGUA E LINGUAGEM

Ortografia

Nesta unidade, vimos que há regras para a divisão silábica das palavras, bem como para sua acentuação, impostas pela instituição de uma ortografia oficial. Da mesma forma, há regras também para a escrita das palavras, determinada pela ortografia oficial.

FOCO NO TEXTO

Leia, a seguir, trechos de um documento de 1725 e do "Alvará régio da edição de 1572" de *Os lusíadas*.

"Estes Frades Sr. Filhos do Reyno foraõ origem com aalternativa, assim da desordem em q. seacha asua relligiaõ como das parcialidades emque ardem os seculares desta terra interessados na ordem 3ª (...)".

E mais adiante, pode-se ler:

"selhos naõ largacem" (se lhos não largassem) e *"edandolha"* (e dando-lha).

(Apud Sírio Possenti. *Aprender a escrever (re)escrevendo*, p. 30. Disponível em: http://www.iel.unicamp.br/cefiel/imagens/cursos/12.pdf. Acesso em: 10/8/2015.)

Eu el Rey faço saber aos que este Aluara virem que eu ey por bem & me praz dar licença a Luis de Camões pera que possa fazer imprimir nesta cidade de Lisboa, hũa obra em Octaua rima chamada Os Lusiadas, que contem dez cantos perfeitos, na qual por ordem poetica em versos se declarão os principaes feitos dos Portugueses nas partes da India depois que se descobrio a nauegação pera ellas por mãdado del Rey dom Manoel meu visauo que sancta gloria aja, & isto com priuilegio pera que em tempo de dez anos que se começarão do dia que se a dita obra acabar de empremir, em diãte, se não possa imprimir nẽ vender em meus reinos & senhorios nem trazer a elles de fora, nem leuar aas ditas partes da India pera se vender sem licẽça do dito Luis de Camões ou da pessoa que pera isso seu poder tiuer sob pena de quẽ o contrario fizer pagar cinquoenta cruzados & perder os volumes que imprimir, ou vender, a metade pera o dito Luis de Camões, [...]

(Idem, p. 31.)

Camões (1855), de Ignaz Festig.

1. Observe as expressões circuladas nos três trechos:

a. Agrupe-as conforme apresentem:

- grafias diferentes para uma mesma palavra;
- grafia influenciada pela ausência de segmentação na fala;
- grafia que reflete hipóteses sobre a influência da fala no sistema de escrita.

b. Sabendo que os textos foram escritos antes da instituição de uma ortografia oficial para o português, levante hipóteses: Por que há a oscilação verificada na grafia de tais termos?

REGISTRE NO CADERNO

2. Leia as adivinhas a seguir:

Um farmacêutico inventou um remédio que curava a dor antes que ela aparecesse. Qual o nome do filme? *O exterminador do futuro.*

Um cachorro foi ao cinema e sentou em uma poltrona que tinha um prego. Qual o nome do filme? *Furacão.*

Um garoto tinha um gatinho chamado Tido, que dormia em um cestinho. Um belo dia, o menino foi procurá-lo e não o achou. Qual o nome do filme? *O sexto sentido.*

Cai um sino na churrasqueira. Qual é o nome do filme? *O assassino.*

a. O humor das adivinhas lidas é construído com base em uma ambiguidade relacionada à ortografia. Explique essa afirmação.

b. Entre as expressões abaixo, identifique aquelas que fogem à grafia padrão pelo mesmo motivo apontado no item anterior e reescreva-as de acordo com essa grafia.

contudo concerteza embaixo derrepente

acima apartir encima derradeiro

APLIQUE O QUE APRENDEU

No capítulo 1 desta unidade, você viu que uma mesma letra pode equivaler a fonemas distintos e que um mesmo fonema pode ser representado por mais de uma letra. Indique a correspondência entre o som das letras destacadas nas palavras abaixo e os fonemas apresentados no quadro.

salve
aceito
ascender
exceção
assoprar
máximo
fixar
executar
abaixo

/k/ + /s/
/ʃ/
/z/
/s/

Algumas regras de ortografia

As regras ortográficas refletem escolhas por maneiras específicas de grafar as palavras. Essas escolhas não se devem, porém, à superioridade de certas formas em relação a outras, e sim à adoção de determinados critérios, alguns dos quais veremos neste capítulo.

A existência de múltiplas possibilidades de representação por meio da escrita resulta no fato de ser muito comum a ocorrência de dúvidas quanto a como escrever uma palavra.

As maneiras de sair da situação de dúvida variam:

reprodução

- Você já deve, por exemplo, ter sentido necessidade de escrever uma palavra de diferentes formas para definir qual delas é a que corresponde à grafia padrão. Nesse caso, a dúvida é resolvida com a ajuda de nossa memória visual. Por isso, é muito importante ler e praticar bastante a escrita, pois, assim, teremos mais oportunidades de memorizar as formas padrão.
- Os dicionários são uma excelente alternativa para esclarecer dúvidas, pois trazem não só as formas padrão, mas também o significado das palavras. Assim, se houver duas possibilidades de grafia e, portanto, duas palavras diferentes com o mesmo som, saberemos qual é a que nos convém.
- A dúvida pode ser sanada também com base no critério etimológico, isto é, buscando-se saber a origem da palavra, ou seja, de qual língua ela vem ou de qual termo ela deriva. A letra *h* em início de palavra, como *hoje*, é um exemplo clássico de regra com base etimológica. A palavra *hoje* deriva da forma latina *hoc-die* e, por isso, o *h* é mantido, embora não seja pronunciado.

Além das maneiras comentadas acima, o conhecimento das regras básicas da convenção ortográfica vigente é um recurso valioso para a escrita correta das palavras. Veja, a seguir, as principais delas.

Emprego de *s* ou *z*

Usa-se *s*:

- nos sufixos *-ês*, *-esa* e *-isa* das palavras que indicam nacionalidade, profissão, estado social, títulos: português, portuguesa, poetisa, marquês, marquesa;
- nos sufixos *-oso* e *-osa* de adjetivos: delicioso, gelatinosa;
- depois de ditongos: coisa, maisena, pouso, causa;
- nas formas dos verbos *pôr* e *querer* e seus compostos: puser, repusesse, quis, quisemos;
- nas palavras derivadas de palavra grafada com *s*: analisar, analisado (derivadas de *análise*), pesquisado (derivada de *pesquisa*).

Usa-se *z*:

- nos sufixos *-ez* e *-eza*, empregados para formar substantivos abstratos derivados de adjetivos: rigidez (derivada de *rígido*), riqueza (derivada de *rico*);
- nas palavras derivadas de palavra grafada com *z*: cruzeiro, cruzada (derivadas de *cruz*), deslizar, deslizante (derivadas de *deslize*).

Sufixos *-ar* e *-izar*

- Usa-se o sufixo *-ar* nos verbos derivados de palavras que contêm o *-s*: análise – analisar; pesquisa – pesquisar.
- Usa-se o sufixo *-izar* nos verbos derivados de palavras que não contêm o *-s*: eterno – eternizar.

Emprego de *x* ou *ch*

Usa-se *x*:

- depois de ditongo: caixa, peixe, trouxa;
- nas palavras de origem indígena e africana: xavante, xangô;
- nas palavras que se iniciam por *en-*: enxame, enxofre, enxugar (exceções: *encher*, *encharcar*, *enchumaçar* e seus derivados);
- nas palavras que se iniciam por *me-*: mexer, mexerico, mexilhão (exceções: *mecha* e seus derivados).

Emprego de *g* ou *j*

Usa-se *g*:

- nas terminações *-ágio*, *-égio*, *-ígio*, *-ógio*, *-úgio*: prestígio, refúgio;
- nas terminações *-agem*, *-igem*, *-ugem*: garagem, fuligem, ferrugem.

Usa-se *j*:

- nas palavras de origem indígena e africana: pajé, jequitibá, jenipapo, jiboia, jiló.

Emprego de *s*, *c*, *ç*, *sc*, *ss*

- O verbo *ceder* e seus compostos dão origem a substantivos e adjetivos grafados com *cess*: cessão (de *ceder*), concessão (de *conceder*), retrocesso (de *retroceder*), excesso (de *exceder*).
- Os verbos grafados com *nd* originam substantivos e adjetivos grafados com *ns*: ascender – ascensão; expandir – expansão; pretender – pretensão.
- Os verbos grafados com *ter* originam substantivos grafados com *tenção*: deter – detenção; obter – obtenção; conter – contenção.

APLIQUE O QUE APRENDEU

1. Identifique, entre as frases abaixo, aquelas em que uma ou mais palavras não seguem a grafia padrão. Em seguida, reescreva as palavras em seu caderno na forma padrão. REGISTRE NO CADERNO

a. O geito mais fácil de fazer uma boa pesquiza é pela Internet.

b. Foi impressionante a ascensão daquele jogador. Pena que seus excessos comprometeram seu desempenho.

c. As excessões são sempre a parte mais complicada da regra.

d. Conseguimos chegar a tempo para a seção de cinema, mas nos sentamos muito atraz e não deu para enchergar direito.

e. Eles gostaram muito da viagem. Espero que viajem mais vezes.

f. O mecânico não quiz mecher muito no motor, mas precisava ao menos o enxer de óleo.

Leia o texto a seguir e responda às questões de 2 a 6.

Você está aqui: Página Inicial/Notícias/Esquisitices/Notícias

ESQUISITICES

PUBLICADO EM 17/01/2012 ÀS 05h30:

Placas erradas reinventam a língua portuguesa

A propaganda é a alma do negócio, mas essas placas parecem assombrações

Do R7

Reprodução

Entendeu o que tá escrito aí?

A primeira reação que a gente tem quando vê uma placa infestada por erro de português não é corrigir o analfabeto que atentou contra a língua portuguesa e ensinar a ele os rudimentos da língua pátria.

Não.

A gente até queria ter essa bondade no coração, mas a gente sabe que não é assim.

Vai que a gente corrige e o sujeito que errou se enfeza e, além de violentar a gramática e destroçar a ortografia, ainda resolve meter a mão na gente.

A atitude correta é tirar uma foto.

Isso.

Tira a foto e manda pra gente porque aí a gente pode corrigor, dar risada, aprender e ensinar – tudo ao mesmo tempo.

Veja aqui nossa nova cria, com mais placas imbecis com os erros de português mais abestados que existe.

(Disponível em: http://noticias.r7.com/esquisitices/noticias/placas-erradas-reinventam-a-lingua-portuguesa-20120117.html. Acesso em: 20/8/2015.)

2. O texto faz comentários a respeito da grafia empregada nas palavras escritas em uma placa.

REGISTRE NO CADERNO

a. Entre os termos listados abaixo, reescreva em seu caderno os que correspondem ao teor dos comentários. Depois, justifique as escolhas que você fez, citando expressões utilizadas no texto.

depreciativo	cordial	respeitoso	debochado
ofensivo	delicado	polido	humilhante

b. O texto revela preconceito linguístico? Justifique sua resposta com elementos do próprio texto.

3. Releia o texto da placa.

a. Reescreva-o de acordo com as normas ortográficas vigentes.

b. Aponte os desvios em relação à grafia padrão observados na placa.

c. Levante hipóteses: Qual explicação pode ser dada para cada um desses desvios?

4. Releia os trechos abaixo, retirados do texto do *site*:

"aí a gente pode corrigor, dar risada, aprender e ensinar"
"mais placas imbecis com os erros de português mais abestados que existe."

a. Há, nos trechos, dois termos que estão em desacordo com as regras da norma-padrão. Identifique-as e indique qual seria a forma adequada à norma-padrão.

b. Levante hipóteses: Quais motivos levaram a cada um desses desvios?

5. Tendo em vista suas respostas às questões 3 e 4, conclua: Qual a principal diferença entre os desvios ortográficos da placa e os desvios à norma-padrão do texto do *site*?

6. Reflita sobre o sentido do enunciado do cartaz e explique por que pode ser considerado irônico o fato de essa foto ter sido publicada na Internet nesse contexto.

Homônimos e parônimos

Palavras que são pronunciadas e escritas da mesma forma ou de forma parecida, mas têm significados diferentes, são chamadas de **homônimos**.

Os homônimos que têm pronúncia e grafia idênticas são chamados de **homófonos** (homo, "igual" + fono, "som") **homógrafos** (homo, "igual" + grafo, "grafia"). A palavra *manga*, por exemplo, está nesse caso, pois tem diferentes significados, conforme se observa nestas frases:

Ao passar a camisa, Luiz deixou a *manga* com vincos. (parte da roupa)
Rita colocou sobre a mesa a *manga* que tirou da geladeira. (fruta)
O menino não percebe que a irmã *manga* de seus amigos. (caçoa)

Os homônimos que têm pronúncia idêntica e grafias diferentes são chamados de **homófonos heterógrafos**. Esse é o caso, por exemplo, das palavras *cessão*, *seção* e *sessão*. Veja:

O músico assinou o contrato de *cessão* de direitos autorais. (ato de ceder)
A *seção* de esportes desse jornal é muito boa. (parte, divisão)
Daremos início agora à *sessão* de perguntas. (período de tempo)

Palavras que são semelhantes na grafia e na pronúncia mas têm significados diferentes são chamadas de **parônimos**. Esse é o caso, por exemplo, das palavras *cavaleiro* e *cavalheiro*. Veja:

O *cavaleiro* voltou cedo à fazenda. (homem que anda a cavalo)
Ele foi muito *cavalheiro* em sua atitude. (homem gentil, cordial)

Na página 330, no **Apêndice**, há uma lista de homônimos e parônimos. Consulte-a sempre que tiver dúvidas quanto à grafia ou ao significado de palavras desse tipo.

Palavras e expressões que suscitam dúvidas ortográficas

- **Há:** emprega-se em relação a tempo passado e tem o sentido de "faz"; forma do verbo *haver*: Moro no interior *há* vinte anos. / *Há* três alunos na escola.
- **A:** emprega-se em relação a tempo futuro ou a uma distância: Ela chegou ao local da prova *a* cinco minutos do fechamento do portão. / Estava *a* 3 metros do acidente.

- **Acerca de:** sobre, a respeito de: O texto fala *acerca de* solidariedade.
- **A cerca de:** a uma distância aproximada de: Estou *a cerca de* 2 quilômetros da sua casa.
- **Há cerca de:** faz aproximadamente: Está desaparecido *há cerca de* três semanas.

- **Ao encontro de:** a favor, para junto de: Nosso serviço vai *ao encontro de* seus objetivos. / Vou *ao encontro de* meus familiares.
- **De encontro a:** contra: A atuação da concorrência vai *de encontro aos* seus objetivos.

- **Mas:** porém, entretanto: Chegou tarde, *mas* não estava cansado.
- **Mais:** em maior quantidade ou maior intensidade (o contrário de *menos*); preferencialmente; ideia de cessação ou limite (em frases negativas): Estou *mais* feliz hoje do que ontem. / Estou *mais* para dormir do que para ir passear. / Não aguento *mais* andar.

- **Ao invés de:** ao contrário de: Molhou o chão mais ainda, *ao invés de* secá-lo.
- **Em vez de:** em lugar de: Tomou água *em vez de* suco.

- **Onde:** emprega-se em relação a situações locativas estáticas: *Onde* você está?
- **Aonde:** emprega-se em relação a situações locativas dinâmicas, com ideia de movimento, e tem o sentido de "para onde": *Aonde* você vai?

- **Afim:** que tem afinidade ou semelhança: Temos sentimentos *afins*.
- **A fim:** com finalidade; para: Ele veio *a fim* de ajudar.

- **Se não:** caso não: Viajarei *se não* chover.
- **Senão:** caso contrário; a não ser: Vá, *senão* eu vou. / Você nada faz *senão* resmungar.

Emprego dos *porquês*

- **Porque:** em explicações ou indicações de causa, com o sentido de "em razão de, uma vez que, pois", ou em perguntas para cujas respostas se tem uma hipótese: Ele não veio *porque* choveu. / Choveu durante a noite, *porque* o chão está molhado. / Você não veio ontem *porque* choveu?
- **Porquê:** com o sentido de "motivo, razão": Entendo o *porquê* de seu nervosismo.
- **Por que:** com o sentido de "motivo pelo qual": Quero explicar *por que* estou nervoso.
- **Por quê:** com o mesmo emprego de *por que*, porém em final de frases: Você não veio *por quê*?

APLIQUE O QUE APRENDEU

REGISTRE NO CADERNO

1. Reescreva as frases em seu caderno, completando-as adequadamente com *cessão*, *sessão* ou *seção*, de acordo com o sentido:

a. A ▬ de atendimento do psicólogo dura uma hora.

b. Ele sempre lê no jornal a ▬ de economia.

c. Ganhamos o processo, e o juiz determinou a ▬ da outra parte da herança a nós.

d. Ontem fui à ▬ eleitoral atualizar meu título de eleitor.

2. Leia as frases:

> Amanhã haverá *cessão* de autógrafos daquele livro famosíssimo.
> Amanhã haverá *sessão* de autógrafos daquele livro famosíssimo.

a. Nas frases, as palavras destacadas estão de acordo com a grafia padrão? Justifique sua resposta com base no sentido das frases.

b. Dê outra redação às duas frases, sem empregar as palavras *cessão* e *sessão*, e mantendo o sentido de cada frase.

3. Reescreva as frases em seu caderno, completando-as adequadamente com uma das formas que estão entre parênteses.

a. Não voltamos ▬ àquele restaurante, ▬ até que a comida era boa. (mas / mais)

b. O meu casamento foi ▬ mais de dez anos, naquela capela ▬ dois quarteirões da casa da minha mãe. (a / há)

4. Reescreva as frases seguintes em seu caderno, empregando adequadamente *por que*, *porque*, *porquê* ou *por quê*.

a. Você não vai ao *show* ▬?

▬ você não vai ao *show*?

Não entendi o ▬ de você não ir ao *show*.

b. Não entendeu o ▬ de termos ido sozinhas?

Fomos sozinhas sim. ▬?

Fomos sozinhas ▬ não tínhamos companhia.

c. Minha mãe está cansada ▬ ?

Sabe ▬ minha mãe está cansada?

Vou contar ▬ minha mãe está cansada.

5. Observe a frase:

> O senhor acredita que na próxima temporada teremos mais possibilidades de ganhar porque o time agora conta com jogadores renomados?

A forma *porque* é utilizada geralmente como conjunção explicativa, em frases afirmativas. A frase acima, porém, é interrogativa. Justifique essa ocorrência, com base nas regras de uso dos *porquês*.

TEXTO E ENUNCIAÇÃO

Leia o anúncio:

Arquivo DP/DP/D.A Press

(Disponível em: http://www.putasacada.com.br/wp-content/uploads/2014/01/erro-sem-desculpas.jpg. Acesso em: 15/8/2015.)

1. No trecho da página de jornal para o qual o anúncio chama a atenção, lê-se:

> "Cem poder contar com boa parte de seus reforços"

Deduza: Por que a letra *c* do trecho está circulada?

REGISTRE NO CADERNO

2. O anúncio apresenta um pedido de desculpas.

a. Quem está pedindo desculpas? A quem?

b. Qual é o motivo pelo qual se pedem desculpas?

3. O enunciado principal do anúncio afirma que foi cometido "um erro sem desculpa".

a. Qual é o significado da expressão *sem desculpa*?

b. Tendo em vista as regras ortográficas estudadas neste capítulo, discuta: Trata-se, de fato, de "um erro sem desculpa"?

c. Levante hipóteses: Por que o anúncio trata o ocorrido como "um erro sem desculpa"?

4. Observe a imagem ao lado do texto verbal.

a. O que ela retrata?

b. Qual é o significado desse gesto no futebol?

c. Qual é a relação entre essa imagem e o texto verbal do anúncio?

5. Discuta com os colegas e o professor: Com qual finalidade o jornal atribui tanta importância ao desvio ortográfico e vem a público pedir desculpas?

PRODUÇÃO DE TEXTO

O artigo de opinião

Neste capítulo, você leu um sermão do Pe. Antônio Vieira. O sermão pertence ao grupo dos gêneros argumentativos, uma vez que tem a finalidade de convencer os interlocutores.

Nos dias atuais, um dos mais importantes gêneros argumentativos é o *artigo de opinião*, encontrado geralmente em revistas, jornais impressos e *sites* da Internet. A finalidade do gênero é expressar o ponto de vista do seu autor a respeito de um assunto controverso e geralmente do interesse da sociedade.

Thinkstock/Getty Images

FOCO NO TEXTO

Leia o artigo de opinião a seguir, de autoria da psicóloga Rosely Sayão.

No lugar do outro

Estamos vivendo uma crise intensa: a das relações humanas. Todos os dias testemunhamos ou protagonizamos, tanto na vida presencial quanto na virtual, comportamentos e atitudes que vão do ódio declarado ou sutil ao desdém em relação ao outro. As relações humanas, sempre tão complexas, exigem, no entanto, delicadeza, atenção e compromisso social. Tem sido difícil manter a saúde mental e a qualidade de vida no contexto atual.

Crianças e adolescentes já dão sinais claros de que têm aprendido muito com nossa dificuldade em conviver com as diferenças e de respeitá-las; de tentar colocar-se no lugar do outro para compreender suas posições e atitudes; de ter compaixão; de conflitar em vez de confrontar; de agir com doçura, por exemplo. Conseguir fazer isso é ter empatia com o outro.

Pais e professores têm reclamado de comportamentos provocativos, desrespeitosos, desafiadores e desobedientes dos mais novos. Entretanto, se pudéssemos nos dedicar por alguns momentos à auto-observação, constataríamos essas características também em nós, adultos.

Mas são os mais novos que levam a pior nessa história: crianças e adolescentes que desobedecem, desafiam e têm comportamentos considerados agressivos, como os nossos, podem receber diagnósticos e orientação para tratamento. Conheço famílias com filhos diagnosticados com "Transtorno Desafiador Opositivo", porque têm comportamentos típicos da idade.

Há uma grande preocupação global com a nossa atual falta de empatia. Um sinal disso foi a inauguração, em Londres, do primeiro Museu da Empatia.

Nele, os visitantes são convocados a experimentar/enxergar o mundo pelo olhar de um outro – não próximo ou conhecido, mas um outro com quem eles não têm qualquer relação. A expressão que deu sentido ao museu é a expressão inglesa "*in your shoes*" (em seus sapatos), que em língua portuguesa significa "em seu lugar".

Os visitantes se deparam, na entrada, com uma caixa com diferentes pares de sapatos usados. Escolhem um de seu número para calçar e recebem um áudio que conta uma parte da história da pessoa que foi dona daquele par.

Desenvolver a empatia é uma condição absolutamente necessária para ensiná-la aos mais novos. Aliás, eles podem tê-la mais facilmente do que nós. Um pai me contou, comovido, que conversava com um amigo a respeito da situação de muitos refugiados de países em guerra e que comentou que não adiantava a busca por outro local, já que a crise de empregos era mundial. Seu filho, de sete anos, que estava por perto, perguntou de imediato: "Pai, se tivesse guerra aqui, você preferiria que eu morresse?". Ele mudou de ideia.

Estacionar o carro em vaga de idosos, grávidas e portadores de deficiência é mais do que contravenção: é falta de empatia. Reclamar da lentidão dos velhos é mais do que desrespeito: é falta de empatia. Agredir ostensivamente o outro por suas posições é mais do que dificuldade em lidar com as diferenças: é falta de empatia. Do mesmo modo, reclamar do comportamento dos mais novos é falta de empatia.

A empatia pode provocar uma grande mudança social, diz Roman Krznari, estudioso do tema. Vamos desenvolvê-la para ensiná-la?

(*Folha de S. Paulo*, 22/9/2015.)

desdém: desprezo, indiferença.

sutil: delicado, fino, leve.

Blend Images RM/Getty Images

1. Os textos de opinião costumam apresentar o tema e o ponto de vista do autor nos primeiros parágrafos.

a. Qual é a afirmação feita no início, em torno da qual a autora desenvolve o texto?

b. O fenômeno apontado no 1º parágrafo diz respeito a um termo do âmbito da psicologia apresentado pela autora no 2º parágrafo. Qual é esse termo? A que ele corresponde?

c. Em que consiste o fenômeno apontado pela autora? Como ele se manifesta? Dê exemplos extraídos do texto.

REGISTRE NO CADERNO

2. De acordo com o texto, a falta de empatia é um problema específico das crianças e dos jovens? Justifique sua resposta com elementos do texto.

3. Um texto argumentativo pode ser desenvolvido com exemplos, citações, comparações, dados estatísticos, etc. No 5º, no 6º e no 7º parágrafos, a autora comenta o Museu da Empatia, em Londres.

a. Que efeito a referência à inauguração desse museu traz para a argumentação da autora?

b. Com que finalidade o museu convida os visitantes a calçar sapatos de outras pessoas e a ouvir a história delas?

4. Releia este trecho do texto:

REGISTRE NO CADERNO

> "Desenvolver a empatia é uma condição absolutamente necessária para ensiná-la aos mais novos. Aliás, eles podem tê-la mais facilmente do que nós."

a. Por que, segundo a autora, é necessário que os adultos desenvolvam e exercitem a empatia?

b. Você concorda com o ponto de vista da autora de que as pessoas mais jovens podem ter empatia mais facilmente do que os adultos? Por quê?

5. No 9º parágrafo, para ilustrar com mais um exemplo seu ponto de vista, Rosely Sayão cita o relato de um pai que fez um comentário sobre os refugiados de guerra e provocou uma reação inesperada do filho.

a. Por que o pai mudou de ideia, depois do comentário do filho?

b. Nessa situação, o filho demonstrou ter mais empatia do que o pai? Por quê?

6. A estrutura de um artigo de opinião não é rígida, mas normalmente é apresentada a ideia principal do texto no 1º ou no 2º parágrafo, há um desenvolvimento, com dois ou três parágrafos, e um parágrafo final como conclusão.

a. No artigo de opinião lido, qual é a ideia principal presente na conclusão?

b. A pergunta "Vamos desenvolvê-la para ensiná-la?" é dirigida a quem? Por quê?

7. Observe a linguagem do texto.

a. Ela está, ou não, de acordo com a norma-padrão? É formal ou informal? Justifique sua resposta com elementos do texto.

b. Em um texto argumentativo, o autor pode se colocar:

- de modo impessoal e mais distanciado, empregando verbos e pronomes na 3ª pessoa do singular;
- de modo relativamente impessoal, empregando o pronome *nós* (1ª pessoa do plural) como se falasse em nome de um grupo em que se inclui ou como recurso de generalização;
- de modo pessoal, fazendo referência a si mesmo.

Quais desses modos a autora do texto utilizou para construir sua argumentação? Quando ela opta por um ou outro desses recursos? Justifique sua resposta com exemplos extraídos do texto.

HORA DE ESCREVER

O trabalho infantil é proibido no Brasil, conforme determina o Estatuto da Criança e do Adolescente (ECA). E quando o trabalho consiste em participar de uma novela de televisão, de uma peça de teatro ou de uma propaganda de TV? A lei deve valer também para esses casos?

Leia, a seguir, parte de uma reportagem sobre o assunto.

Crianças sem esperança

Ex-atores mirins compartilham em seminário as dores e delícias da experiência; Judiciário cobra regulamentação do trabalho infantil artístico

ANNA VIRGINIA BALLOUSSIER
DE SÃO PAULO

RICO

Para Felipe Paulino, 22, foi um tiro no pé. Fernando Meirelles selecionou o aluno de teatro no morro do Vidigal, no Rio, para "Cidade de Deus" (2002). No filme, Zé Pequeno o forçava a escolher: queria bala na mão ou no pé? Levou no último. Tinha oito anos.

Hoje Felipe diz que, se tivesse filho, acharia "absurdo" deixá-lo atuar na "cena mais violenta da história do cinema" – impressão dele e do site americano Pop Crunch, que pôs o "take" brasileiro à frente, por exemplo, do estupro de "Laranja Mecânica" e elogiou a "performance convincente" do ator mirim.

Só que, segundo Felipe, o "medo era bem real", induzido pela preparadora de elenco Fátima Toledo.

Para Bruna Marquezine, 19, dia de set era melhor que recreio. "Yes, hoje tem gravação!", recorda a experiência de acordar e ir trabalhar na TV desde, bom, sempre. Estreou como a Salete da novela "Mulheres Apaixonadas" (2003), na Globo. Tinha sete anos.

Lembra de chorar ao se ver no "Fantástico": "Me senti tão importante". Questionada se "hábitos narcisistas" teriam sido nutridos na infância, nega: "Todo ator é narcisista". Sempre tirou notas boas e, se os pais a tivessem proibido de se manifestar artisticamente, diz que teria enlouquecido.

Na semana passada, Felipe e Bruna contaram suas histórias para um público de advogados, promotores e juízes, em seminário no TRT (Tribunal Regional do Trabalho) da 2ª Região (São Paulo).

Todos concordam que falta regulamentar a legislação sobre o tema. O problema é como. Não há consenso sobre em que casos a carreira infantojuvenil é danosa.

A jornada pode diminuir o tempo para brincar, se estender até tarde da noite, prejudicar os estudos e render contratos abusivos para a garotada – que, na prática, "não pode ter dor de barriga" ou apenas "não estar a fim de trabalhar no dia", diz a advogada Sandra Cavalcante, autora de "Trabalho Infantil Artístico – do Deslumbramento à Ilegalidade" (LTr Editora).

O ofício às vezes requer aparato psicológico que nem veterano tem. [...]

TRAUMA

Lucro não investido em seu futuro, diz o Felipe de "Cidade de Deus". Ele relata que o pai gastou seus R$ 7.000. Muitos alvarás exigem que um percentual do cachê vá para uma conta poupança do menor.

Fora o trauma. Segundo ele recorda, Fátima Toledo pediu que Leandro Firmino (Zé Pequeno) lhe desse um susto com uma arma num quarto escuro. Também teria dito para pensar na mãe se afogando.

Famosa pelo método que extrai reações viscerais do ator, a preparadora afirma que "nada disso aconteceu" e que Felipe pode ter "criado uma fantasia". Diz que, ao lhe mostrar uma arma e indagar se sabia o que era, ouviu: "Sei, e essa é de brinquedo".

> Uma garota ficou suspensa por 8 horas no cabo de aço, para voar num comercial. Se mãe reclama, é a chata, e o filho não é chamado mais.
>
> Sandra Cavalcante, advogada.

Para dar veracidade à cena, conta, pediu que ele imaginasse uma dor forte (como a de dente) se movendo para o pé.

"Talvez Felipe tenha misturado realidade com ficção, pois sua performance foi extraordinária", afirma Meirelles, o diretor. "Assim que cortei, fui correndo abraçá-lo de tão impressionado que fiquei."

Unir infância e labor dá trabalho, mas um final feliz é possível, diz a advogada Cavalcante. Veja Danny Lloyd: aos seis anos, Stanley Kubrick o escalou para ser o menino do velocípede que, em "O Iluminado", repetia "redrum" – "murder" (assassinato) ao contrário.

A equipe o blindou, de modo que filmasse cenas separadamente e nunca sacasse que estrelava um filme barra pesadíssima de terror. Aos 13, ele assistiu ao "O Iluminado" pela primeira vez – uma versão "light". A íntegra, só aos 17.

(*Folha de S. Paulo*, 24/6/2015.)

Agência O Globo

Bruna Marquezine – aos 7, estreou em "Mulheres Apaixonadas", e engatou 15 produções na Globo desde então. Os pais exigiam que fosse bem na escola – onde virou a celebridade do recreio.

Entertainment pictures/Diomedia

Danny Lloyd – para não traumatizá-lo, convenceram-no de que "O Iluminado" era um drama. Filmava suas cenas separadamente e só viu o filme de terror na íntegra aos 17 anos. Hoje é professor de Biologia.

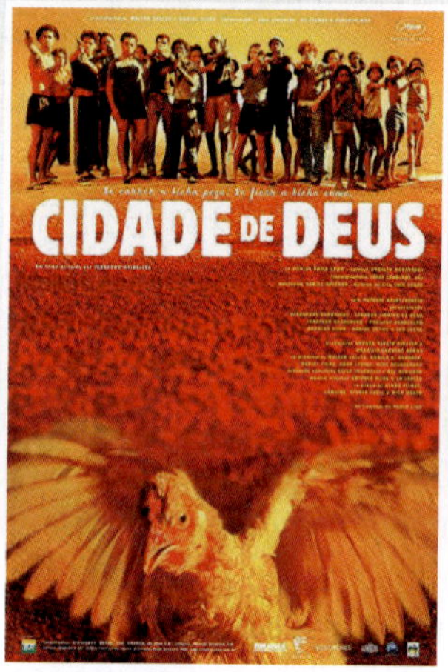

O2 Filmes/Globo Filmes/Buena Vista Internacional

Felipe Paulino – chorou de verdade na "cena mais violenta do cinema", o tiro no pé em "Cidade de Deus". "Se eu tiver filho, não vou querer que faça uma cena assim. É absurdo", diz Felipe Paulino.

Propomos que, a seguir, você participe de duas atividades:

- um debate regrado, com toda a classe;
- a produção individual de artigo de opinião.

Um grupo deve ficar responsável por anotar as ideias mais importantes do debate, assim como por fotografar e filmar alguns momentos de sua realização, a fim de fazer uma postagem sobre ele no *blog* da classe. Os artigos de opinião também deverão ser publicados no *blog*.

Debatendo

Participe com os colegas de um debate regrado sobre o seguinte tema: **Apesar de o trabalho infantil ser proibido em nosso país, crianças devem ter permissão para atuar em cinema, teatro, TV e publicidade?**

Durante o debate, anote as ideias que julgar mais importantes e utilize-as depois na produção de um artigo de opinião.

Siga as orientações relativas à produção de debate dadas no capítulo anterior, na página 223.

Produzindo o artigo de opinião

Se possível, desenvolva as duas propostas a seguir.

1. Escreva um artigo de opinião sobre o trabalho infantil artístico. Ao produzir seu texto, utilize as anotações que fez durante o debate realizado pela classe a propósito desse assunto.

2. Escreva um artigo de opinião sobre o tema debatido no capítulo anterior. Ao produzir seu texto, aproveite as ideias e os argumentos apresentados no debate.

ANTES DE ESCREVER

Planeje seu texto, seguindo estes passos:

- Procure ter clareza quanto a quem serão seus leitores, isto é, qual é o público-alvo do *blog* em que o texto será publicado, pois esse dado é fundamental na escolha da linguagem – menos ou mais formal – que você deverá utilizar.
- Consulte as anotações que fez durante o debate e defina previamente qual será a ideia principal, quais serão os principais argumentos para desenvolvê-la e como será a conclusão.
- Organize o texto em parágrafos, considerando as partes fundamentais do gênero (introdução, desenvolvimento e conclusão).

PROJETO

Dê continuidade à campanha que você e os colegas começaram a desenvolver no capítulo 1 desta unidade, escrevendo um artigo de opinião sobre um tema relacionado a ela.

ANTES DE PASSAR A LIMPO

Antes de dar seu texto por terminado, verifique:

- se a linguagem está adequada aos leitores e ao ambiente de *blog*;
- se você se posiciona claramente sobre o assunto – sim ou não – e se há uma ideia principal, apresentada no primeiro ou no segundo parágrafo;
- se há parágrafos com argumentos que desenvolvem e fundamentam a ideia principal;
- se há um parágrafo de conclusão.

MUNDO plural

TECNOLOGIA

Empreendedorismo e Internet

Muitos jovens utilizam a Internet hoje em dia não apenas como meio de comunicação com amigos pelas redes sociais, mas também como meio de trabalho. Alguns deles se tornam referência para milhares de outros jovens, ao disseminar comportamentos e lançar tendências, fazendo do mundo digital um empreendimento pessoal. Uma pesquisa feita com 1 440 jovens de todas as classes sociais e regiões do Brasil, publicada em 2014 pela Fundação Telefônica/Vivo, em parceria com o Ibope, o Instituto Paulo Montenegro e a Escola do Futuro da USP, revelou que grande parte deles utiliza a Internet para desenvolver projetos, realizar inovações, abrir negócios, entre outras possibilidades. Veja, a seguir, na forma de gráficos, alguns dos resultados obtidos pelo estudo.

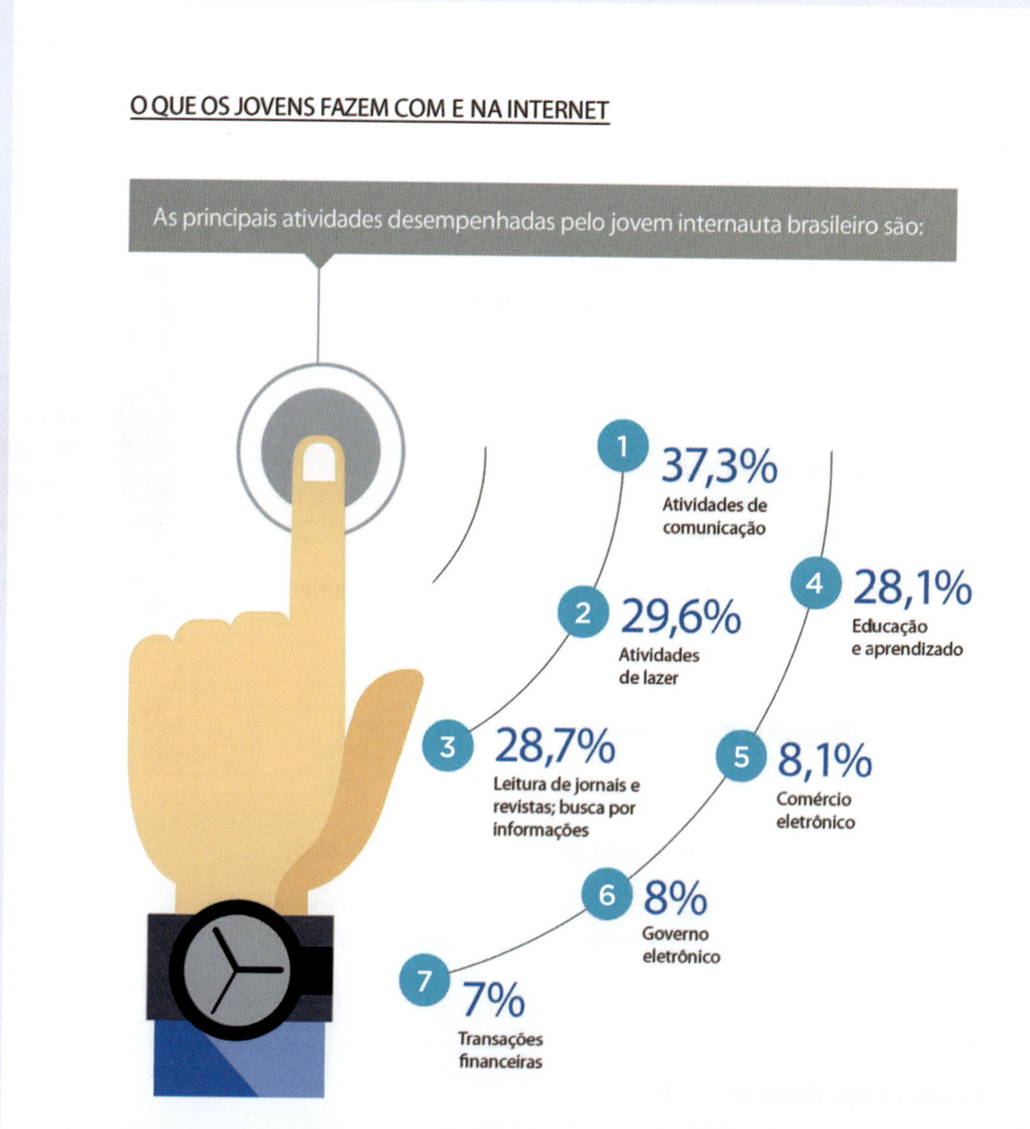

Fundação Telefônica Vivo

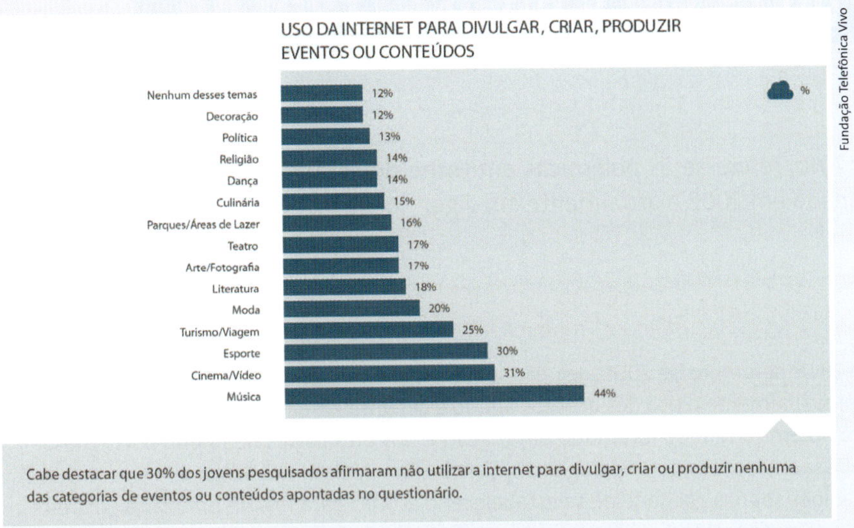

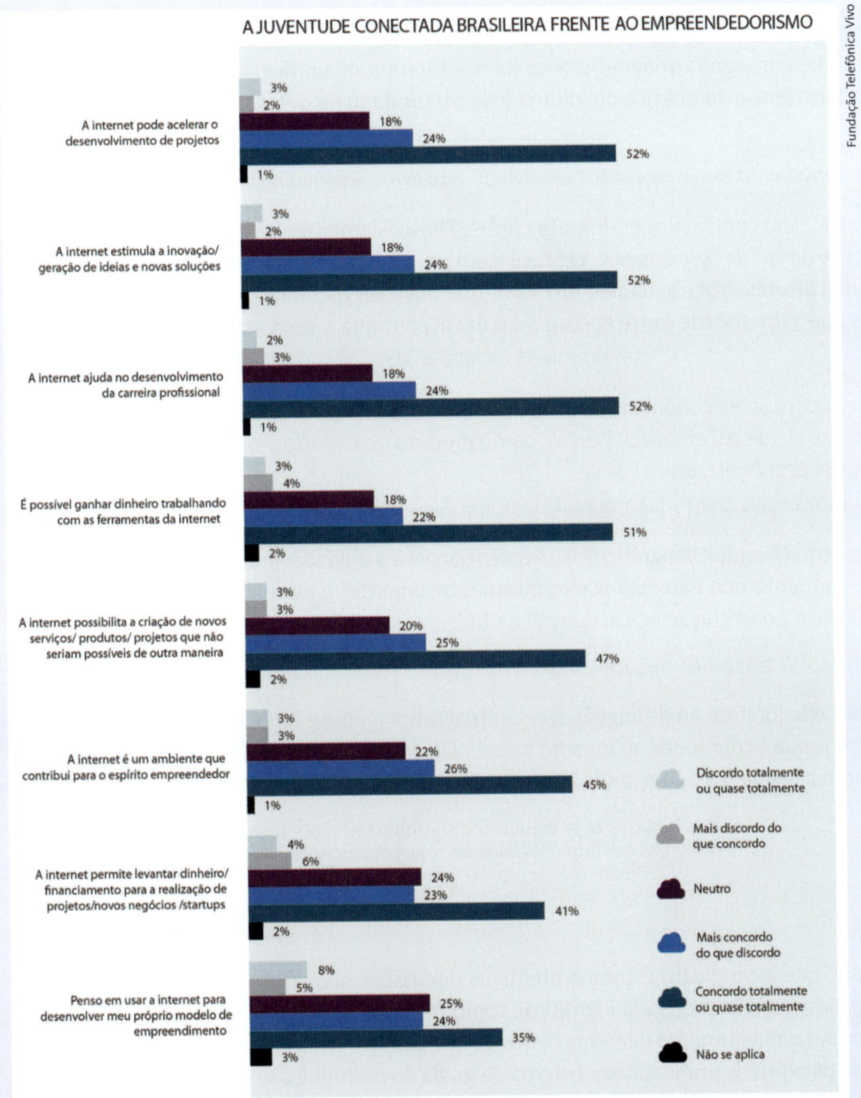

(Gráficos disponíveis em: http://fundacaotelefonica.org.br/wp-content/uploads/pdfs/juventude_conectadaonline.pdf. Acesso em: 22/9/2015.)

Com base na leitura dos gráficos, troque ideias com os colegas:

1. O perfil dos alunos da classe coincide com o da maioria apontado pela pesquisa?
2. Vocês conhecem algum empreendedor digital? Em qual ramo de atividade ele está envolvido?
3. Alguém da classe já trabalha ou pretende trabalhar com Internet? Como?

POR DENTRO DO ENEM E DO VESTIBULAR

ENEM EM CONTEXTO

A questão a seguir, do Enem 2010, refere-se às polêmicas em torno do estabelecimento do acordo ortográfico assinado em 2008 e atualmente em vigor no Brasil. Leia-a e tente resolvê-la.

O presidente Lula assinou, em 29 de setembro de 2008, decreto sobre o Novo Acordo Ortográfico da Língua Portuguesa. As novas regras afetam principalmente o uso dos acentos agudo e circunflexo, do trema e do hífen.

Longe de um consenso, muita polêmica tem-se levantado em Macau e nos oito países de língua portuguesa: Brasil, Angola, Cabo Verde, Guiné-Bissau, Moçambique, Portugal, São Tomé e Príncipe e Timor Leste.

Comparando as diferentes opiniões sobre a validade de se estabelecer o acordo para fins de unificação, o argumento que, em grande parte, foge a essa discussão é:

a. "A Academia (Brasileira de Letras) encara essa aprovação como um marco histórico. Inscreve-se, finalmente, a Língua Portuguesa no rol daquelas que conseguiram beneficiar-se há mais tempo da unificação de seu sistema de grafar, numa demonstração de consciência da política do idioma e de maturidade na defesa, difusão e ilustração da língua da Lusofonia."

SANDRONI, C. Presidente da ABL. Disponível em: http://www.academia.org.br. Acesso em: 10 nov. 2008.

b. "Acordo ortográfico? Não, obrigado. Sou contra. Visceralmente contra. Filosoficamente contra. Linguisticamente contra. Eu gosto do "*c*" do "*actor*" e do "*p*" de "*cepticismo*". Representam um patrimônio, uma pegada etimológica que faz parte de uma identidade cultural. A pluralidade é um valor que deve ser estudado e respeitado. Aceitar essa aberração significa apenas que a irmandade entre Portugal e o Brasil continua a ser a irmandade do atraso.

COUTINHO, J. P. *Folha de São Paulo*. Ilustrada. 28 set. 2008, E1 (adaptado).

c. "Há um conjunto de necessidades políticas e econômicas com vista à internacionalização do português como identidade e marca econômica". "É possível que o (Fernando) Pessoa, como produto de exportação, valha mais do que a PT (Portugal Telecom). Tem um valor econômico único."

RIBEIRO, J. A. P. Ministro da Cultura de Portugal. Disponível em: http://ultimahora.publico.clix.pt. Acesso em: 10 nov. 2008.

d. "É um acto cívico batermo-nos contra o Acordo Ortográfico." "O Acordo não leva a unidade nenhuma." "Não se pode aplicar na ordem interna um instrumento que não está aceito internacionalmente" e nem assegura "a defesa da língua como património, como prevê a Constituição nos artigos 9º e 68º."

MOURA, V. G. Escritor e eurodeputado. Disponível em: www.mundoportugues.org. Acesso em: 10 nov. 2008.

e. "Se é para ter uma lusofonia, o conceito [unificação da língua] deve ser mais abrangente e temos de estar em paridade. Unidade não significa que temos que andar todos ao mesmo passo. Não é necessário que nos tornemos homogéneos. Até porque o que enriquece a língua portuguesa são as diversas literaturas e formas de utilização."

RODRIGUES, M. H. Presidente do Instituto Português do Oriente, sediado em Macau.
Disponível em: http://taichungpou.blogspot.com. Acesso em: 10 nov. 2008 (adaptado).

Para resolver a questão, era necessário que o candidato estivesse atento às discussões que aconteciam a propósito do acordo e suas finalidades, pois precisaria identificar, conforme a solicitação do enunciado, qual das alternativas apresentava um argumento diferente daqueles que giravam em torno do estabelecimento do acordo ortográfico para fins de unificação do sistema de grafia do português.

Nos itens *a*, *b*, *d* e *e*, há menções à unificação/unidade ou à ausência de unificação, refletida na pluralidade. São elas, respectivamente: "unificação de seu sistema de grafar"; "A pluralidade é um valor"; "não leva a unidade nenhuma"; "unificação da língua".

O item *c*, entretanto, apesar de tocar em um assunto diretamente relacionado ao acordo ortográfico – a internacionalização do português –, associa a internacionalização a interesses econômicos e políticos, não à unificação da grafia. Assim, a alternativa *c* é a opção adequada para a questão.

QUESTÕES DO ENEM E DO VESTIBULAR

REGISTRE NO CADERNO

1. (UNESP-SP)

A cada canto um grande conselheiro,
Que nos quer governar cabana, e vinha,
Não sabem governar sua cozinha,
E podem governar o mundo inteiro.
(...)
Estupendas usuras nos mercados,
Todos, os que não furtam, muito pobres,
E eis aqui a Cidade da Bahia.

(Gregório de Matos. "Descreve o que era realmente naquelle tempo a cidade da Bahia de mais enredada por menos confusa", em *Obra poética* (org. James Amado), 1990.)

O poema, escrito por Gregório de Matos no século XVII:

a. representa, de maneira satírica, os governantes e a desonestidade na Bahia colonial.

b. critica a colonização portuguesa e defende, de forma nativista, a independência brasileira.

c. tem inspiração neoclássica e denuncia os problemas de moradia na capital baiana.

d. revela a identidade brasileira, preocupação constante do modernismo literário.

e. valoriza os aspectos formais da construção poética parnasiana e aproveita para criticar o governo.

(UNIFESP-SP) **Instrução**: Os versos de Gregório de Matos são base para responder às questões de números 2 e 3.

Neste mundo é mais rico, o que mais rapa:
Quem mais limpo se faz, tem mais carepa:
Com sua língua ao nobre o vil decepa:
O Velhaco maior sempre tem capa.

2. Nos versos, o eu lírico deixa evidente que:

a. uma pessoa se torna desprezível pela ação do nobre.

b. o honesto é quem mais aparenta ser desonesto.

c. geralmente a riqueza decorre de ações ilícitas.

d. as injúrias, em geral, eliminam as injustiças.

e. o vil e o rico são vítimas de severas injustiças.

3. Levando em consideração que, em sua produção literária, Gregório de Matos dedicou-se também à sátira irreverente, pode-se afirmar que os versos se marcam:

a. pelo sentimentalismo, fruto da sintonia do eu lírico com a sociedade.

b. pela indiferença, decorrente da omissão do eu lírico com a sociedade.

c. pelo negativismo, pois o eu lírico condena a sociedade pelo viés da religião.

d. pela indignação, advinda de um ideal moralizante expresso pelo eu lírico.

e. pela ironia, já que o eu lírico supõe que todas as pessoas são desonestas.

4. (FUVEST-SP)

Não há trabalho, nem gênero de vida no mundo mais parecido à cruz e à paixão de Cristo, que o vosso em um destes engenhos [...]. A paixão de Cristo parte foi de noite sem dormir, parte foi de dia sem descansar, e tais são as vossas noites e os vossos dias. Cristo despido, e vós despidos; Cristo sem comer, e vós famintos; Cristo em tudo maltratado, e vós maltratados em tudo. Os ferros, as prisões, os açoites, as chagas, os nomes afrontosos, de tudo isto se compõe a vossa imitação, que, se for acompanhada de paciência, também terá merecimento e martírio [...]. De todos os mistérios da vida, morte e ressurreição de Cristo, os que pertencem por condição aos pretos, e como por herança, são os mais dolorosos.

P. Antônio Vieira, Sermão décimo quarto.
In: I. Inácio & T. Lucca (orgs.). *Documentos do Brasil colonial.*
São Paulo: Ática, 1993, p. 73-75.

A partir da leitura do texto acima, escrito pelo padre jesuíta Antônio Vieira em 1633, pode-se afirmar, corretamente, que, nas terras portuguesas da América:

a. a Igreja Católica defendia os escravos dos excessos cometidos pelos seus senhores e os incitava a se revoltar.

b. as formas de escravidão nos engenhos eram mais brandas do que em outros setores econômicos, pois ali vigorava uma ética religiosa inspirada na Bíblia.

c. a Igreja Católica apoiava, com a maioria de seus membros, a escravidão dos africanos, tratando, portanto, de justificá-la com base na Bíblia.

d. clérigos, como P. Vieira, se mostravam indecisos quanto às atitudes que deveriam tomar em relação à escravidão negra, pois a própria Igreja se mantinha neutra na questão.

e. havia formas de discriminação religiosa que se sobrepunham às formas de discriminação racial, sendo estas, assim, pouco significativas.

5. (UNICAMP-SP)

Orlandeli

a. Qual é o pressuposto da personagem que defende o acordo ortográfico entre os países de língua portuguesa? Por que esse pressuposto é inadequado?

b. Explique como, na tira, esse pressuposto é quebrado.

6. (FUVEST-SP) Leia o seguinte texto jornalístico:

Para para

Numa de suas recentes críticas internas, a ombudsman desta **Folha** propôs uma campanha para devolver o acento que a reforma ortográfica roubou do verbo "parar". Faz todo sentido.

O que não faz nenhum sentido é ler "São Paulo para para ver o Corinthians jogar". Pior ainda que ler é ter de escrever.

Juca Kfouri, *Folha de S. Paulo*, 22/09/2014. Adaptado.

a. No primeiro período do texto, existe alguma palavra cujo emprego conota a opinião do articulista sobre a reforma ortográfica? Justifique sua resposta.

b. Para evitar o "para para" que desagradou ao jornalista, pode-se reescrever a frase "São Paulo para para ver o Corinthians jogar", substituindo a preposição que nela ocorre por outra de igual valor sintático-semântico ou alterando a ordem dos termos que a compõem. Você concorda com essa afirmação? Justifique sua resposta.

7. (ENEM)

REGISTRE NO CADERNO

Blog é concebido como um espaço onde o blogueiro é livre para expressar e discutir o que quiser na atividade da sua escrita, com a escolha de imagens e sons que compõem o todo do texto veiculado pela internet, por meio dos *posts*. Assim, essa ferramenta deixa de ter como única função a exposição de vida e/ou rotina de alguém — como em um diário pessoal —, função para qual serviu inicialmente e que o popularizou, permitindo também que seja um espaço para a discussão de ideias, trocas e divulgação de informações.

A produção dos *blogs* requer uma relação de troca, que acaba unindo pessoas em torno de um ponto de interesse comum. A força dos *blogs* está em possibilitar que qualquer pessoa, sem nenhum conhecimento técnico, publique suas ideias e opiniões na *web* e que milhões de outras pessoas publiquem comentários sobre o que foi escrito, criando um grande debate aberto a todos.

LOPES, B. O. *A linguagem dos* blogs *e as redes sociais*. Disponível em: www.fateczl.edu.br. Acesso em: 29 abr. 2013 (adaptado).

De acordo com o texto, o *blog* ultrapassou sua função inicial e vem se destacando como:

a. estratégia para estimular relações de amizade.

b. espaço para exposição de opiniões e circulação de ideias.

c. gênero discursivo substituto dos tradicionais diários pessoais.

d. ferramenta para aperfeiçoamento da comunicação virtual escrita.

e. recurso para incentivar a ajuda mútua e a divulgação da rotina diária.

8. (UFRS-RS) Assinale a alternativa que apresenta uma palavra que não recebe acento gráfico quando na sua forma no singular.

a. etíopes

b. fósseis

c. indivíduos

d. características

e. raízes

9. (CESGRANRIO-RJ) Indique o item no qual os vocábulos obedecem à mesma regra de acentuação da palavra *nódoa*.

a. ânsia, âmbar, imundície

b. míope, ímã, enjoo

c. água, tênue, supérfluo

d. ímpar, míngua, lânguida

e. viúvo, argênteo, sórdido

10. (ITA-SP) Dadas as palavras:

1. des-a-ten-to

2. sub-es-ti-mar

3. trans-tor-no

constatamos que a separação silábica está correta:

a. apenas em 1.

b. apenas em 2.

c. apenas em 3.

d. em todas as palavras.

e. n.d.a.

REGISTRE NO CADERNO

Produção de texto

11. (UNICAMP-SP) Imagine que, ao navegar em uma página da internet especializada em orientação vocacional, você encontra um fórum criado por concluintes do Ensino Médio para discutir o que leva uma pessoa a investir na profissão de cientista. Um dos participantes do fórum, que se autonomeia Estudante Paulista, postou o gráfico reproduzido ao lado e escreveu o seguinte comentário:

Às 15h42, Estudante Paulista escreveu: Vejam este gráfico! Ele mostra o resultado de uma pesquisa sobre o interesse de estudantes de vários lugares do mundo pela carreira científica. Vocês não acham que essa pesquisa reflete muito bem a realidade? Eu, por exemplo, sempre morei em São Paulo e nunca pensei em ser cientista!

Respostas de estudantes de vários países à pergunta "Gostaria de ser cientista?", apresentadas em escala de 1 a 4. Quanto maior o número, maior a quantidade de respostas positivas. Em destaque, os índices dos municípios brasileiros de Tangará da Serra (MT) e São Caetano do Sul (SP).

Ciência Hoje

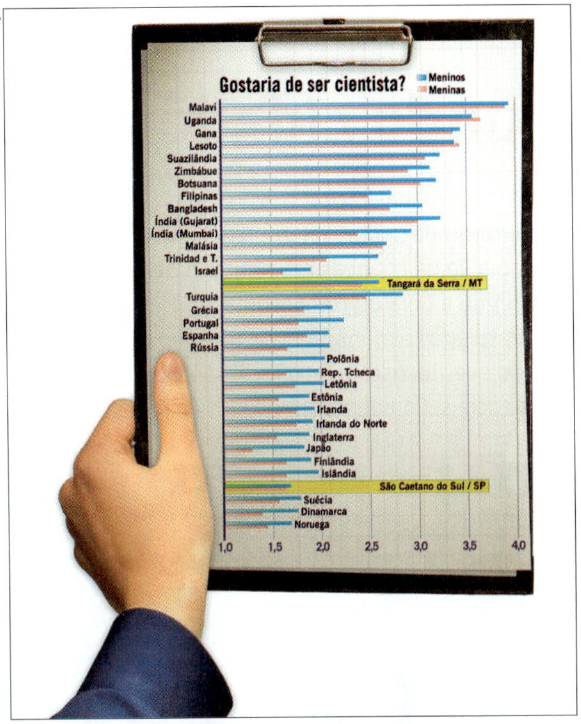

(Adaptado de *Ciência Hoje*, n. 282, vol. 47, jun. 2011, p. 59.)

Você decide, então, participar da *discussão*, postando um *comentário* sobre a mesma pesquisa, *em resposta* à pessoa que assina como *Estudante Paulista*. No comentário, você deverá:

- fazer uma análise do gráfico, sugerindo o que pode ser concluído a partir dos resultados da pesquisa;
- posicionar-se frente à opinião do *Estudante Paulista*, levando em conta a análise que você fez do gráfico.

PROJETO

Mundo cidadão

Nesta unidade, você e seus colegas participaram de uma campanha relacionada a um problema do bairro ou da comunidade ou a temas mais gerais, como a publicidade dirigida a crianças ou a participação de crianças em filmes, programas de TV, peças de teatro e propagandas.

Chegou a hora de compartilhar com outras pessoas o resultado da campanha. Para isso, realize com os colegas a montagem de uma *mostra* intitulada **Mundo cidadão**. Definam com o professor a data do evento, escolham o local, distribuam tarefas e divulguem a mostra no *blog* da classe e nas redes sociais. Convidem amigos e familiares para visitá-la.

Maja Hitij/dpa/Corbis/Latinstock

Diomedia/BSIP/Amelie-Benoist

Fazendo e acontecendo

1. Expondo os resultados da campanha

- Se a classe realizou, por exemplo, uma campanha de coleta e doação de alimentos, roupas, remédios, etc., apresentem em vídeos, em fotos ou em cartazes os resultados obtidos. Por exemplo, quantos quilos de alimentos foram doados, a que instituições, quantas pessoas foram beneficiadas, etc.

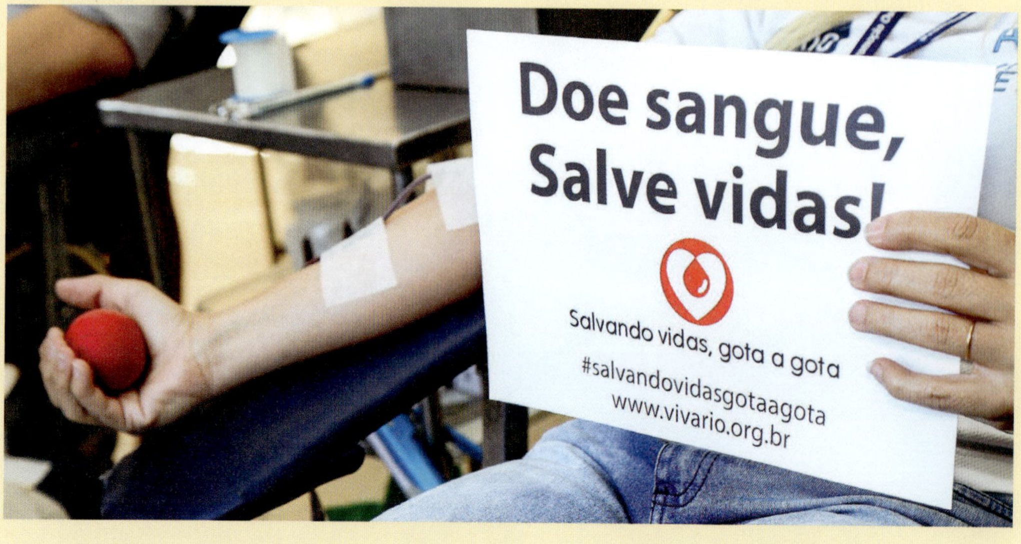

André Horta/Fotoarena

2. Realizando eventos

- Vocês podem promover um debate ou uma palestra sobre o tema da campanha. Convidem para debater ou dar a palestra um ou mais especialistas no assunto ou um ou mais representantes de uma entidade beneficiada com a campanha.

Getty Images/Blend Images RM

Mais respeito, eu sou criança!

Georg Wendt/dpa/Corbis/Latinstock

- Reúnam os vídeos com trechos do debate e os artigos de opinião relacionados com o tema da publicidade infantil e com o trabalho infantil que produziram nos capítulos 2 e 3.
- Exibam em uma TV trechos do debate e, em um ou mais computadores, apresentem o *blog* criado pela classe.
- Disponibilizem o acesso ao *blog* de maneira que os visitantes naveguem livremente por ele e possam ler textos, deixar comentários, assistir a trechos dos debates e ler os artigos de opinião.
- Em um mural ou uma parede, exponham os artigos de opinião produzidos pela classe, organizando-os por temas. Deem um título para cada grupo de artigos e afixem esses títulos na parte superior do mural. Se quiserem, incluam na exposição imagens de publicidade dirigida a crianças e de crianças atuando na TV, no cinema e em propagandas.

Rico

UNIDADE

4 Palavra e razão

Christophel Collection/AGB Photo

Cena do filme *Adeus, minha rainha*, de Benoît Jacquot, na qual a nobreza da corte de Luís XVI, na França, aparece acuada, no início da Revolução Francesa.

Diomedia/United Archives

Cena do filme *Danton – O Processo da revolução*, de Andrzej Wajda, em que o povo invade as ruas durante a Revolução Francesa.

PROJETO

FEIRA DO CONHECIMENTO

Participe, com toda a classe, da produção de uma *feira* sobre o mundo material na sociedade contemporânea, na qual você e seus colegas vão apresentar seminários e expor e distribuir artigos de divulgação científica que produzirão nesta unidade.

p
p l
p l u
p l u v
p l u v i
p l u v i a
f l u v i a l
f l u v i a l
f l u v i a l
f l u v i a l
f l u v i a l
f l u v i a l

Augusto de Campos

Se o erro e a ignorância forjaram as cadeias dos povos e os preconceitos as consolidaram, a ciência, a razão e a verdade poderão um dia rompê-las. Oprimido, durante uma longa série de séculos, pela superstição e a credulidade, o espírito humano finalmente despertou. [...] Até mesmo os príncipes, cansados de seus delírios, buscam agora na razão um remédio contra os males que eles mesmos procuraram.

(Barão de Holbach. Apud Giovanni Reale e Dario Antiseri. *História da filosofia*. São Paulo: Paulinas, 1990. v. 2, p. 728-9.)

Thinkstock/Getty Images

CAPÍTULO

1 Arcadismo
Coerência e coesão
O seminário

LITERATURA

O Arcadismo

FOCO NA IMAGEM

Observe, a seguir, a pintura *A morte de Sócrates*, de Jacques-Louis David, expoente do Neoclassicismo francês.

The Metropolitan Museum of Art, Nova Iorque, EUA

A morte de Sócrates (1787).

1. A pintura de David retrata o filósofo Sócrates na prisão, prestes a cumprir a pena de morte que lhe foi imposta. Na cena, veem-se no chão uma corrente, um rolo de manuscrito, uma pena e dois pequenos potes de tinta, próximos do homem sentado, que representa Platão. Com base nessas informações e no boxe "Sócrates e a tela de David", levante hipóteses: Que sentido esses objetos constroem na pintura?

2. A expressão das personagens cria um efeito dramático na cena.
   a. Observe o jovem que entrega a Sócrates o veneno que o filósofo foi obrigado a tomar. O que a postura dele expressa?
   b. A atitude de Platão se contrapõe à dos demais discípulos. O que a postura dele demonstra?
   c. O que a atitude dos demais discípulos expressa?
   d. Observe a expressão do rosto de Sócrates. Ela contrasta com a expressão dos discípulos? Por quê?

3. De acordo com a narração feita por Platão na obra *Fédon*, Sócrates passou seus últimos momentos falando a seus discípulos sobre a imortalidade da alma.
   a. Na pintura de David, que gesto de Sócrates parece confirmar essa informação? Justifique sua resposta.
   b. Observe o modo como Sócrates recebe o cálice com o veneno. O que essa postura expressa? Registre no caderno.
      - coragem
      - heroísmo
      - nervosismo
      - imprudência
      - conformismo
      - dignidade

4. Na pintura de David, Platão, como Sócrates, usa uma veste branca e é retratado com uma idade próxima à de seu mestre. Levante hipóteses e discuta com os colegas: O que a pintura sugere por meio de tais semelhanças?

5. Observe os detalhes da musculatura dos corpos de Sócrates e do jovem que lhe entrega o cálice. David, ao representar o corpo humano, utiliza a concepção estética do Classicismo? Justifique sua resposta.

6. David pintou *A morte de Sócrates* em 1787, dois anos antes da Revolução Francesa. Nesse momento, os filósofos iluministas defendiam uma sociedade mais justa e a liberdade de expressão e contestavam o poder e a opressão exercidos pelo clero e pela aristocracia. A pintura foi feita por encomenda de um mecenas, e David aproveitou o tema para destacar em sua composição os valores que norteavam os filósofos iluministas. Com base nessas informações e na leitura da tela, responda: Em que medida a tela de David expressa esses valores cultivados no século XVIII?

7. A pintura pertence ao Neoclassicismo, movimento artístico que retomou as concepções estéticas do Classicismo e foi influenciado pelos ideais do Iluminismo. Veja algumas das características do Neoclassicismo:
   - presença da cultura clássica greco-latina;
   - valorização da razão;
   - valorização da figura humana;
   - heroísmo.

   Explique como cada uma dessas características neoclássicas está presente na pintura estudada.

Sócrates e a tela de David

Sócrates (470-399 a.C.) é considerado um dos maiores pensadores da história. Por volta dos 70 anos, o filósofo ateniense foi condenado à morte sob a acusação de desrespeitar os deuses da cidade e de corromper os jovens com suas ideias. Na verdade, o que incomodava seus acusadores era, sobretudo, a liberdade de pensamento que Sócrates despertava na juventude. No julgamento a que foi submetido, o filósofo não se defendeu, pois, para ele, o ato de defender-se significaria que aceitava as acusações.

O pensamento filosófico de Sócrates foi registrado pelo discípulo Platão, e, por isso, é difícil distinguir o que é de um e o que é do outro. Platão narrou na obra *Fédon* os últimos momentos de Sócrates, que, na companhia de seus discípulos, cumpriu a sentença de morte que recebeu tomando cicuta.

No século XVIII, o pintor David baseou-se em *Fédon* para produzir o quadro *A morte de Sócrates*, mas não seguiu fielmente a narração de Platão. Este aparece na pintura sentado, de costas, ao pé da cama, e é retratado com uma idade avançada, embora não tenha presenciado a morte de seu mestre, pois estava doente, e tivesse, então, aproximadamente 28 anos.

FIQUE CONECTADO!

Amplie seus conhecimentos sobre o Arcadismo, pesquisando em:

LIVROS

- *Marília de Dirceu*, de Tomás Antônio Gonzaga (Col. Saraiva de Bolso); *Marília de Dirceu*, de Stael Gontijo (Gutenberg); *Outro apaixonado por Marília de Dirceu*, de Jair Vitoria (Atual); *Dirceu e Marília* (ilustrações), de Nelson Cruz (Cosac & Naify); *A Inconfidência Mineira* (quadrinhos), de André Diniz (Escola).

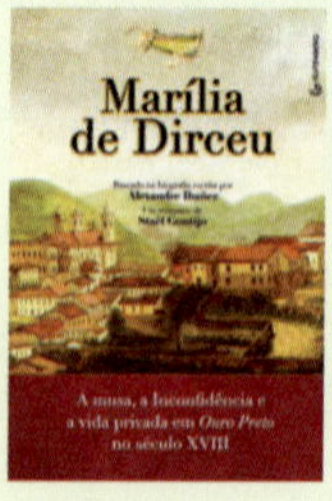

Editora Gutenberg

FILMES

- *Adeus, minha rainha*, de Benoît Jacquot; *O amante da rainha*, de Nicolaj Arcel; *A inglesa e o duque*, de Erich Rohmer; *Diário de um mundo novo*, de Paulo Nascimento; *Os inconfidentes*, de Joaquim Pedro de Andrade.

Diomedia/Photos 12 Cinema/ Zentropa Entertainments

MÚSICAS

- Ouça composições de Mozart e Haydn, as duas principais expressões do Neoclassicismo no campo musical. Ouça também, da MPB, "Tempos modernos", de Lulu Santos; "Casa no campo", de Zé Rodrix; "Casinha branca", de Elpídio dos Santos; "Vamos fugir", de Gilberto Gil; "Vilarejo", de Marisa Monte; "Não quero dinheiro", de Tim Maia.

Gesellschaft der Musik-freunde, Viena, Áustria

SITES

Obras de Jacques-Louis David (1748-1825) e Jean-Auguste-Dominique Ingres (1780-1867), dois dos principais pintores do Neoclassicismo, podem ser vistas em:

- http://www.jacqueslouisdavid.org/
- http://www.jeanaugustedominiqueingres.org/

Galleria degli Uffizi, Florença, Itália

OBRAS ARQUITETÔNICAS

- Entre as principais construções neoclássicas brasileiras do século XIX estão a Igreja Nossa Senhora de Candelária, a Academia de Belas Artes, o Palácio do Catete, no Rio de Janeiro (RJ); o Palácio Imperial, em Petrópolis (RJ); o Museu do Ipiranga, em São Paulo (SP); o Teatro de Santa Isabel, em Recife (PE).

Rubens Chaves/Pulsar Imagens

Getty Images/Flickr Open

Na seção **Conexões**, na página 308, você vai encontrar um roteiro de leitura das letras das canções "Casinha branca" e "Tempos modernos".

O contexto de produção e recepção do Arcadismo

A pintura *A morte de Sócrates* pertence ao Neoclassicismo, movimento artístico do século XVIII no qual se insere o Arcadismo. Quem produzia literatura árcade no Brasil nesse período? E quem era o público consumidor?

Os meios de circulação

No Brasil, a crescente vida urbana nas últimas décadas do século XVIII ampliava a rede de relações entre as pessoas, propiciando um maior dinamismo cultural. Foi nesse momento que se verificou o surgimento das primeiras livrarias no país, em centros urbanos maiores, como o Rio de Janeiro, bem como o início da formação de um público leitor. Além do desenvolvimento urbano, a própria estética do Arcadismo auxiliou na propagação das obras literárias da época: a linguagem mais acessível dos poemas árcades permitiu que um número maior de leitores tivesse acesso aos textos, levando à sua maior circulação. A obra *Marília de Dirceu*, de Tomás Antônio Gonzaga, por exemplo, desde sua primeira publicação, em 1792, teve um grande sucesso, tanto no Brasil quanto em Portugal.

Os poetas árcades, a maioria deles bacharéis, formavam um conjunto de escritores maior do que o do período do Barroco. Esse grupo trouxe da Europa novas concepções artísticas e filosóficas, elaborou uma significativa produção literária e contribuiu decisivamente para a instituição de uma literatura brasileira.

A Arcádia Romana

A Arcádia é uma região montanhosa da Grécia que se tornou lendária com a poesia bucólica ou pastoral da Antiguidade clássica. Nessa poesia, a Arcádia era retratada como um lugar habitado por poetas-pastores, que em meio à natureza campestre cantavam seus versos em companhia de pastoras e de deuses e semideuses.

Os poemas bucólicos greco-latinos inspiraram a literatura e a pintura ao longo dos séculos XVI, XVII e XVIII. Um exemplo dessa influência é a pintura de Poussin ao lado. Esses poemas foram modelos literários também para os poetas que se reuniam nas chamadas arcádias — agremiações similares às academias, que floresceram na Europa no século XVII.

A Arcádia Romana, fundada em 1690 na Itália, foi a primeira agremiação literária que cultivou e divulgou amplamente a poesia bucólica greco-latina. Seus integrantes adotavam como pseudônimos nomes de pastores gregos e romanos e, na elaboração de seus poemas, seguiam os princípios da estética clássica, como razão, equilíbrio, clareza e harmonia.

Em Portugal, como reação aos excessos do Barroco, foi fundada em 1756 a Arcádia Lusitana, que seguia a Arcádia Romana como modelo. O nome *Arcadismo* evoca essa associação portuguesa, em torno da qual se reuniram os poetas reformadores.

Museu do Louvre, Paris, França

Pastores da Arcádia (1637-39), de Nicolas Poussin (1594-1665). Os pastores se interrogam a respeito da enigmática inscrição latina na lápide do túmulo: *Et in Arcadia ego*. Segundo a tradição crítica, duas interpretações são possíveis para a inscrição: "Vivi, outrora, na Arcádia" e "Eu, a morte, existo até mesmo na Arcádia".

O Arcadismo em contexto

O século XVIII foi marcado por transformações sociais, políticas e culturais. Essas mudanças foram impulsionadas pelos ideais do Iluminismo que se propagaram por toda a Europa. Com base na razão, os filósofos iluministas defendiam uma sociedade orientada por justiça, liberdade, igualdade de direitos e tolerância religiosa e criticavam os abusos da nobreza e do clero. Esses novos ideais foram acolhidos pela classe burguesa — formada por juízes, advogados, escritores, médicos, professores, pintores, mercadores, banqueiros, etc. —, que tinha conhecimento e, em alguns casos, muito dinheiro, mas raramente prestígio e poder.

Os poetas árcades, além de seguirem a tradição literária clássica latina, absorveram progressivamente os ideais iluministas e os expressaram em seus poemas. Nesses textos, os temas do bucolismo, da simplicidade, do herói pacífico, do trabalho e da justiça representam uma reação da burguesia contra a nobreza, associada quase sempre ao luxo, à futilidade, à opressão, à ociosidade e à injustiça. Assim, os poemas árcades expressam um desejo de renovação de hábitos, da arte, da vida e do próprio homem.

Museu do Louvre, Paris, França

A noiva do vilarejo (1761), de Jean-Baptiste Greuze (1725-1805). Em um lugar modesto, é celebrada a assinatura do contrato civil de casamento. A expressividade dos rostos e dos gestos — o pai da noiva parece discursar de modo emocionado, estendendo os braços em direção ao futuro genro — valoriza os laços familiares. Nessa pintura neoclássica, Greuze, inspirado nas ideias iluministas, dá destaque à burguesia e aos seus valores.

Museu do Louvre, Paris, França

O amante coroando sua amante (1773), de Joseph-Marie Vien (1716-1809). Além da paisagem bucólica, são referências à cultura greco-latina, na pintura, elementos como as vestes dos jovens e a estátua de Cupido (Amor), à esquerda.

FOCO NO TEXTO

Você vai ler, a seguir, três textos. O primeiro é um soneto de Bocage, poeta português; o segundo, um soneto de Cláudio Manuel da Costa; o terceiro, um trecho de *Marília de Dirceu*, de Tomás Antônio Gonzaga.

Texto 1

Já se afastou de nós o Inverno agreste,
Envolto nos seus úmidos vapores;
A fértil Primavera, a mãe das flores
O prado ameno de boninas veste.

Varrendo os ares, o sutil Nordeste
Os torna azuis; as aves de mil cores
Adejam entre Zéfiros e Amores,
E toma o fresco Tejo a cor celeste.

Vem, ó Marília, vem lograr comigo
Destes alegres campos a beleza,
Destas copadas árvores o abrigo.

Deixa louvar da corte a vã grandeza:
Quanto me agrada mais estar contigo,
Notando as perfeições da Natureza!

(*Bocage*. São Paulo: Abril, 1980. p. 17.)

adejar: voar, pairar pelos ares.
Amores: divindades subordinadas a Cupido e a Vênus, deuses do amor na mitologia latina.
bonina: planta com flores abundantes de cor vermelha, roxa ou branca; também é conhecida como bela-margarida, maravilha e belas-noites.
lograr: desfrutar, gozar.
Nordeste: vento que sopra dessa direção.
Tejo: rio que cruza Portugal de leste a oeste.
vão: falso, irreal.
Zéfiro: na mitologia grega, deus do vento, ao qual cabia anunciar a primavera.

The Metropolitan Museum of Art, Nova Iorque, EUA

Cupido e Psiquê (1794), do escultor italiano Antonio Canova (1757-1822).

Texto 2

XXVI

Não vês, Nise, este vento desabrido,
Que arranca os duros troncos? Não vês esta,
Que vem cobrindo o céu, sombra funesta,
Entre o horror de um relâmpago incendido?

Não vês a cada instante o ar partido
Dessas linhas de fogo? Tudo cresta,
Tudo consome, tudo arrasa, e infesta
O raio a cada instante despedido.

Ah! não temas o estrago, que ameaça
A tormenta fatal; que o Céu destina
Vejas mais feia, mais cruel desgraça:

Rasga o meu peito, já que és tão ferina;
Verás a tempestade, que em mim passa;
Conhecerás, então, o que é ruína.

(Apud Luiz Roncari. *Literatura brasileira — Dos primeiros cronistas aos últimos românticos*. São Paulo: Edusp, 2014. p. 247-8.)

crestar: queimar.
desabrido: tempestuoso.
funesto: danoso, nefasto.
infestar: arruinar, causar estragos.

Temas da poesia árcade

Os árcades retomaram temas que foram cultivados pelos poetas da Antiguidade clássica. Além do *carpe diem*, que abordamos na unidade 3, foram resgatados estes temas:

- *locus amoenus* (lugar ameno): ambiente campestre que geralmente é constituído por rios calmos e claros, ventos brandos, flores, pequenos arbustos e ciprestes; e mostrado como um universo simples, harmonioso e tranquilo da natureza no qual os pastores e as pastoras vivem, tendo como única preocupação a realização amorosa;
- *fugere urbem* (fuga da cidade): abandono da conturbada e artificial vida urbana, para viver no campo, em comunhão com a natureza;
- *aurea mediocritas* (mediania dourada): viver com moderação, sem a ambição de glórias, grandezas e fortunas; ideal de uma vida simples, sem excessos;
- *tempus fugit* (o tempo foge): fugacidade do tempo; geralmente é acompanhado do *carpe diem*, que diz respeito à importância de se aproveitar o presente, dada a brevidade da juventude e da vida.

Texto 3

34

[...]

Ornemos nossas testas com as flores,
e façamos de feno um brando leito;
prendamo-nos, Marília, em laço estreito,
gozemos do prazer de sãos amores.
Sobre as nossas cabeças,
sem que o possam deter, o tempo corre;
e para nós o tempo que se passa
também, Marília, morre.

Com os anos, Marília, o gosto falta,
e se entorpece o corpo já cansado:
triste, o velho cordeiro está deitado,
e o leve filho, sempre alegre, salta.
A mesma formosura
é dote que só goza a mocidade:
rugam-se as faces, o cabelo alveja,
mal chega a longa idade.

Que havemos de esperar, Marília bela?
que vão passando os florescentes dias?
As glórias que vêm tarde, já vem frias,
e pode, enfim, mudar-se a nossa estrela.
Ah! não, minha Marília,
aproveite-se o tempo, antes que faça
o estrago de roubar ao corpo as forças,
e ao semblante a graça!

(Idem, p. 265-6.)

alvejar: tornar-se alvo, branquear.
dote: bem que é dado a quem vai se casar.
entorpecer: perder o vigor, a energia.
estrela: sorte, destino.

REGISTRE NO CADERNO

1. Os poemas árcades se baseiam nas concepções estéticas do Classicismo e da Antiguidade clássica.

a. Entre os três textos, dois fazem uso de um tipo de composição poética que foi introduzido no Classicismo. Identifique esses textos e dê o nome desse tipo de composição poética.

b. No texto 1, de Bocage, há elementos da cultura greco-latina. Quais são eles?

2. Leia o boxe "Temas da poesia árcade". Depois, responda: Qual é o tema que o eu lírico desenvolve nas duas primeiras estrofes do texto 1? Justifique sua resposta com elementos do texto.

3. Nos tercetos do texto 1, o convite que o eu lírico faz à sua amada, Marília, envolve os temas do *fugere urbem* e da *aurea mediocritas*. Explique essa afirmação utilizando elementos do texto.

4. No texto 2, Cláudio Manuel da Costa cria paralelismos com fenômenos da natureza para expressar o estado de alma do eu lírico.

a. Nesse texto, como a natureza é descrita? Justifique sua resposta com elementos do texto.

b. Em que a tempestade da natureza difere da tempestade interior do eu lírico?

c. O eu lírico se dirige a Nise, sua amada pastora. Nesse poema, como ele a descreve? Por quê? Justifique sua resposta com elementos do texto.

A convenção amorosa árcade

Nos poemas árcades, os poetas seguem uma convenção amorosa que consiste em não manifestar sua personalidade e em não expressar os próprios sentimentos. Eles se apresentam como pastores que discorrem sobre o desejo amoroso, os encantos de sua pastora, o sentimento de abandono ou os obstáculos para a realização do amor que sentem.

Os poetas adotavam nomes de pastores como pseudônimos. Assim, Cláudio Manuel da Costa é Glauceste Satúrnio; Tomás Antônio Gonzaga é Dirceu; e Bocage, Elmano Sadino.

Coleção particular

A cascata, de Hubert Robert (1733-1808).

5. Leia as estrofes de dois poemas de Cláudio Manuel da Costa:

Ai Nise amada! se este meu tormento,
Se estes meus sentidíssimos gemidos
Lá no teu peito, lá nos teus ouvidos
Achar pudessem brando acolhimento;

Nise? Nise? onde estás? Aonde espera
Achar-te uma alma, que por ti suspira,
Se quanto a vista se dilata, e gira,
Tanto mais de encontrar-te desespera!

(Luiz Roncari. *Literatura brasileira – Dos primeiros cronistas aos últimos românticos*. São Paulo: Edusp, 2014. p. 245.)

Nos textos do poeta, a mulher amada geralmente aparece de forma abstrata, idealizada e distante. Explique por que essas estrofes comprovam esta afirmação.

6. No texto 3, de Tomás Antônio Gonzaga, é possível perceber a presença de temas árcades.

a. Entre esses temas, quais são mais desenvolvidos? Justifique sua resposta.

b. Na segunda estrofe, identifique e explique a imagem que o eu lírico utiliza para desenvolver esses temas.

c. Releia a última estrofe do texto e explique o sentido dos versos seguintes, considerando o contexto em que aparecem.

"As glórias que vêm tarde, já vêm frias,
e pode, enfim, mudar-se a nossa estrela."

REGISTRE NO CADERNO

7. No Classicismo, os poemas expressavam uma concepção de amor baseada no neoplatonismo renascentista. Pode-se dizer que o poema árcade de Tomás Antônio Gonzaga retoma integralmente essa visão neoplatônica do amor? Por quê?

8. Em reação ao rebuscamento do Barroco, os árcades buscaram maior simplicidade nas ideias, nos conceitos, nas imagens e na linguagem.

a. Entre os poemas lidos, que texto apresenta uma linguagem mais simples e direta?

b. Um recurso estilístico amplamente utilizado no Barroco foi o hipérbato, que consiste na inversão da ordem padrão das palavras na frase. No Arcadismo, embora com menor intensidade, os poetas também o empregaram em suas composições. Identifique em cada um dos textos um exemplo de hipérbato e escreva na ordem direta o trecho escolhido.

A pintura rococó

O rococó é um estilo artístico que surgiu na França e teve seu auge, na Europa, entre o fim do Barroco e o início do Neoclassicismo (aproximadamente entre 1730 e 1760).

Na pintura, esse estilo caracteriza-se pela elegância, leveza e suavidade das cores, assim como por retratar paisagens bucólicas.

Coleção Wallace, Londres, Inglaterra

Um verão pastoral (1749), de François Boucher (1703-1770).

ARQUIVO

Por meio da leitura de poemas de Bocage, Cláudio Manuel da Costa e Tomás Antônio Gonzaga, você viu que, no Arcadismo:

- o soneto e a medida nova (o decassílabo), cultivados durante o Classicismo, continuaram a ser utilizados;
- os poetas seguiam uma convenção amorosa que consistia em adotar uma identidade pastoril e abstrair sua própria personalidade e seus verdadeiros sentimentos;
- há a presença de elementos da mitologia greco-latina;
- o *carpe diem*, o *locus amoenus*, o *tempus fugit*, o *fugere urbem* e a *aurea mediocritas* são temas que os árcades retomaram da poesia da Antiguidade clássica;
- há a presença de ideias iluministas;
- há o predomínio da razão, que conduz à harmonia, à clareza e ao equilíbrio das ideias;
- os poetas buscaram maior simplicidade nos conceitos, nas imagens e na linguagem, tornando seus poemas mais acessíveis ao público leitor.

ENTRE SABERES

FILOSOFIA E HISTÓRIA

Quais foram as transformações sociais promovidas pelo Iluminismo e pela Revolução Francesa? No século XVIII, que mudanças ocorreram, no Brasil, na sociedade colonial? O que motivou a Inconfidência Mineira?

Para refletir sobre essas questões, leia os textos a seguir.

Declaração dos Direitos do Homem e do Cidadão

O texto final da Declaração dos Direitos do Homem e do Cidadão foi votado pelos deputados franceses em 26 de agosto de 1789. O pintor Le Barbier retratou esse texto com elementos simbólicos, como a guirlanda de louro (glória) e as correntes partidas (vitória sobre o despotismo).

Museu Carnavalet, Paris, França

Declaração dos Direitos do Homem e do Cidadão (1789), de Jean-Jacques-François Le Barbier.

O Iluminismo e a sociedade

Praticamente em nenhum período de nossa história a filosofia influenciou tão fortemente a opinião pública e o desenvolvimento social como na época do Iluminismo. As exigências dos filósofos pela aplicação da razão (também em relação a tudo o que foi tradicionalmente transmitido, palavra de ordem "crítica"), por liberdade, tolerância, humanidade se impuseram de modo generalizado no longo prazo – mesmo que os ideais do Iluminismo primeiro parecessem ser tragados pelo sangrento terror da Revolução Francesa. A esses ideais devemos conquistas fundamentais como a eliminação da tortura, o fim da perseguição a bruxas, o tratamento humano dos doentes mentais, a eliminação de castigos corporais hediondos como a roda ou o esquartejamento, o fim da escravidão, o reconhecimento da divisão dos poderes nas constituições dos estados (especialmente a independência do judiciário), o fim das guerras religiosas, a eliminação da censura, com isso a liberdade de opinião – em suma: a paulatina imposição dos direitos humanos, como eles estão formulados na declaração de independência americana de 1776, e depois na "Déclaration des droits de l'homme", da assembleia nacional de 1789, e que agora aparecem no estatuto das Nações Unidas.

(Hans Joachim Störig. *História geral da filosofia*. Petrópolis: Vozes, 2008. p. 330.)

chicaneiro: trapaceiro, pilantra.

Revolução Francesa

Embora seja verdade que os membros do Terceiro Estado, artesãos, camponeses e burguesia, estivessem tentando "ser alguma coisa", foi principalmente o último grupo que conseguiu o que queria. A burguesia forneceu a liderança, enquanto os outros grupos realmente lutaram. [...]

Marat, o porta-voz da classe trabalhadora mais pobre, descreveu o que ocorria durante a Revolução, com as seguintes palavras: "No momento da insurreição, o povo abriu caminho através de todos os obstáculos pela força do número; mas, por muito poder que tenha conseguido inicialmente, foi por fim derrotado pelos conspiradores da classe superior, cheios de astúcia, artimanhas e habilidade. [...] A revolução é feita e realizada por intermédio das camadas mais baixas da sociedade, pelos trabalhadores artesãos, pequenos comerciantes, camponeses, pela plebe, pelos infelizes [...]. Mas o que as classes superiores ocultam constantemente é o fato de que a Revolução acabou beneficiando somente os donos de terras, os advogados e os chicaneiros".

É uma descrição exata do que ocorreu. Depois que a revolução acabou, foi a burguesia que ficou com o poder político na França. O privilégio de nascimento foi realmente derrubado, mas o privilégio do dinheiro tomou seu lugar. "Liberdade, Igualdade e Fraternidade" foi uma frase popular gritada por todos os revolucionários, mas que coube principalmente à burguesia desfrutar.

(Leo Huberman. *História da riqueza do homem*. Rio de Janeiro: LTC, 1986. p. 150-1.)

Inconfidência Mineira

A análise a que a historiografia mais recente tem submetido o conteúdo ideológico da Inconfidência é, nesse ponto, inequívoca: zelosos de manter o fundamento jurídico da propriedade (que a Revolução Francesa, na sua linha central, iria ratificar), os dissidentes de Vila Rica apenas se propunham evitar a sangria que nas finanças mineiras, já em crise, operaria a cobrança de impostos sobre o ouro (a *derrama*). Na medida em que impedir a execução desta importava em alterar o estatuto político, os Inconfidentes eram "revolucionários" [...]. Cláudio Manuel da Costa, por exemplo, falava em "interesses da Capitania", lesados pela administração lusa; para Alvarenga Peixoto, senhor de lavras do sul de Minas, os europeus estavam "chupando toda a substância da Colônia"; as "pessoas grandes" ou "alentadas" viam com apreensão a derrama [...]. Em Tomás Antônio Gonzaga, colhe-se boa messe de profissões de fé proprietista, como o famoso "é bom ser dono" da *Lira I*...; do próprio Tiradentes sabe-se que não pretendia abolir a escravatura caso vingasse o levante, opinião partilhada pelos outros inconfidentes, salvo o mais radical de todos, o Padre Carlos Correia de Toledo e Melo.

Vinham, pois, repercutir no contexto colonial as vozes da inteligência francesa do século, que na sua bíblia, a *Encyclopédie*, ainda se aferrava aos princípios de "classe" e "propriedade", mais resistentes, pelo que se constatou depois, do que a bandeira *Liberté-Égalité-Fraternité*.

(Alfredo Bosi. *História concisa da literatura brasileira*. São Paulo: Cultrix, 2013. p. 62-3.)

aferrar-se: prender-se, agarrar-se.
derrama: tributo pago pelos mineradores no período colonial.
lavra: terreno de mineração.
levante: motim, revolta.
messe: safra.
ratificar: validar, confirmar.
sangria: extorsão de valores, de dinheiro.

A Enciclopédia

Obra emblemática do Século das Luzes, a *Enciclopédia* (1751-1772) foi editada por Diderot e redigida por diversos estudiosos e filósofos, como os iluministas Voltaire, Montesquieu, Rousseau e Marmontel. No verbete "enciclopédia" dessa vasta obra, podemos ler:

O objetivo de uma enciclopédia é o de unificar os conhecimentos espalhados sobre a face da terra e de expor o sistema e transmiti-lo àqueles que virão depois de nós, para que as obras dos séculos passados não fiquem inúteis para os séculos posteriores, para que nossos netos, tornando-se mais instruídos, possam ser ao mesmo tempo mais virtuosos e mais felizes e para que nós não desapareçamos sem que tenhamos merecido o reconhecimento do gênero humano (...). Percebemos que a *Enciclopédia* só podia ser tentada em um século filosófico e que esse século havia chegado.

(Apud Giovanni Reale e Dario Antiseri. *História da filosofia*. São Paulo: Paulinas, 1990. v. 2, p. 699.)

O ouro e as letras

A descoberta do ouro na região das "minas gerais" ativou toda a economia, o comércio e a vida na Colônia e deu-lhes um novo dinamismo. Sua exploração, em vez de fixar as famílias no isolamento dos engenhos e fazendas, como ocorreu com a cana-de-açúcar, fez os homens fundarem vilas e cidades e passarem a viver nelas. [...]

Assim, a exploração do ouro abriu ao homem da Colônia uma vida muito mais rica em contatos e possibilidades. Seus horizontes se ampliaram, não se restringindo mais aos do mundinho do engenho. Vivia em contato frequente com homens de outras regiões e da Metrópole que transitavam na zona das minas, ou ele próprio podia viajar ou mandar o filho estudar na Europa, como aconteceu com a maior parte dos nossos poetas desse século. [...] Tornou-se mais urbano, como requeria a vida social das cidades; mais polido, como exigia a cortesia do convívio, do amor e da amizade; e mais culto, pois dispunha de tempo e recursos para se dedicar ao conhecimento, às artes e às letras.

(Luiz Roncari. *Literatura brasileira — Dos primeiros cronistas aos últimos românticos*, cit., p. 181-5.)

Biblioteca Nacional da Áustria, Viena, Áustria

Vista de Vila Rica, em 1820, em pintura de Johann Nepomuk Passini e Thomas Enders.

POPULAÇÃO ESTIMADA DE CIDADES DE MINAS GERAIS ENTRE 1721 E 1776			
ANO DE FUNDAÇÃO	**COMARCA**	**1721**	**1776**
1711	Vila Rica (atual Ouro Preto)	40 345	78 618
1711	Sabará	11 450	99 576
1720	Serro Frio	13 524	58 794
	Total	65 319	236 988

Fonte: Tarcísio Rodrigues Botelho. *Anais do 12º Encontro da Associação Brasileira de Estudos de População*. Caxambu, MG, outubro 2000.

Agora, discuta com os colegas:

1. De acordo com o texto "O Iluminismo e a sociedade", de que modo os ideais iluministas desencadearam uma mudança de mentalidade?

2. Segundo o texto "Revolução Francesa", os ideais iluministas de liberdade, igualdade e fraternidade foram plenamente seguidos após o término dessa insurreição popular? Por quê?

3. Nos últimos anos do século XVII, foram descobertas jazidas de ouro na região onde havia as chamadas "minas gerais". De acordo com Luiz Roncari, a exploração do ouro nessa região levou ao surgimento de novas vilas e cidades. Os dados da tabela "População estimada de cidades de Minas Gerais entre 1721 e 1776" confirmam essa informação? Por quê?

4. Segundo Luiz Roncari, de que modo a exploração do ouro propiciou a disseminação do conhecimento, das letras e das artes na colônia?

5. Os poetas árcades Cláudio Manuel da Costa, Tomás Antônio Gonzaga e Alvarenga Peixoto participaram da Inconfidência Mineira, um movimento contrário à administração portuguesa, articulado entre 1787 e 1789. Segundo o texto de Alfredo Bosi, quais eram provavelmente os propósitos dos inconfidentes? Em que aspectos os ideais iluministas os influenciaram?

Jean-Paul Marat

Marat foi um dos líderes dos jacobinos, o grupo político mais radical da Revolução Francesa, iniciada em julho de 1789. Em 1793, ele foi assassinado por Charlotte Corday, integrante dos girondinos, o grupo moderado.

Museus Reais de Belas Artes da Bélgica, Bruxelas, Bélgica

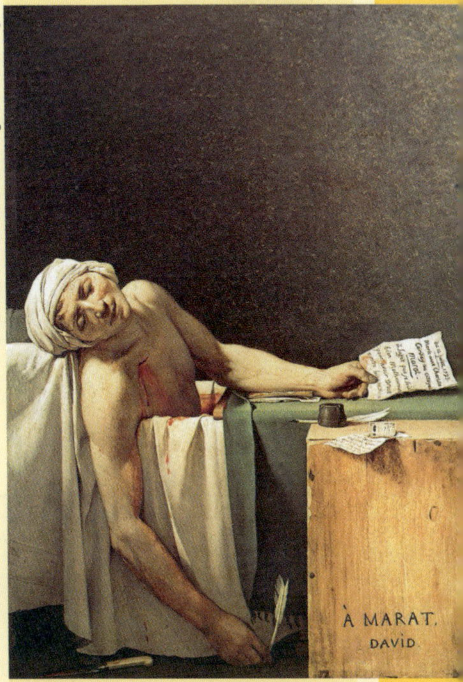

A morte de Marat (1793), de Jacques-Louis David (1748-1825).

Museu do Louvre, Paris, França

10 de agosto de 1792 (1794), de François Gérard (1770-1837).

LÍNGUA E LINGUAGEM

Coerência e coesão textual

FOCO NO TEXTO

Você já pensou no que faz um texto ser um texto, em vez de um conjunto de palavras soltas e desconexas? Para refletir sobre essa questão, leia o anúncio que segue.

Fallon PMA

(Disponível em: http://4.bp.blogspot.com/_aCzqGqQeHy8/SCxvcSCwnxI/AAAAAAAAAsY/m6spOIzgbBO/s1600-h/Cit-Ans+03.jpg. Acesso em: 10/10/2015.)

1. Observe o enunciado principal do anúncio:

> Pela internet você pode ir ao banco
> numa terça à noite se estiver trabalhando,
> numa sexta à tarde se estiver chovendo
> ou num sábado de sol se for maluco.

Em uma leitura rápida, o enunciado parece não apresentar lógica, ao supor, por exemplo, ir ao banco à noite. Contudo, essa falta de lógica se mantém quando consideramos o sentido global do texto e da expressão *ir ao banco*, no contexto? Justifique sua resposta.

2. A segunda e a terceira linhas do enunciado principal apresentam paralelismo sintático (semelhança quanto à construção do enunciado) e semântico (semelhança quanto ao sentido).

a. Considerando-se o contexto, o que há em comum entre essas linhas quanto ao sentido?

b. A quarta linha quebra o paralelismo das linhas anteriores e também a expectativa do leitor. Explique essa afirmação.

3. A última linha do enunciado brinca com o leitor e ativa seu conhecimento de mundo.

a. Que pressupostos lógicos estão contidos na afirmação "[ir ao banco] num sábado de sol se for maluco"?

b. Do ponto de vista da interação com os leitores, qual é o efeito dessa brincadeira?

c. Levando-se em conta que o anúncio tem como finalidade promover os serviços do banco e o nome da instituição, ele alcança seus objetivos? Por quê?

4. O sentido construído em um texto depende de vários fatores, entre eles a conexão gramatical entre as palavras e expressões utilizadas. No anúncio em estudo, por exemplo:

REGISTRE NO CADERNO

a. Que expressão marca a ideia do lugar aonde ir?

b. Que expressões marcam a ideia de tempo ou do momento em que se vai a esse lugar?

5. As conjunções também cumprem um papel importante na conexão gramatical do texto. Considere estes sentidos:

- condição
- causa
- alternância/dúvida
- tempo

a. Qual deles a conjunção *se* apresenta em suas três ocorrências?

b. Qual deles a conjunção *ou* apresenta?

6. No enunciado principal, há duas figuras de linguagem: a *elipse*, que consiste na supressão de palavras, e o *zeugma*, que consiste na supressão de um grupo de palavras.

a. Que palavra está em elipse no trecho "Pela internet você pode ir ao banco numa terça à noite se estiver trabalhando"?

b. Que palavras e grupos de palavras estão em elipse e em zeugma no trecho "numa sexta à tarde se estiver chovendo ou num sábado de sol se for maluco"?

c. Que vantagens as supressões trazem para o texto?

7. Mais abaixo, no anúncio, em letras menores, lê-se:

Não dá mais para viver sem internet. Mas, graças a ela, dá para viver sem ir ao banco: pelo Citibank Online você pode pagar contas, fazer transferências, empréstimos, investimentos, solicitar cotações de seguros, resolver o seu dia a dia bancário. Tudo muito simples, pois o Citibank Online resume o seu relacionamento com o banco numa única tela.

Observe as conexões gramaticais que existem no interior do texto.

a. Que palavra, anteriormente expressa, é retomada pelo pronome *ela*?

b. Que expressão a palavra *banco* retoma?

c. A expressão *resolver o seu dia a dia* é uma espécie de resumo de ações já mencionadas no texto. Quais são essas ações?

d. Qual outra palavra do texto tem a mesma função que a expressão citada no item anterior?

REGISTRE NO CADERNO

8. Relacione a parte visual do anúncio com a parte verbal. Até que ponto elas se complementam ou até que ponto se opõem? Por quê?

REFLEXÕES SOBRE A LÍNGUA

No estudo que fizemos do anúncio, você pôde perceber que a construção de um texto é feita com base em articulações que ocorrem tanto no plano das ideias quanto no plano gramatical. Atuando de forma complementar, essas articulações, chamadas *coerência* — as do plano das ideias — e *coesão* — as do plano gramatical —, são essenciais para que um texto apresente textualidade, isto é, seja um todo significativo, em vez de um conjunto de frases soltas.

Coerência textual são as conexões lógico-semânticas que fazem de um texto um todo significativo, resultantes da seleção vocabular, do desenvolvimento das ideias e de elementos externos como o perfil dos interlocutores, o gênero, o suporte, o conhecimento que o leitor tem do assunto, etc.

Coesão textual são as conexões gramaticais responsáveis pela articulação de palavras, frases, parágrafos e partes maiores do texto, tendo em vista a produção de sentido.

No anúncio lido, note que uma afirmação como "ir ao banco num sábado à tarde" pode parecer sem sentido, sem coerência. No contexto, porém, fica claro que o anunciante toma esse e outros exemplos de situações improváveis de ir ao banco (como na terça à noite ou numa sexta chuvosa) para mostrar que em qualquer situação o cliente não precisará exatamente ir ao banco, pois pode acessar sua conta pela Internet. Assim, o texto ganha coerência.

Note que a coerência vai sendo construída no texto aos poucos e resulta não apenas da parte verbal do anúncio (de suas conexões gramaticais, por exemplo), mas também de outros elementos, como a imagem que integra o anúncio e o conhecimento que o anunciante tem de seus clientes (que eles gostam de facilidades, por exemplo).

Do ponto de vista da coesão do texto, o anúncio apresenta elementos que, conectados, auxiliam na construção do sentido. Por exemplo, os marcadores de espaço e de tempo informam o local aonde se vai ("ao banco") e os momentos em que isso pode se dar ("terça à noite", etc.). A conjunção *se* estabelece relações de condição para as ações: ir ao banco numa terça à noite "se estiver trabalhando", e assim por diante. A conjunção *ou* indica haver outra possibilidade: ir ao banco numa sexta chuvosa *ou* num sábado de sol. E as elipses e os zeugmas conferem agilidade à leitura.

Como se vê, coesão é um conjunto de articulações que, embora se deem no plano gramatical, atuam fortemente na construção do sentido global do texto.

Os textos em geral, se bem escritos, apresentam coerência e coesão. Às vezes, dependendo do gênero, as marcas gramaticais de coesão podem estar menos presentes, o que não compromete necessariamente a coerência do texto.

No poema de Cláudio Manuel da Costa, que você leu na seção **Literatura** deste capítulo, por exemplo, vários são os elementos que garantem a coerência e a coesão textual.

Observe estes versos:

"Rasga o meu peito, já que és tão ferina;
Verás a tempestade, que em mim passa;
Conhecerás, então, o que é ruína."

O eu lírico se dirige a Nise, tratando-a em 2ª pessoa (tu). O emprego de formas verbais em 2ª pessoa (*rasga, és, verás, conhecerás*) para dirigir-se à mulher amada são marcas de coesão textual, pois garantem uniformidade no tratamento e na progressão do texto. Em contraposição ao *tu*, o eu lírico se refere a si mesmo com pronomes de 1ª pessoa (*meu, mim*). O advérbio *então* marca o momento em que Nise poderá ver o estrago causado por sua indiferença aos sentimentos do eu lírico.

APLIQUE O QUE APRENDEU

Leia o início e o fim de um texto poético em prosa, de autoria de Arnaldo Antunes:

A chuva derrubou as pontes. A chuva transbordou os rios. A chuva molhou os transeuntes. A chuva encharcou as praças. A chuva enferrujou as máquinas. A chuva enfureceu as marés. A chuva e seu cheiro de terra. A chuva com sua cabeleira. A chuva esburacou as pedras. A chuva alagou a favela. A chuva de canivetes. A chuva enxugou a sede. A chuva anoiteceu de tarde. A chuva e seu brilho prateado. A chuva de retas paralelas sobre a terra curva. A chuva destroçou os guarda-chuvas. A chuva durou muitos dias. A chuva apagou o incêndio. A chuva caiu. A chuva derramou-se. A chuva murmurou meu nome. A chuva ligou o para-brisa. A chuva acendeu os faróis. A chuva tocou a sirene. A chuva com a sua crina. [...]

[...] A chuva mijou no telhado. A chuva regou o gramado. A chuva arrepiou os poros. A chuva fez muitas poças. A chuva secou ao sol.

(*As coisas*. 6. ed. São Paulo: Iluminuras, 1988. p. 47.)

Thinkstock/Getty Images

1. O texto de Arnaldo Antunes é um retrato poético de uma cena do cotidiano.
Que elemento ganha destaque nesse retrato? Em que posição esse elemento está nas frases que formam o texto?

2. Todo o texto é constituído de duas estruturas frasais relativamente simples, que se repetem. Observe:

REGISTRE NO CADERNO

> "A chuva alagou a favela. A chuva de canivetes."
> "A chuva tocou a sirene. A chuva com a sua crina."

a. Como são essas estruturas frasais?

b. Entre as frases, há algum elemento gramatical de conexão (pronomes, advérbios, substituições, etc.)?

c. Pode-se dizer que o texto, apesar disso, apresenta coesão textual? Se sim, o que favorece a existência da coesão?

d. O texto apresenta coerência textual?

e. Conclua: Para que um texto apresente coerência e coesão textual, é obrigatório que haja elementos gramaticais que façam as conexões entre partes dele?

3. As repetições de palavras são geralmente vistas como um problema textual e, por isso, evitadas por meio do uso de pronomes, de advérbios e de sinônimos. Leia o que o cronista Gregório Duvivier escreveu a respeito desse procedimento:

> [...]
>
> Mas nem tudo é proibição. Opa. Foi também o Paulo Henriques Britto (oh Captain, my Captain) que ensinou: não tem nada de errado com a repetição. Tinham me ensinado na escola: se você fala do cantor Roberto Carlos, na frase seguinte tem que se referir a ele como "o Rei", e em seguida "o cantor capixaba", e em seguida "o censor de biógrafos", e em seguida "o homônimo do lateral esquerdo", e depois "o garoto-propaganda da Friboi", até que findem os epítetos (no caso do Rei, vai demorar).
>
> Paulo Britto, de novo ele, atribui a doença do epíteto a uma herança maldita do beletrismo francês (outra proibição: usar palavras como beletrismo (não há nada mais beletrista (quanto a parênteses dentro de parênteses, nenhum problema (mas há limites)))). A crônica é filha da fala, e na fala você não se preocupa em evitar repetições: "Mãe, queria te desejar um feliz dia das progenitoras".
>
> [...]

("Crônica de raiz". *Folha de S. Paulo*, 18/5/2015.)

a. Qual é a opinião do cronista sobre o uso de repetições nas crônicas? Que argumento ele usa para justificar seu ponto de vista?

b. Que efeito produzem as substituições feitas no texto de Duvivier?

4. Faça uma experiência:

a. Em seu caderno, reescreva as duas primeiras linhas do texto de Arnaldo Antunes, sem juntar as frases e substituindo a palavra *chuva* por formas equivalentes.

b. Compare o resultado com o texto original de Arnaldo Antunes e conclua:

Considerando-se a finalidade literária do texto, qual das duas redações é mais expressiva do ponto de vista literário? Justifique.

c. A resposta do item anterior confirma a opinião de Duvivier?

Leia o anúncio a seguir e responda às questões de 5 a 7.

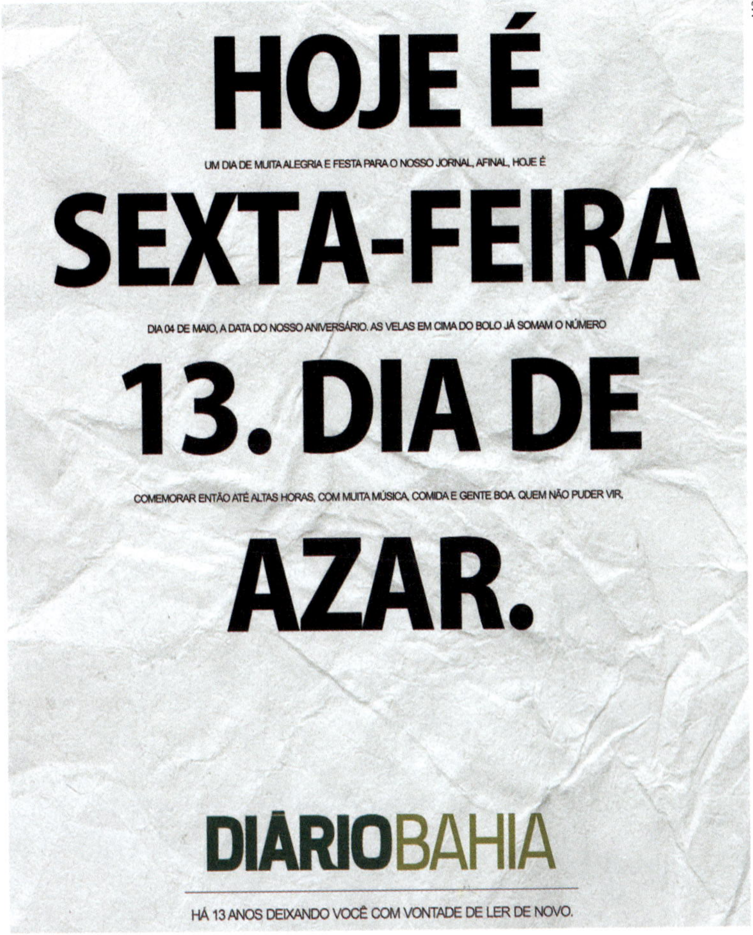

M21

(Disponível em: http://www.blogdothame.blog.br/v1/wp-content/uploads/2012/05/diario-Bahia1.jpg. Acesso em: 4/9/2015.)

REGISTRE NO CADERNO

5. Ao lermos o anúncio, é possível que o façamos de duas maneiras: lendo somente as palavras em destaque, em letras graúdas e negrito, e lendo o texto completo, isto é, lendo as palavras escritas em letras graúdas e as em letras miúdas, na sequência em que aparecem.

a. Se lermos apenas as palavras em letras graúdas, o enunciado forma um dito que expressa uma crendice popular. Qual é essa crendice?

b. Se lermos o texto na íntegra, o enunciado formado adquire um sentido diferente. Qual é esse sentido?

c. Considerando-se esse sentido, é possível dizer que o anúncio, além de divulgar o jornal, também adquire uma função diferente. Qual é essa função?

d. Tomando-se cada um dos enunciados isoladamente, é possível dizer que ambos apresentam coerência e coesão textual? Por quê? Explique.

6. Na parte inferior do anúncio, lê-se: “Há 13 anos deixando você com vontade de ler de novo”.

a. No contexto da história do jornal, o que significa a expressão “deixando você com vontade de ler de novo”?

b. No contexto do anúncio, que outro sentido essa expressão ganha?

7. Considerando a finalidade do anúncio e o público a que ele se dirige, responda: É possível considerar que o anúncio é bem-sucedido em suas intenções?

TEXTO E ENUNCIAÇÃO

Imagine que você perguntasse a um filósofo "Qual é o segredo da vida?" e ele lhe respondesse: "Vaca não dá leite!". Você acharia a resposta dada pelo filósofo coerente com a pergunta?

Leia o texto a seguir, do jornalista Marcelo Tas.

O segredo da vida

Desde jovem, ganho a vida fazendo perguntas. Primeiro como repórter, depois entrevistador e cutucador de dúvidas em várias mídias. Acredito piamente que o ponto mais importante na vida do ser humano é o ponto de interrogação.

Entre as dúvidas da vida, a maior de todas é, sem dúvida, a razão da nossa própria existência. Qual o segredo da vida? Ao longo do curto espaço de tempo que passamos no mundo, perseguimos essa questão e ela implacavelmente nos persegue de volta. A chegada dos filhos coloca uma lente de aumento no assunto.

"ENTRE AS DÚVIDAS DA VIDA, A MAIOR DE TODAS É, SEM DÚVIDA, A RAZÃO DA NOSSA PRÓPRIA EXISTÊNCIA. QUAL O SEGREDO DA VIDA?"

Recentemente, em um evento empresarial, tive o privilégio de entrevistar o filósofo Mario Sergio Cortella e não perdi a oportunidade de passar a batata quente para ele.

– Filósofo, qual o segredo da vida?

Sem pestanejar, com a generosidade e a barba característica dos filósofos, Cortella respondeu com uma pausa dramática e seu vozerão grave em dolby stereo.

– O segredo da vida é que... vaca não dá leite!

As palavras do filósofo iluminaram a minha infância. Quando criança, fui ajudante mirim do meu avô João na fazenda, onde se tirava leite das vacas. Que trabalheira louca é tirar leite de uma vaca, lembrei. Acorda-se de madrugada, entra-se num curral forrado de puro excremento de vaca, confere-se as vacas, chama-se o bezerro correspondente a cada vaca pelo nome, o bicho vem doido para mamar, impede-se que ele mame tudo de uma vez, amarra-se o bezerro com uma cordinha nas pernas traseiras da mãe, amarra-se o rabo da vaca também na cordinha (senão ele vira um espanador de bosta fresca na cara da gente...). Até que, finalmente, agachado, numa posição desajeitada, o cidadão encarregado do trabalho inicia a tarefa de apertar com destreza uma a uma as quatro tetas da vaca, para que o jato de leite seja direcionado para dentro de um balde equilibrado entre suas pernas. Segue-se a repetição exaustiva do gesto até que o balde encha, para depois ser derramado dentro de um grande latão metálico de 50 litros. O final do processo é colocar os latões – uns três ou quatro, no caso da fazenda do meu avô – na camionete para ser entregue no laticínio da cidade. Um trabalhão.

Graças a esse ritual que acompanhei tantas vezes, adquiri ainda criança a clara noção do esforço gasto por tanta gente para que eu possa despejar o precioso líquido branco na xícara do café da manhã.

A plateia do evento corporativo, cerca de 2 mil gerentes de um grande banco, estava tão surpresa quanto eu com a resposta do filósofo. Cortella explicou que aquela foi a forma que encontrou de alertar os filhos dele para as virtudes do esforço para conquistar as coisas na vida. Prometeu aos filhos que, quando cada um completasse 13 anos de idade, o papai filósofo iria revelar o segredo da vida. Dito e feito.

No dia de completar 13 anos, o filho mais velho acordou Cortella bem cedo.

– Papai, hoje é o dia do meu aniversário.

– Parabéns, filho!

– Hoje faço 13 anos. É dia de você me revelar o segredo da vida.

O filósofo encarou carinhosamente o menino e concluiu o ensinamento.

– O segredo da vida é que... vaca não dá leite, você tem que tirar.

Marcelo Tas é jornalista e apresentador de TV, casado com a atriz Bel Kowarick e tem três filhos: Luc, 26 anos, Miguel, 14, e Clarice, 9.

(*Crescer*, nº 259.)

Haroldo Junior/FuturaPress

1. Quando um texto é produzido, alguns elementos não explícitos também participam da coerência textual. Entre esses elementos se incluem: quem são os interlocutores, que conhecimento os leitores têm sobre o tema, qual experiência de vida eles têm, o que buscam com a leitura.

   a. Marcelo Tas inicia seu texto contando que ganha a vida fazendo perguntas. Que informação ele supõe que o leitor tenha a seu respeito?

   b. Segundo o autor, qual é a principal dúvida que o ser humano tem? Por que a chegada dos filhos amplia essa dúvida?

2. Do 3º ao 6º parágrafos, Marcelo Tas comenta sua participação em um evento empresarial, no qual entrevistou o filósofo Mario Sergio Cortella e lhe fez a pergunta "Qual o segredo da vida?". Cortella respondeu: "O segredo da vida é que... vaca não dá leite!".

   a. A partir desse momento, Marcelo Tas introduz em seu texto uma digressão, isto é, um afastamento momentâneo em relação ao assunto abordado. Em que consiste a digressão que ele faz?

   b. Mario Sergio Cortella, em sua palestra, também faz uma digressão. Em que a digressão que ele faz consiste?

   c. Do ponto de vista da construção — tanto no texto de Tas quanto na palestra de Cortella —, qual é o papel dessas digressões?

   d. Discuta com os colegas: As digressões prejudicam a coerência e a coesão textual, ou elas contribuem para a construção de uma e de outra? Justifique sua resposta.

3. No final do texto, Marcelo Tas reproduz a fala completa de Cortella a seus filhos:

   "— O segredo da vida é que... vaca não dá leite, você tem que tirar."

   a. Por que foram empregadas reticências nessa frase?

   b. Como você interpreta essa frase?

   c. Essa frase retoma a digressão de Marcelo Tas? Por quê?

   d. Na digressão de Marcelo Tas e na fala de Cortella, a expressão *tirar leite de vaca* tem o mesmo sentido, ou seja, faz referência à mesma situação? Por quê?

4. Para construir seu texto, Marcelo Tas faz certas escolhas e adota algumas estratégias textuais. Observe os momentos fundamentais do texto:

Mario Sergio Cortella

Fábio Guinalz/Fotoarena

O filósofo Mario Sergio Cortella nasceu em Londrina (PR), em 1954. É professor universitário e atua nas áreas de Educação, Ciências da Religião e Teologia na PUC-SP.

É autor de várias obras, entre elas *Não se desespere – Provocações filosóficas.*

Editora Vozes

REGISTRE NO CADERNO

A	B	C
Situa o papel do jornalista como "perguntador".	Cita o evento empresarial em que faz a pergunta ao filósofo Mario Sergio Cortella, que responde: "Vaca não dá leite".	Apresenta uma digressão de Mario Sergio Cortella, na qual este conta como respondeu à mesma pergunta, feita pelo filho.
D	**E**	**F**
Apresenta a principal dúvida do ser humano: o segredo da vida.	Completa a frase de Cortella ("você tem que tirar"), fechando as duas digressões e as ideias do autor.	Apresenta uma digressão do autor: descrição de como é difícil tirar leite de vaca.

a. Utilizando as letras, indique a sequência adotada pelo autor para construir seu texto.

b. A última frase do texto cumpre o papel de conclusão. Ela é coerente com as ideias expostas anteriormente? Por quê?

5. O texto de Marcelo Tas é uma das crônicas que o jornalista publica periodicamente na revista *Crescer*, voltada a um público constituído por pessoas adultas e com filhos.

REGISTRE NO CADERNO

a. A linguagem empregada no texto é formal ou informal? Justifique sua resposta com elementos do texto.

b. Essa linguagem é adequada ao perfil do jornalista e ao perfil da revista e dos leitores? Por quê?

6. Em relação à coesão, o texto apresenta vários marcadores temporais.

a. Identifique no discurso de Marcelo Tas alguns exemplos de marcadores temporais.

b. Identifique no trecho correspondente à digressão de Cortella outros exemplos de marcadores temporais.

7. O trecho "Graças a esse ritual que acompanhei tantas vezes", que inicia o 8º parágrafo, estabelece uma conexão com o parágrafo anterior. Ao estabelecer essa conexão, o trecho introduz que tipo de relação: de temporalidade, de condicionalidade ou de causalidade? Explique.

8. A técnica de *referenciação* — constituída pela retomada de elementos já apresentados no texto ou pelo anúncio de elementos que ainda vão ser expressos — é um recurso essencial para garantir a coesão de um texto.

a. A palavra *perguntas*, por exemplo, empregada no início do 1º parágrafo da crônica, é retomada várias vezes ao longo do texto por outras palavras e expressões. Identifique ao menos três delas.

b. Que palavras e expressões são utilizadas em referência ao filósofo Mario Sergio Cortella?

c. Que palavras e expressões Marcelo Tas utiliza para fazer referência ao conjunto de ações que envolvem tirar leite de vaca?

d. Além da palavra *leite*, que outra expressão é utilizada no texto para denominar o leite?

e. Que palavra substitui a expressão *o filho* (de Cortella)?

9. Conclua: O uso de marcadores temporais, pronomes, palavras substitutas e outros recursos cumprem qual papel na construção de um texto?

PRODUÇÃO DE TEXTO

O seminário

PROJETO

O contexto de produção e recepção dos textos

Quais textos você produzirá nesta unidade? Com que finalidade? Quem os lerá?

Nesta unidade, desenvolveremos o projeto **Feira do conhecimento**. Para isso, vamos estudar dois gêneros que podem auxiliar na realização dessa feira: o seminário e o texto de divulgação científica. O primeiro será a base do evento, uma vez que, nele, você e seus colegas vão apresentar suas reflexões nesse formato, e o segundo será o meio pelo qual vocês irão divulgá-las para um público mais abrangente.

O objetivo principal da feira será a discussão do tema **O mundo material na sociedade contemporânea**. No decorrer da unidade, você e os colegas vão, além de ler textos sobre assuntos relacionados ao tema, decidir como se organizar, qual subtítulo utilizar no nome da feira e qual forma de participação cada um terá no preparo e na realização do evento.

O seminário é um gênero oral, de elaboração individual ou coletiva, cujo produto final é um texto falado. Os autores do texto de um seminário produzem, portanto, uma fala. Na escola, a realização de seminários tem em vista, principalmente, que os conteúdos estudados possam ser expostos de maneira diferente da que ocorre nas aulas, quando o professor é geralmente o centro da atenção dos alunos. Em um seminário, os alunos assumem um papel mais ativo e passam a ser eles mesmos o centro mediador do conhecimento.

O espectador de um seminário também pode e deve ter um papel ativo: ao ouvir o conteúdo exposto, convém que faça anotações e as relacione com seu próprio conhecimento sobre o assunto, a fim de que, no final da apresentação, possa tirar dúvidas sobre o assunto e contribuir com informações complementares.

Os seminários não existem apenas no contexto do ensino básico. Também são muito comuns em universidades e eventos científicos e culturais em que pesquisadores, estudantes, professores, profissionais e especialistas em certas áreas se reúnem para discutir determinados assuntos.

FOCO NO TEXTO

Leia o texto a seguir.

No seminário Humor, Indivíduo e Sociedade, [...] promovido pela Globo Universidade em parceria com o Departamento de Psicologia da PUC-Rio, participaram nomes representativos do humor carioca, tanto entre os seus "militantes" quanto entre os que teorizam a respeito [...] [como os] humoristas Maurício Sherman (diretor), Claudio Manoel (ator e autor/Casseta) [...]. Representando os teóricos, [o professor] Bernardo Jablonski (moderador) e os psicanalistas Daniel Kupermann e Joel Birman. A seguir, transcrevemos, a título de ilustração, alguns dos depoimentos que julgamos mais significativos com relação ao que foi proferido durante o seminário por parte de alguns de seus participantes.

Bernardo Jablonski: Para abrir o presente evento, escolhemos uma frase de Charles Chaplin: "O humor nos permite ver o irracional através do racional. Reforça nosso instinto de conservação e preserva nossa saúde mental. Graças ao humor, as dificuldades da vida se tornam mais leves. E mais, o humor desenvolve nosso senso de medida e nos revela o absurdo que nos rodeia, tantas vezes travestido de pretensa gravidade".

Maurício Sherman: O pensamento é este. Porque o que se fala muito é que o humor é simples, o humor deve ser engraçado e é isso o que o Chico Anysio diz, o que o Max Nunes diz, e é o que o Woody Allen também diz. E eu até trouxe aqui um textinho muito rápido do Woody, que diz o seguinte: "O humor é uma coisa imensamente complicada, e é muito difícil formular qualquer verdade generalizada. Acho que o que faz a comédia, assim como o jogo de xadrez ou de basquete, são milhões de conhecimentos e desconhecimentos psicológicos. Se alguma coisa te faz rir, ela é engraçada, e isso é mais profundo do que se pensa".

Gustavo Azeredo/Extra/Agência O Globo

Maurício Sherman é diretor de programas de TV, em especial humorísticos. Dirigiu os programas *Chico Anysio Show*, na década de 1980, *Os Trapalhões*, na década de 1990, e, mais recentemente, entre 1999 e 2014, *Zorra total*.

Quer dizer, isso é mais ou menos uma constante. O Umberto Eco também diz que "o humor é um meio de sobrevivência. O humor é o único meio de preservar a verdade". Kant diz que para suportar as agruras da vida a humanidade havia sido abençoada com a esperança, o riso e o sono. Todo mundo diz que rir faz bem para a saúde, de modo que, praticamente, eu diria que estamos num ambiente bem saudável... Na verdade, fico impressionado com a seriedade com que esses autores falam sobre humor e ao mesmo tempo acham que o que fazem é realmente muito pouco.

Comecei minha carreira no rádio. O rádio era aquela coisa, aquele objeto com um alto-falante, um mostrador, um botão que gira e ninguém aperta nada; e ele era muito prático, porque num botão só ele tinha praticamente todas as funções. Ele acendia, porque naquele tempo ligar era acender, procurava o volume e um outro botão redondinho procurava a estação para você ouvir. Quer dizer que era tudo muito simples, sem nenhuma complicação. Assim como o relógio antigamente, que a gente olhava a hora e pronto, acabou. Hoje você tem que procurar a função relógio. E no tempo do rádio a gente tinha que simplificar as coisas.

E a simplicidade do humor me conduziu a uma história que eu recomendo aos autores, porque agora eu faço TV e sei que o humor tem que ser muito objetivo, porque, se você solta uma piada e não riem, você está morto. [...]

Claudio Manoel: Embora a gente não tenha pretensões acadêmicas, acho difícil falar sobre função, assim como acho difícil falar sobre um humor só. Quer dizer, além de ter vários tipos de humorismo, humoristas e humores, as respostas para cada um deles variam de indivíduo para indivíduo. O humor que o Sherman falou, o humor engraçado, ele provoca o *feedback* do riso. O problema é que as coisas não são tão simples assim...

Porque o humor que provoca riso também pode provocar outras coisas, às vezes até situações de desconforto. Por que se está rindo? Porque há ao mesmo tempo um humor escrachado e um outro que pode provocar "uma saia justa". Então às vezes você ri meio constrangido e às vezes as pessoas estão injuriadas em relação

Claudio Manoel é ator, redator e diretor de programas de humor. Na década de 1980, foi redator do programa humorístico *TV Pirata*. Faz parte da turma do *Casseta & Planeta*, que ficou no ar por vinte anos, de 1990 a 2010, e no qual viveu personagens de grande sucesso, como Maçaranduba e seu Creysson.

Marcos Michael/Folhapress

àquela piada específica... O programa de humor "Pânico", por exemplo, costuma produzir um "quê" de constrangimento com a celebridade, o artista da Globo, e por aí vai. Além disso, se fosse sempre assim tão terapêutico ou nobre, não haveria humorista triste, mal-humorado, deprimido. E olha que tem muito... Se você pegar filmes como "Brilho eterno de uma mente sem lembranças", é meio por aí... Você tem também umas expressões do humor pela melancolia, ou, por exemplo, o filme "O último herói", que é um humor que flerta com a depressão... Woody Allen faz um pouco isso também.

Hoje em dia quando você tem uma resposta psicológica ao humor, que vai desde a piada que você faz com um gaúcho à piada que você faz com o Lula, por exemplo [...] e as pessoas reagem muito contra a piada do Lula. Óbvio que também tem muita gente que reage a favor. Mas é preciso atentar para o fato de que você não está fazendo só humor e, sim, comunicação em TV aberta, o que faz as coisas ficarem bem diferentes exatamente do que eram, em função do impacto dessa mídia. Ou seja, as repercussões hoje em dia são bem maiores.

[...] Obviamente o cara que é o alvo da piada não fica tão contente quanto o cara que bate e quanto quem está assistindo, que não tem nada a ver com isso. Quando a pessoa é alvo da graça, ela obviamente não se sente assim tão bacana. Enfim, são vários outros fatores que estão em jogo e que merecem atenção quando se pensa no humor.

Daniel Kupermann é psicólogo e psicanalista, doutor em teoria psicanalítica pela UFRJ e professor do Departamento de Psicologia Clínica da Universidade de São Paulo. É também autor de livros e artigos sobre humor e psicanálise.

Acervo pessoal

Daniel Kupermann: Pegando uma carona na fala do Claudio Manoel, concordo totalmente que não se deve restringir o humor e que a experiência democrática implica exatamente nisso. Mas o fato de eu dizer que as formas do cômico são todas elas importantes – desde a gargalhada franca até um humor mais cerebral –, isso não impede que eu pense que cada uma dessas manifestações do cômico tenha um funcionamento psíquico e uma função psíquica diferenciada. A ambição de sistematização não quer dizer que uma seja melhor que a outra necessariamente, ou que as outras tenham de ser abolidas. Há uma outra questão, que é: quando o sujeito sabe se fez um chiste ou um ato falho? [...] O ato falho tende a deixar a gente meio envergonhado do que fez. A piada em geral não, a não ser que os outros não riam. Essa fronteira é muito difícil realmente. Mas é claro que há situações em que você quer fazer francamente uma piada e dane-se, mas o limite é tênue. Em situação de constrangimento social, você pode tentar fazer uma piada e sair uma coisa horrorosa. Porque o ato falho é aquilo que revela o recalcado. É uma maneira à revelia daquele que revelou. Então temos a piada como supressão do recalcado e o humor como alguma coisa que diz respeito ao supereu, de outra ordem da metapsicologia.

[...]

(Disponível em: http://www.scielo.br/pdf/pc/v22n1/a13v22n1. Acesso em: 26/8/2015.)

ato falho: aparecimento de termo inapropriado na linguagem oral ou escrita, por ação subconsciente.
chiste: dito espirituoso, gracejo, piada.
recalcado: o que é mantido no inconsciente: lembranças, percepções e desejos associados a determinados impulsos.
à revelia: sem o conhecimento ou o consentimento.

1. No parágrafo de introdução do texto lido, é dada a explicação de que os parágrafos seguintes são falas de participantes do seminário *Humor, indivíduo e sociedade*.

a. Qual é a relação entre as falas dos participantes e o tema do seminário?

b. Qual é a relação entre a profissão dos participantes do seminário e o tema em discussão?

2. Considerando a ordem em que as falas dos participantes aparecem no texto, responda:

a. Qual trecho corresponde à apresentação do seminário? Por quem essa apresentação é feita?

b. Qual é a estrutura dessa apresentação?

c. Levante hipóteses: O que mais poderia ter constado nessa apresentação?

3. No texto, não há o registro do encerramento do seminário.

a. Entre as opções abaixo, indique as duas possibilidades de falas adequadas para o encerramento de seminário.

I. Bem, pessoal, então um beijo enorme no coração de todos vocês. Vamos morrer de saudades e não vemos a hora de organizar um outro seminário como este, para ficarmos assim bem juntinhos novamente.

II. Prezados colegas, encerramos aqui nosso seminário. Agradecemos a todos os participantes, tanto aos que apresentaram, quanto aos que contribuíram com comentários e questionamentos e com sua presença. Aproveitamos para convidar todos para um café que será servido no corredor ao lado.

III. Declaro, nos trâmites da lei, encerrado o seminário ora realizado, de acordo com o inciso IX do artigo 88 da Constituição Federal, que determina aos participantes responderem às dúvidas da plateia, e ratifico que minha fala consagra o entendimento de que a comissão organizadora detém o poder discricionário relativamente aos critérios de conveniência e oportunidade para futuras publicações originadas das falas aqui proferidas.

IV. Galera, então é isso aí, já deu o que tinha que dar. Tem um lanchinho ali fora para vocês não voltarem para casa com fome. Espero que todos tenham aproveitado minimamente as colocações dos nossos amigos e se alguém tiver alguma pergunta pode voltar depois que faremos um debate e responderemos às dúvidas.

V. Bem, gente, estamos caminhando para o encerramento do nosso seminário. Agradecemos aos colegas por suas falas tão relevantes e também a todo o público presente. Alguns avisos: será servido um lanche ali fora e haverá o lançamento da revista com as publicações dos trabalhos apresentados no seminário, que pode ser comprada por todos os que desejarem.

b. Tomando por base a resposta do item anterior, conclua: Em geral, o que costuma constar no enceramento de um seminário?

4. Em relação à fala de Maurício Sherman, responda:

a. Quais são as vozes de autoridade que o apresentador menciona para fundamentar seu ponto de vista?

b. O leitor do texto não fica sabendo se o apresentador contava ou não com recursos de apoio visual. Levante hipóteses: Caso ele tivesse optado por apresentar *slides*, qual poderia ser o conteúdo de alguns deles?

c. Além de mencionar vozes de autoridades, Sherman fala de sua própria experiência na área do humor. Por que é relevante esse relato que ele faz de parte de sua história profissional?

REGISTRE NO CADERNO

Apresentação do seminário

Marcos Ramos/Agência O Globo

Seminário *Humor, Indivíduo e Sociedade.*

Há várias maneiras de apresentar um seminário. No seminário em estudo, os apresentadores proferiram suas falas usando microfone e sentados atrás de uma mesa. Os apresentadores podem ficar sentados e cada um pode se levantar quando for a sua vez de falar. Ou podem ficar em pé durante toda a apresentação. O microfone pode ser usado ou não, dependendo da situação específica do evento, como público pouco ou muito numeroso, local pouco ou muito amplo, etc.

Eventos - FCL

REGISTRE NO CADERNO

5. Releia estes trechos do texto:

"O pensamento é este." (fala de Sherman)
"O humor que o Sherman falou" (fala de Claudio Manoel)
"Pegando uma carona na fala do Claudio Manoel" (fala de Daniel Kupermann)

a. Levante hipóteses: Qual é a função desses trechos na fala dos participantes? E a importância deles para o andamento do seminário?

b. O último trecho está em um registro que poderia ser considerado pouco formal. Justifique essa afirmação.

c. Discuta com os colegas e o professor: Por se tratar de um registro menos formal, o último trecho torna a fala do apresentador inadequada ao seminário? Por quê?

d. Sugira uma ou mais alternativas para a última fala, tornando-a mais formal.

e. Volte à transcrição do seminário e identifique na fala dos participantes outros trechos correspondentes a registros pouco formais e, junto com os colegas e o professor, encontre alternativas mais formais para eles.

6. Releia o seguinte trecho do texto em estudo e, em seguida, leia a transcrição integral da fala que o originou.

Embora a gente não tenha pretensões acadêmicas, acho difícil falar sobre função, assim como acho difícil falar sobre um humor só. Quer dizer, além de ter vários tipos de humorismo, humoristas e humores, as respostas para cada um deles variam de indivíduo para indivíduo.

Assim, acho que, embora obviamente a gente não tenha pretensões acadêmicas, né, a gente pode conversar sobre o tema, acho difícil falar sobre uma função, como acho difícil falar sobre um humor, né? Um humor só. Quer dizer, eu acho que, além de ter vários tipos, né, de... de... humorismos, né, de humoristas e de humores, né, as respostas a cada um deles também variam, de indivíduo para indivíduo, né?

(Disponível em: https://www.youtube.com/watch?v=R09v8yYHoYk. Acesso em: 28/8/2015.)

a. Embora o texto oral original tenha sido modificado, não houve alteração de conteúdo. Compare o trecho do texto e a transcrição da fala e responda: Quais expressões típicas da fala foram suprimidas no texto escrito?

b. Discuta com os colegas e o professor e conclua: Por que foram feitas essas alterações?

c. Em falas mais formais, há certos cuidados que devem ser observados. Identifique na transcrição da fala de Claudio Manoel uma expressão que é muito comum na linguagem oral, mas considerada indesejável em falas públicas.

Alexandre Campbell/Folhapress

Ana Paula Paiva/ Editoras Caras S.A

Claudio Manoel como duas de suas mais famosas personagens: Seu Creysson, acima, e Maçaranduba, na foto de baixo.

d. Na fala do humorista, a presença dessa expressão é prejudicial? Justifique sua resposta.

7. Compare as falas de Maurício Sherman, Claudio Manoel e Daniel Kupermann.

REGISTRE NO CADERNO

a. Qual é a principal diferença entre o conteúdo das falas dos dois primeiros e do último?

b. Identifique, nas falas dos três apresentadores, termos e expressões que remetem à profissão e ao papel deles na discussão feita no seminário.

HORA DE PRODUZIR

Fernando Favoretto/Criar Imagem

Como você sabe, vamos realizar, no final da unidade, uma feira sobre o mundo material na sociedade contemporânea. Prepare, em grupo, um seminário sobre um tema relacionado a este assunto: o empenho atual das pessoas em manter a juventude. Depois apresentem o seminário para os colegas da classe e, na feira, para um público maior.

No estudo do Arcadismo, você viu que uma das ideias encontradas nos textos da época é a do *carpe diem*, isto é, o convite para aproveitar o dia, o momento, a juventude. Essa ideia de aproveitar a juventude ao máximo está presente também no nosso mundo atual, pós-moderno, mas com outra feição. Hoje, há um grande empenho em adiar o envelhecimento, a fim de, supostamente, poder aproveitar mais a vida.

Para situar-se melhor quanto ao tema do envelhecimento na contemporaneidade, leia o painel de textos a seguir.

Do indesejável ao inevitável: a experiência vivida do estigma de envelhecer na contemporaneidade

Vivemos a "era do envelhecimento", período que vai de 1975 a 2025 [...]. Em 2000, segundo estimativas da Organização Mundial da Saúde [...], o planeta tinha 600 milhões de idosos com 60 anos de idade ou mais. Em 2025, estima-se que serão 1,2 bilhão de idosos, sendo que dois terços estarão vivendo em países em desenvolvimento. Na contemporaneidade, o envelhecimento humano passou a ser considerado um importante fenômeno social, devido sobretudo ao aumento da expectativa de vida da população e à redução da taxa de natalidade. Essa questão é fundamental face às repercussões nas diferentes esferas da estrutura social, econômica, política e cultural das sociedades do século XXI, tornando o envelhecer um campo privilegiado de investigação, que vem chamando a atenção de pesquisadores nas mais diversas áreas.

[...]

[Simone de] Beauvoir [...], ao estudar diversos grupos de sociedades primitivas, verificou quão variadas são as elaborações culturais referentes ao envelhecimento, e sua obra ressalta o quanto esse processo, naturalmente da ordem do biológico, é representado cultural e socialmente, ressaltando a forma como as sociedades ocidentais historicamente lidam com o fenômeno.

Marcadamente individualistas, narcísicas, exibicionistas e pouco solidárias, nessas sociedades o envelhecimento é investido de valores negativos, tornando o velho, a velhice e o envelhecer algo indesejável e gerador de sofrimento. Enquanto a juventude é fortemente exaltada, a velhice é excluída e estigmatizada, basta ver que, numa sociedade capitalista, o velho perde seu poder como produtor de bens e riquezas e como consumidor e, consequentemente, perde seu valor social. A velhice e o envelhecimento situam-se na contracorrente de uma sociedade centrada na produção, no rendimento e no dinamismo. No engendramento dessa exclusão está um sistema político e econômico que prioriza a força jovem no mercado de trabalho, descartando aqueles considerados "velhos ou ultrapassados".

(Virgínia Moreira e Fernanda Nícia Nunes Nogueira. Disponível em: http://www.scielo.br/scielo.php?script=sci_arttext&pid=S0103-65642008000100009. Acesso em: 29/8/2015.)

Velho está na moda

Mulheres de mais de 40 anos dizem que são ignoradas pelo mercado. Além de se sentirem invisíveis, pois não são mais olhadas ou elogiadas como quando eram mais jovens, dizem que não encontram roupas adequadas para a idade.

Uma nutricionista de 47 anos contou: "Tenho um corpo bonito. Fui comprar um jeans de uma marca famosa e a vendedora me olhou dos pés à cabeça como se dissesse: 'Não temos roupas para velhas. Não queremos nossa etiqueta desfilando na bunda de uma velha ridícula e sem noção'. Saí arrasada".

Outras querem se diferenciar das adolescentes, mas não querem se vestir como velhas. Uma professora de 41 anos disse: "Não posso usar os mesmos jeans das minhas alunas. Tento encontrar um que não seja colado e de cintura baixa, mas é impossível. Não quero parecer uma garotinha, mas não quero parecer uma velha. As opções para a minha idade são horrorosas".

A dúvida é como se adequar à idade sem abrir mão de roupas bonitas. O mercado está voltado para as jovens e magras e exclui aquelas que não se enquadram no padrão. Uma arquiteta de 56 anos afirmou: "Sempre usei biquíni e minissaia. Agora não posso mais? Adorei quando a Betty Faria, depois de ter sido chamada de 'velha baranga' por usar biquíni aos 72, disse: 'Querem que eu vá à praia de burca, que me envergonhe de ter envelhecido?'".

[...]

(Mirian Goldenberg. Disponível em: http://www1.folha.uol.com.br/colunas/miriangoldenberg/2013/10/1353260-velho-esta-na-moda.shtml. Acesso em: 29/8/2015.)

Busca pela "eterna juventude" produz vovôs malhados à base de hormônio

Tratamentos "milagrosos" são criticados por especialistas, mas viram mania. Há quem aposte em passar fome para retardar efeitos do envelhecimento.

Martha Irvine e Lindsey Tanner
DA ASSOCIATED PRESS

É uma daquelas fotos que exigem uma segunda olhada. O Dr. Jeffry Life, sem camisa, está usando apenas calças jeans. Seu rosto é o de um vovô respeitável: poucos cabelos, e os que restam estão todos brancos. Mas seu corpo de 69 anos parece o de um sujeito musculoso de apenas 30 anos.

A foto aparece com frequência em anúncios do Instituto Médico Cenegenics, clínica de Las Vegas (EUA) que se especializa em "gerenciamento de idade", um campo crescente numa sociedade obcecada em permanecer jovem. Life, que jura que esse é o seu verdadeiro sobrenome ("Vida", em inglês), também tem um quadro com a foto em seu escritório na Cenegenics.

"Esse é o cara!", diz o paciente Ed Detwiler, apontando para a foto do médico que virou sua grande inspiração. Detwiler, de 47 anos, é paciente de Life há mais de três anos. Nesse meio-tempo, ele adotou os mesmos procedimentos seguidos pelo especialista — mudando drasticamente seus hábitos alimentares e atividade física, recebendo injeções diárias de hormônio do crescimento humano e injeções semanais de testosterona (hormônio sexual masculino).

[...]

Ramesh Sharma/India Today Group/Getty Images

Jeffry Life, aos 67 anos, após dois anos tomando hormônios. Saúde?

Fome de beleza

Para um grupo conhecido como Sociedade de Restrição de Calorias, a juventude não é encontrada nos hormônios. É reduzir o consumo de alimento, em alguns casos, até níveis próximos da inanição.

Mas os benefícios são basicamente os mesmos — "muita energia" e sentir-se "afiado", diz Brian Delaney, um escritor californiano de 45 anos que agora vive na Suécia. Ele é presidente de um grupo que afirma ter 2.000 membros no mundo todo e muito mais seguidores que usam o método na esperança de aumentar significativamente sua longevidade.

[...]

Morreu, morreu

Para aqueles que vão ainda mais longe para manter o envelhecimento — e a morte — distantes, também não há garantias.

O guru de restrição calórica Roy Walford morreu de complicações de esclerose lateral amiotrófica aos 79, mais perto da média do que da "vida extraordinariamente longa" de que seus seguidores falam.

Enquanto isso, Alan Mintz, fundador da Cenegenics, morreu relativamente jovem, aos 69, por complicações durante uma biópsia do cérebro.

Algumas pesquisas sugerem que injeções de hormônio do crescimento humano podem causar câncer. Elas também foram ligadas a dores nervosas, colesterol elevado e riscos aumentados para diabetes.

Apesar disso, Life, agora oficial médico-chefe da Cenegenics, continua na mesma rota. Entre outras coisas, ele aponta estudos que sugerem que hormônio do crescimento humano em doses baixas não oferece risco de câncer, se não houver câncer preexistente.

(Disponível em: http://g1.globo.com/Noticias/Ciencia/0,,MUL916852-5603,00-BUSCA+PELA+ETERNA+JUVENTUDE+PRODUZ+VOVOS+MALHADOS+A+BASE+DE+HORMONIO.html. Acesso em: 29/8/2015.)

Organize-se em grupo para preparar e depois apresentar um seminário com foco em uma das seguintes questões ou outra, relativa ao assunto, que considerem relevante.

- Quais são os fatores que levam ao desejo de se prolongar ao máximo a juventude na sociedade atual?
- Atualmente, qual é a visão da nossa sociedade a respeito das pessoas mais velhas?
- Como os jovens lidam com a ideia do envelhecimento?
- Até que ponto a busca incessante pela eterna juventude é um caminho saudável?

ANTES DE APRESENTAR O SEMINÁRIO

- Definam a questão que será o foco do seminário.
- Definam qual será a ordem das falas, quem será responsável por apresentar o tema, quem dará sequência a cada fala, quem vai encerrar a apresentação.
- Busquem fontes confiáveis de pesquisa: artigos de revistas e jornais, portais e *sites* da Internet, livros, conversas com especialistas no assunto.
- Selecionem os textos que julgarem mais relevantes e que fundamentarão a apresentação do grupo.
- Façam resumos e anotações dos tópicos centrais dos textos lidos e compartilhem com o grupo.
- Discutam as ideias e definam uma linha de argumentação, isto é, um fio condutor que possa guiar a apresentação: como ela começa, como se desenvolve, como se encerra.
- Fundamentem a argumentação com dados, fatos, exemplos.
- Elaborem um roteiro para a apresentação e conectem as falas dos participantes, dando continuidade e fluência à apresentação.
- Ensaiem as falas em grupo, observando o tempo máximo estipulado para a apresentação de cada participante.
- Tentem prever questões que podem surgir do público e, antecipando-se a elas, pensem em possibilidades de resposta.
- Preparem material de apoio para o público: uma folha com os pontos centrais que serão abordados, para ser distribuída aos participantes; *slides*; cartazes; textos para escrever na lousa; etc. Considerando que a função desse material é servir de apoio para o público, convém que ele seja direto e objetivo, de fácil visualização; portanto, estruturado em tópicos, com imagens, gráficos, esquemas, referências bibliográficas.
- Pensem em soluções para possíveis imprevistos: falta de luz, problema no computador, impossibilidade de colar os cartazes, número de pessoas maior do que a quantidade de material preparado para distribuição, etc.

O controle do tempo no seminário

Para controlar o tempo da sua apresentação, ensaie sua fala, cronometrando-a, apresente poucos *slides* e com tópicos objetivos (3 minutos gastos por *slide* é considerado um tempo razoável).

Você pode deixar um relógio sobre a mesa, de frente para você; mas evite ficar olhando muito para ele, pois isso pode prejudicar o andamento da apresentação e criar desconforto para o público.

Uma dica é ter em mente o ponto correspondente à metade da apresentação e, nesse momento, dar uma checada no horário. Assim, você saberá se o andamento da apresentação está bom ou se precisa fazer cortes, acelerar ou diminuir o ritmo.

Thinkstock/Getty Images

AO APRESENTAR O SEMINÁRIO

- Procurem falar pausadamente e com clareza. Tenham em mãos ou em uma mesa próxima o roteiro com os tópicos sobre os quais falarão.
- Leiam o mínimo possível, utilizando o material de apoio apenas para fazer conexões com o que está sendo falado.
- Ao fazer referência a um *slide* ou cartaz, evitem ficar de costas para o público.
- Direcionem a fala para o público em geral, alternando o olhar entre os espectadores e, assim, evitando olhar para apenas uma pessoa.
- Encerrem a fala fazendo alguma relação com a fala do apresentador seguinte e comecem a fala retomando o que foi dito antes e dando sequência ao que o apresentador anterior disse.
- Procurem ter uma postura natural e evitem se apoiar em paredes, na mesa ou na lousa.
- Peçam a um colega do grupo que controle o tempo e avise quando faltar 1 minuto para o término de cada fala.
- Ao final da apresentação, coloquem-se à disposição do público para responder a eventuais questões.
- Usem uma linguagem de acordo com a norma-padrão, adequando o grau de formalidade ou informalidade ao perfil do público. Evitem gírias e expressões de apoio como *né, tipo, tá ligado?* e outras.
- Filmem o seminário, para que depois possam assistir e avaliar a apresentação, e tirem fotos para registrar o evento.

Referências bibliográficas

Ao final de todo trabalho, você deve citar as obras que consultou para produzi-lo. No caso de *slides* ou textos distribuídos em seminários, se houver citação direta, isto é, cópia de parte do texto, esse trecho deve vir entre aspas e a referência ao autor deve ser explicitada. Veja:

> Segundo Mirian Goldenberg, em artigo da *Folha de S. Paulo*, "o mercado está voltado para as jovens e magras e exclui aquelas que não se enquadram no padrão".

No final do texto, devem constar as referências bibliográficas completas, constituídas de:

> SOBRENOME DO AUTOR, Nome(s) abreviado(s). Título do texto. *Nome do livro/revista*. Número e edição. Cidade: Editora, ano. Disponível em: endereço do *site* (caso a consulta tenha sido *on-line*).

Veja o exemplo:

> MOREIRA, V.; NOGUEIRA, F. N. N. Do indesejável ao inevitável: a experiência vivida do estigma de envelhecer na contemporaneidade. *Revista Psicologia USP*, v. 19, n. 1, São Paulo, 2008. Disponível em: http://www.scielo.br/scielo.php?script=sci_arttext&pid=S0103-65642008000100009. Acesso em: 10/1/2016.

DEPOIS DE APRESENTAR O SEMINÁRIO

Concluído o seminário, avaliem-no, verificando:

- se o tema foi suficientemente explorado, se as informações apresentadas foram relevantes, se houve utilização de exemplos e de dados concretos para fundamentar o ponto de vista do grupo;
- se a apresentação foi coesa, ou seja, se os apresentadores interagiram entre si, relacionando suas falas;
- se o uso da linguagem foi adequado, sem o emprego de gírias ou expressões que prejudicam a fluidez de apresentações;
- se os apresentadores responderam adequadamente a questões apresentadas pelo público, seja com respostas diretas, seja com justificativas plausíveis para eventual impossibilidade de esclarecimento na ocasião.

Fernando Favoretto/Criar Imagem

CAPÍTULO

2 O Arcadismo no Brasil (I) Estrutura de palavras O texto de divulgação científica (I)

LITERATURA

Cláudio Manuel da Costa e Tomás Antônio Gonzaga

Guignard. Ouro Preto, 1959. Coleção particular

No Brasil, o Arcadismo se manifestou em Minas Gerais, o centro econômico da colônia no século XVIII. Seus principais representantes foram Cláudio Manuel da Costa e Tomás Antônio Gonzaga. Além desses autores, destacaram-se também Basílio da Gama, com a obra *O Uraguai*; Silva Alvarenga, com a obra lírica *Glaura*; Santa Rita Durão, com o poema épico *Caramuru*; e Alvarenga Peixoto, com a poesia laudatória (gênero que exalta ou louva alguém).

Cláudio Manuel da Costa

No capítulo 1, você conheceu a poesia lírica de Cláudio Manuel da Costa. Apesar de o poeta ser considerado o primeiro árcade brasileiro, sua obra ainda se mostra em transição entre o Barroco e o Arcadismo. Assim, além de retomar temas da poesia clássica greco-latina e do Classicismo, seus poemas apresentam traços da linguagem barroca, como amplo emprego de metáforas, antíteses e inversões sintáticas (o hipérbato).

Na poesia lírica do poeta, observa-se o convencionalismo amoroso árcade, ou seja, as emoções nela expressas não se referem à experiência pessoal do autor. O eu lírico de seus poemas, o pastor Glauceste, manifesta as dores de um amor não correspondido, e as pastoras a quem ele se dirige (Nise, Elisa, entre outras) mostram-se inflexíveis, distantes e abstratas, desprovidas de materialidade.

O poeta produziu também poesia épica, reunida na obra *Vila Rica* (1773), poema que narra a fundação da cidade que tem esse nome e era, na época, capital de Minas Gerais.

Cláudio Manuel da Costa

Filho de um minerador abastado, Cláudio Manuel da Costa nasceu em 1729, em Mariana (MG). Estudou em colégios de jesuítas no Brasil e, entre 1749 e 1753, cursou Direito em Coimbra, período em que entrou em contato com as ideias iluministas e com a poesia árcade.

Ao retornar ao Brasil, passou a viver em Vila Rica (atual Ouro Preto), onde exerceu advocacia e ocupou cargos administrativos no governo da capitania. Em 1768, publicou *Obras poéticas*, primeira obra do Arcadismo brasileiro.

Em razão da sólida cultura humanística e do talento para fazer versos, Cláudio Manuel da Costa foi tomado como mentor do grupo de intelectuais e poetas que se reunia em sua casa ou na casa de Tomás Antônio Gonzaga para discutir ideias e poesia. Acusado de envolvimento na Inconfidência Mineira, foi preso e encontrado morto na prisão em julho de 1789. Oficialmente, sua morte foi registrada como suicídio, porém pesquisas recentes indicam que o poeta foi assassinado.

Instituto Histórico e Geográfico Brasileiro

Tomás Antônio Gonzaga

A poesia de Tomás Antônio Gonzaga apresenta uma linguagem direta e acessível para os padrões da época, como pretendia a estética árcade. Na poesia lírica, a obra *Marília de Dirceu* retrata o amor do pastor Dirceu pela pastora Marília. Os sentimentos expressos nos versos da obra, porém, são mais que invenções para o exercício poético, pois se baseiam na experiência pessoal de Gonzaga, em especial a do amor por Doroteia e a das dores que viveu no cárcere. Nessa obra, Gonzaga, ao associar elementos da convenção árcade – como os pastores, o *locus amoenus*, o *fugere urbem* – à sua experiência pessoal, particular, conferiu maior subjetividade e espontaneidade aos seus versos e, assim, distanciou-se da poesia impessoal cultivada pelos poetas de seu tempo.

A poesia de Gonzaga também expressa algo raro no Arcadismo brasileiro: o retrato da cor local, com a substituição, em certas situações, da paisagem bucólica, pastoril, por elementos característicos do lugar onde vivia. Nesse contexto, Dirceu não é apenas um pastor, mas, também, um bacharel, procedimento que aproxima ainda mais a figura do eu lírico do autor dos versos.

Além da poesia lírica, Gonzaga produziu também poesia satírica, publicada em *Cartas chilenas*. As cartas que compõem a obra, hoje atribuídas ao poeta, eram anônimas, e, por isso, houve dúvidas quanto à sua autoria. Em forma de poemas, compostos por volta de 1787 e 1788, as cartas criticavam os abusos de poder praticados por Luís da Cunha Meneses, governador da capitania de Minas Gerais de 1783 a 1788. Em razão do risco decorrente dessas críticas, o autor criou uma série de disfarces: adotou para si o nome Critilo e para o destinatário o nome Doroteu; o governador foi chamado de Fanfarrão Minésio; Vila Rica era Santiago, e Minas, Chile (portanto, *Cartas chilenas* são, na verdade, "cartas mineiras"). Além do valor literário, esses poemas satíricos possuem um importante valor documental, pois expressam as tensões sociais e políticas vividas em Vila Rica nos anos que antecederam a Inconfidência Mineira.

Tomás Antônio Gonzaga

Tomás Antônio Gonzaga nasceu em 1744, na cidade do Porto, em Portugal, em uma família de magistrados. Ainda criança veio com o pai para o Brasil e estudou em colégios de jesuítas, na Bahia. Completou seus estudos em Portugal, formando-se em Direito, em Coimbra. Nesse período, teve contato com as ideias iluministas e com a poesia árcade.

Após retornar ao Brasil, em 1782, exerceu a função de ouvidor, em Vila Rica, onde compôs a maior parte dos poemas reunidos em *Marília de Dirceu* e em *Cartas chilenas*. Os poemas da primeira obra referem-se ao amor de Gonzaga pela jovem Maria Doroteia Joaquina de Seixas, e os da segunda, às desavenças do poeta com o governador da capitania de Minas Gerais, Luís da Cunha Meneses.

Em 1789, acusado de participar da Inconfidência Mineira, foi preso e mandado para o Rio de Janeiro. Depois de dois anos de cárcere, foi exilado para Moçambique, onde se casou e levou uma vida abastada. Morreu em 1810.

Fundação Biblioteca Nacional Rio de Janeiro, RJ

LITERATURA

FOCO NO TEXTO

Você vai ler, a seguir, dois textos de Tomás Antônio Gonzaga: o primeiro é um poema da obra *Marília de Dirceu*, e o segundo, um trecho de *Cartas chilenas*.

Texto 1

Tu não verás, Marília, cem cativos
tirarem o cascalho e a rica terra,
ou dos cercos dos rios caudalosos,
ou da minada serra.

Não verás separar ao hábil negro
do pesado esmeril a grossa areia,
e já brilharem os granetes de oiro
no fundo da bateia.

Não verás derrubar os virgens matos,
queimar as capoeiras inda novas,
servir de adubo à terra a fértil cinza,
lançar os grãos nas covas.

Não verás enrolar negros pacotes
das secas folhas do cheiroso fumo;
nem espremer entre as dentadas rodas
da doce cana o sumo.

Verás em cima da espaçosa mesa
altos volumes de enredados feitos;
ver-me-ás folhear os grandes livros,
e decidir os pleitos.

Enquanto revolver os meus consultos,
tu me farás gostosa companhia,
lendo os fastos da sábia, mestra História,
e os cantos da poesia.

Lerás em alta voz, a imagem bela;
eu, vendo que lhe dás o justo apreço,
gostoso tornarei a ler de novo
o cansado processo.

Se encontrares louvada uma beleza,
Marília, não lhe invejes a ventura,
que tens quem leve à mais remota idade
a tua formosura.

(Luiz Roncari. *Literatura brasileira — Dos primeiros cronistas aos últimos românticos*. São Paulo: Edusp, 2014. p. 272-3.)

Marília de Dirceu (1946), de Guignard.

Coleção Família Rodrigo M. F. de Andrade, Ouro Preto, Brasil

bateia: recipiente utilizado no garimpo de ouro e diamante.
capoeira: terreno cuja vegetação foi roçada ou queimada para cultivo ou outra finalidade.
cascalho: camada de areia grossa em que é possível encontrar ouro ou diamante.
consulto: documento jurídico.
enredado: complicado, intrincado.
esmeril: resíduo de minerais pesados acumulados no fundo da bateia.
fastos: registros de acontecimentos notáveis.
pleito: questão judicial.
remoto: longínquo, distante no tempo.

Texto 2

Neste trecho, da terceira carta, Critilo conta a Doroteu que os comandantes de Santiago, seguindo o exemplo do governador Fanfarrão Minésio, também cometem abusos de poder.

[...]
Aqui, prezado Amigo, principia
Esta triste tragédia: sim prepara,
Prepara o branco lenço, pois não podes
Ouvir o resto, sem banhar o rosto
Com grossos rios de salgado pranto.
Nas levas, Doroteu, não vêm somente
Os culpados vadios; vem aquele,
Que a dívida pediu ao Comandante;
Vem aquele, que pôs impuros olhos
Na sua mocetona; e vem o pobre,
Que não quis emprestar-lhe algum negrinho,
Para lhe ir trabalhar na roça, ou lavra.

Estes tristes, mal chegam, são julgados
Pelo benigno Chefe a cem açoites.
Tu sabes, Doroteu, que as Leis do Reino
Só mandam, que se açoitem com a sola,
Aqueles agressores, que estiverem
Nos crimes quase iguais aos réus de morte:
Tu também não ignoras, que os açoites
Só se dão por desprezo nas espáduas;
Que açoitar, Doroteu, em outra parte,
Só pertence aos Senhores, quando punem
Os caseiros delitos dos escravos.
Pois todo este Direito se pretere:
No Pelourinho a escada já se assenta,
Já se ligam dos Réus os pés, e os braços;
Já se descem calções, e se levantam
Das imundas camisas rotas fraldas;
Já pegam dous verduros nos zorragues;
Já descarregam golpes desumanos;
Já soam os gemidos, e respigam
Miúdas gotas de pisado sangue.
Uns gritam que são livres: outros clamam,
Que as sábias Leis do Rei os julgam brancos:
Este diz, que não tem algum delito,
Que tal vigor mereça; aquele pede
Do injusto acusador ao Céu vingança.
Não afroxam os braços dos verdugos:
Mas antes com tais queixas se duplica
A raiva dos tiranos; qual o fogo,
Que aos assopros dos ventos ergue a chama.

(Tomás Antônio Gonzaga. *Cartas chilenas*. Introdução, cronologia, notas e estabelecimento do texto por Joaci Pereira Furtado. São Paulo: Companhia das Letras, 1995. p. 92-4.)

Chefe: nome com que é referido Fanfarrão Minésio.
Comandante: pessoa a quem Fanfarrão Minésio concedia poder de mando em Santiago.
espádua: ombro.
leva: grupo de pessoas.
mocetona: moça formosa.
preterir: deixar de lado, desprezar.
sola: chicote de couro.
verdugo: o encarregado da aplicação de castigos corporais.
zorrague: açoite, chicote.

1. No texto 1, para retratar as atribulações do mundo, Gonzaga utiliza a cor local, afastando-se das convenções árcades. Nas primeiras quatro estrofes, que atividades próprias do período colonial no Brasil são apresentadas? Justifique sua resposta com elementos do texto.

2. As primeiras quatro estrofes do poema são introduzidas pela expressão negativa *não verás*. O que o eu lírico enfatiza por meio da repetição dessa expressão?

3. Com a expressão afirmativa "Verás", na quinta estrofe, tem início a segunda parte do poema.
   a. Nessa parte, como é caracterizado o ambiente em que o eu lírico pretende viver com Marília?
   b. As atividades que o eu lírico projeta para esse ambiente se contrapõem àquelas que são retratadas na primeira parte do poema? Por quê?
   c. Conclua: Pode-se dizer que, nesse poema, Gonzaga adota uma identidade tipicamente pastoril? Justifique sua resposta com elementos do texto.

Casa Litográfica Engelmann, Paris, França

Mineração de ouro por lavagem perto do morro do Itacolomi (c. 1825), de Rugendas (1802-1858).

REGISTRE NO CADERNO

4. Na última estrofe, o eu lírico se apresenta como um poeta que louva em seus versos os encantos de Marília. Pode-se dizer que, nessa estrofe, ele enaltece os próprios poemas? Por quê? Justifique sua resposta com elementos do texto.

5. Como você viu no capítulo anterior, ao estudar o contexto de produção e recepção do Arcadismo, a poesia árcade veiculava os valores da burguesia, classe que produzia e consumia as obras literárias no século XVIII. No poema de Gonzaga, que valores da burguesia são expressos? Justifique sua resposta com elementos do texto.

6. Marília é retratada no poema como uma mulher que se interessa por literatura e história. Veja nestes outros versos do poeta como ela é descrita:

A minha bela Marília
tem de seu um bom tesouro;
não é, doce Alceu, formado
do buscado
metal louro;
é feito de uns alvos dentes,
é feito de uns olhos belos,
de umas faces graciosas,
de crespos, finos cabelos,

(Apud Luiz Roncari. *Literatura brasileira — Dos primeiros cronistas aos últimos românticos*, cit., p. 266-7.)

De acordo com esses versos e o poema em estudo, Marília é uma figura abstrata, como Nise, de Cláudio Manuel da Costa, que você viu no capítulo anterior? Justifique sua resposta com elementos do texto.

7. Na primeira estrofe do texto 2, Critilo conta a Doroteu que Fanfarrão Minésio e seus comandantes mandam açoitar homens injustamente.

   a. Explique de modo resumido o que tais homens fizeram para serem submetidos a tal penalidade.

   b. Por que a punição desses homens contrariava as leis do reino?

8. Leia o boxe "O Iluminismo e a escravidão". Depois, responda: Nos versos das *Cartas chilenas* lidos, Gonzaga mostra-se influenciado pelas ideias iluministas acerca da escravidão? Justifique sua resposta com elementos do texto.

REGISTRE NO CADERNO

O Iluminismo e a escravidão

A obra *Do contrato social ou princípios do direito político*, de Rousseau, publicada em 1762, inicia-se com a célebre frase: "O homem nasce livre, e por toda a parte encontra-se a ferros". Nessa obra, o filósofo iluminista, tal como Montesquieu e Voltaire, condenou a escravidão, por considerá-la contrária ao direito da humanidade:

> Assim, seja qual for o modo de encarar as coisas, nulo é o direito da escravidão não só por ser ilegítimo, mas por ser absurdo e nada significar. As palavras *escravidão* e *direito* são contraditórias, excluem-se mutuamente. Quer de um homem a outro, quer de um homem a um povo, será sempre igualmente insensato este discurso: "Estabeleço contigo uma convenção ficando tudo a teu cargo e tudo ao meu proveito, convenção essa a que obedecerei enquanto me aprouver e que tu observarás enquanto for do meu agrado".

(*Rousseau*. São Paulo: Abril Cultural, 1973. p. 35-6. Col. Os Pensadores.)

Museus Castro Maya, Rio de Janeiro, Brasil

Pelourinho (1826), de Debret (1768-1848).

ARQUIVO

Por meio da leitura de textos de Tomás Antônio Gonzaga, você viu que:

- a linguagem é direta e acessível para os padrões da época;
- os sentimentos que expressa são mais que invenções para o exercício poético, pois baseiam-se também em experiências pessoais do autor;
- o pastor convencional cede lugar ao bacharel, bem como a tradicional paisagem bucólica é, às vezes, substituída pela cor local e, assim, o autor se afasta ligeiramente das convenções árcades;
- a afinidade do autor com os ideais iluministas não o leva a fazer nas *Cartas chilenas* uma crítica à escravidão, pois, na obra, as críticas se limitam aos desmandos do governador Luís da Cunha Meneses.

ENTRE TEXTOS

Você vai ler, a seguir, dois poemas: um, de Tomás Antônio Gonzaga, extraído de *Marília de Dirceu*; o outro, de Carlos Drummond de Andrade, extraído da obra *Sentimento do mundo*, publicada em 1940. O poema de Gonzaga foi escrito quando o autor estava na prisão, aguardando o julgamento a que seria submetido por ter participado da Inconfidência Mineira; o de Drummond, durante a Segunda Guerra Mundial.

Texto 1

2.

Esprema a vil calúnia muito embora,
entre as mãos denegridas e insolentes,
os venenos das plantas
e das bravas serpentes;

Chovam raios e raios, no meu rosto
não hás-de ver, Marília, o medo escrito,
o medo perturbado,
que infunde o vil delito.

[...]

Porém se os justos céus, por fins ocultos,
em tão tirano mal me não socorrem,
verás então que os sábios,
bem como vivem, morrem.

Eu tenho um coração maior que o mundo,
tu, formosa Marília, bem o sabes:
Um coração, e basta,
onde tu mesma cabes.

(*Marília de Dirceu e mais poesias*. Lisboa: Sá da Costa, 1961. p. 81-2.)

infundir: incutir, inspirar.

Texto 2

Mundo grande

Não, meu coração não é maior que o mundo.
É muito menor.
Nele não cabem nem as minhas dores.
Por isso gosto tanto de me contar.
Por isso me dispo,
por isso me grito,
por isso frequento os jornais, me exponho cruamente nas livrarias:
preciso de todos.

Sim, meu coração é muito pequeno.
Só agora vejo que nele não cabem os homens.
Os homens estão cá fora, estão na rua.
A rua é enorme. Maior, muito maior do que eu esperava
Mas também a rua não cabe todos os homens.
A rua é menor que o mundo.
O mundo é grande.

Tu sabes como é grande o mundo.
Conheces os navios que levam petróleo e livros, carne e algodão.
Viste as diferentes cores dos homens,
as diferentes dores dos homens,
sabes como é difícil sofrer tudo isso, amontoar tudo isso
num só peito de homem... sem que ele estale.
[...]

(*Nova reunião – 23 livros de poesia*. Rio de Janeiro: BestBolso, 2011. p. 107-8.)

1. No texto 1, na primeira estrofe, o eu lírico expressa indignação pela calúnia de que foi alvo. Explique essa afirmação, utilizando elementos do texto.

2. Na segunda e terceira estrofes, o eu lírico se refere a suas reações diante das adversidades.

a. Como o eu lírico justifica a ausência de medo? Justifique sua resposta com elementos da segunda estrofe.

b. Na terceira estrofe, qual é a postura do eu lírico em relação à morte?

3. Na última estrofe, o eu lírico conclui:

REGISTRE NO CADERNO

"Eu tenho um coração maior que o mundo,
tu, formosa Marília, bem o sabes:
Um coração, e basta,
onde tu mesma cabes."

Com base no poema todo, explique o sentido do verso "Eu tenho um coração maior que o mundo".

4. Um verso do texto 1 se contrapõe a um verso do texto 2. Quais são eles?

5. O poema de Drummond foi publicado em um momento em que a Segunda Guerra Mundial se espalhava pela Europa, provocando cada vez mais mortes, seja pela fome, seja pelo conflito armado. Com base nessa informação, levante hipóteses: De que modo a relação do eu lírico com o mundo, no poema de Drummond, dialoga com esse contexto histórico?

6. O verso "Não, meu coração não é maior que o mundo", do poema de Drummond, remete ao verso "Eu tenho um coração maior que o mundo", do poema de Gonzaga. O poema de Drummond, a partir da negativa, constrói uma relação com o mundo diferente da apresentada no poema de Gonzaga.

a. No poema de Drummond, por que o eu lírico considera seu coração "muito pequeno" e "muito menor" que o mundo?

b. Considerando as reflexões realizadas no estudo de ambos os poemas, explique a diferença de sentido entre o verso "Eu tenho um coração maior que o mundo", de Gonzaga, e o verso "Não, meu coração não é maior que o mundo", de Drummond.

Ouro Preto: entre o Barroco e o Arcadismo

Enquanto a produção literária mineira era orientada pela estética do Arcadismo, o Barroco-Rococó era a referência na pintura e na escultura e foi a grande influência na obra de Ataíde, o pintor brasileiro mais importante do século XVIII e de todo o período colonial.

Uma das principais obras de Ataíde é a pintura do teto da Igreja de São Francisco de Assis, em Ouro Preto, mostrada abaixo.

J.l.bulcão/Pulsar Imagens

O diálogo continua

O músico Caetano Veloso, na canção "Coração vagabundo", também participa do diálogo de Drummond com Gonzaga. Veja estes versos da canção:

"Meu coração vagabundo
Quer guardar o mundo
Em mim"

Guy Prives/Redferns/ Getty Images

LÍNGUA E LINGUAGEM

Estrutura de palavras

FOCO NO TEXTO

Leia estes dois cartuns, de Caulos:

Caulos

(*Só dói quando eu respiro*. Porto Alegre: L&PM, 2001. p. 55.)

1. No primeiro cartum, há um desmembramento da palavra *insano*.

REGISTRE NO CADERNO

a. Considerando que o radical latino *sanus* significa “são, que tem estabilidade física e emocional”, responda: Que relação há entre a divisão da palavra e o comportamento das personagens?

b. Conforme sugere a resposta do item anterior, qual é o sentido da partícula *in-* em *insano*?

c. Conclua: Qual é o sentido da palavra *insano*?

2. No segundo cartum, cada personagem, como no primeiro cartum, também representa uma letra e, juntas, formam a palavra *infiel*.

a. Com o afundamento das duas personagens que estão à frente do grupo, que palavra se forma?

b. Levando-se em conta o sentido das palavras *fiel* e *infiel*, que relação há entre as duas letras iniciais de *infiel* e o afundamento desses personagens?

Caulos

c. Compare estas palavras:

*in*fiel *in*cômodo

*in*feliz *in*eficaz

Conclua: Qual é o sentido da partícula *in-* nessas palavras?

REFLEXÕES SOBRE A LÍNGUA

Ao responder às questões anteriores, você pôde observar que há, na língua, palavras formadas a partir da combinação de alguns elementos. As palavras *insano* e *infiel*, por exemplo, são formadas, respectivamente, pela partícula *in-* + *fiel* e pela partícula *in-* + *sano*.

No soneto de Bocage estudado no capítulo 1, você leu estes versos:

Vem, ó Marília, vem lograr comigo
Destes alegres campos a beleza,
Destas copadas árvores o abrigo.

Deixa louvar da corte a vã grandeza:

As palavras *beleza* e *grandeza*, empregadas nos versos, têm em comum a terminação *-eza*. Veja como elas se formaram:

belo + eza = beleza
grande + eza = grandeza

A palavra *copada*, por sua vez, é formada por *copa* + a terminação *-ada*, que expressa a ideia de conjunto. Em *alegres* e *campos*, a letra *s* do final das palavras indica plural.

As partículas que produzem sentido ou modificam o sentido de uma palavra são chamadas de *morfemas*.

Morfema é a unidade mínima dotada de significação em uma palavra.

Morfemas

São vários os tipos de morfemas existentes na língua. Conheça-os.

Radical

É o núcleo da palavra, o que informa o sentido básico dela.

in – *san* – o   *bel* – eza

Afixos: prefixos e sufixos

São aqueles que vêm antes ou depois do radical, modificando seu sentido. Os que vêm antes são chamados de *prefixos*; os que vêm depois, *sufixos*.

in – feliz   grand – *eza*

Vogal temática

É a vogal que vem depois do radical de verbos e nomes.

Em nomes, são as vogais *a*, *e* e *o*. Veja:

cas*a*   grand*e*   camp*o*

Em verbos, são as vogais *a*, *e* e *i* as responsáveis por indicar a conjugação a que eles pertencem. Veja:

- **-a** (1ª conjugação): louv*a*r
- **-e** (2ª conjugação): beb*e*r
- **-i** (3ª conjugação): fug*i*r

Caulos

Tema

É o radical somado com a vogal temática.

radical — vogal temática: [cas a] = tema

radical — vogal temática: [fug i] r = tema

Há nomes que são atemáticos, ou seja, não apresentam vogal temática. Em alguns deles, a vogal temática só aparece no plural. Veja:

mar

vogal temática: [mar e] s = tema

Desinências

São morfemas que se colocam após os radicais, indicando:

- nos verbos: modo, tempo, número e pessoa:

fugí *sse* *mos*

sse: modo e tempo (imperfeito do subjuntivo)

mos: pessoa e número (1ª pessoa do plural)

- nos nomes: gênero e número:

bel *a* *s*

a: gênero (feminino)

s: número (plural)

De acordo com o gramático Evanildo Bechara, em palavras como *belas* e *belos*, as vogais *a* e *o* acumulam a função de desinência e de vogal temática.

Vogais e consoantes de ligação

São elementos que aparecem no interior de palavras apenas com a finalidade de ligar morfemas ou facilitar a pronúncia. Não são portadores de sentido e, portanto, não são considerados morfemas. Veja:

cafe – *t* – eira: *t* = consoante de ligação

gas – *ô* – metro: *ô* = vogal de ligação

APLIQUE O QUE APRENDEU

1. Releia os seguintes versos de um dos poemas de Tomás Antônio Gonzaga que você estudou na parte referente à literatura, neste capítulo.

Tu não verás, Marília, cem cativos
tirarem o cascalho e a rica terra,
ou dos cercos dos rios caudalosos,
ou da minada serra.

Andressa Honório

A palavra *caudalosos*, empregada no terceiro desses versos, é formada pela soma da palavra *caudal* (o que jorra ou escorre em abundância) com o sufixo *-oso(s)*, que indica intensidade ou abundância.

a. Identifique no poema outras palavras que são formadas do mesmo modo que *caudalosos*.

b. Que palavra é formada pela soma do substantivo *ventura*, empregado no poema, com o sufixo *-oso*?

REGISTRE NO CADERNO

c. A palavra *aventura* é formada pela união do prefixo *-ad* com o substantivo *ventura*. Sabendo-se que o prefixo *-ad* tem o sentido de "aproximação, em direção a", e que a palavra *ventura* tem, entre outros, os sentidos de "sorte, destino, acaso, felicidade", que sentido, com base na etimologia, é possível atribuir à palavra *aventura*?

2. Releia os seguintes versos do poema das *Cartas chilenas* que você estudou na parte referente à literatura.

Nas levas, Doroteu, não vêm somente
Os culpados vadios; vem aquele,
Que a dívida pediu ao Comandante;
Vem aquele, que pôs impuros olhos
Na sua mocetona; e vem o pobre,
Que não quis emprestar-lhe algum negrinho,
Para lhe ir trabalhar na roça, ou lavra.

Na língua portuguesa, os sufixos *-ão/-ona* e *-inho(a)*, além de expressarem, respectivamente, tamanho grande e tamanho pequeno, têm outros valores semânticos.

a. Nas palavras *mocetona* e *negrinho* empregadas, respectivamente, no quinto e no sexto versos acima, esses sufixos expressam valores semânticos positivos ou negativos? Justifique sua resposta.

b. Que valores semânticos os sufixos *-ão/-ona* e *-inho(a)* expressam nas palavras destacadas nas frases a seguir?

- Tire a *cabeçona* da minha frente, por favor.
- Feliz aniversário, *amorzão*!
- Fique aqui comigo, *filhinha*.
- *Sujeitinho* arrogante!

3. É conhecida esta frase do escritor irlandês Oscar Wilde:

"A arte não é moral nem imoral, mas amoral."

a. Que morfemas podem ser identificados nas palavras *imoral* e *amoral*, empregadas na frase?

b. Acrescentando-se outros prefixos e sufixos à palavra *moral*, que outras palavras é possível formar?

4. Para compreender bem a frase de Oscar Wilde, apresentada na questão anterior, é necessário ter clareza quanto ao significado da palavra *moral* e dos prefixos *i(n)-* e *a(n)-*.

a. O que significa a palavra *moral*? Se necessário, consulte o dicionário.

b. O prefixo *i(n)-* tem estes sentidos: negação, oposição, privação, aproximação, movimento para dentro. Qual desses sentidos ele tem em *imoral*?

c. O prefixo *a(n)-* pode ter o sentido de negação e de privação. Em *amoral*, que sentido ele tem?

d. Conclua: Como se pode compreender a frase de Oscar Wilde?

Oscar Wilde

Oscar Wilde (1854-1900) nasceu em Dublin, na Irlanda. Alcançou prestígio como dramaturgo na década de 1880, em Londres. Foi também contista e romancista, e sua obra mais conhecida no Brasil é o romance *O retrato de Dorian Gray*.

A vida do escritor é retratada no filme *Oscar Wilde*, de Brian Gilbert.

Diomedia/Mary Evans/Ronald Grant

5. Leia esta tira, de Adão Iturrusgarai:

Adão Iturrusgarai

(*Folha de S. Paulo*, 3/5/2004.)

REGISTRE NO CADERNO

O autor cria humor, na tira, explorando o papel dos morfemas na constituição das palavras.

a. Que informação é dada aos leitores apenas no último quadrinho?

b. A personagem, ao passar, não teve conhecimento do que foi informado aos leitores no último quadrinho. Que importância esse fato tem quanto à função da placa e para a vida da personagem?

6. Uma forma de depreender o sentido dos sufixos é agrupar palavras com a mesma terminação. Contudo, é preciso levar em conta que há sufixos com mais de um sentido.

Observe estes grupos de palavras:

- limonada, braçada, marmelada, cabeçada, feijoada, cotovelada
- limoeiro, funileiro, jambeiro, bananeira, pedreiro, jornaleiro
- matemática, física, química, cibernética, gramática

a. Em que palavras do primeiro grupo o sufixo *-ada* tem o sentido de "resultado de ação"?

Edu Lyra/ Pulsar Imagens

b. Em que palavras do primeiro grupo o sufixo *-ada* tem o sentido de "coleção" ou "feito de"?

c. No segundo grupo, em quais palavras o sufixo *-eiro* tem o sentido de "profissional"?

d. No segundo grupo, em quais palavras o sufixo *-eiro* tem o sentido de "árvore frutífera"?

e. Qual é o sentido dos sufixos *-ica* e *-tica* nas palavras do terceiro grupo?

7. Compare os seguintes substantivos, considerando que eles nomeiam músicos especializados em um tipo de instrumento musical.

violeiro – sanfoneiro – flautista – violinista – trompetista

Conclua: Quando o instrumento é mais sofisticado e, assim, menos popular, a tendência da língua é de o substantivo ser formado com o sufixo *-eiro* ou com o sufixo *-ista*?

8. Os sufixos verbais são responsáveis pela formação de verbos. Os sufixos verbais *-ecer, -izar, -ejar, -icar* e *-iscar* podem apresentar um destes sentidos:

- ação que se repete
- início da ação
- ação diminutiva
- ação causadora

REGISTRE NO CADERNO

Associe cada um dos sentidos ao verbo destacado em cada uma das frases a seguir e dê exemplos de outros verbos em que o prefixo tenha o mesmo sentido.

a. Para *amanhecer*, é preciso que a noite se farte de escuridão.

b. A mosca ficava a *voejar* em torno da comida.

c. É preciso *canalizar* o esgoto de toda a região.

d. Meu avô tinha por hábito *bebericar* café enquanto trabalhava.

TEXTO E ENUNCIAÇÃO

Leia o poema a seguir, de Arnaldo Antunes, e responda às questões 1 e 2.

Poesia –
A vida fora da autografia.
A vida fora da biografia.
A vida fora da caligrafia.
A vida fora da discografia.
A vida fora da etnografia.
A vida fora da fotografia.
A vida fora da geografia.
A vida fora da holografia.
A vida fora da iconografia.
A vida fora da logografia.
A vida fora da monografia.
A vida fora da nomografia.
A vida fora da ortografia.
A vida fora da pornografia.
A vida fora da quirografia.
A vida fora da radiografia.
A vida fora da serigrafia.
A vida fora da telegrafia.
A vida fora da urografia.
A vida fora da videografia.
A vida fora da xilografia.
A vida fora da zoografia.
– A vida inde.

inde: dentro de.

(*Tudos*. 6. ed. São Paulo: Iluminuras, 2001.)

Andressa Honório

1. O poema apresenta um conjunto de palavras terminadas com o mesmo morfema: o radical *grafia*. Usando a lista de radicais que se encontra no final do livro, no **Apêndice**, responda:

a. Qual é o sentido desse radical?

b. Dê o sentido das palavras:

- autografia
- biografia
- caligrafia
- discografia
- etnografia
- fotografia

c. Que ideia em comum há entre os sentidos das palavras acima?

2. Observe que o conjunto formado pelas palavras terminadas em *grafia* situa-se entre dois travessões, entre o primeiro e o último verso do poema:

REGISTRE NO CADERNO

"Poesia –
[...]
– A vida inde."

Troque ideias com os colegas e o professor e responda:

a. O que é a vida fora da autografia, da biografia, da caligrafia, etc.?

b. Para o eu lírico, como poesia e vida se relacionam?

Leia o texto a seguir e responda às questões de 3 a 5.

Por causa do Twitter (nome em inglês do microblog que conecta o autor com sua rede de contatos), surgiram "tuiteiro" (para nomear o usuário) e "tuitar" (a ação que faz aquele que usa o serviço). Mesmo que baseadas em vocábulos estrangeiros, as novas palavras obedecem às regras da língua portuguesa. No caso de tuiteiro, o processo foi o de acrescentar o sufixo "eiro", próprio para formar termos que designam o agente numa profissão ou atividade.

(*Nova Escola*. Disponível em: http://revistaescola.abril.com.br/lingua-portuguesa/fundamentos/qual-diferenca-neologismo-estrangeirismo-502909.shtml. Acesso em: 8/11/2015.)

Shutterstock

3. De acordo com o texto, a palavra *tuiteiro* foi formada por *twitter* + o sufixo *-eiro*. Levante hipóteses: E a palavra *tuitar*, como se formou?

4. Por meio da informática, muitas palavras novas foram introduzidas na língua portuguesa. Quais outras palavras da área da informática que também se adaptaram às regras da língua portuguesa você conhece? Dê exemplos e explique como elas se formaram.

5. A palavra *microblog* (micro + *blog*) não existiria sem o surgimento da palavra *blog*.

a. Qual é o sentido da palavra *microblog*? Por que o autor do texto a associou a *twitter*?

b. Que outro termo, de acordo com as possibilidades de formação de palavras, poderia ser usado em referência ao *twitter*?

PRODUÇÃO DE TEXTO

O texto de divulgação científica (I)

No capítulo anterior, na seção **Entre saberes**, você viu que a preocupação humana com a disseminação do conhecimento é antiga e que a publicação da *Enciclopédia*, no final do século XVIII pelos pensadores iluministas, tinha em vista possibilitar às gerações futuras o contato com o conhecimento produzido até aquela época. A *Enciclopédia* foi, assim, um importante veículo de divulgação do conhecimento e das ideias iluministas.

Neste capítulo, você vai estudar o **texto de divulgação científica**, cuja função principal é apresentar ao público em geral resultados de estudos realizados em grandes centros de pesquisa e universidades.

FOCO NO TEXTO

Leia o texto a seguir.

Molécula da juventude?

Thinkstock/Getty Images

Teríamos encontrado enfim o elixir da juventude? Pesquisas publicadas recentemente na revista *Science* e no periódico *Nature Medicine* provam que estamos no caminho certo.

Estudos independentes – um que injetou a proteína GDF11 em animais; outro que fez transfusão sanguínea de jovens para idosos – mostram que é possível reverter efeitos do envelhecimento em camundongos.

Por: Cássio Leite Vieira

Fica tentador comparar uma molécula encontrada no sangue de jovens com o elixir da juventude. Afinal, essa proteína foi capaz de reverter o envelhecimento em idosos, chegando a reparar danos no material genético e criar novas células no cérebro. Promissora, sem dúvida.

Para humanos, as esperanças começam a esmaecer a partir daqui: os resultados acima foram obtidos com camundongos. Mas não se esvaem totalmente: há chance de tal proteína prover os mesmos benefícios no *Homo sapiens*.

Dois artigos publicados na revista *Science* trazem resultados de um mesmo experimento (estranho, é verdade): juntar o sistema circulatório de dois indivíduos – no caso, um jovem e outro idoso – por meio da costura da pele de ambos. Esse procedimento é chamado parabiose e praticado em animais desde o século 19. E, com base nele, já se sabia que esse método reverte sinais de envelhecimento no animal mais velho.

Por quê? A provável resposta veio agora: GDF11. Traduzindo: proteína cuja sigla (em inglês) significa fator de diferenciação de crescimento. Sabe-se que essa molécula regula a atividade das células-tronco, que podem se transformar em outras células do organismo. Mais: o GDF11 é abundante em camundongos jovens e deficiente em idosos.

Ano passado, mostrou-se que essa proteína tinha ação antienvelhecimento no coração. Agora, efeitos semelhantes foram comprovados para músculos e cérebro.

Em um dos estudos, o grupo liderado por Amy Wagers e Lee Rubin, da Universidade Harvard (EUA), observou que injeções diárias de GDF11, por um mês, melhoravam a força e a estrutura dos músculos em camundongos idosos em condições semelhantes às obtidas pela parabiose. No outro experimento, mostrou-se que o mesmo procedimento fez com que o cérebro produzisse novos neurônios – no caso, relacionados ao olfato.

Nos dois estudos, há evidências de que o GDF11 leva as células-tronco a se tornarem células adultas – no caso, de músculos e do cérebro

Nos dois casos, há evidências de que o GDF11 leva as células-tronco a se tornarem células adultas – no caso, de músculos e do cérebro.

A Universidade Harvard já pediu a patente do GDF11, e Wagers disse para a revista *Science* que já se discute o uso do fator em casos de Alzheimer e doenças cardíacas. A mesma reportagem informa que, até agora, só a droga rapamicina e a chamada dieta de restrição calórica tinham efeitos semelhantes aos do GDF11. Mas este último tem a vantagem de ser uma substância naturalmente produzida pelo organismo.

Transfusão jovial

No periódico *Nature Medicine*, foi publicado estudo semelhante – mas que não identificou o fator de crescimento – mostrando que a transfusão de sangue de camundongos jovens para idosos melhorou o aprendizado e a memória nestes últimos. Segundo os autores, isso parece ter ocorrido por conta de um rejuvenescimento no hipocampo, área do cérebro onde memórias são armazenadas.

Problema com o GDF11: não se sabe muito sobre seu mecanismo de ação. Assim, pouco adiantaria reverter o envelhecimento usando essa molécula, e causar efeitos colaterais como doenças graves ou mesmo a morte. E, claro, há uma questão essencial: aumentar a quantidade desse fator em um organismo idoso daria sobrevida ao paciente?

Isso deve começar a ser respondido com os testes do GDF11 em humanos, daqui a uns três ou cinco anos.

Lembrete comum na seção Mundo de Ciência da *Ciência Hoje*. O GDF11 pode atolar em alguns dos muitos buracos (profundos) da estrada das boas intenções, cujas margens contêm túmulos (igualmente profundos) de várias promessas anteriores na área de medicina.

(Disponível em: http://cienciahoje.uol.com.br/revista-ch/2014/316/molecula-da-juventude/?searchterm=envelhecimento%20juventude. Acesso em: 10/9/2015.)

REGISTRE NO CADERNO

1. Você leu um texto de divulgação científica.

a. Discuta com os colegas e o professor as características a seguir e anote no caderno as que permitem considerá-lo um texto que trata de ciência.

- menção a artigos publicados em revistas científicas
- referência a universidades e a pesquisadores
- divisão com subtítulos
- foto de uma cientista
- descrição de experimentos científicos
- uso de termos técnicos

b. Indique pelo menos um trecho do texto que seja ilustrativo de cada característica que você apontou no item anterior.

c. Identifique no texto palavras de uso comum utilizadas para definir:

- parabiose
- GDF11
- hipocampo

2. Releia o 1º parágrafo:

Fica tentador comparar uma molécula encontrada no sangue de jovens com o elixir da juventude. Afinal, essa proteína foi capaz de reverter o envelhecimento em idosos, chegando a reparar danos no material genético e criar novas células no cérebro. Promissora, sem dúvida.

a. Esse parágrafo nos leva a pensar que o texto trataria de experimentos com pessoas. Quais termos produzem essa expectativa?

b. No texto, qual outro elemento, anterior a esse parágrafo, contribui para criar no leitor essa expectativa?

c. No 2º parágrafo do texto, essa expectativa é quebrada. Qual trecho desconstrói a hipótese inicial? Com quem são, na verdade, os experimentos?

d. Identifique, no 3º e no 4º parágrafos, trechos que confirmam com quem são os experimentos.

e. Discuta com os colegas e o professor e conclua: Que efeito produz no leitor a construção da expectativa inicial no 1º parágrafo?

3. O texto lido se refere a uma descoberta científica.

a. Qual é essa descoberta científica?

b. Qual procedimento realizado nos estudos possibilitou essa descoberta?

c. Quais são, segundo o autor do texto, os pontos positivos dessa descoberta?

d. E quais são os pontos negativos?

4. Releia o trecho em destaque no texto:

Nos dois estudos, há evidências de que o GDF11 leva as células-tronco a se tornarem células adultas – no caso, de músculos e do cérebro.

a. Qual é a função do destaque dado ao trecho?

b. Levante hipóteses: O que justifica ter sido esse o trecho selecionado para ficar em destaque?

5. Releia o último parágrafo:

Lembrete comum na seção Mundo de Ciência da *Ciência Hoje*. O GDF11 pode atolar em alguns dos muitos buracos (profundos) da estrada das boas intenções, cujas margens contêm túmulos (igualmente profundos) de várias promessas anteriores na área de medicina.

a. Que função ele tem em relação ao restante do texto?

b. Traduza as expressões abaixo, substituindo-as por outras que se refiram mais diretamente ao sentido que elas têm no parágrafo.

- atolar
- buracos profundos
- estrada das boas intenções
- túmulos (igualmente profundos)
- promessas

c. É possível considerar que o parágrafo é todo construído com base em uma figura de linguagem. Explique essa afirmação e identifique qual é essa figura.

d. Levante hipóteses: Por que a observação constante no parágrafo foi apresentada como um "lembrete comum" na referida seção da revista?

6. Observe a foto que ilustra o texto e a legenda que a acompanha.

a. Qual palavra da legenda faz referência direta à imagem mostrada na foto?

b. Qual é a relação entre a imagem mostrada na foto e o assunto do texto?

c. Que ideia relacionada ao assunto do texto a imagem mostrada na foto ressalta?

d. Entre as imagens a seguir, há duas que é possível considerar como relacionadas ao texto da legenda. Indique quais são elas e justifique suas escolhas, associando cada imagem ao texto da legenda.

I.

Thinkstock/Getty Images

II.

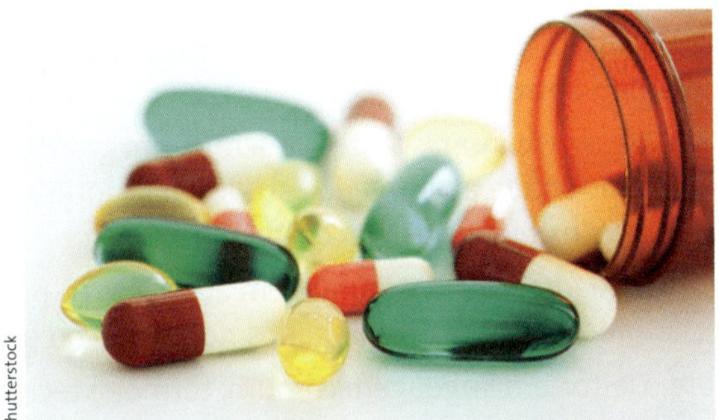

Shutterstock

III.

Thinkstock/Getty Images

IV.

Diomedia/BSIP

V.

© 2016 American Association for the Advancement of Science

e. Imagine que o texto lido tivesse sido ilustrado pelas imagens que você apontou no item anterior. Que efeito de sentido resultaria da utilização de cada uma?

REGISTRE NO CADERNO

HORA DE ESCREVER

No capítulo anterior, para preparar o seminário em grupo, você pesquisou textos em fontes diversas. Agora, busque, especialmente em publicações científicas (que podem ser encontradas em bibliotecas ou na Internet), informações mais aprofundadas sobre um estudo ou uma pesquisa interessante de que você tomou conhecimento e produza um texto de divulgação científica sobre esse estudo ou pesquisa.

Esse texto será depois reunido aos dos colegas e comporá uma revista que a classe distribuirá aos visitantes da **Feira do conhecimento**.

ANTES DE ESCREVER

Planeje seu texto, lembrando-se de:

- utilizar uma publicação confiável como fonte de informação sobre o estudo ou pesquisa que será o tema do seu texto;
- deixar claro quais são os objetivos do estudo ou da pesquisa, bem como os sujeitos ou instituições nela envolvidos, tanto como participantes quanto como responsáveis;
- apresentar vozes dos pesquisadores, citando suas instituições de origem e a relação que mantêm com a(s) instituição(ões) que realiza(m) o estudo ou pesquisa;
- se possível, entrevistar outros especialistas e expor os pontos de vista deles sobre o estudo ou pesquisa;
- pesquisar uma imagem interessante (uma foto, um gráfico, um esquema, um desenho) relacionada ao tema do estudo ou pesquisa e criar uma legenda informativa e objetiva para acompanhá-la;
- descrever resumidamente e em linguagem acessível ao público em geral os passos e os procedimentos empregados no estudo ou pesquisa;
- traduzir para o leitor, em linguagem comum, termo(s) técnico(s) cujo emprego seja indispensável no seu texto;
- mencionar pontos positivos e pontos negativos do estudo ou pesquisa;
- apresentar ressalvas, deixando claro que não há responsabilidade do autor do texto pelo estudo ou pesquisa e seus resultados;
- selecionar um trecho do texto para deixar em destaque, a fim de que o leitor fique motivado para ler o texto todo.

PROJETO

Dê continuidade aos preparativos para a realização do projeto **Feira do conhecimento** que você e os colegas começaram a desenvolver no capítulo anterior, produzindo um texto de divulgação científica relacionado ao tema explorado no seminário que seu grupo preparou.

ANTES DE PASSAR A LIMPO

Antes de dar seu texto por terminado, verifique:

- se as informações apresentadas possibilitam ao leitor conhecer os passos, os responsáveis e os objetivos do estudo ou pesquisa;
- se há vozes dos pesquisadores e de especialistas no assunto;
- se a imagem escolhida para ilustração é interessante e relacionada ao assunto do estudo ou pesquisa;
- se a legenda faz referência direta à imagem da ilustração;
- se a linguagem utilizada, embora contenha termos técnicos, é acessível ao público em geral;
- se, caso tenha havido emprego de termo(s) técnico(s), você o(s) traduziu com palavras mais comuns, de fácil compreensão para leitores não especializados no assunto;
- se você apontou pontos positivos e negativos do estudo ou pesquisa, fazendo ponderações quanto aos objetivos pretendidos;
- se a responsabilidade pelo desenvolvimento do estudo ou pesquisa foi mencionada com clareza;
- se o trecho que você selecionou para ficar em destaque é, de fato, chamativo e faz referência à parte mais importante do estudo ou pesquisa.

CAPÍTULO

3 O Arcadismo no Brasil (II) Formação de palavras O texto de divulgação científica (II)

LITERATURA

LITERATURA

Basílio da Gama

Influenciado pelos modelos do Classicismo e da Antiguidade greco-latina, Basílio da Gama, além da poesia lírica, produziu também poesia épica. Sua obra-prima, *O Uraguai*, é considerada a melhor produção do gênero épico no Arcadismo brasileiro.

Em versos brancos (sem rima) e sem estrofação, o poema *O Uraguai* narra a luta das tropas portuguesas e espanholas contra os índios e os jesuítas na região dos Sete Povos das Missões, situada na margem oriental do rio Uraguai. Os jesuítas são retratados como vilões, pois são considerados os responsáveis pela agressividade dos índios contra os portugueses. No texto, os diversos ataques feitos aos jesuítas indicam o apoio do autor à política do Marquês de Pombal, que visava acabar com a influência dos padres da Companhia de Jesus nos domínios portugueses. Orientado pelas ideias de Rousseau sobre o homem primitivo – visto como originalmente bom e puro, mas sujeito à corrupção na medida em que participa do processo civilizatório –, Basílio da Gama retrata de uma nova maneira o índio brasileiro. Ele já não é o selvagem que se deve cristianizar e civilizar, mas, sim, uma figura heroica, que se destaca pela coragem e pelos valores morais.

Biblioteca Brasiliana, São Paulo, Brasil

Chefe dos índios charrua (1834), de Debret.

Basílio da Gama

José Basílio da Gama nasceu em 1740, na cidade de São José do Rio das Mortes (atual Tiradentes), Minas Gerais. No Rio de Janeiro, estudou em colégio de jesuítas, onde foi noviço, até 1759, quando o Marquês de Pombal, primeiro-ministro do reino, expulsou a Companhia de Jesus de todo o império português. Completou seus estudos em Portugal e na Itália, em um momento de efervescência das ideias iluministas e da poesia árcade. Ao ser admitido na Arcádia Romana, um fato importante para um poeta, Basílio da Gama adotou o pseudônimo de Termindo Sipílio.

Acusado de manter contato com os jesuítas, foi condenado, em Lisboa, ao degredo em Angola. Porém, livrou-se da pena ao dedicar um poema à filha do Marquês de Pombal. Sob a proteção do primeiro-ministro, publicou *O Uraguai*, sua obra-prima, em 1769. Faleceu em Lisboa, em 1795.

Fundação Biblioteca Nacional, Rio de Janeiro, Brasil

Retrato de Basílio da Gama, (século XIX), de M. J. Garfnier.

FOCO NO TEXTO

Leia, a seguir, um trecho de *O Uraguai*, de Basílio da Gama. No trecho, do Canto Segundo do poema, os líderes indígenas Cacambo e Sepé se reúnem com o general português Gomes Freire de Andrade, a fim de estabelecerem um acordo. Quem fala inicialmente é Cacambo, que começa o diálogo com o líder das tropas luso-espanholas.

"Eu, desarmado e só, buscar-te venho.
"Tanto espero de ti. E enquanto as armas
"Dão lugar à razão, senhor, vejamos
"Se se pode salvar a vida e o sangue
"De tantos desgraçados. [...]
[...]
"As campinas que vês e a nossa terra
"– sem o nosso suor e os nossos braços –
"De que serve ao teu rei? Aqui não temos
"Nem altas minas, nem caudalosos
"Rios de areias de ouro. Essa riqueza
"Que cobre os templos dos benditos padres
"Fruto da sua indústria e do comércio
"Da folha e peles, é riqueza sua.
"Com o arbítrio dos corpos e das almas
"O céu lha deu em sorte. A nós somente
"Nos toca arar e cultivar a terra,
"Sem outra paga mais que o repartido
"Por mãos escassas mísero sustento.
"Pobres choupanas, e algodões tecidos,
"E o arco, e as setas, e as vistosas penas
"São as nossas fantásticas riquezas.
"Muito suor, e pouco ou nenhum fasto.
"Volta, senhor, não passes adiante.
"Que mais queres de nós! Não nos obrigues
"A resistir-te em campo aberto. Pode
"Custar-te muito sangue o dar um passo.
"Não queiras ver se cortam nossas frechas.
"Vê que o nome dos reis não nos assusta.
"O teu está mui longe; e nós os índios
"Não temos outro rei mais do que os padres."
Acabou de falar; e assim responde
O ilustre General: – "Ó alma grande,
"Digna de combater por melhor causa,
[...]
"O rei é vosso pai: quer-vos felices.
"Sois livres, como eu sou; e sereis livres,
Não sendo aqui, em outra qualquer parte.
Mas deveis entregar-nos estas terras.
Ao bem público cede o bem privado.
O sossego de Europa assim o pede.
Assim manda o rei. [...]
[...]

(Rio de Janeiro: Agir, 1976. p. 39-44.)

folha: erva-mate.

Os Sete Povos das Missões

Com vistas à catequização dos índios guaranis, jesuítas espanhóis deram início, em 1682, ao estabelecimento, na região do atual Estado do Rio Grande do Sul, de sete aldeamentos: São Francisco de Borja, São Luís Gonzaga, São Nicolau, São Miguel Arcanjo, São Lourenço Mártir, São João Batista e Santo Ângelo Custódio. Esses aldeamentos ou missões viviam com prosperidade: eram autossustentáveis e vendiam para outras regiões sua produção excedente, sobretudo a de erva-mate, e tinham também numerosos rebanhos de gado.

Em 1750, o Tratado de Madri determinou que Portugal cedesse à Espanha a Colônia do Sacramento (no atual Uruguai), em troca da posse das terras espanholas dos Sete Povos. Os guaranis, induzidos pelos jesuítas, lutaram contra as tropas luso-espanholas para defender suas terras. A batalha de Caiboaté, travada em 1756, acabou com a resistência indígena e estabeleceu a autoridade e o poder da coroa portuguesa sobre toda a região das missões. Nesse embate, portugueses e espanhóis dizimaram os guaranis, deixando cerca de 1 500 índios mortos. *O Uraguai* narra os momentos finais desse conflito.

Sonia Vaz

1. Releia este trecho:

"[...] E enquanto as armas
"Dão lugar à razão, senhor, vejamos
"Se se pode salvar a vida e o sangue
"De tantos desgraçados. [...]

REGISTRE NO CADERNO

O início da fala de Cacambo expressa uma crítica à guerra, baseada nos ideais iluministas. Considerando esse fato, comente o trecho.

2. O encontro entre Cacambo e o general português Gomes Freire de Andrade revela um choque de culturas e valores.

a. Que argumentos Cacambo utiliza para convencer o general de que as terras onde seu povo vive não têm utilidade para o rei de Portugal?

b. Com base no texto em estudo e no boxe "Os Sete Povos das Missões", levante hipóteses: Com que propósito a coroa portuguesa exigia para si as terras do povoado?

c. Com base nas respostas às questões anteriores, conclua: Qual é a diferença entre a maneira de considerar a posse da terra expressa pelo índio Cacambo e a expressa pelo europeu Gomes Freire de Andrade, representante da coroa portuguesa?

3. A figura do índio Cacambo é idealizada. Em que consiste essa idealização? Justifique sua resposta com trechos do poema.

O Uraguai e a tradição literária

O Uraguai praticamente inaugura duas tradições que a literatura brasileira posterior continuará: a do culto ao mito americano, pelo qual a esta terra "abençoada" está reservado um futuro grande e brilhante, e a do indianismo, que é a idealização e valorização literária do índio, como forma de dignificar e exaltar os primeiros habitantes das terras americanas.

Luiz Roncari. *Literatura brasileira – Dos primeiros cronistas aos últimos românticos*. São Paulo: Edusp, 2014. p. 221.

Capa do livro *O Uraguai*.

ARQUIVO

Por meio da leitura de um fragmento de *O Uraguai*, de Basílio da Gama, você viu que nesse poema épico:

- é feita a narração da luta das tropas portuguesas e espanholas contra os índios e os jesuítas na região dos Sete Povos das Missões;
- há a presença de ideias iluministas;
- é apresentada uma nova imagem do índio brasileiro, mostrado como uma figura heroica, idealizada, que se destaca pela coragem e pelos valores morais.

CONEXÕES

Abaixo, estão reproduzidas as letras das canções "Casinha branca", de Gilson e Joran, e "Tempos modernos", de Lulu Santos. Ouça as canções na Internet e, depois, discuta com os colegas as questões a seguir.

Texto 1

Casinha branca

Eu tenho andado tão sozinho
ultimamente
Que nem vejo à minha frente
Nada que me dê prazer
Sinto cada vez mais longe a felicidade
Vendo em minha mocidade
Tantos sonhos perecer

Eu queria ter na vida simplesmente
Um lugar de mato verde
Pra plantar e pra colher
Ter uma casinha branca de varanda
Um quintal, uma janela
Para ver o sol nascer

Às vezes saio a caminhar pela cidade
À procura de amizade
Vou seguindo a multidão
Mas me retraio olhando em cada rosto
Cada um tem seus mistérios
Seu sofrer, sua ilusão
[...]

(Gilson/Joran. © Universal Music Publishing MGB.)

Texto 2

Tempos modernos

Eu vejo a vida melhor no futuro
Eu vejo isso por cima de um muro
de hipocrisia
Que insiste em nos rodear

Eu vejo a vida mais clara e farta
Repleta de toda satisfação
Que se tem direito
Do firmamento ao chão

Eu quero crer no amor numa boa
Que isto valha pra qualquer pessoa
Que realizar a força que tem uma paixão

Eu vejo um novo começo de era
De gente fina, elegante e sincera
Com habilidade
Pra dizer mais sim do que não, não, não

Hoje o tempo voa, amor
Escorre pelas mãos
Mesmo sem se sentir

Não há tempo que volte, amor,
Vamos viver tudo o que há pra viver
Vamos nos permitir

(Disponível em: http://www.vagalume.com.br/lulu-santos/tempos-modernos.html#ixzz3px3p1Vqn. Acesso em: 13/9/2015.)

As canções em diferentes vozes

Roberta Parkin/Redferns/Getty Images

"Casinha branca", de 1976, foi gravada por Maria Bethânia, e "Tempos modernos", de 1982, teve uma gravação feita pela banda Jota Quest.

1. Observe a letra da canção "Casinha branca".

a. Como o eu lírico se sente? O que o leva a se sentir assim?

b. O lugar onde ele vive contribui para a mudança de como se sente? Por quê?

c. O que a "casinha branca" representa nesse contexto?

2. Observe a letra da canção "Tempos modernos".

a. De acordo com o eu lírico, as pessoas vivem em meio à hipocrisia. Na visão dele, essa situação se manterá no futuro? Justifique sua resposta.

b. Para o futuro, o eu lírico imagina uma era de "gente fina" com habilidade para "dizer mais sim do que não, não, não". De acordo com tais expressões, que qualidades o eu lírico espera que as pessoas tenham?

c. O fato de o eu lírico se mostrar atento ao futuro indica que ele é despreocupado com o presente? Justifique sua resposta.

3. Nas duas canções, há a presença de temas árcades. Quais são eles? Justifique sua resposta.

REGISTRE NO CADERNO

LÍNGUA E LINGUAGEM

Formação de palavras

FOCO NO TEXTO

Você já reparou que constantemente nos deparamos com palavras que antes não existiam? E que palavras muito usadas caem em desuso com o tempo?

Leia o texto a seguir, extraído de uma crônica de Walcyr Carrasco.

Pequenas virtudes

[...]

Ando perdido em uma selva de palavras. Existem termos destinados a dar a impressão de que algo não é exatamente o que é. Ou para botar verniz sobre uma atividade banal. Já estão, sim, incorporados no vocabulário. Servem para dar uma impressão enganosa. E também para ajudar as pessoas a parecer inteligentes e chiques porque parecem difíceis. Resolvi desvendar algumas dessas armadilhas verbais.

Seminovo – Já não se fala em carro usado, mas em seminovo. Vendedores adoram. O termo sugere que o carro não é tão velho assim, mesmo que se trate de uma Brasília sem motor. Ou que o câmbio saia na mão do comprador logo depois da primeira curva. É pura técnica de vendas. Vou guardá-lo para elogiar uma amiga que fez plástica. Talvez ela adore ouvir que está "seminova". Mas talvez...

Sale – É a boa e velha liquidação. As lojas dos shoppings devem achar liquidação muito chula. Anunciam em inglês. *Sale* quer dizer que o estoque encalhou. A grife está liquidando, sim! Não se envergonhe de pedir mais descontos. Pode ser que não seja chique, mas aproveite.

[...]

Cult – Não aguento mais ouvir falar que alguma porcaria é *cult*. O *cult* é o brega que ganhou *status*. O negócio é o seguinte: um bando de intelectuais adora assistir a filmes de terceira, programas de televisão populares e afins. Mas um intelectual não pode revelar que gosta de algo considerado brega. Então diz que é *cult*. Assim, se pode divertir com bobagens, como qualquer ser humano normal, sem deixar de parecer inteligente. Como conceito, próximo do *cult* está o *trash*. É o lixo elogiado. *Trash* é muito usado para filmes de terror. Um candidato a intelectual jamais confessa que não perde um episódio da série *Sexta-feira 13*, por exemplo. Ergue o nariz e diz que é *trash*. [...] Depois, agarra um saquinho de pipoca, senta na primeira fila e grita a cada vez que o Jason ergue o machado.

[...]

Releitura – Ninguém, no meio artístico ou gastronômico, consegue sobreviver sem usar essa palavra. Está em moda. Fala-se em releitura de tudo: de músicas, de receitas, de livros. [...]

[...]

Daria para escrever um livro inteiro a respeito. Fico arrepiado quando alguém vem com uma conversa abarrotada de termos como esses. Parece que vão me passar a perna. [...] Nessas horas, fico pensando: será que sou bobo? Ou tem gente esperta demais?

(*Pequenos delitos*. São Paulo: Best Seller, 2004. p. 170-2.)

Shutterstock

1. Na primeira frase do texto — "Ando perdido em uma selva de palavras" —, há uma metáfora que traduz a sensação do autor em relação ao mundo das palavras. Identifique essa metáfora e explique o sentido que ela tem.

2. A partir do 2º parágrafo do texto, o cronista apresenta uma lista de palavras e comenta o uso social de cada uma.

   a. Que opinião ele tem quanto ao emprego das palavras *seminovo*, *sale* e *cult*?

   b. Levante hipóteses: Qual é o possível motivo da objeção do cronista ao uso da palavra *releitura*?

   c. Relacione a expressão "armadilhas verbais", presente no 1º parágrafo, à afirmação "Parece que vão me passar a perna" feita pelo cronista no último parágrafo.

REGISTRE NO CADERNO

3. Entre as palavras que o cronista comenta, algumas são de origem estrangeira.

   a. Quais são elas? De que língua são provenientes?

   b. Dê exemplos de outras palavras ou de expressões provenientes dessa língua que circulam com frequência em nosso país?

   c. A que é possível atribuir a influência dessa língua na nossa? Troque ideias com os colegas.

4. Há, no texto, palavras que são originárias de mais de uma língua e que já estão incorporadas no português: *chique*, *shopping*, *grife*, *status*.

   Troque ideias com os colegas e tentem descobrir a origem delas. Se necessário, consultem o dicionário.

5. Além de assimilar palavras de outras línguas, o português aumenta seu léxico com palavras formadas por meio de processos próprios da língua, como o acréscimo de prefixos e sufixos. Observe estas palavras, presentes no texto lido:

   seminovo enganosa comprador releitura

   Nelas, que sentido tem:

   a. o prefixo *semi-*, da palavra *seminovo*?

   b. o sufixo *-osa*, da palavra *enganosa*?

   c. o sufixo *-or*, da palavra *comprador*?

   d. o prefixo *re-*, da palavra *releitura*?

Thinkstock/Getty Images

6. A palavra *brega* é uma gíria já incorporada à nossa língua há vários anos.

   a. Que outra palavra ou expressão da gíria atual tem sentido equivalente a *brega*?

   b. Que palavra ou expressão do registro formal da língua pode substituir a palavra *brega*?

REFLEXÕES SOBRE A LÍNGUA

A língua portuguesa é viva e, por isso, está em constante mudança. Esse dinamismo reflete as transformações que ocorrem na sociedade, seja no âmbito cultural, seja no âmbito do desenvolvimento tecnológico e das relações econômicas.

Na crônica de Walcyr Carrasco, fica evidente a forte influência da cultura e da tecnologia norte-americana na nossa cultura e, consequentemente, o uso acentuado de palavras do inglês na nossa língua. Além desses, existem outros fatores responsáveis pela incorporação de novas palavras à língua, como os modismos e as gírias.

Neste capítulo, você vai conhecer os principais processos pelos quais as palavras se formam ou novas palavras se incorporam à língua.

Processos de formação de palavras

Cerca de 90% das palavras da língua são formadas por dois processos morfológicos (isto é, que envolvem morfemas) básicos da língua portuguesa: a composição e a derivação.

Composição

Esse processo consiste na formação de uma palavra pela união de dois radicais, que se associam por:

- **justaposição:** quando os elementos conservam sua autonomia fonética e, assim, não ocorrem perdas de fonemas nem mudança no acento.

  pontapé   passatempo   guarda-civil   matéria-prima

- **aglutinação:** quando ocorrem perdas fonéticas em um dos elementos e, consequentemente, mudança no acento:

  planalto (plano + alto)   fidalgo (filho + de + algo)

Derivação

Esse processo consiste na formação de uma palavra a partir de outra já existente – chamada primitiva –, que recebe afixos ou passa por variações morfológicas. Há vários tipos de derivação.

- **Derivação prefixal:** quando um prefixo se soma a um radical:

  seminovo (*semi-* + novo)   releitura (*re-* + leitura)

- **Derivação sufixal:** quando um sufixo se soma a um radical:

  enganosa (engano + *-oso*(*a*))   comprador (comprado + *-or*)

- **Derivação prefixal e sufixal:** quando um prefixo e um sufixo se somam não simultaneamente a um radical:

  indispensável (*in-* + dispensável)   dispensável (dispensar + *-vel*)

- **Derivação parassintética:** quando um prefixo e um sufixo se somam simultaneamente a um radical:

  envelhecer (*en-* + velho + *-ecer*)   entardecer (*en-* + tarde + *-ecer*)
  desalmado (*des-* + alma + *-ado*)   embarcação (*em-* + barco + *-ação*)

  Na parassíntese, a forma primitiva é sempre um nome (substantivo ou adjetivo), e a forma derivada pode ser um verbo ou um nome.

- **Derivação regressiva:** quando a palavra resulta de verbo que perde elementos terminais (sufixos e desinências):

  pulo (pular > pulo)   combate (combater > combate)   agito (agitar > agito)

  As palavras que se originam por esse processo, chamadas *deverbais*, são normalmente substantivos abstratos terminados em vogal temática (*-a*, *-e*, *-o*); em *pulo*, *combate* e *agito*, houve perda, respectivamente, do sufixo verbal *-ar*, *-er* e *-ar* e acréscimo da vogal temática *-o*, *-e* e *-o*.

- **Derivação imprópria:** quando uma palavra é empregada em um contexto em que sofre mudança quanto à sua classe gramatical e ao seu sentido habitual:

  O simples *sair* de casa tornou-se perigoso. (*sair* passa de verbo a substantivo)

  O *indispensável* já está na mala. (*indispensável* passa de adjetivo a substantivo)

APLIQUE O QUE APRENDEU

Leia o poema a seguir, do poeta português Bocage, e responda às questões 1 e 2.

Liberdade querida e suspirada,
Que o Despotismo acérrimo condena;
Liberdade, a meus olhos mais serena,
Que o sereno clarão da madrugada!

Atende à minha voz, que geme e brada
Por ver-te, por gozar-te a face amena;
Liberdade gentil, desterra a pena
Em que esta alma infeliz jaz sepultada;

Vem, oh deusa imortal, vem, maravilha,
Vem, oh consolação da humanidade,
Cujo semblante mais que os astros brilha;

Vem, solta-me o grilhão da adversidade;
Dos céus descende, pois dos Céus és filha,
Mãe dos prazeres, doce Liberdade!

(*Obras de Bocage*. Porto: Lello & Irmão. p. 335.)

Nelson Provazi

despotismo: poder arbitrário e absoluto de um déspota (ditador).
acérrimo: muito ácido ou muito amargo.
grilhão: corrente de metal usada para prender as pernas dos sentenciados; prisão.

REGISTRE NO CADERNO

1. O eu lírico se dirige a um interlocutor, empregando verbos no imperativo, a fim de exortá-lo, isto é, convencê-lo.

a. A quem o eu lírico se dirige?

b. Que expressões ele utiliza para qualificar seu interlocutor?

c. Em contraposição ao interlocutor, como o eu lírico se sente? Justifique sua resposta com trechos do poema.

d. Que relação há entre o poema e o contexto político e filosófico do final do século XVIII?

2. No segundo verso da primeira estrofe, há o emprego da palavra *acérrimo*. Sabendo que essa palavra é derivada de *acre* (que significa "amargo, azedo"), responda:

a. Que tipo de derivação essa palavra sofreu?

b. Que outras palavras com o mesmo sufixo você conhece?

c. Que sentido tem o sufixo *-érrimo*?

d. Considerando as antíteses presentes no poema, responda: Por que, no poema, o emprego da forma derivada *acérrimo* é mais expressivo do que o de *acre*?

Leia o anúncio ao lado e responda às questões 3 e 4.

F/Nazca S&S

3. O anúncio promove determinada marca de automóvel. Na parte inferior do anúncio, lemos:

"Novo Honda Civic. Espetacnológico."

REGISTRE NO CADERNO

A palavra *espetacnológico* é um neologismo, ou seja, uma palavra nova, inventada pelo anunciante.

a. Como ela foi formada?

b. Qual processo foi utilizado na formação da palavra?

c. Que sentido o anunciante pretendeu construir com o emprego desse neologismo?

4. Como é próprio da linguagem publicitária, no anúncio em estudo há economia de meios, ou seja, o texto verbal é enxuto e, para ser compreendido, é preciso que o leitor faça inferências e o complemente, percebendo o que está implícito.

a. De que outra forma o enunciado "Novo Honda Civic. Espetacnológico" poderia ter sido redigido?

b. Compare a redação que você deu ao enunciado à redação original e conclua: Que justificativa pode ser dada para a opção feita pelo anunciante?

c. Em relação à palavra *tecnológico*, indique, entre as segmentações abaixo, a que corresponde ao processo pelo qual ela foi formada:

- tecno + lógico
- técnico + ilógico
- tec + nolo + gico
- tecno + logo + ico

Outros processos de formação de palavras

Além da composição e da derivação, há outros processos de formação de palavras no português, que veremos a seguir.

Redução

Consiste no emprego de uma palavra de maneira abreviada. São as abreviações, como *moto*, em vez de *motocicleta*; *extra*, em vez de *extraordinário*; *refri*, em vez de *refrigerante*; *foto*, em vez de *fotografia*.

Incluem-se nesse caso também as *siglas*, como INSS (Instituto Nacional de Serviço Social) e RG (registro geral), e as *abreviaturas*, como av. (avenida) e PR (Paraná).

Onomatopeia ou reduplicação

Consiste na reprodução aproximada de sons associados a determinados seres ou ações: animais, motores, assovios, batidas, movimentos, etc. Quase sempre, a palavra se forma a partir da repetição de uma vogal ou consoante. Exemplos: *tique-taque*, *pingue-pongue*, *fom-fom*, *fiu-fiu*, *cacarejar*, *piuuuuiiiiií*.

Empréstimos

São palavras ou expressões estrangeiras que passam a fazer parte de nossa língua em decorrência do contato comercial, cultural e tecnológico com outros povos. Exemplos: *menu* (do francês), *shopping center* (do inglês), batom (do francês), açúcar (do árabe), sutiã (do francês), iogurte (do turco).

Gírias

São palavras e expressões criadas e usadas por determinados grupos sociais ou profissionais. Geralmente, essas palavras e expressões têm curta duração, mas, em alguns casos, seu uso pode se estender a outros segmentos sociais e elas acabam se incorporando à língua.

Veja algumas gírias usadas entre jogadores de futebol:

Rômullo Dawid/Fotoarena

- **lastro físico:** capacidade física do jogador.
- **um-dois:** tabela na qual o jogador passa a bola para o companheiro e corre para recebê-la à frente.
- **mano a mano:** lance em que o atacante parte com a bola e a marcação sobre ele é feita por um jogador apenas.

Cruzamento de palavras

Consiste na junção de parte de uma palavra com parte de outra, como em *portunhol* (português + espanhol), *brasiguaio* (brasileiro + paraguaio).

Formação analógica

Consiste na constituição de palavras por analogia com outras. Exemplos: *metroviário*, por analogia com *ferroviário*; *carreata*, por analogia com *passeata*; *sambódromo*, *fumódromo* e *camelódromo*, por analogia com palavras como *velódromo*.

APLIQUE O QUE APRENDEU

1. Leia o anúncio ao lado.

A palavra *cozinhaterapia*, utilizada no anúncio, é um neologismo.

a. A partir de que palavras ela foi formada?

b. Que processo de formação de palavras deu origem a ela?

c. Que outras palavras resultantes de um processo de formação similar ao de *cozinhaterapia* você conhece?

http://www.philadelphia.com.br/

2. O anunciante representa uma marca de alimentos. Que sentido o neologismo *cozinhaterapia* acrescenta aos produtos dessa marca?

3. A partir de quais palavras provavelmente se originaram, por redução, as que seguem?

a. rebu

b. confa

c. curta

d. proleta

REGISTRE NO CADERNO

TEXTO E ENUNCIAÇÃO

1. A frase a seguir, muito conhecida no meio publicitário, é de autoria de Neil Ferreira, um dos mais importantes publicitários brasileiros das últimas décadas. Leia-a.

"A arte de escrever é o ofício de reescrever."

Andressa Honório

A frase estabelece um paralelo entre *arte* e *ofício* e entre *escrever* e *reescrever*.

a. Qual é o processo que levou à formação da palavra *reescrever*? Qual é o sentido do afixo que se junta ao radical?

b. Na frase, qual é o sentido da expressão "arte de escrever"?

c. Qual é a diferença de sentido entre "ofício de reescrever" e "arte de escrever"?

d. Para o publicitário, a que a reescrita de um texto deve levar?

REGISTRE NO CADERNO

Leia a tira a seguir, de Adão Iturrusgarai, e responda às questões 2 a 4.

Adão Iturrusgarai

2. A tira retrata a personagem Pedro em dois momentos de sua vida. Que característica psicológica a personagem parece ter nas duas situações?

3. Na tira, há três palavras formadas com o mesmo sufixo.

a. Quais são essas palavras?

b. Das três palavras, qual é formada pelo processo de derivação prefixal e sufixal?

4. O sufixo *-dade* é formador de substantivos abstratos.

a. Que relação há entre os substantivos abstratos empregados no 2º quadrinho da tira e o perfil intelectual e profissional de Pedro?

b. Que tipo de ironia ou crítica se depreende da tira?

Leia o anúncio a seguir e responda às questões 5 e 6.

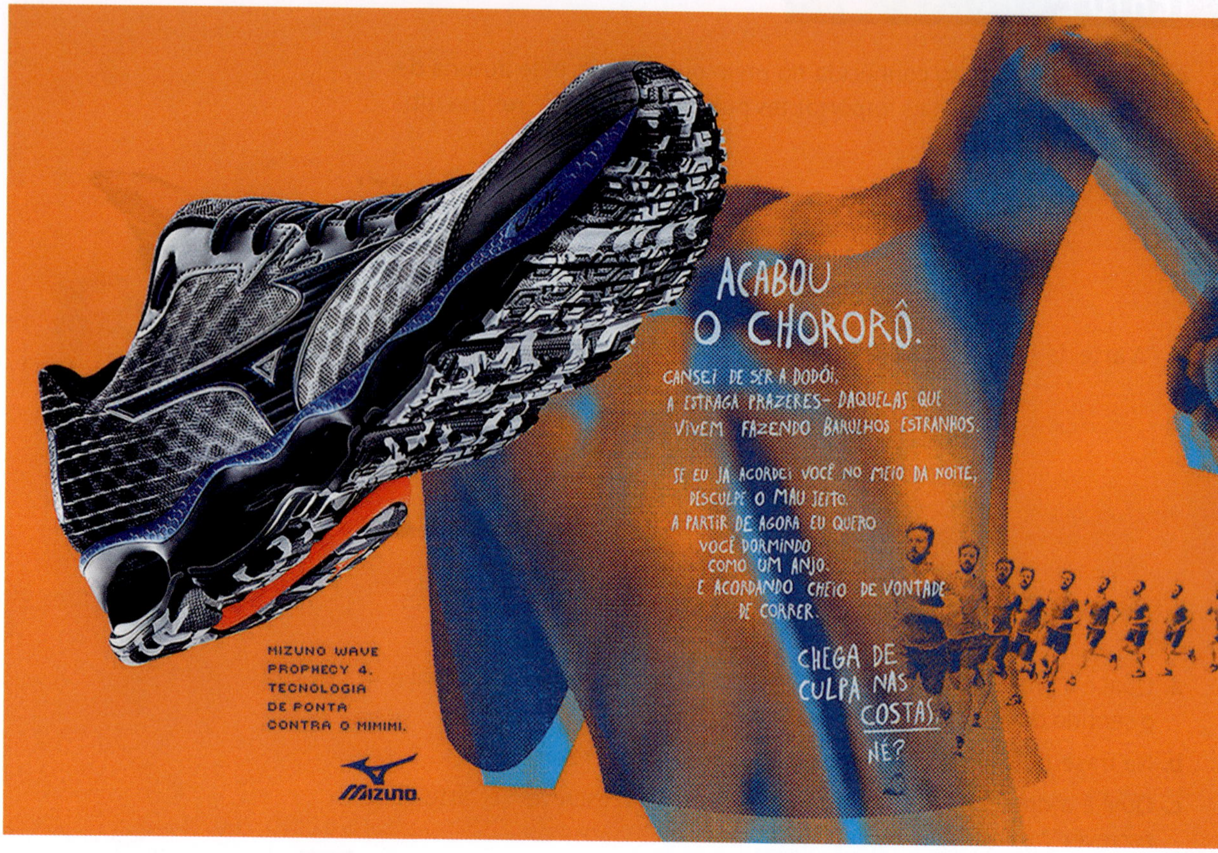

F/Nazca Saatchi & Saatchi

5. No anúncio, há duas vozes: uma representada pelas palavras em branco e outra representada pelas palavras em azul.

a. De quem são essas vozes?

b. Qual é o sentido da frase "Chega de culpa nas costas, né?", no contexto?

c. Considerando-se a finalidade do anúncio, que sentido tem a frase "Acabou o chororô", no contexto?

6. Observe as seguintes palavras e expressões empregadas no texto verbal do anúncio:

REGISTRE NO CADERNO

chororô
dodói
estraga-prazeres
wave prophecy
mimimi

a. Qual é o processo de formação de cada uma?

b. Levante hipóteses: Como pode ser justificada a opção do anunciante pelo emprego da expressão *wave prophecy*, do inglês, para nomear a tecnologia incorporada ao produto?

c. As palavras *chororô*, *dodói* e *mimimi* são do registro formal ou informal da língua? Considerando-se a finalidade do anúncio e o perfil do público que ele tem em vista, o que justifica o emprego desse registro?

O texto de divulgação científica (II)

FOCO NO TEXTO

Leia o texto:

Água por todo lado

Um carrinho de brinquedo funciona com energia gerada por evaporação

O primeiro veículo movido a evaporação atualmente zanza frequentemente ao longo de uma bancada de laboratório na Universidade Columbia. O carrinho, de 100 gramas, depende de fitas revestidas de esporos que se expandem e contraem como diminutos músculos à medida que se movem através de ambientes de diferentes graus de umidade. No momento, ele pode levar até 10 minutos para atravessar uma mesa, mas os biólogos, químicos e engenheiros do projeto acreditam que upgrades no motor podem habilitá-lo a ativar uma ampla gama de tecnologias, inclusive sistemas robóticos e geradores. Por enquanto, o foco está nas coisas pequenas: outro protótipo alimenta duas pequenas luzes LED.

- Maria Temming

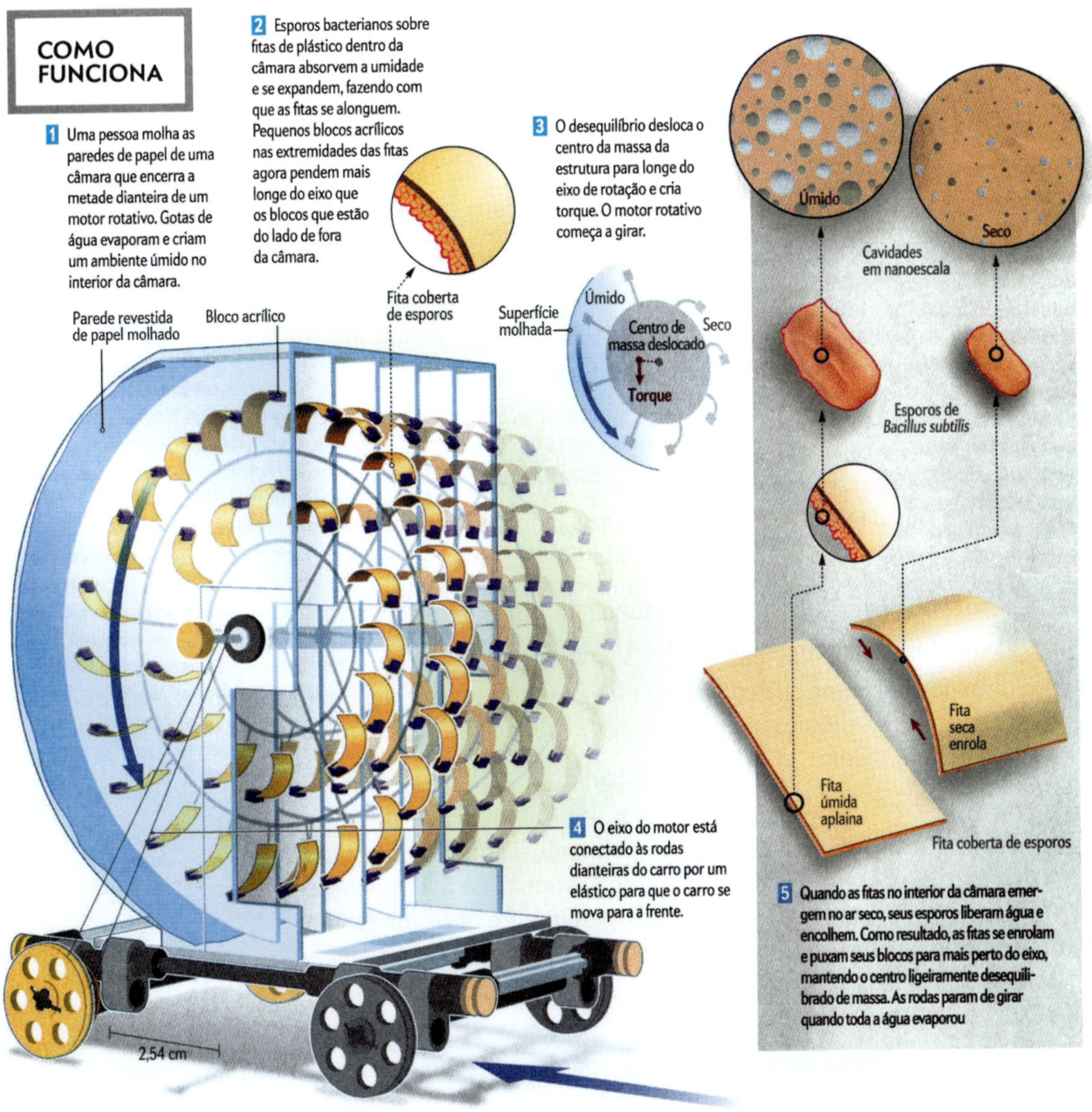

FONTE: "SCALING UP NANOSCALE WATER-DRIVEN ENERGY CONVERSION INTO EVAPORATION-DRIVEN ENGINES AND GENERATORS", DE XI CHEN ET AL., EM NATURE COMMUNICATIONS, VOL. 6, ARTIGO Nº 7346; 16 DE JUNHO DE 2015

Scientific American Brasil/5w Infographics

(*Scientific American Brasil*, out. 2015, p. 14.)

1. Qual experimento científico é divulgado pelo texto?

2. Segundo o texto:

a. Quais áreas do conhecimento estão envolvidas no experimento?

b. Que avanços podem resultar desse experimento?

c. Quais limitações são apontadas no experimento?

3. Você já sabe que, nos textos de divulgação científica, é utilizada uma linguagem que, com o fim de atingir um público mais amplo, procura traduzir termos excessivamente técnicos em termos de uso cotidiano. Entre os seguintes trechos do texto lido, indique os que apresentam uma linguagem menos formal e os que apresentam uma linguagem mais técnica ou formal. Justifique suas escolhas com base em termos ou expressões empregados nos trechos.

I. "Água por todo lado"

II. "O primeiro veículo movido a evaporação atualmente zanza frequentemente"

III. "depende de fitas revestidas de esporos que se expandem e contraem"

IV. "acreditam que upgrades no motor podem habilitá-lo"

V. "o foco está nas coisas pequenas"

VI. "câmara que encerra a metade dianteira de um motor rotativo"

REGISTRE NO CADERNO

4. Releia este trecho:

> "O desequilíbrio desloca o centro da massa da estrutura para longe do eixo de rotação e cria torque."

a. Discuta com os colegas e o professor e levante hipóteses: Leitores leigos em Física podem compreender o que diz o trecho? Justifique sua resposta.

b. Há no texto original um elemento que pode ajudar leitores leigos a entender o trecho. Qual é ele?

c. Com o apoio das ilustrações e dos textos que as acompanham, deduza o sentido do trecho e, com a ajuda de um dicionário, caso seja preciso, dê ao trecho uma redação em que não sejam utilizados termos técnicos.

5. Observe a parte do texto intitulada "Como funciona".

a. Quais elementos compõem essa parte?

b. O conjunto de elementos que compõem essa parte do texto é denominado **infográfico**. Esse recurso é muito utilizado em textos de divulgação científica e, no dicionário, é definido assim:

> "apresentação de informações com preponderância de elementos gráfico-visuais (fotografia, desenho, diagrama estatístico etc.) integrados em textos sintéticos e dados numéricos, geralmente utilizada em jornalismo como complemento ou síntese ilustrativa de uma notícia"
>
> (*Dicionário Houaiss eletrônico*)

Explique, com base nessa definição, por que a parte do texto intitulada "Como funciona" é um infográfico.

c. Deduza: Qual é a função de um infográfico em textos de divulgação científica?

6. Observe estes desenhos:

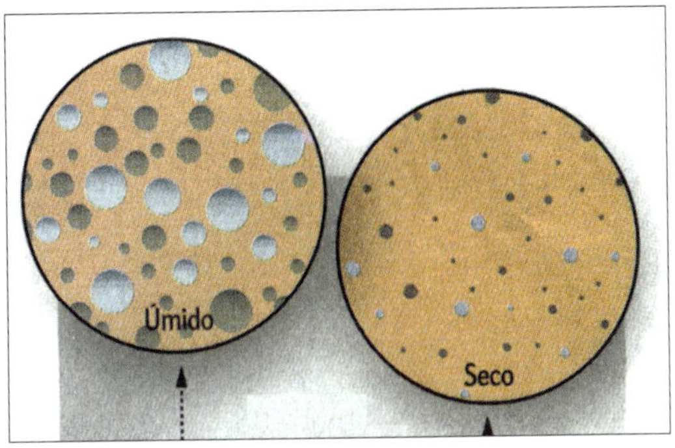

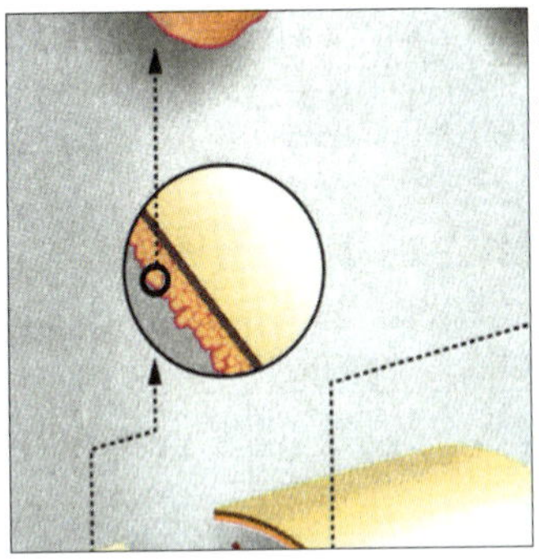

Scientific American Brasil/Sw Infographics

Os três apresentam um ou dois círculos com bordas pretas, indicados por um fio e uma seta. Considerando todo o infográfico, deduza: Qual efeito é criado com essa composição?

HORA DE ESCREVER

REGISTRE NO CADERNO

Uma das características marcantes do mundo contemporâneo é a cultura consumista. Há quem acredite que o desejo de consumo mudou os valores sociais e que, hoje, para muitas pessoas, ter mais, isto é, consumir mais, significa ser melhor do que quem tem menos, isto é, consome menos.

A visão consumista tem como consequência não apenas a aquisição compulsiva de mercadorias e bens muitas vezes supérfluos, mas também a adoção de um modo de alimentação cada vez menos saudável, com o consumo de um grande número de produtos industrializados. Nesse contexto, é muito comum o desperdício e, consequentemente, uma grande produção de diversos tipos de lixo.

Em meio a tal situação, têm surgido iniciativas voltadas à diminuição da produção de lixo. Essas iniciativas envolvem pesquisas e estudos que, na contramão da mentalidade consumista, procuram resgatar valores de outras épocas ou buscar maneiras de amenizar as consequências do despejo de lixo no meio ambiente.

PROJETO

Dê continuidade aos preparativos para a **Feira do conhecimento** que você e os colegas começaram a desenvolver no capítulo 1 desta unidade, produzindo um texto de divulgação científica que contenha também um infográfico e que explore o tema do consumo no mundo contemporâneo.

Robin Jareaux/Getty Images

O texto a seguir trata de uma dessas iniciativas, desenvolvida na Universidade Federal de Minas Gerais.

Iniciativa transforma restos orgânicos em combustível e fertilizante

Primeira iniciativa do tipo no Brasil, a Plataforma de Metanização de Resíduos Orgânicos da UFMG produz biogás e fertilizante a partir das sobras de um restaurante universitário

postado em 27/05/2014 06:00 Flavia Ayer

Jair Amaral/CB/D.A Press

Aluno da UFMG envolvido no projeto faz a medição do biogás: a planta modelo gera 160 mil litros do combustível diariamente.

Belo Horizonte — Em vez de irem para o lixo, restos de alimentos se transformam em água, fertilizante e biogás — biocombustível usado na produção de energia. A Universidade Federal de Minas Gerais (UFMG) abriga a primeira Plataforma de Metanização de Resíduos Orgânicos (pMethar) do Brasil. Desde dezembro, as sobras de comida do maior restaurante do campus Pampulha da instituição, o Setorial II, mais conhecido como Bandejão, seguem para a planta de tratamento. Diariamente, a unidade gera cerca de 500 kg de resíduos de frutas, verduras, arroz, feijão e carne, entre outros alimentos. Com a iniciativa, a universidade conseguiu mostrar na prática que é possível reduzir a quantidade de resíduos enviada a locais como aterros sanitários e ainda gerar frutos. Também já virou exemplo para municípios e empresas.

De acordo com o Ministério do Meio Ambiente (MMA), mais da metade (51,4%) de todo o lixo gerado no país é composto por matéria orgânica, sendo que apenas 1,6% recebe tratamento adequado. Uma das determinações do Plano Nacional de Resíduos Sólidos (PNRS) é diminuir os resíduos orgânicos dispostos em aterros sanitários e, dentro desse contexto, a plataforma é uma aliada. "Reduzimos a quantidade de orgânicos aterrada, o impacto sobre o meio ambiente e ainda produzimos energia e outros subprodutos", afirma o coordenador da pMethar, Carlos Chernicharo, professor associado do Departamento de Engenharia Sanitária e Ambiental da UFMG.

(Disponível em: http://www.correiobraziliense.com.br/app/noticia/ciencia-e-saude/2014/05/27/interna_ciencia_saude,429487/iniciativa-transforma-restos-organicos-em-combustivel-e-fertilizante.shtml. Acesso em: 17/9/2015.)

O texto contém informações e dados suficientes para a criação de um infográfico. Esse infográfico poderia mostrar o caminho feito pelos resíduos até se tornarem energia e a composição e a destinação do lixo gerado no país, bem como as determinações do Plano Nacional de Resíduos Sólidos.

Faça uma pesquisa, em grupo, sobre estudos ou pesquisas relacionados a um dos temas que seguem ou outros que a classe considerar relevantes.

- Reaproveitamento do lixo
- Os impactos do lixo tecnológico no meio ambiente
- Como nossa sociedade se tornou consumista
- Os valores em uma sociedade consumista
- A relação entre o consumismo e o aquecimento global

Com base nos dados e informações que vocês encontrarem, produzam um texto de divulgação científica, composto de uma breve introdução e de um infográfico, no qual sejam explicados de forma objetiva e didática aspectos que dizem respeito ao assunto pesquisado.

Como fazer um infográfico

Há páginas na Internet que disponibilizam tutoriais e ferramentas variadas para a criação de infográficos.

Entre outras, você pode acessar:

http://www.tecmundo.com.br/como-fazer/26856-como-criar-infograficos-em-poucos-passos.htm

http://www.escolafreelancer.com/sites-e-aplicativos-para-criar-infograficos/

https://infogr.am/pt-br

ANTES DE ESCREVER

Planeje seu texto, lembrando-se de:

- utilizar como fontes de pesquisa publicações confiáveis;
- fazer uma introdução breve, mencionando os objetivos do estudo ou pesquisa e os sujeitos envolvidos nele(a);
- apontar as vantagens e eventuais limitações do estudo ou pesquisa;
- produzir um infográfico, descrevendo didática e objetivamente os passos e procedimentos do estudo ou pesquisa, em uma linguagem acessível ao público em geral;
- produzir textos breves e associá-los de maneira harmoniosa com as ilustrações;
- na produção do infográfico, optar por desenhos e esquemas claros, com imagens detalhadas e em número não excessivo, para evitar que o conjunto fique poluído;
- caso a leitura do infográfico deva ser feita em uma sequência específica, observar a numeração para que o leitor siga a ordem correta;
- apresentar dados numéricos significativos, que chamem a atenção dos leitores;
- no caso de ser necessário o uso de termo(s) técnico(s), utilizar o infográfico para auxiliar os leitores a compreendê-lo(s).

ANTES DE PASSAR A LIMPO

Antes de dar seu texto por terminado, verifique:

- se ele contém uma apresentação curta, que contextualiza o estudo ou pesquisa;
- se aponta as vantagens, mas também possíveis limitações do estudo ou pesquisa;
- se contém um infográfico didático e objetivo, composto de desenhos e esquemas claros, imagens detalhadas e textos breves, distribuídos de forma harmoniosa na ilustração;
- se a linguagem utilizada é acessível ao público em geral;
- se apresenta dados numéricos reveladores;
- se termos técnicos que precisaram ser mantidos no texto estão devidamente "traduzidos" no corpo do texto ou no infográfico;
- se o texto introdutório e o infográfico se inter-relacionam de maneira correta.

MUNDO plural

CONSUMO e MEIO AMBIENTE

No mundo contemporâneo, em que o apelo ao consumo é cada vez mais forte, a produção de lixo tem crescido muito. Esse lixo resulta do descarte não apenas de produtos, mas também de tudo o que é utilizado nas diversas etapas do processo de sua produção e ainda das embalagens que os acompanham. Leia o texto a seguir e, depois, discuta com os colegas e o professor as questões propostas.

É possível viver sem produzir lixo? A designer Cristal Muniz topou o desafio

17.04.2015 | Texto: **Rafael Antunes**

Sacola de pano, pote de vidro, talheres próprios e escova de dentes feita de bambu. Esses são os itens que Cristal Muniz carrega consigo. O motivo: a busca por não produzir lixo

Cristal é designer, mora em Florianópolis e no final de 2014 decidiu que buscaria eliminar o lixo de seus dias. Desde então, vive a troca gradual de objetos que geram resíduos por produtos de origem orgânica, reutilizáveis e preferencialmente sem embalagens. Descartáveis? Nem pensar. O cotidiano vem sendo relatado no blog *Um ano sem lixo*. A inspiração de Cristal veio da nova-iorquina **Lauren Singer**, que parou de gerar lixo há dois anos e compartilha sua experiência no blog *Trash is for tossers*. Algo como: lixo é para principiantes (traduzindo de maneira menos pejorativa). Uma página para quem busca um estilo de vida que não contribua para a perpetuação de lixões sem tratamento de resíduos, realidade em cerca de 3 mil cidades brasileiras.

De acordo com **Gabriela Otero**, coordenadora técnica da Associação Brasileira de Empresas de Limpeza Pública e Resíduos Especiais (Abrelpe), a geração total de resíduos sólidos urbanos no Brasil em 2013 foi de mais de **76 milhões de toneladas.** Desse total, estima-se que pouco mais de 90% tenha sido efetivamente coletado. Ou seja, cerca de **20 mil toneladas** tiveram destino desconhecido. Com as dicas que aprendeu com Lauren Singer, Cristal trouxe para dentro de casa alternativas naturais até para produtos de limpeza e cosméticos.

O bicarbonato de sódio é um aliado versátil. Combinado com óleo de coco é opção para escovar os dentes. Já misturado com vinagre pode até desentupir ralos. **Soluções altamente biodegradáveis**.

Apesar das mudanças, Cristal diz não encontrar dificuldades com os novos hábitos:

"Não faço nenhum sacrifício. A única coisa que parei realmente de fazer é pedir delivery, porque vem muito lixo e coisas não recicláveis no único lugar que eu pedia."

Felipe Carneiro

Kit de sobrevivência? Não, de preservação. Cristal Muniz com suas armas antilixo.

A busca por hábitos que não sobrecarreguem o meio ambiente na hora de dar cabo ao lixo é algo novo. É o caso do restaurante **Silo**, em Brighton, na Inglaterra: **95% do resíduo gerado por lá é reutilizado**, reciclado ou transformado em algo a ser usado no próprio lugar. Da borra do café, que vai para o cultivo de cogumelos, aos pratos em que os clientes comem, feitos da resina de sacolas plásticas usadas.

Um restaurante para receber clientes como Cristal, que quando vai a um fast-food (sempre repletos de descartáveis) se serve com seus próprios apetrechos — dispensa copos, guardanapos e tudo o que vai para a lixeira, e embala para lavar em casa o que sujar. Assim, o cesto de lixo vai aos poucos se tornando um elemento estranho na paisagem.

(Disponível em: http://revistatrip.uol.com.br/revista/242/salada/E-possivel-viver-sem-produzir-lixo-a-designer-cristal-muniz-topou-o-desafio.html. Acesso em: 19/9/2015.)

1. Você e sua família têm se empenhado na redução do lixo doméstico? Se sim, que atitudes têm tido com vistas a isso?

2. É fácil, no dia a dia, ter procedimentos que contribuam para a diminuição da produção de lixo doméstico?

3. Atitudes individuais podem ter relevância e resultar em uma redução em grande escala do lixo produzido socialmente?

POR DENTRO DO ENEM E DO VESTIBULAR

ENEM EM CONTEXTO

Há questões do Enem, nas provas de Língua Portuguesa, nas quais são explorados textos que estabelecem diálogos com diferentes períodos históricos. Veja como isso ocorre na questão a seguir e tente resolvê-la.

(ENEM)

Casa dos Contos

& em cada conto te cont
o & em cada enquanto me enca
nto & em cada arco te a
barco & em cada porta m
e perco & em cada lanço t
e alcanço & em cada escad
a me escapo & em cada pe
dra te prendo & em cada g
rade me escravo & em ca
da sótão te sonho & em cada
esconso me affonso & em
cada claúdio te canto & e
m cada fosso me enforco &

ÁVILA, A. *Discurso da difamação do poeta*. São Paulo: Summus, 1978.

O contexto histórico e literário do período barroco-árcade fundamenta o poema *Casa dos Contos*, de 1975. A restauração de elementos daquele contexto por uma poética contemporânea revela que:

a. a disposição visual do poema reflete sua dimensão plástica, que prevalece sobre a observação da realidade social.
b. a reflexão do eu lírico privilegia a memória e resgata, em fragmentos, fatos e personalidades da Inconfidência Mineira.
c. a palavra "esconso" (escondido) demonstra o desencanto do poeta com a utopia e sua opção por uma linguagem erudita.
d. o eu lírico pretende revitalizar os contrastes barrocos, gerando uma continuidade de procedimentos estéticos e literários.
e. o eu lírico recria, em seu momento histórico, numa linguagem de ruptura, o ambiente de opressão vivido pelos inconfidentes.

Para a resolução da questão, é importante conhecer a história dos poetas árcades e o envolvimento que tiveram com a Inconfidência Mineira. E também ter conhecimentos a respeito da poesia concreta, que subverte a forma e realiza experiências com a linguagem.

As afirmações feitas nas alternativas de *a* a *d* contêm elementos que não podem ser inferidos com base nos dados da questão, tais como observação da realidade social, resgate de fatos e personalidades pela memória, desencanto com a utopia e revitalização dos contrastes barrocos.

A afirmação da alternativa correta, a *e*, por sua vez, é a que tem relação com a solicitação feita na questão, por mencionar o ambiente opressor vivido pelos inconfidentes, referido no poema em trechos como "em cada escada me escapo", "em cada pedra te prendo", "grade", "escravo", "sótão", "fosso" e na alusão à figura histórica de Cláudio Manuel da Costa, poeta inconfidente que morreu enforcado na prisão.

QUESTÕES DO ENEM E DO VESTIBULAR

REGISTRE NO CADERNO

(ENEM) Texto para as questões 1 e 2:

Torno a ver-vos, ó montes; o destino
Aqui me torna a pôr nestes outeiros,
Onde um tempo os gabões deixei grosseiros
Pelo traje da Corte, rico e fino.

Aqui estou entre Almendro, entre Corino,
Os meus fiéis, meus doces companheiros,
Vendo correr os míseros vaqueiros
Atrás de seu cansado desatino.

Se o bem desta choupana pode tanto,
Que chega a ter mais preço, e mais valia
Que, da Cidade, o lisonjeiro encanto,

Aqui descanse a louca fantasia,
E o que até agora se tornava em pranto
Se converta em afetos de alegria.

Cláudio Manoel da Costa. *In*: Domício Proença Filho. *A poesia dos inconfidentes*. Rio de Janeiro: Nova Aguilar, 2002, p. 78-9.

1. Considerando o soneto de Cláudio Manoel da Costa e os elementos constitutivos do Arcadismo brasileiro, assinale a opção correta acerca da relação entre o poema e o momento histórico de sua produção.

a. Os "montes" e "outeiros", mencionados na primeira estrofe, são imagens relacionadas à Metrópole, ou seja, ao lugar onde o poeta se vestiu com traje "rico e fino".

b. A oposição entre a Colônia e a Metrópole, como núcleo do poema, revela uma contradição vivenciada pelo poeta, dividido entre a civilidade do mundo urbano da Metrópole e a rusticidade da terra da Colônia.

c. O bucolismo presente nas imagens do poema é elemento estético do Arcadismo que evidencia a preocupação do poeta árcade em realizar uma representação literária realista da vida nacional.

d. A relação de vantagem da "choupana" sobre a "Cidade", na terceira estrofe, é formulação literária que reproduz a condição histórica paradoxalmente vantajosa da Colônia sobre a Metrópole.

e. A realidade de atraso social, político e econômico do Brasil Colônia está representada esteticamente no poema pela referência, na última estrofe, à transformação do pranto em alegria.

2. Assinale a opção que apresenta um verso do soneto de Cláudio Manoel da Costa em que o poeta se dirige ao seu interlocutor.

a. "Torno a ver-vos, ó montes; o destino" (v. 1)

b. "Aqui estou entre Almendro, entre Corino," (v. 5)

c. "Os meus fiéis, meus doces companheiros," (v. 6)

d. "Vendo correr os míseros vaqueiros" (v. 7)

e. "Que, da Cidade, o lisonjeiro encanto," (v. 11)

3. (ENEM)

Manuel Bandeira

Filho de engenheiro, Manuel Bandeira foi obrigado a abandonar os estudos de arquitetura por causa da tuberculose. Mas a iminência da morte não marcou de forma lúgubre sua obra, embora em seu humor lírico haja sempre um toque de funda melancolia, e na sua poesia haja sempre um certo toque de morbidez, até no erotismo. Tradutor de autores como Marcel Proust e William Shakespeare, esse nosso Manuel traduziu mesmo foi a nostalgia do paraíso cotidiano mal idealizado por nós, brasileiros, órfãos de um país imaginário, nossa Cocanha perdida, Pasárgada. Descrever seu retrato em palavras é uma tarefa impossível, depois que ele mesmo já o fez tão bem em versos.

Revista Língua Portuguesa, nº 40, fev. 20.

A coesão do texto é construída principalmente a partir do(a):

a. repetição de palavras e expressões que entrelaçam as informações apresentadas no texto.

b. substituição de palavras por sinônimos como "lúgubre" e "morbidez", "melancolia" e "nostalgia".

c. emprego de pronomes pessoais, possessivos e demonstrativos: "sua", "seu", "esse", "nosso", "ele".

d. emprego de diversas conjunções subordinativas que articulam as orações e períodos que compõem o texto.

e. emprego de expressões que indicam sequência, progressividade, como "iminência", "sempre", "depois".

4. (FUVEST-SP) Leia os versos abaixo, pertencentes a uma cantiga de amigo, do Trovadorismo português.

Ai, flores, ai flores do verde ramo
se sabedes novas do meu amado?
Ai, Deus, e u é?

(sabedes = sabeis; u = onde)

Encontre no trecho um exemplo de derivação imprópria.

5. (CESGRANRIO-RJ) As palavras *esquartejar*, *desculpa* e *irreconhecível* foram formadas, respectivamente, pelos processos de:

a. sufixação – prefixação – parassíntese
b. sufixação – derivação regressiva – prefixação
c. composição por aglutinação – prefixação – sufixação
d. parassíntese – derivação regressiva – prefixação
e. parassíntese – derivação imprópria – parassíntese

6. (PUC-RJ) A palavra *engrossar* apresenta o mesmo processo de formação de:

a. embalançar
b. abstrair
c. encaixotar
d. encobrir
e. perfurar

7. (UFRS-RS) Todas as palavras a seguir possuem o mesmo prefixo, com exceção de:

a. insinuações
b. indireta
c. incompetentes
d. incapazes
e. inconscientemente

8. (UFRS-RS) As palavras *molheira*, *saleiro* e *sujeira* são formadas pela adição de um mesmo sufixo ao radical. Assinale a alternativa que *não* apresenta o sufixo.

a. roupeiro
b. queira
c. mosquiteiro
d. fofoqueira
e. lixeira

Produção de texto

REGISTRE NO CADERNO

9. (UFG-GO)

Tema: *Memória: constitutiva do homem e formadora da identidade social*

Coletânea

Uma memória coletiva se desenvolve a partir de laços de convivência familiares, escolares, profissionais. [...] Que interesse terão tais elementos para a geração atual? [...] Por muito que deva à memória coletiva é o indivíduo que recorda. Ele é o memorizador e das camadas do passado a que tem acesso pode reter objetos que são, para ele, e só para ele, significativos dentro de um tesouro comum. [...] Se a memória da infância e dos primeiros contatos com o mundo se aproxima, pela sua força e espontaneidade, da pura evocação, a lembrança dos fatos públicos acusa, muitas vezes, um pronunciado sabor de convenção. [...] Na memória política, os juízos de valor intervêm com mais insistência. O sujeito não se contenta em narrar como testemunha histórica "neutra". Ele quer também julgar, marcando bem o lado em que estava naquela altura da História, e reafirmando sua posição ou matizando-a.

A memória dos acontecimentos políticos suscita uma palavra presa à situação concreta do sujeito. O primeiro passo para abordá-la, parece, portanto, ser aquele que leve em conta a *localização de classes* e a *profissão* de quem está lembrando para compreender melhor a formação do seu ponto de vista. [...] Há um modo de viver os fatos da História, um modo de sofrê-los na carne que os torna indeléveis e os mistura com o cotidiano, a tal ponto que já não seria fácil distinguir a memória histórica da memória familiar e pessoal.

Bosi, E. *Memória e sociedade*: lembranças de velhos. São Paulo: Edusp, 1987. p. 332-333, 371-385.

A campanha de salvamento de Abu Simbel, alto Egito, foi fundamental para a consolidação do conceito de patrimônio mundial, difundindo em todo o mundo a ideia de que a responsabilidade pela preservação dos grandes monumentos – os tesouros do patrimônio mundial – não toca apenas aos países onde eles se situam, mas sim a todos os povos da Terra, sem exceção.

PLANETA, n. 395. São Paulo, ago. 2005, p. 45. [Adaptado]

[...] Já faz tempo eu vi você na rua / Cabelo ao vento, gente jovem reunida / Na parede da memória essa lembrança é o quadro que dói mais / Minha dor é perceber que apesar de termos feito tudo o que fizemos / Ainda somos os mesmos e vivemos / Como nossos pais [...]

BELCHIOR. Como nossos pais. Intérprete: REGINA, E. *O mito*. São Paulo: Universal Music, 1995. 1 CD. Faixa 3.

Baú de recordações. A professora aposentada Neuza Guerreiro de Carvalho (foto) guarda as memórias de seus 75 anos de vida em três baús e em dezenas de livros. Ali estão registros escritos, fotografias e objetos que contam não só a história de sua existência mas também a dos familiares que a antecederam e a sucederam e ainda a da cidade em que sempre viveu, São Paulo. A lembrança mais remota que conserva? "Uma caixinha que era do meu pai", diz ela, e, do fundo do baú que leva o nome "Memórias e Histórias", saca a caixinha cuidadosamente embalada para que dure por muitos anos. [...]

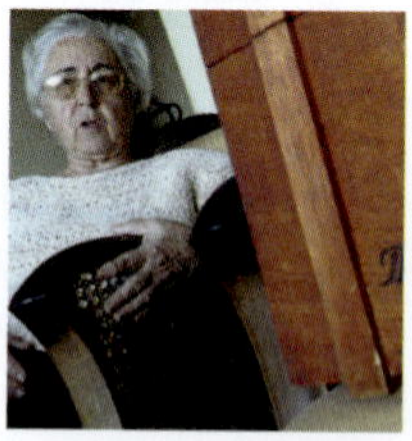

Flávio Florido/Folhapress

Gosto do passado. Década de 50. Numa casa pobre, do bairro de Remédios, SP, crianças olham a chuva cair lá fora. Irene é uma delas. Do fogão à lenha sobe o cheiro de alho frito. O aroma perfuma a tarde. O avô de Irene faz miga, comida espanhola conhecida em Portugal como sopa de pão. A tropa mirim se aquieta. [...] "Era aniversário do meu marido e eu estava servindo uma receita russa quando me lembrei da miga", conta a dona de casa Irene Cavallini, 61. Correu e incluiu a passagem no livro "No vão da escada", que publicou independentemente após fazer o curso "Resgatando e escrevendo suas memórias", do Colégio Santa Maria, SP. [...] "Resgatar a própria história é um modo de se redescobrir e de registrar quem você é", diz Maria Aldina Galfo, professora do curso.

FOLHA DE S. PAULO. São Paulo, 8 set. 2005, p. 8. Equilíbrio. [Adaptado]

Imagine se existisse uma pílula da memória. Apenas um simples comprimido seria suficiente para não esquecermos nunca mais a data de aniversário do avô ou todos os detalhes daquela viagem de verão. Pois essa milagrosa invenção já está sendo desenvolvida por cientistas da Universidade da Califórnia, que afirmaram à revista *New Scientist* que ela poderia ser usada na recuperação de pessoas em estado de cansaço, no tratamento de pacientes com Alzheimer e até mesmo para aumentar o desempenho de pessoas saudáveis.

FOLHA DE S. PAULO. São Paulo, 8 set. 2005, p. 6. Equilíbrio.

E se pudéssemos tomar um remédio que nos ajudasse a esquecer? Uma notícia divulgada no final de julho na revista científica *Nature* revelou que um grupo de psiquiatras nos EUA acredita que drogas do tipo bloqueadores *beta*, utilizadas largamente para tratar hipertensão, agem "apagando memórias ruins", se administradas no momento certo. [...] Conta o psiquiatra Frederico Graeff, da Faculdade de Medicina da USP de Ribeirão Preto: "a droga não faz esquecer um trauma, o que pode fazer é barrar um fluxo emocional excessivo, a pessoa não revive os sentimentos". "O bloqueador *beta* inibe a ação da adrenalina e sua 'prima' no cérebro, a noradrenalina. Se você tem uma experiência emocionalmente estimulante, você vai liberar essas substâncias no corpo e no cérebro, e elas têm o papel de determinar o quão fortemente as memórias serão lembradas. O bloqueador *beta* barra a ação delas e enfraquece as memórias", detalha James McGaugh.

GALILEU. São Paulo, set. 2005, n. 170, p. 37-38. [Adaptado]

Preservar a vida é o mais arraigado dos instintos. Na evolução das espécies, a seleção natural cuidou de eliminar os incapazes de defendê-la com unhas e dentes.

Os seres humanos não constituem exceção, mas, pelo fato de sermos animais racionais, aceitamos determinados limites para a duração da existência; mantê-la a qualquer custo não nos parece sensato. A perda irreversível da memória configura uma dessas situações. Incapazes de lembrar quem somos e de entender o que se passa a nossa volta, de que vale a condição humana?

VARELLA, D. A memória da velhice. *Folha de S. Paulo*. São Paulo, 3 set. 2005, p. E12.

Atualmente, é triste a constatação de que há pouca gente sensível à manutenção de nossos monumentos, sensível à arquitetura produzida por nossos antepassados nessa cidade. [...] Infelizmente, atualmente o descaso com esse patrimônio vem se tornando prática comum: a regra é pô-lo abaixo. O que torna tudo pior é que em seu lugar surgem invariavelmente construções pioradas em todos os sentidos: estética, funcional ou economicamente. A situação é mais dramática no Centro da cidade, região em que os edifícios têm maior valor histórico e mesmo arquitetônico. Pois ali casas, sobrados e edifícios são postos abaixo para dar lugar a construções provisórias, barracões, puxados ou mesmo a meros estacionamentos.

UNES, W. *Identidade art déco de Goiânia*. São Paulo: Ateliê Editorial; Goiânia: Editora da UFG, 2001. p. 20-21. [Adaptado]

Se o mundo do futuro se abre para a imaginação, mas não nos pertence mais, o mundo do passado é aquele no qual, recorrendo a nossas lembranças, podemos buscar refúgio dentro de nós mesmos, debruçar-nos sobre nós mesmos e nele reconstruir nossa identidade. [...] O tempo da memória segue um caminho inverso ao do tempo real: quanto mais vivas as lembranças que vêm à tona de nossas recordações, mais remoto é o tempo em que os fatos ocorreram.

BOBBIO, N. *O tempo da memória*. Rio de Janeiro: Campus, 1997. Contracapa.

(Tudo é sombra de sombras, com certeza [...]

Vão-se as datas e as letras eruditas / na pedra e na alma, sob etéreos ventos, / em lúcidas venturas e desditas.

E são todas as coisas uns momentos / de perdulária fantasmagoria, / – jogo de fugas e aparecimentos).

Das grotas de ouro à extrema escadaria, / por asas de memória e de saudade, / com o pó do chão meu sonho confundia.

MEIRELES, C. *Romanceiro da Inconfidência*. Rio de Janeiro: Nova Fronteira, 1999. p. 40.

Proposta de redação

Artigo de divulgação científica: O artigo de divulgação científica traz, numa linguagem acessível ao grande público, reflexões a respeito de determinado tema investigado por uma comunidade científica. Geralmente, as opiniões de estudiosos e os resultados das investigações se complementam ou se opõem. Esse gênero se constitui a partir de uma seleção de informações e comentários relevantes para se ter uma visão geral acerca do tema. No texto, predominam sequências expositivo-argumentativas.

Imagine que você seja um jornalista de uma revista de divulgação científica e escreva um artigo a respeito das concepções de memória social, política, biológica etc. No projeto argumentativo, considere as relações entre essas diferentes perspectivas, o papel que esses tipos de memória exercem na formação do homem e na constituição da identidade de um povo.

PROJETO

Feira do conhecimento – O mundo material na sociedade contemporânea

Como encerramento desta unidade, realizaremos uma **Feira do conhecimento**, na qual serão apresentados os seminários preparados por você e seus colegas e serão expostos e distribuídos os textos de divulgação científica que vocês produziram.

1. ORGANIZANDO E DIVULGANDO O EVENTO

RICO

- Escolham uma data e um horário, de preferência ao longo de todo um dia, ou de mais de um dia.
- Deem ao evento o título **O mundo material na sociedade contemporânea**, seguido de um subtítulo atraente.
- Pensem no público que querem atingir e como farão para convidá-lo: por meio de cartazes, jornal da escola, avisos nas salas, redes sociais.
- Escolham e organizem os espaços: os locais onde serão apresentados os seminários, onde será distribuída a publicação com artigos de divulgação científica, onde ficarão os murais com os textos de divulgação científica, além daqueles em que ocorrerão outras atividades que vocês queiram realizar.
- Confiram se o tamanho das letras dos textos verbais e a qualidade das imagens estão adequados à exposição em murais, considerando que os convidados farão a leitura de pé, ao visitar a feira.

2. REALIZANDO A FEIRA

Apresentação de seminários

- Programem a apresentação dos seminários. Fiquem atentos ao tempo de que cada grupo poderá dispor e ao número de salas necessárias para que todos os grupos possam se apresentar com conforto e tranquilidade.
- Divulguem a programação não apenas para quem vai participar das apresentações, mas também para os convidados. Essa programação pode, por exemplo, ser disponibilizada no *blog* produzido por vocês na unidade anterior.

Ciência em revista

- Reúnam em uma revista os artigos de divulgação científica produzidos no capítulo 2. Façam cópias da revista e as distribuiam aos convidados no dia da feira.
- Escolham um lugar estratégico para deixar a publicação de vocês, isto é, um lugar em que os convidados passem ao circular pela feira e, assim, se interessem em lê-la. Vocês podem também fazer um cartaz, chamando atenção para a revista.

Andreas Stamm/Getty Images

Ciência em murais

- Exponham em murais os textos de divulgação científica produzidos no capítulo 3. Vocês podem organizar os textos por afinidade de assunto e em quantos murais forem necessários. Criem para cada mural um título convidativo à leitura.
- Além do tamanho das letras e da qualidade das imagens dos textos, verifiquem se o número deles em cada mural está adequado às condições de leitura.

Wavebreakmedia/Deposit Photos/Glow Images

Homônimos e parônimos

acender: pôr fogo	ascender: elevar-se, subir
acento: inflexão de voz, tom de voz	assento: base, lugar de sentar-se
acessório: o que pertence a um instrumento ou máquina; o que não é principal	assessório: relativo a assessor, isto é, a assistente
caçado: apanhado na caça	cassado: anulado
cegar: tornar ou ficar cego	segar: ceifar
cela: aposento de religiosos; pequeno quarto	sela: arreio de cavalgadura
censo: recenseamento	senso: juízo
cessão: ato de ceder	sessão: tempo de duração de um espetáculo ou uma reunião secção ou seção: corte, divisão
chá: bebida preparada com folhas	xá: título do soberano da Pérsia
cheque: ordem de pagamento	xeque: perigo; lance de jogo de xadrez; chefe de tribo árabe
cível: relativo ao Direito Civil	civil: polido; referente às relações entre cidadãos
cocho: recipiente feito geralmente com tronco de árvore	coxo: que manca
comprimento: extensão	cumprimento: ato de cumprimentar; saudação
concerto: sessão musical; harmonia	conserto: remendo, reparo
coser: costurar	cozer: cozinhar
deferir: atender, conceder	diferir: distinguir-se; adiar
desconcertado: embaraçado, perturbado	desconsertado: desarrumado, estragado
descrição: ato de descrever	discrição: qualidade de ser discreto
descriminar: inocentar	discriminar: distinguir, diferenciar
despensa: compartimento da casa em que se guardam mantimentos	dispensa: ato de dispensar
despercebido: não notado	desapercebido: desprevenido; desprovido
emergir: sair de onde estava mergulhado; vir à tona	imergir: mergulhar
emigração: ato de emigrar (sair do país)	imigração: ato de imigrar (entrar em um país para nele morar)
eminente: superior, excelente	iminente: que está prestes a acontecer
empossar: dar posse	empoçar: formar poça
espectador: aquele que assiste a algo	expectador: aquele que tem expectativa
espiar: espreitar	expiar: sofrer pena ou castigo
esterno: osso da região do tórax	externo: que está fora
estirpe: raiz; linhagem	extirpe: forma do verbo *extirpar* (arrancar, extinguir)
estrato: camada; sequência de um tipo de nuvens	extrato: produto resultante de extração
flagrante: evidente, manifesto	fragrante: perfumado; aromático
fluir: mover-se de forma contínua	fruir: desfrutar
fuzil: arma de fogo	fusível: dispositivo utilizado em instalações elétricas
incidente: que incide; episódio	acidente: acontecimento imprevisto; formação irregular relativa ao relevo geográfico
infligir: aplicar ou impor castigo ou pena	infringir: transgredir
incipiente: que está no começo; iniciante	insipiente: que não tem sabedoria
intenção: propósito	intensão: intensidade, força
intercessão: ato de interceder	interseção: ato de cortar
laço: nó que se desata facilmente	lasso: fatigado, cansado
mandado: ordem judicial	mandato: período de permanência em um cargo

peão: homem que anda a pé; trabalhador braçal; peça de xadrez	pião: um tipo de brinquedo
pleito: disputa	preito: homenagem
proeminente: saliente no aspecto físico	preeminente: nobre, distinto
ratificar: confirmar	retificar: corrigir
recrear: divertir, proporcionar recreação	recriar: criar de novo
sesta: hora do descanso	sexta: redução de *sexta-feira*; intervalo musical cesta: recipiente
tachar: censurar; pôr defeito; pôr tacha (pequeno prego)	taxar: estabelecer taxa ou imposto
tráfego: trânsito	tráfico: negócio desonesto ou ilegal
viagem: ato de viajar	viajem: forma do verbo *viajar*
vultoso: que faz vulto ou volume	vultuoso: que apresenta inchaço

Radicais, prefixos e sufixos

A maioria dos radicais, prefixos e sufixos da língua portuguesa origina-se principalmente do grego e do latim.

Há, a seguir, a relação de alguns, com significado e exemplos correspondentes.

Radicais gregos

RADICAL	SIGNIFICADO	EXEMPLOS
acro	alto, elevado	acrofobia
aero	ar	aeronave
agogo	que conduz	demagogo
algia	dor	nevralgia
antropo	homem	antropologia
arcaio	antigo	arcaísmo
auto	próprio	autobiografia, autorregulagem, auto-hipnose
baro	pressão, peso	barômetro
biblio	livro	biblioteca
bio	vida	biologia, biossatélite, bio-histórico
caco	feio, mau	cacófato
cali	belo	caligrafia
cardia	coração	taquicardia
cefalo	cabeça	encefalite
cito	célula	citoplasma
cracia	força, poder	democracia
crono	tempo	cronologia
da(c)tilo	dedo	datilografia
deca	dez	década
demo	povo	demografia
derma	pele	dermatologista
dinamo	força	dinamômetro

RADICAL	SIGNIFICADO	EXEMPLOS
eco	casa	economia
entero	intestino	entérico
etno	raça, nação	etnia
eto	costume	ética
fago	que come	antropófago
filo	amigo	filósofo
fobo	que teme	hidrófobo
fone	voz, som	telefone
foto	luz	fotografia
gastro	estômago	gastrite
geno	nascimento	genética
geo	terra	geólogo
gero	velho	geriatria
gine	mulher	gineceu
glossa, glota	língua	glossário, poliglota
grafo	escrever, descrição	ortografia, geografia
hidro	água	hidrômetro
helio	sol	heliografia
hema	sangue	hemácia
hipno	sono	hipnose
hipo	cavalo	hípico
icono	imagem	iconoclasta
latria	adoração	idolatria
leuco	branco	leucócito
lipo	gordura	lipemia
logia	estudo	biologia
logo	palavra	diálogo
mania	inclinação	maníaco
megalo	grande	megalomania
metro	medida	cronômetro
micro	pequena quantidade	micro-ondas
miso	que odeia	misantropo
morfo	forma	amorfo
necro	morto	necrópsia
nefro	rim	nefrite
neo	novo	neolatino
neuro	nervo	neurologia
odonto	dente	odontologia
oligo	pouco	oligarquia
orto	reto, correto	ortografia
pato	doença	patologia
piro	fogo	pirotécnico

RADICAL	SIGNIFICADO	EXEMPLOS
poli	muitos	poligamia
pseudo	falso	pseudoprofeta
psico	alma	psicologia
quilo	mil	quilômetro
rino	nariz	rinite
sofia	sabedoria	filosofia
tanato	morte	tanatofobia
taqui	rápido	taquigrafia
terapia	cura	laborterapia
xeno	estrangeiro	xenofobia
zoo	animal	zoologia

Radicais latinos

RADICAL	SIGNIFICADO	EXEMPLOS
agri	campo	agricultura
ambi	ambos	ambíguo
animi	alma	anímico
beli	guerra	bélico
capiti	cabeça	capital
cida	o que mata	homicida
cola	que habita	silvícola
fico	que faz ou produz	maléfico
frater	irmão	fraternidade
gena	nascido em	alienígena
igni	fogo	ignívoro
ludo	jogo	ludoterapia
mater	mãe	maternidade
oni	todo	onipotente
opera	obra, trabalho	operário
pater	pai	paterno
pluri	vários	pluricelular
pluvi	chuva	pluvial
populo	povo	popular
puer	criança	puericultura
sui	a si mesmo	suicida
uni	um	unitário
vago	que vaga	noctívago
vermi	verme	vermífugo
video	que vê	vidente
voci	voz	vociferar
volo	que quer	benévolo
voro	que come	herbívoro

Prefixos gregos

PREFIXOS	SIGNIFICADO	EXEMPLOS
a-, an-	privação, negação	anônimo, analfabeto
ana-	repetição, separação	anáfora, análise, anacrônico
anfi-	duplicidade	anfiteatro
anti-	oposição	antídoto, antirreligioso, antissocial
apo-	separação	apóstata
arqui-, arce-	posição superior	arquétipo, arcebispo
cata-	movimento para baixo, ordem	cataclismo, catálogo
di-	duas vezes	dilema
dia-	através de	diálogo
dis-	dificuldade	dispneia
en-, em-	inclusão	energia, embrião
endo-	posição interior	endocárdio
epi-	posição superior	epitáfio
eu-, ev-	excelência	euforia, evangelho
ex-, ec-, exo-	movimento para fora	êxodo, eclipse, exógeno
hemi-	metade	hemisfério
hiper-	posição superior, excesso	hipertensão
hipo-	posição inferior	hipoteca
meta-	mudança	metamorfose
para-	proximidade	paralelo
peri-	em torno de	perímetro
pro-	posição anterior	prólogo
sin-, sim-, si-	simultaneidade	sintonizar, simpatia, sílaba

Prefixos latinos

PREFIXOS	SIGNIFICADO	EXEMPLOS
ab-, abs-	afastamento, separação	abjurar, abstêmio, ab-rogar
ad-, a-	aproximação, direção	advérbio, apodrecer, ad-renal
ambi-	duplicidade	ambidestro
ante-	posição anterior	anteceder, antessala
bene-, ben-, bem-	bem, bom	benévolo, benfeitor, bem-apessoado
bis-, bi-	duas vezes	bisavô, bimestre
circum-, circun-	em redor de	circunferência, circum-escolar
cis-	posição aquém	cisplatino
com-, con-, co-	companhia, combinação	companheiro, condômino, coautor
contra-	oposição, ação contrária	contradizer, contrarregra
de-, des-, dis-	movimento para baixo, afastamento, negação, ação contrária	decadência, desleal, dissidente
ex-, es-, e-	movimento para fora, mudança, separação	exilar, escorrer, emigrar

PREFIXOS	SIGNIFICADO	EXEMPLOS
extra-	posição exterior, superioridade	extraordinário
in-, im-, i-, em-, en-	movimento para dentro, posição interna	ingerir, importar, inalar, embarcar, enterrar
in-, im-, i-	negação	incapaz, imberbe, irregular
inter-, entre-	posição intermediária	inter-regional, intercalar, entrelinha
intra-, intro-	movimento para dentro	intramuscular, intrometer
justa-	posição ao lado de	justapor
o-, ob-	oposição, posição em frente	opor, obstáculo
per-	movimento através de, muito, duração	percorrer, perdurar, pernoitar
post-, pos-	posição posterior	póstumo, pós-escrito
pre-	anterioridade, superioridade	preconceito, predileto, preencher
pro-	posição em frente, movimento para a frente	progresso, propor, proeminente
re-	repetição, intensidade	recomeçar, reescrever, readmitir
retro-	movimento para trás	retroceder
semi-	metade, quase	seminu, semirrígido, semiárido
sub-, sob-, so-	posição inferior	subsolo, sobpor, sub-reitor, soterrar
super-, sobre-	posição superior	superprodução, sobrancelha
trans-, tras-, tra-, tres-	através de, além de	transgredir, trasladar, traduzir, tresnoitar
ultra-	além de, excesso	ultravioleta
vice-, vis-	substituição	vice-governador, visconde

Correspondência entre radicais e prefixos gregos e latinos

Alguns radicais e prefixos têm correspondência na significação. Entre outros, é o caso, por exemplo, dos radicais *psico* (grego) e *animi* (latino), cuja significação é *alma*; e dos prefixos *di-* (grego) e *bi-* (latino), que têm o mesmo significado, isto é, *dois*.

Sufixos

A maioria dos sufixos presentes na língua portuguesa é de origem latina.

Os sufixos podem ser nominais e verbais: os *nominais* formam substantivos e adjetivos; os *verbais* formam verbos. O sufixo *-mente* é o único *adverbial*.

Na relação a seguir, há alguns sufixos e seus significados.

- *-aça, -aço, -alhão, -anzil, -ão, -arra, -ázio* indicam aumento: barcaça, balaço, brincalhão, corpanzil, pobretão, bocarra, copázio.
- *-acho, -ebre, -ejo, -eto, -eta, -ico, -inha, -inho, -zinho, -zinha* indicam diminuição: riacho, casebre, lugarejo, poemeto, saleta, burrico, caixinha, livrinho, chapeuzinho, avezinha.
- *-dor, -eiro, -ista, -tor, -ário* indicam profissão: vendedor, jornaleiro, dentista, escultor, bibliotecário.
- *-ato, -aria, -tório, -tério* indicam lugar: orfanato, padaria, dormitório, batistério.
- *-ano, -ão, -eiro, -ês, -eu* indicam origem, nacionalidade: baiano, alemão, brasileiro, chinês, europeu.
- *-al, -ama, -edo, -eiro* indicam coleção: cafezal, dinheirama, arvoredo, formigueiro.
- *-ear, -entar, -icar, -itar* são utilizados na formação de verbos: espernear, amamentar, bebericar, saltitar.

BIBLIOGRAFIA

ABDALA JR., Benjamin. *Literaturas de língua portuguesa*: marcos e marcas – Portugal. São Paulo: Arte & Ciência, 2007.

ATTIE FILHO, Miguel. *Marcas e pensamentos*: notas a uma história do pensamento da Terra. São Paulo: Attie Editora, 2015.

BAGNO, M. *Língua, linguagem, linguística*: pondo os pingos nos ii. São Paulo: Parábola, 2014.

_______. *Português ou brasileiro?*: um convite à pesquisa. São Paulo: Parábola, 2001.

BAKHTIN, Mikhail. *Estética da criação verbal*. São Paulo: Martins Fontes, 1997.

_______. *Marxismo e filosofia da linguagem*. São Paulo: Hucitec, 1979.

BECHARA, Evanildo. *Moderna gramática portuguesa*. 37. ed. Rio de Janeiro: Lucerna, 2004.

BOSI, Alfredo. *História concisa da literatura brasileira*. São Paulo: Cultrix, 2013.

BRASIL. *Base nacional comum curricular*. Brasília: MEC, 2014.

_______. *Matriz de referência para o Enem 2009*. Brasília: MEC/INEP, 2009.

_______. Secretaria de Educação Média e Tecnológica. *Parâmetros curriculares nacionais + ensino médio*. Brasília: MEC/SEMTEC, 2002.

BUNZEN, C.; MENDONÇA, M. *Múltiplas linguagens para o ensino médio*. São Paulo: Parábola, 2013.

_______. *Português no ensino médio e formação do professor*. São Paulo: Parábola, 2006.

CANDIDO, Antonio. *Formação da literatura brasileira*. Rio de Janeiro: Ouro sobre Azul, 2014.

CANDIDO, Antonio; CATELLO, José Aderaldo. *Presença da literatura brasileira*: história e antologia. Rio de Janeiro: Bertrand Brasil, 1997.

CASTILHO, Ataliba. *Gramática do português brasileiro*. São Paulo: Contexto, 2010.

FERRAREZI JR., C. *Semântica para a educação básica*. São Paulo: Parábola, 2008.

ILARI, R. *Introdução à Semântica*: brincando com a gramática. 7. ed. São Paulo: Contexto, 2007.

_______. *Introdução ao estudo do léxico*: brincando com as palavras. São Paulo: Contexto, 2002.

ILARI, R.; BASSO, R. *O português da gente*: a língua que estudamos, a língua que falamos. São Paulo: Contexto, 2006.

KLEIMAN, A. *Texto e leitor*: aspectos cognitivos da leitura. Campinas, São Paulo: Pontes, 2002.

KLEIMAN, A.; SEPULVEDA, C. *Oficina de gramática*: metalinguagem para principiantes. Campinas: Pontes, 2014.

KOCH, I. V.; ELIAS V. M. *Ler e escrever:* estratégias de produção textual. São Paulo: Contexto, 2009.

LAJOLO, M.; Zilberman, R. *A formação da leitura no Brasil*. São Paulo: Ática, 1996.

MARCUSCHI, Luiz Antônio. *Produção textual, análise de gêneros e compreensão*. São Paulo: Parábola, 2011.

NEVES, Maria Helena de Moura. *Guia de uso do português*. São Paulo: Unesp, 2003.

POSSENTI, S. *Aprender a escrever (re)escrevendo*. Campinas: Unicamp; Brasília: MEC, 2005.

ROJO, Roxane; MOURA, Eduardo. *Multiletramentos na escola*. São Paulo: Parábola, 2012.

RONCARI, Luiz. *Literatura brasileira*: dos primeiros cronistas aos últimos românticos. São Paulo: Edusp, 2014.

SCHNEUWLY, Bernard; DOLZ, Joaquim. *Gêneros orais e escritos na escola*. Campinas: Mercado de Letras, 2004.

SOUZA, Ana Lúcia S.; CORTI, Ana Paula; MENDONÇA, Márcia. *Letramentos no ensino médio*. São Paulo: Parábola, 2012.